KB116498

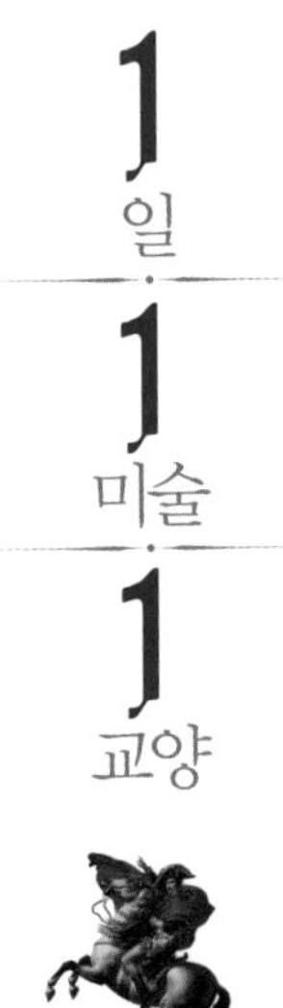
1
일
1
미술
1
교양

처음 만나는 100일간의 서양미술사 교양 수업
1일 1미술 1교양 ❶ 원시미술~낭만주의

지은이 서정욱
펴낸이 임상진
펴낸곳 (주)넥서스

초판 1쇄 발행 2020년 7월 20일
초판 11쇄 발행 2024년 11월 25일

출판신고 1992년 4월 3일 제311-2002-2호
주소 10880 경기도 파주시 지목로 5
전화 (02)330-5500 팩스 (02)330-5555

ISBN 979-11-6165-957-2 04600
979-11-6165-956-5 (SET)

가격은 뒤표지에 있습니다.
잘못 만들어진 책은 구입처에서 바꾸어 드립니다.

www.nexusbook.com

처음 만나는
100일간의 서양미술사 교양 수업

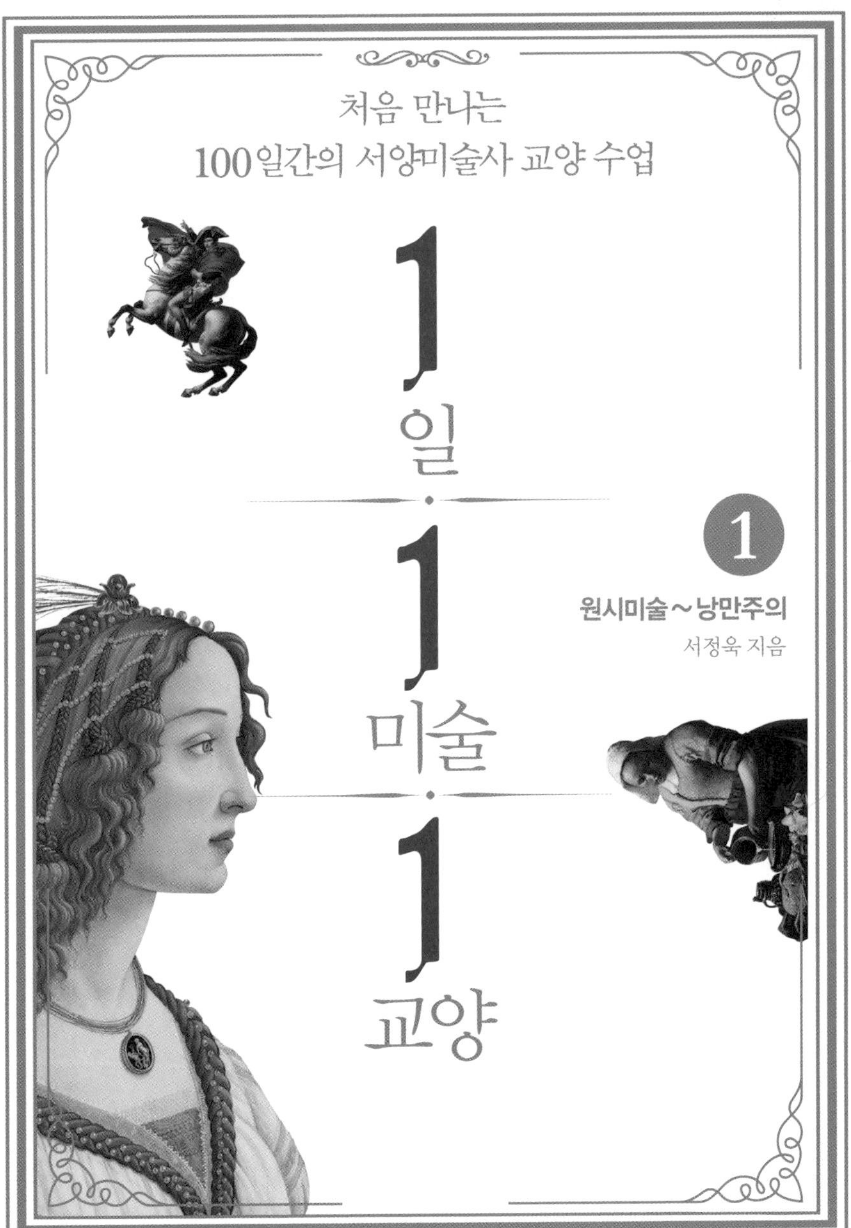

1일 1미술 1교양

1

원시미술~낭만주의

서정욱 지음

Qrious

들어가며

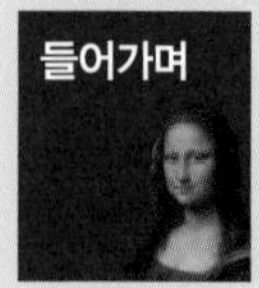

기적이라는 말은 누구든 들뜨게 합니다. 어떤 기적인지는 둘째 문제입니다. 옆에서 구경이라도 했으면 좋겠습니다. 그런데 남도 아니고 나에게 진짜 온다면? 생각만 해도 너무 좋아 동공이 커지고 몸이 얼어붙어 버릴 일 아닐까요?

이 책은 그런 기적에 관련된 것입니다. 기적의 내용은 서양미술사입니다. 김이 빠지고 '뭐지?' 하는 의문이 드십니까? '잘해 봐야 서양미술사를 100일 만에 이해한다는 뜻일 텐데, 그 교양이 꼭 중요할까?' '서양미술사는 역사이니 암기하는 것일 텐데 기적처럼 빨리 아는 것이 필요할까?' 이런 의문에는 설명이 필요합니다. 저는 이 책에서 미술사라는 분야의 역사적 사실에 초점을 맞출 생각이 없었기 때문입니다.

전달하려는 것은 한 점 한 점의 작품입니다. 여러분은 하루의 양만큼 이해하고 감상하며 마음속에 그리시면 됩니다. 이해한다는 것은 한 가지를 의미하는 것이 아닙니다. 사람으로 비유하면 이름만 아는 경우가 있고, 외모나 경력까지 아는 경우도 있겠죠? 더 나아가 성격까지. 그리고 오래 같이 지내 마음을 통해 몸으로 느끼는 경우도 있을 겁니다.

저는 이처럼 여러분이 작품과 통할 때까지 교감하기를 원합니다. 왜냐하면, 그것이 기적을 위한 첫 번째 시작이기 때문입니다. 이 책은 제가 썼지만 저는 전달자일 뿐입니다. 여러분의 기적을 책임질 사람은 이 책에 등장하는 100여 명의 예술가들입니다. 그들은 당대 천재라 불렸던 이들이며 역사를 통해 검증된 예술가들입니다. 그들이 탄생시킨 작품을 하나하나 교감하다 보면 여러분은 자신도 모르는 변화를 기적처럼 느끼게 될 것입니다.

주의할 점은 작품의 이름만 알았을 뿐인데 다 안다고 착각해 넘어가는 경우입니다. 이럴 때만 조심하면 됩니다. 그렇다면 작품 하나하나에는 어떤 의미가 있을까요? 작품은 그 자체가 진실입니다. 진실은 어떤 불가능도 가능으로 바꾸는 힘이 있습니다. 이 책에는 그런 진실이 100일간의 양으로 나뉘어 듬뿍 담겨 있습니다. 그것이 여러분의 기적을 책임질 것입니다.

그렇다면 작품이 일으키는 기적의 효과나 결과는 뭘까요? 한마디로 채워 준다는 것입니다. 여러분, 바쁘십니까? 초조하십니까? 불안하십니까? 어느 경우라도 이는 뭔가의 결핍에서 오는 현상일 것입니다. 덜 채워졌기 때문이죠. 좋은 작품은 어떤 과정을 통해서라도 그것을 메워 줍니다. 그것이 지혜가 될 수도 있고, 여유가 될 수도 있고, 감동을 통한 휴식이 될 수도 있습니다.

제 설명이 추상적으로 들리십니까? 아주 멀리 돌아가 원시시대 미술을 보면 원초적인 우리를 발견할 수 있습니다. 그때도 바빴고, 초조했고, 불안했습니다. 그것을 채워 주던 것이 미술이었습니다.

『1일 1미술 1교양』은 100일간 여러분이 작품과 교감하다 보면 어느 순간 삶의 여유를 즐기는 자신을 발견할 수 있는 기적이 일어날 수 있게 도와주는 책입니다. 아주 힘들지 않다면 도전해 보시는 것은 어떨까요? 여러분의 용기를 기원합니다. 시작하신다면 100일을 옆에서 도와드리는 사람도 있습니다. 저입니다. 궁금한 것이 있으시면 제 유튜브(서정욱 미술토크)에 오셔서 글을 남겨 주세요. 여러분의 편이 되어 드리겠습니다.

마지막으로 이 책이 나오기까지 믿음을 갖고 큰 애를 써 주신 넥서스 대표님, 전무님, 과장님을 비롯하여 도와주신 모든 분들께 감사를 드리지 않을 수가 없습니다. 감사합니다. 특히 권혁천 과장님의 아들 도율이의 탄생을 축하하며 후에 이 책이 큰 기념이 되기를 바랍니다.

서정욱

차례

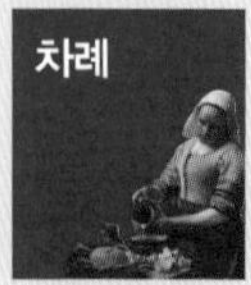

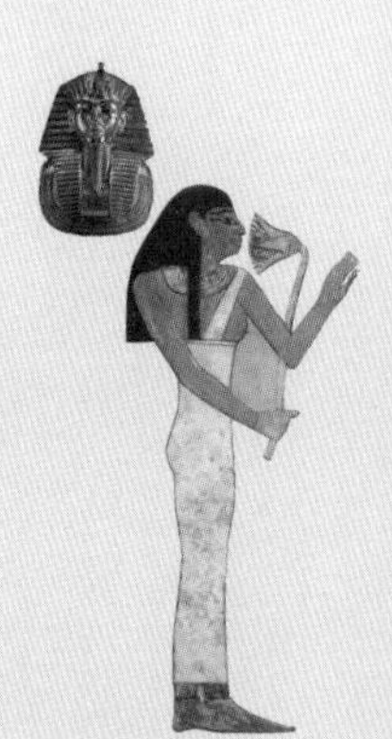

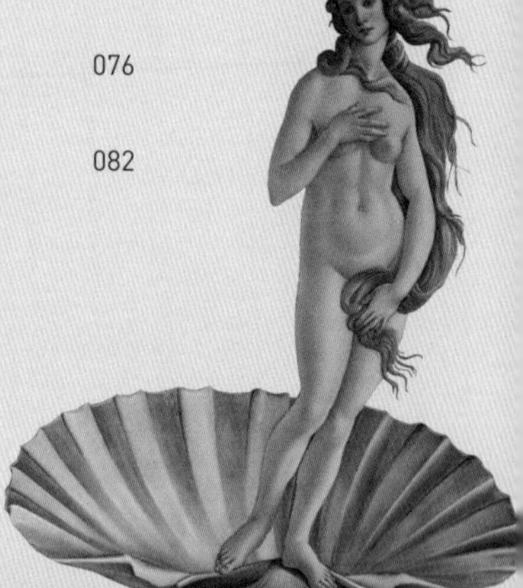

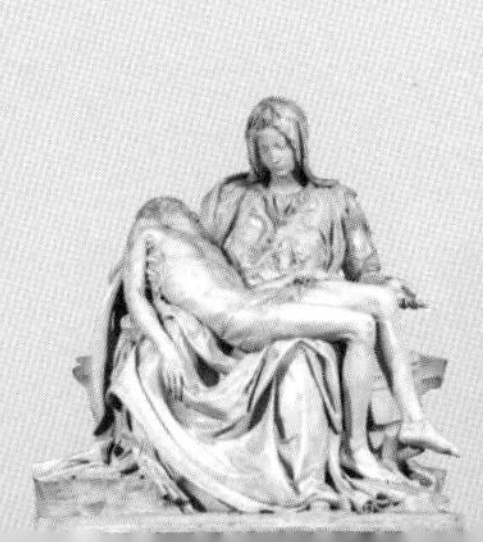

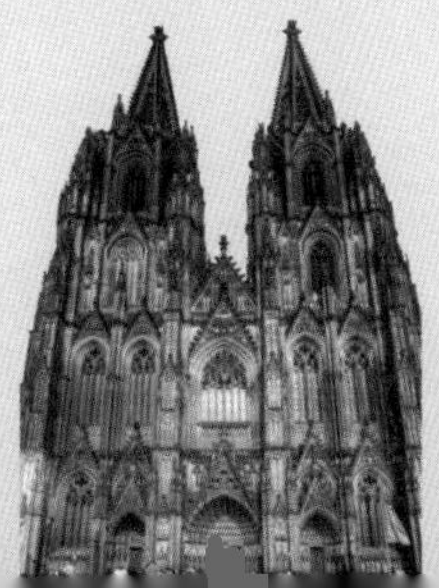

차례

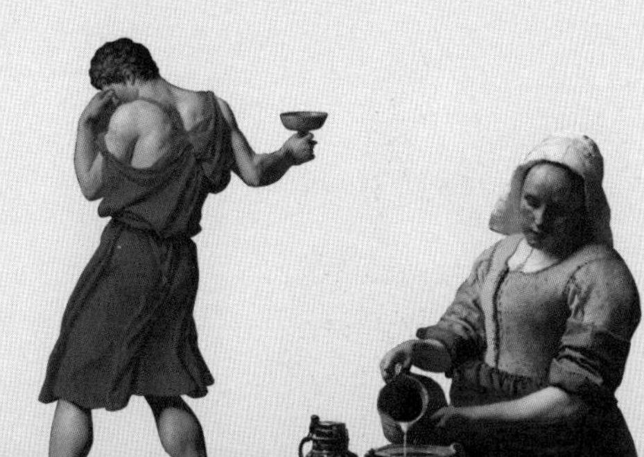

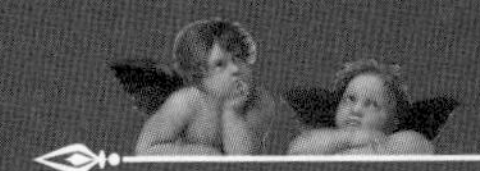

Day 001 ~ 050

원시미술

이집트 미술

그리스 미술

로마 미술

비잔틴 미술

로마네스크 미술

고딕 미술

르네상스 미술

바로크 미술

로코코 미술

신고전주의

낭만주의

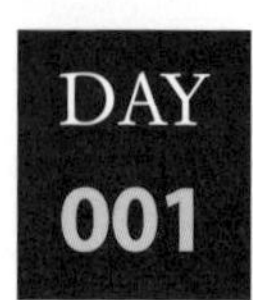

Prehistoric Art(35000BCE~2000BCE)

미술의 처음, 원시미술

불안함과 절실함이 예술을 만들다

지금 기분이 어떠십니까? 어린아이처럼 편하십니까? 걱정되는 일이 있으십니까? 아주 편하신 것만은 아니죠? 위로해주는 누군가가 있었으면 하는 마음도 좀 있으시죠? 저는 여러분의 불안감을 부추기려는 것은 아닙니다. 누구에게나 항상 불안감이 있는 것이 정상이라고 위로해 드리고 싶은 것입니다. 미술의 시초인 원시미술을 보면 그 모습이 고스란히 드러납니다.

그런데 원시미술이라는 용어에서 어떤 생각이 드십니까? '나와는 상관없는 먼 이야기 아닐까?' 하지만 아니겠죠. 여러분도 만 년 전쯤에 태어나셨다면 지금쯤 막 동굴 벽화를 그리다가 잠깐 쉬는 시간일지도 모릅니다. 또 다른 반문이 드십니까? '그런데 그때는 그때고, 지금은 21세기 문명시대인데 무슨 연관이 있단 말이냐?' 그런데 아니죠. 오히려 단순한 시절을 살펴보다 보면 지금 문제의 힌트를 얻기가 쉬울 수도 있습니다.

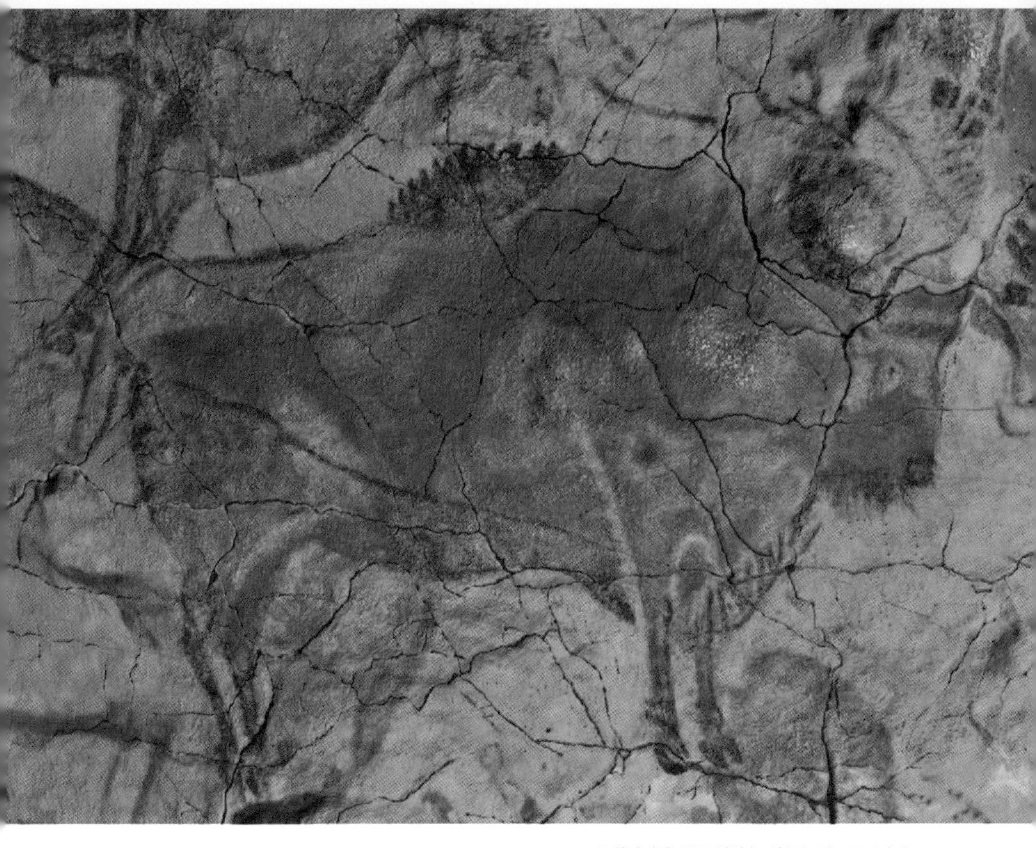

1 알타미라 동굴 벽화 | 기원전 1만 5000년경

사실 현대사회에서는 우리의 본 모습을 찾기가 다소 어렵습니다. 주변에 보는 눈이 많기 때문입니다. 그래서 원래의 나를 드러내기보다는 유행하는 형식 속에 감추게 되죠. 비슷해지려는 본능 또한 있기 때문입니다.

그런데 그것에는 부작용이 있습니다. 자연스럽지 않은 것이죠. 그래서 오래 그러고 있으면 몸과 마음에 해가 됩니다. 그럼 오늘은 원래 우리의 모습을 찾아볼까요? 원시미술의 세계를 함께 탐구해 보시죠.

먼저 석기 시대의 미술품 세 점이 있습니다. 하나는 동굴 벽화인데, 이전 페이지에서 나온 「알타미라 동굴 벽화」[1]입니다. 그리고 「빌렌도르프의 비너스」[2]라고 하는 작은 조각상이 있습니다. 높이는 11cm 정도입니다. 마지막으로 거대한 돌로 만든 구조물인 스톤헨지[3]가 있습니다.

세 미술품 다 원시미술사에서 대표적으로 다뤄지는 것입니다. 스페인 북부 지방에 위치한 알타미라 동굴은 기원전 1만 5000년쯤 것으로 추정되고, 오스트리아 빌렌도르프에서 발견된 석회암 조각상은 기원전 3만 년에서 2만 5000년쯤, 그리고 영국의 스톤헨지 구조물은 기원전 2000년쯤의 것인데, 우리는 고고학자가 아니니 시기에 초점을 맞출 필요는 없겠죠. 중요한 것은 '왜 만들었을까?'일 것입니다.

왜 만들었을까요? 당연히 기록이 없어 불분명하지만, 확실한 것이 하나 있습니다. 분명한 필요가 있었기에 만들었다는 것입니다. 그들에게는 절실한 것이었음이 분명합니다. 어떻게 확신하냐고요? 당시는 사냥과 채취로 살아가던 시기였습니다. 즉 석기 시대에 살던 우리의 조상에게 선택은 먹고살거나 굶어 죽거나, 둘 중의 하나였습니다. 그런데 한가롭게 동굴에 그림이나 그리고, 아무 도구도 없이 수많은 시간을 조각상에 혼신의 힘을 쏟는다거나, 맨손으로 45톤짜리 돌을 옮기고 쌓고 그랬을까요? 아니겠죠? 그들에게는 필수였을 겁니다.

의문이 다시 듭니다. '왜 필수였을까? 먹고살면 됐지, 이런 것들이 왜 중요했을까?' 그런데 분명 더 중요한 것이 있었습니다. 처음 제가 한 말을 기억하십니까? 불안감. 죽을 만큼 힘들 수 있는 불안감. 기원전 1만 5000년쯤 석기인들에게나 지금 우리에게나 먹고사는 것 이상으로 중요한 것이 하나 있었던 것입니다.

당시의 불안감은 이런 것이었겠죠. '내일은 사슴이 잡히려나? 오히려 맹수에게 물려 죽지는 않을까?' 알 수 없는 병에 걸려 죽은 사람들도 많았을 겁니다. 겁이 났겠죠? '우리 식구들이 병에 걸려 죽으면 어떡하지?'

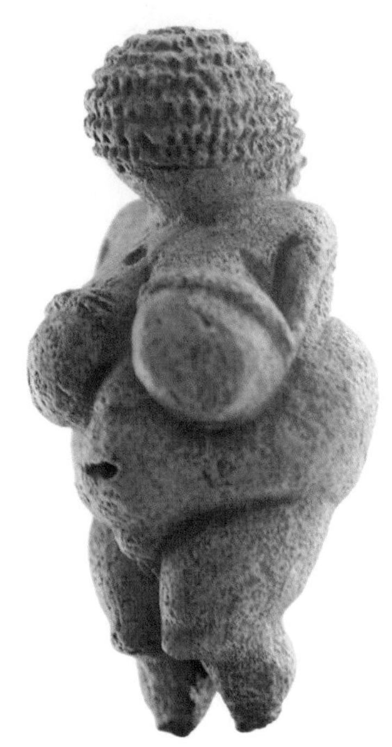

2 **빌렌도르프의 비너스** | 기원전 3만~2만 5000년경

그런 생각이 들기 시작하면 잠이 오지 않았을 것입니다. 그래서 그런 것들을 없애고자 그들은 어떤 행위를 하거나 행사를 치렀고, 앞에 나온 그림과 조각과 구조물들을 만들었던 것입니다. 불안감을 이겨내기 위한 하나의 성스러운 의식이었던 것이죠. 그리고 그것이 중요한 미술의 기원이 되었습니다. 즉 미술은 사치로 시작된 것이 아니었습니다. 그것의 시작은 절실함이었습니다.

다음의 궁금증은 용도에 관한 것입니다. 사실 어떤 물체를 보면 그게 먼저 궁금해지죠. 당연히 고고학자들은 용도에 초점을 맞춰 왔으며, 관련 논문들도 많습니다. 연구 결과를 보면 '동굴 벽화는 많은 사냥을 위한 기원이다. 주술 도구 중 하나이다. 빌렌도르프의 조각상은 다산과 풍요의 기원이다.' 등등입니다.

스톤헨지에 관련해서는 좀 더 여러 가지 추측이 있습니다. 별을 보던 천문대라는 의견부터 죽은 자의 무덤이라는 주장이 있습니다. 실제 스톤헨지의 아래에서 50명 정도의 고대인들의 뼈가 발견되었습니다. 또 죽은 자와 산 자가 소통하는 무대라는 이야기도 있고요. 하지만 당연히 정설은 없습니다. 수만 년 전의 일이니 다 추측이겠죠.

하지만 고고학자가 아니어도 우리는 확실한 하나를 찾을 수 있습니다. 최소한 의식주에 관한 것은 아니라는 것입니다. 먹는 것도 아니고, 사냥 도구도 아닙니다. 잠자리도 아니고 의복도 아닙니다. 결론은 이렇습니다. '인간에게는 의식주 말고도 확실하게 필요한 것이 하나 있었다. 그것은 불안감을 해소해줄 수 있는 그 무엇이다.' 이렇게 확신할 수 있는 이유는 또 하나 있습니다. 미술품을 만들 때의 태도입니다. 어떻게 아냐고요? 디테일을 보면 압니다. 매우 성실했고, 세밀했음이 분명합니다. 보통 정성으로 한 것이 아니죠.

스톤헨지 하나만 예를 들어보겠습니다. 수십 톤짜리 돌입니다. 그 돌도 멀리서 가지고 온 돌입니다. 도대체 어떻게 이동했고, 어떻게 세우고, 어떻게 저토록 정밀하게 배치했을까요? 아무 도구도 없이, 어떤 수학적 지식도 없이요. 고고학자들도 이것을 궁금해합니다. 단순한 수레조차 없었고, 석기 시대였기에

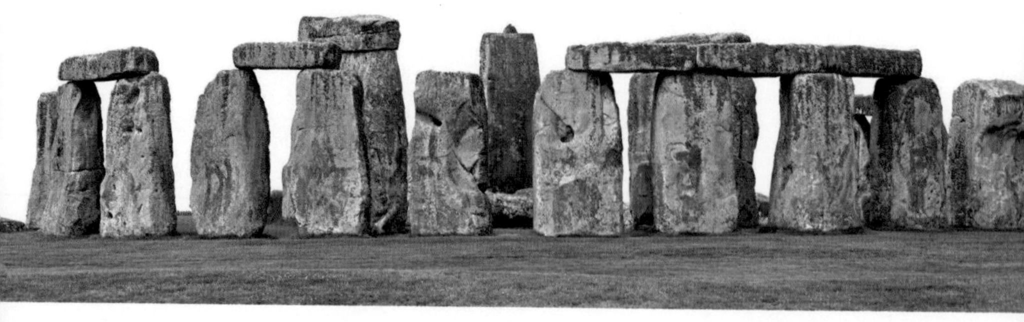

3 스톤헨지 | 기원전 2000년경

쇠망치 하나 없었을 때인데 도대체 어떻게 가능했을까요? 하지만 이토록 궁금한 것으로 가득 찬 과거에 대해 고고학자들은 분명한 이유 하나는 압니다. 그것은 석기인들의 믿음, 즉 신념입니다. 신념과 믿음은 인간의 불가능을 가능으로 바꿔주는 신비한 힘이 있습니다. 결론은 그들은 불안감을 극복하기 위한 선택으로 신념을 만들어내고 있었다는 것입니다. 그들의 신념과 믿음은 긍정적인 기대를 만들어냈고 불안감을 없애 주었던 것이죠.

처음에 했던 이야기로 돌아가 보죠. 우리에게는 크든 작든 불안감들이 있습니다. 알고 보니 원래부터 그랬던 겁니다. 그러니 앞으로도 그것들과 함께 살겠죠. 보통 불안할 때 두 가지 중 하나를 선택하게 됩니다.

하나는 불안하면 짜증이 나니 참지 않고 화를 내며 푸는 선택입니다. 나머지 하나는 신념과 믿음 같은 긍정적인 사고를 갖고 무언가에 정성을 다하는 방식입니다. 석기인들은 후자를 택했습니다. 그 결과 상상하기도 힘든 미술품들을 만들어냈고, 그것이 이어져 신비로운 이집트 미술, 그리스의 화려한 미술, 그리고 중세의 어마어마한 성당들을 만들어낼 수 있었던 것입니다. 이렇게 미술의 바탕에는 불안감의 극복이 있었습니다.

인류 최초의 그림 작품, 알타미라 동굴 벽화

스페인 칸타브리아 지방에 위치한 이 구석기 시대의 동굴 벽화는 들소를 비롯해 말, 수사슴 등의 역동성이 느껴지는 다양한 그림들로 가득 차 있다. 1879년에 처음 발견되었을 때, 너무나 잘 보존된 그림의 상태 때문에 가짜로 의심받아 인정받지 못했지만, 20여 년이 지난 후에 선사 시대 그림의 추가적인 증거가 발견되면서 고고학적으로 아주 의미 있는 예술 작품으로 인정받게 되었다. 구석기 시대의 예술 작품을 볼 수 있는 다른 중요한 동굴 벽화로는 100여 점의 다양한 동물 그림을 담은 프랑스의 라스코 벽화가 있다.

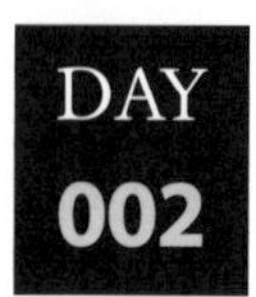

DAY 002

Egyptian Art I(3100BCE~400CE)

이집트의 생활방식과 세계관

삶의 변화에서 비롯된 새로운 문제

오늘은 고대 이집트 미술의 첫 번째 시간입니다. 먼저 고대 이집트 하면 무엇이 떠오르십니까? 피라미드, 미라, 파라오. 이런 것들이죠?

여기 피라미드가 하나 있습니다. 보시는 것은 쿠푸의 피라미드[1]입니다. 규모는 높이가 147m, 너비가 230m입니다. 어마어마하죠? 워낙 유명하니 더 이상의 설명은 그만두고 이런 의문을 가져보죠. 왜 만들었을까요? 기본 용도가 이집트의 왕 파라오의 무덤이라는 것은 다 압니다. '그런데 왜 이렇게 큰 규모로 만들었을까?'라는 의문이 듭니다.

고대 이집트는 지금과는 전혀 다른 시대입니다. 석기 시대를 갓 지난 때입니다. 오늘날의 기중기와 굴착기 같은 장비와 기술은 꿈도 못 꿀 때입니다. 엄청나게 무리한 공사였겠죠. 지금으로 보면 아마 서울시 전체에 뚜껑을 덮는 공사 정도의 상상하기도 싫은 프로젝트였을지도 모릅니다. 그런데 그게 어떻게 가능했을까요? 다들 불만은 없었을까요? 찬반을 두고 다양한 의견들이 난무하지는 않았을까요? 지금 같으면 그랬을 텐데요.

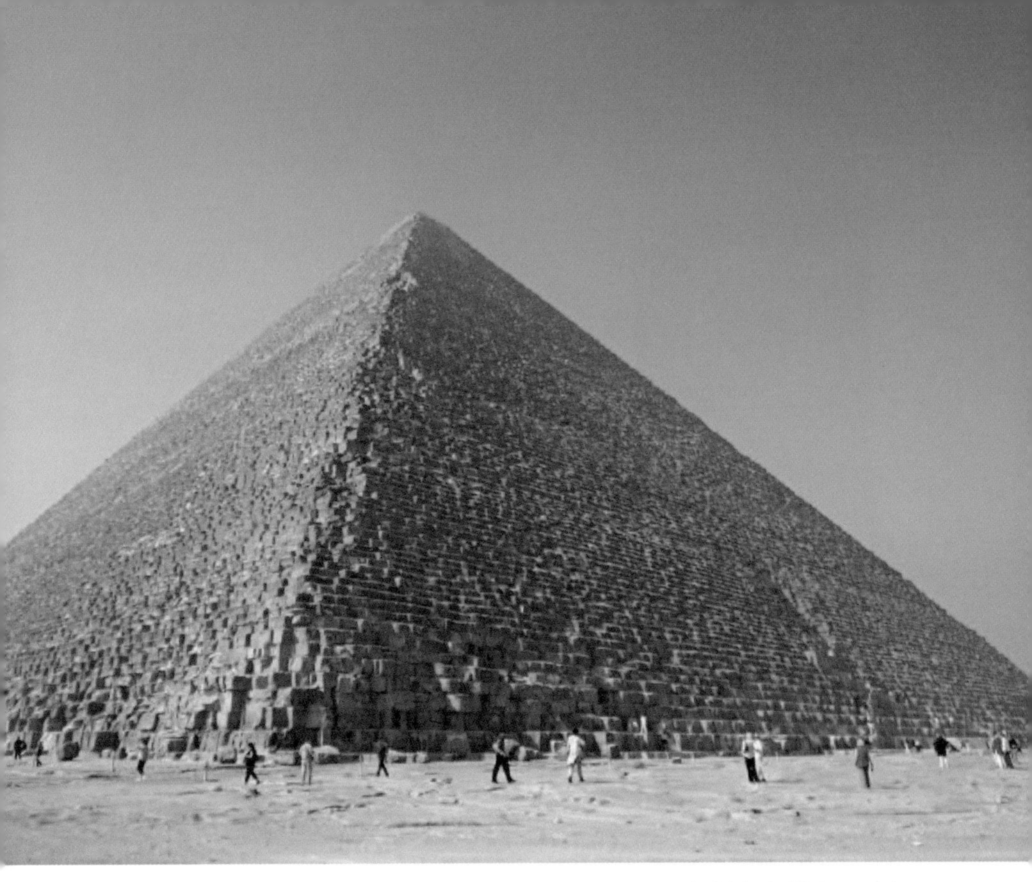

1 쿠푸의 피라미드 | 기원전 2500년경

혹시 당시 사람들은 지능이 낮고 심성이 단순해 다루기 쉬웠을 거로 생각하신다면, 아닙니다. 그들은 대단히 뛰어난 기술과 다양한 분야의 지식과 지능이 있었습니다. 당시 기술로 피라미드를 세운 것만 보아도 알 수 있지 않을까요?

그렇다면 뭘까요? 먹고 살기도 어렵던 그때 저런 무리한 공사가 가능했던 배경은? 혹시 당시 왕인 파라오와 권력자들의 강압에 의해 저 공사가 이루어졌을 것으로 생각하십니까? 물론 어느 정도는 있었을지 모릅니다. 하지만 억압에 의한 공사는 저런 완벽한 결과물을 만들지 못합니다. 부실 공사가 되었겠죠. 그리고 강압은 원래 오래 못 갑니다. 당연히 이집트의 역사도 3000년을 이어갈 수

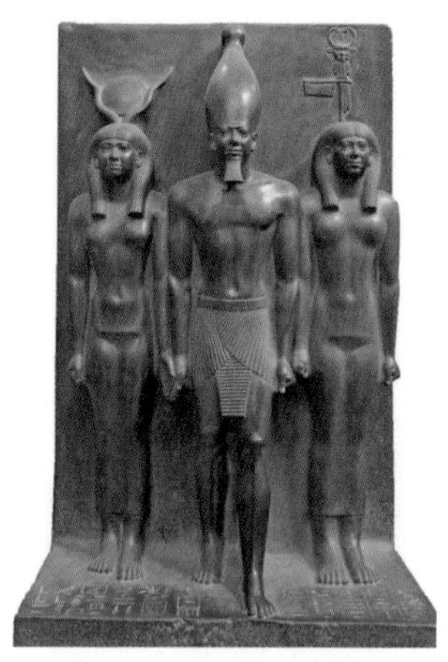

2 **멘카우레 조각상** | 기원전 2500년경

는 없었겠죠.

그렇다면, 다시 다른 곳에서 이유를 찾아보죠. 배경은 무엇이었을까요? 그런데 답은 우리의 생각의 범위를 벗어나지 않습니다. 이유는 간단합니다. 바로 먹고사는 문제 때문이었습니다.

아직은 잘 연관이 안 되죠? 다시 상상해보시죠. 때는 기원전 3000년 전, 이제야 인류는 정착 생활을 할 수 있게 되었습니다. 농업 기술이 개발된 덕분이죠. 수렵과 채취만의 한계는 끝났습니다. 하루하루 '동물이 안 잡히면 어쩔까? 잡아먹히면 어떡하지?' 하는 걱정에서 한시름 놓을 수 있었던 것입니다. 농사를 통해 인류는 계획적이고 안정적인 삶을 살 수 있게 된 것이죠.

그런데 생각지도 못 한 문제가 생깁니다. 빼앗아 가는 사람들이 생겼던 것입니다. 다 수확해 놓은 곡식들을 강탈해 가는 무리가 나타났던 것이죠. 그전에는 맹수들이 걱정이었는데 그것들을 쫓아내니 이제는 인간들이 더 문제입니다. 밤잠이 안 왔을 겁니다.

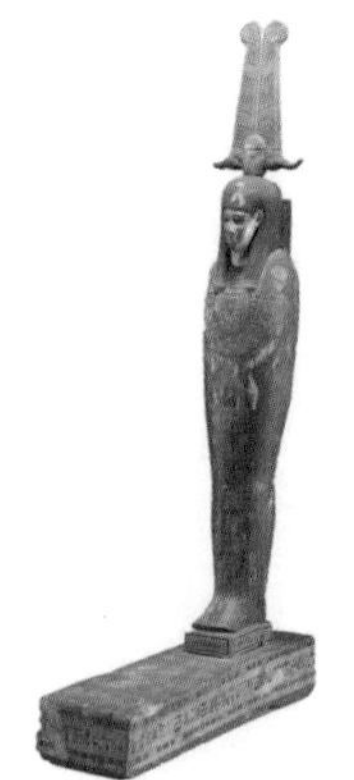

3 **프타-소카르-오시리스 조각상** | 기원전 305년경

그런데 한 가지 걱정거리가 또 있었습니다. 이것은 조금 더 큰 문제입니다. 수확한 것을 일부 강탈해 가는 정도가 아니라 아예 농산물 수확 자체를 막아 버립니다. 바로 나일강입니다. 정확히 말하면 나일강의 심술입니다. 물론 그 당시 사람들의 생각이죠. 당시 이집트인들은 나일강 변에 모여 살았습니다. 나일강은 그들에게 모

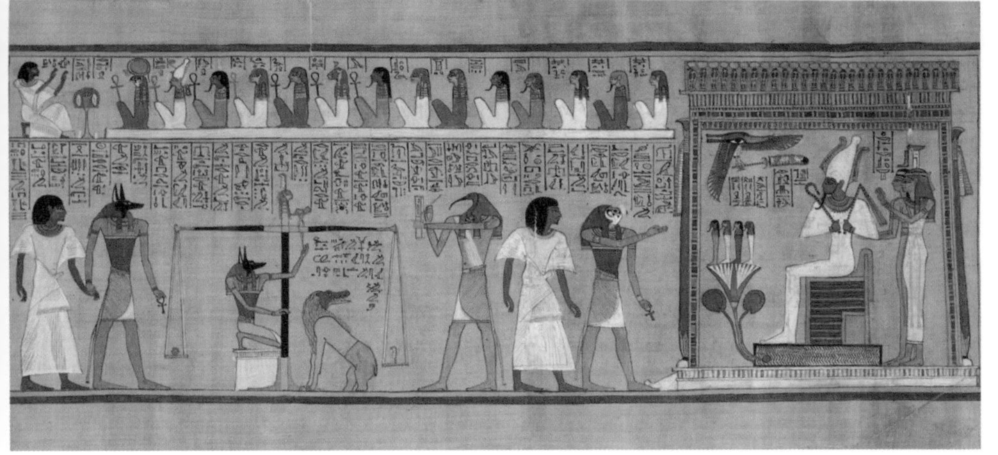

4 **후네페르의 파피루스, 사자의 서(부분)** | 기원전 1275년경

든 것을 주었습니다. 먼저 좋은 식량이었던 물고기, 하마, 악어 등을 제공해 주었습니다. 그다음 때때로 적당하게 범람해 주어 그 주변 땅을 비옥하게 해주고 농사지을 물을 공급해 주었습니다. 추가로, 뱃길을 열어주어 농산물 이동에도 큰 도움을 주었습니다. 나일강은 그들에게 생명 같은 존재였습니다.

그런데 문제는 나일강이 가끔 심술을 부린다는 것입니다. 뭐가 조금이라도 맘에 들지 않으면 확 넘쳐버려 대홍수로 모든 것을 싹 쓸어가 버립니다. 아니면 반대로 가뭄을 주어 바싹 말려 버립니다. 아주 큰 걱정이 아닐 수가 없었습니다. 당시 이집트 사람들은 이걸 주관하는 어떤 이가 있다고 믿었습니다. 그들은 바로 이집트 신들입니다. 홍수와 기근을 주면 한해 농사를 완전히 망칩니다. 아니 집까지 싹 쓸어갑니다. 마음 같아서는 찾아가 머리를 조아리며 빌어보기라도 하고 싶습니다. 그런데 안타깝게도 그 신들은 일반인의 눈에는 보이지 않습니다. 그러니 빌 수도 없습니다. 도대체 어떡해야 할까요?

피라미드의 왕국, 이집트

이집트에는 100여 개 넘는 피라미드가 있는데 이 중 가장 유명한 것은 기자의 피라미드군이다. 이곳에는 가장 큰 피라미드이자 세계 7대 불가사의 중 하나인 대피라미드(쿠푸의 피라미드)를 비롯하여 카프레의 피라미드, 멘카우레의 피라미드 등이 있고 사자의 몸에 사람의 머리가 달린 왕권의 상징인 스핑크스가 있다.

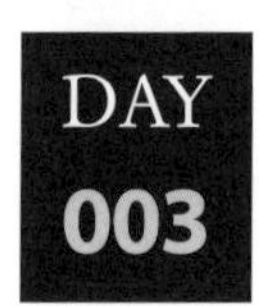

Egyptian Art Ⅱ(3100BCE~400CE)

영원불멸, 이집트 미술

모든 고민의 해결자, 파라오만 바라보다

고대 이집트 미술의 두 번째 시간입니다. 지난 시간에는 고대 이집트인들의 두 가지 고민에 관한 이야기로 끝을 맺었었죠? 오늘은 그들이 선택한 해결책입니다. 걱정은 두 가지였는데 하나는 다 수확한 곡식들을 빼앗아 가는 무리, 그다음은 나일강의 심술이었습니다.

그런데 반갑게도 이걸 해결해 주는 사람이 불쑥 나타났습니다. 바로 파라오[1]와 그들을 따르는 무리입니다. 그는 자신들에게만 충성하면 빼앗아 가는 도적들을 다 막아준다고 합니다. 그리고 막아주었습니다. 그나마 시름 하나는 던 셈입니다. 이제 파라오가 시키는 대로만 하면 뺏길 걱정은 없습니다. 충성은 당연히 필수조건입니다.

그렇다면 나일강의 심술은 어떠하죠? 그런데 뜻밖에도 고마운 존재가 또 불쑥 나타났습니다. 그는 자신이 나일강을 관장하는 신들과 대화를 할 수 있다고 말합니다. 충성만 잘하면 잘 이야기해 줄 수 있다는 것입니다. 당연히 해야죠. 그 역시 파라오입니다.

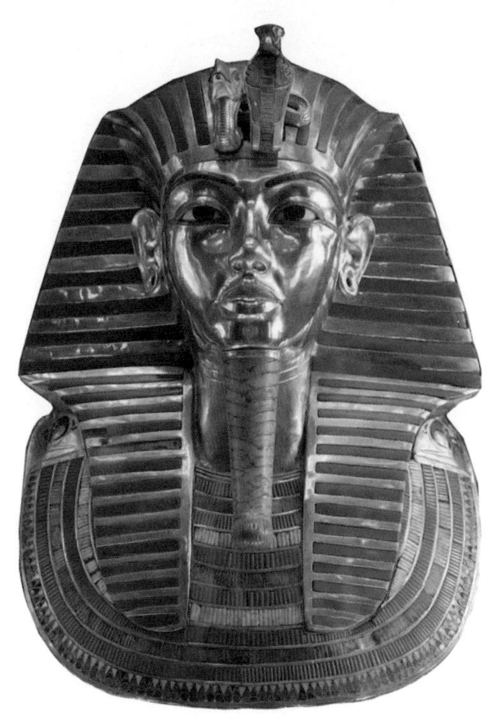

1 투탕카멘(제18왕조 12대 파라오)의 황금 마스크 | 기원전 1300년

결론이 났죠? '잘 먹고 편하게 살기 위해서는 파라오가 시키는 대로만, 그를 믿고 따르기만 하면 되는구나. 다른 생각은 전혀 할 필요가 없구나.' 파라오를 잘 모시면 식량을 빼앗는 적도 막아주고 나일강을 관장하는 신도 잘 설득해 주니 어쩌면 굉장히 간편해진 것이죠.

이 믿음이 변치 않고 3000년을 이어졌습니다. 그래서 그 긴 3000년 동안 이집트는 변화하지 않았습니다. 다른 생각이 필요 없었기 때문입니다. 이것이 고대 이집트인의 세계관이었습니다. 이제 좀 그려지시죠?

지금까지 저와 나눈 이야기로 이집트 미술에 관한 궁금증은 대부분 설명됩니다. 당시 파라오에 관한 이해와 나일강에 관한 이해가 중요합니다. 처음으로

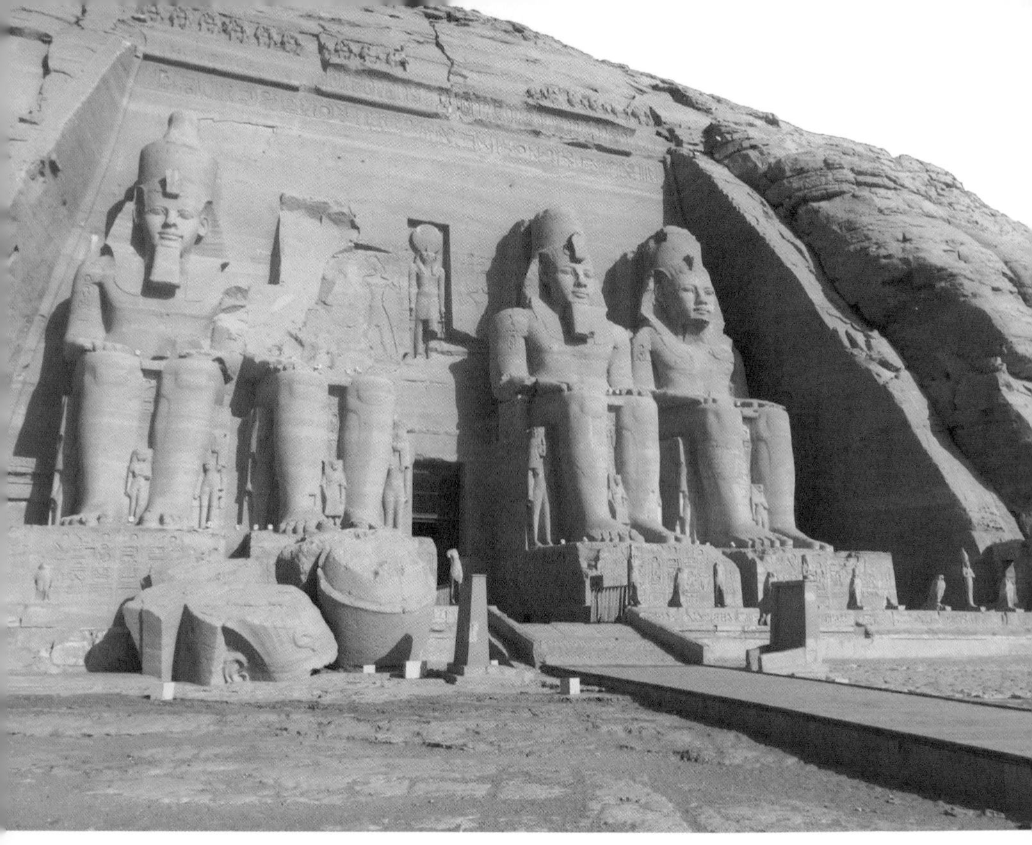

2 아부심벨 신전 | 기원전 1264년

돌아가 하나하나 풀어보죠.

첫째, 어떻게 그런 무리한 공사가 가능했을까요? 파라오가 원했기 때문입니다. 그가 원하는 건 뭐든 하는 것이 나에게 이롭습니다. 어쩌면 어려울수록 더 좋습니다. 아마 내 편안한 미래의 삶을 위한 저축이라는 생각이 들었을 것입니다. 그래서 그 거대한 공사를 완벽하게 해낼 수 있었던 것입니다. 강요만 가지고는 불가능한 공사를 말이죠.

그렇다면 파라오는 도대체 무슨 생각을 했던 걸까요? 그들은 자신이 죽지 않는다고 믿었습니다. 아니 죽긴 죽죠. 그런데 죽은 다음에도 다른 공간에서 다시 살아난다고 믿었던 것입니다. 그리고 그 삶은 영원할 거라는 것이죠. 그런데 그러기 위해서는 매우 중요한 조건이 하나 있었습니다. 그것은 살아서의 육신이 온전히 보존되어야 한다는 것입니다. 그래서 자신이 썩지 않게 미라로 만들어지길 원했습니다. 그리고 아무도 찾을 수 없는 엄청나고 복잡한 건축물인 피라미드 속에 숨긴 다음, 그 속에 또 미로를 만들어 누구도 찾을 수 없고 훼손할 수 없게 한 것이죠.

더불어 보조 장치로 자신과 닮은 석상까지 만들어 혹시 모를 사후 육신의 훼손까지 염두에 둔 것입니다. 즉 피라미드는 영원히 살려는 파라오의 집념과 그 파라오를 믿어야만 했던 이집트인의 생존 의지의 결합이 만들어낸 거대 건축 미술품이었던 것입니다.

두 번째 의문. 왜 3000년이라는 기나긴 시간 동안 이집트 미술은 변함이 없었을까요? 당연히 없어야겠죠. 변화라는 것은 현재에 대한 불만에서 시작됩니다. 아니면 현재에 대한 의심이죠. 그것이 인간에게 창의력을 줍니다. 그런데 당시 이집트인의 세계관 속에서는 전혀 필요가 없었겠죠? 그들 입장에서는 이미 하나의 절대 진리가 있었던 것입니다. '파라오가 시키는 대로만 하면 된다.

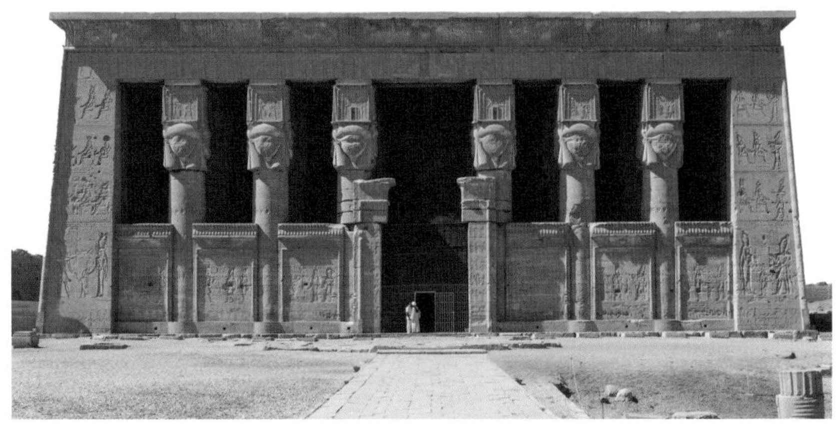

3 덴데라 신전 | 기원전 1500년

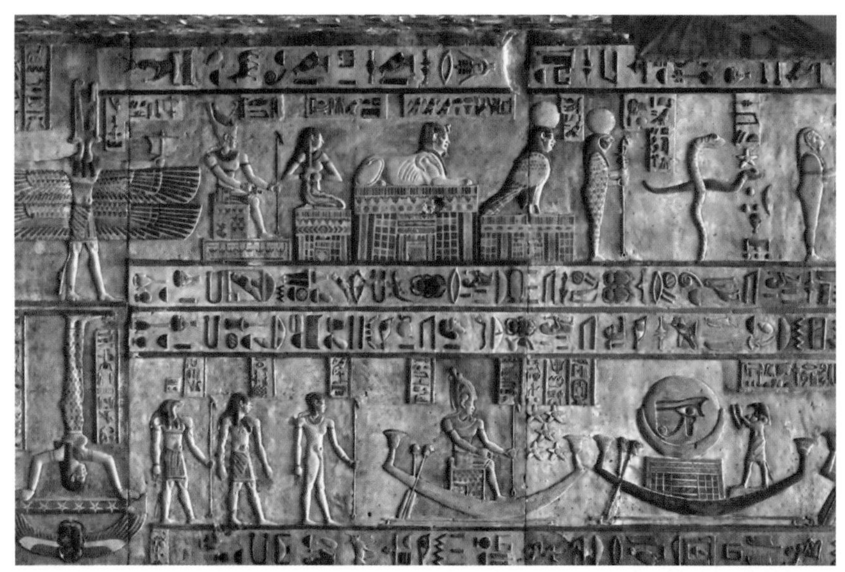

4 덴데라 신전 천장의 저부조

약탈자도 막아주고 나일강도 안전하게 지켜준다.' 그 밖의 생각은 시간 낭비일 뿐입니다.

이것이 3000년을 이어온 절대 진리입니다. 이제부터는 몇몇 미술품들을 볼까요? 아부심벨 신전[2]과 덴데라 신전[3]입니다. 용도는 이집트 신들이 편하게 살도록 만들어 놓은 것이며, 파라오와 신들의 만남의 장소입니다. 여기서 파라오는 나일강의 범람에 관해, 그리고 이집트의 미래에 관해 신들과 대화를 나누었겠죠.

보시는 것은 고대 이집트의 그림[4~5]입니다. 작가는 따로 없습니다. 고대 이집트인들은 그것이 전혀 중요하지 않았겠죠. 이미 절대 진리가 있는데요. 한 사람 한 사람의 생각은 전혀 중요하지 않습니다. 그래서 누가 그려도 똑같습니다. 좀 더 자세히 보면 통일되는 부분을 발견할 수 있습니다. 다리는 옆모습, 몸은 정면, 얼굴은 옆모습, 눈은 정면. 기타 여러 가지 동물이나 사물도 그려져 있는

데, 자세히 보면 어떤 규칙 같은 것이 보입니다. 그림마다 다 똑같습니다.

그런데 사실, 규칙이라고 보기보다는 진리입니다. 규칙은 시간에 따라, 시대에 따라 변하죠. 지루하면 바뀝니다. 그런데 고대 이집트는 변하지 않습니다. 진리이기 때문입니다.

이제 전보다 더 잘 이해가 되십니까? 다시 한번 강조하면 이집트 미술은 당시 파라오라는 존재에 관한 이해와 나일강의 중요성만 잘 안다면 이해가 보다 쉬울 것입니다. 당시 사람들의 세계관이 이집트 미술의 토대가 된 것이죠.

이집트의 절대 권력자 - 파라오

이집트인들은 파라오만 믿으면 모든 것이 해결되고 편하게 살 수 있다고 생각했고, 그 믿음은 굳건하게 3000년간 지속되었다.

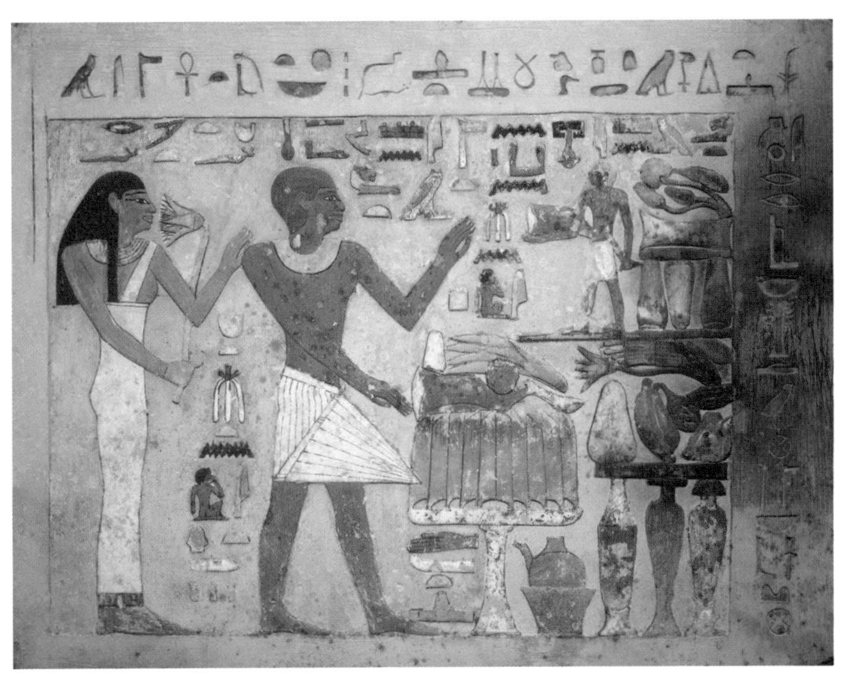

5 **아메넴헤트 왕과 왕비의 무덤 벽화** | 기원전 1956~1877년

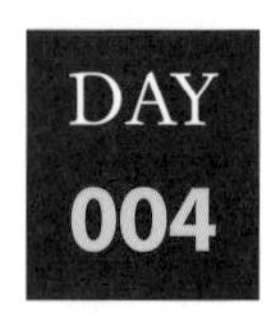

Greek Art(1000BCE~100BCE)

인간의 가치를 고민했던 그리스 미술

인간으로서의 품격이 시작되다

오늘은 고대 그리스 미술입니다. 고대 그리스는 미술 분야에서만 중요한 것이 아닙니다. 삶 전체에서 중요합니다. 이런 말은 들어 보셨죠? "모든 현재의 문명은 고대 그리스에서 나왔다."

원시미술에서 인간에게 필요한 것은 단지 의식주만이 아니었습니다. 그것만큼 중요한 또 다른 것이 있었습니다. 그것은 불안감 극복이었습니다. 다시 말해 제대로 살기 위해서는 안정감이라는 것이 꼭 필요하다고 강조했습니다. 그것이 없으면 화가 나고 우울증에 걸릴 수도 있습니다. 즉 선사인들은 의식주와 안정감, 그 둘을 위해 노력했습니다.

그런데 그 시기가 지나 고대 그리스로 오면서 사람들은 욕심 하나를 더 내기 시작합니다. 그것은 품위 있는 삶이었습니다. 그것이야말로 인간이 추구해야 할 모습이라고 고대 그리스인들은 판단했습니다. 품격이라는 가치가 처음 시작된 것이 고대 그리스입니다.

우리가 가지고 있는 상식을 하나 꺼내어 볼까요? 여러분 철학자 누구를 아십니까? 소크라테스, 플라톤, 아리스토텔레스 등을 아시죠? 이때 이것을 고민했던 사람들입니다. 3000년 전에 말이죠. 여러분은 콘서트나 오페라, 연극, 뮤지컬 등을 좋아하십니까? 이때 이런 것들의 유행이 시작되었습니다. 활발하게 말이죠. 여러분 책도 좋아하십니까? 이때 아주 유명한 작가가 있었습니다. 호메로스입니다. 그가 쓴 『일리아드』와 『오디세이』는 현재 모든 문학의 시초라고 해도 과언이 아닙니다.

그것뿐입니까? 그들이 상상해낸 그리스 신화는 지금도 많은 사람의 머릿속에 숨 쉬며 많은 아이디어를 줍니다. 이렇게 3000년 전에 그들은 인간의 품위 있는 삶에 관해 고민하고 실천하고 있었습니다. 그렇다면 그들은 어떤 방식을 통해 알아내었을까요? 우리도 같이해 볼까요?

머릿속으로 가장 아름답다고 생각하는 꽃을 떠올려 보세요. 혹 날씨가 좋다면 창밖의 파란 하늘과 구름을 바라보세요. 어떠십니까? 아름다움이 느껴지시나요? 그다음은 어떻습니까? 기분이 좋아지지 않습니까? '아름다운 것을 보면 기분이 좋아진다.' 보통은 여기서 끝이 납니다. 그런데 고대 그리스인들은 한발 더 나아갑니다. '아름다움이란 뭘까? 아름다운 것을 보면 왜 기분이 좋아질까? 동물도 아름다움을 느낄까?' 그리스인들은 이런 것을 끝없이 고민하고 아고라(광장)에서 토론했습니다. 그 과정에서 답도 만들었습니다. '아름다움은 오직 인간만 느낄 수 있다. 그리고 인간만 창조할 수 있다. 그러므로 인간이 그것의 척도이다. 또한 아름다운 것을 보면 기분이 좋아지니 인간은 늘 아름다움을 추구해야 한다.' 그들은 이렇게 실용성을 떠나 아름다움을 추구했습니다.

먼저 다음에 나오는 두 개의 조각상을 통해 그들이 추구했던 것을 보여드리죠. 하나는 이집트 시대의 것이고, 하나는 그리스 시대의 것입니다. 차이가 느껴지십니까? 시대에 따른 기술 차이가 아닙니다. 세계관의 차이입니다. 이것이

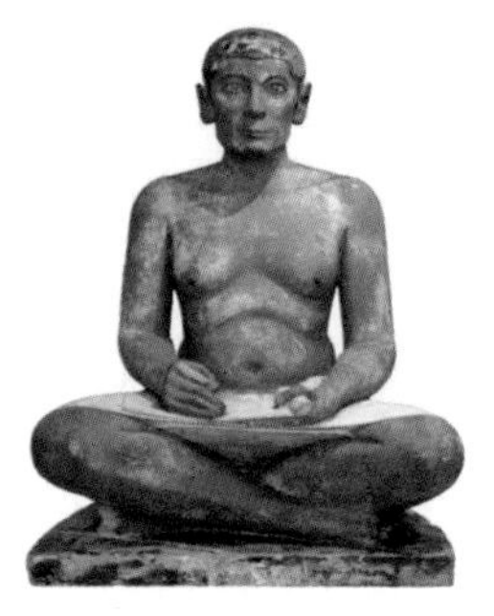
1 서기의 좌상 | 기원전 2600년

고대 그리스 미술의 중요한 특징입니다. 그들의 차이를 잠깐 더 살펴볼까요?

왼편의 이집트 조각상은 「서기의 좌상」[1]입니다. 서기는 기록하고 계산을 하는 업무를 합니다. 당연히 이집트 사람들은 정확히 그것만 표현했습니다. 아래는 루브르 박물관에 소장되어 있는 「밀로의 비너스」[2]입니다. 밀로섬에서 발견되어 그런 이름이 붙었고요. 팔이 보이지 않는데 그대로를 살리기 위해 복원하지 않은 것입니다. 그런데도 미묘한 몸동작과 천의 질감을 통해 아름다움을 추구했던 그리스인의 생각이 충분히 드러나 보입니다.

다른 대표적인 조각상도 볼까요? 「라오콘의 군상」[3]과 「사모트라케의 니케」[4]입니다. 역시 그 동세(動勢)에서 그리스인들이 추구했던 아름다움의 이상이 엿보입니다. 라오콘부터 보면 한마디로 감탄부터 나옵니다. 그로부터 1500년 후 최고의 미술 전성기였던 르네상스 시대의 미켈란젤로 작품과 비교해도 부족하지 않을 정도의 완성도를 보여주고 있습니다. 내용은 바다의 신 포세이돈으로부터 미움을 산 라오콘이 그가 보낸 두 마리 뱀에게 두 아들과 함께 물려 죽는 장면입니다. 오른편은 그리스 신화에 나오는 승리의 여신 니케의 조각상입니다. 루브르 박물관의 대표작으로 유명하죠. 이 작품 역시 복원이 되지 않아 머리 부분과 몸의 일부가 없는데 열띤 토론 끝에 복원보다는 그대로가 더 충분하다는 결정으로 현재 이렇게 전시되고 있는 작품입

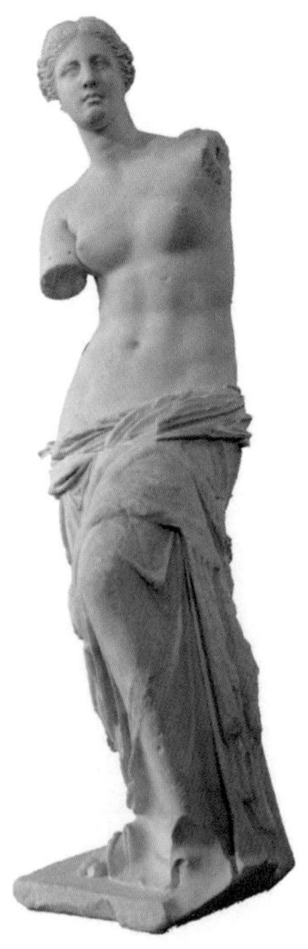
2 밀로의 비너스 | 기원전 130년

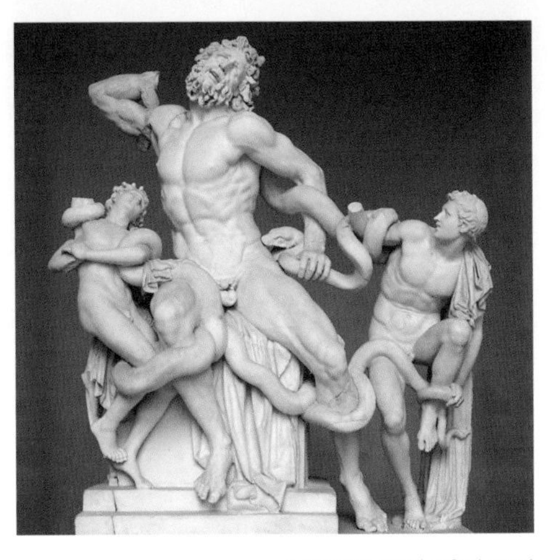

3 라오콘의 군상 | 기원전 100년

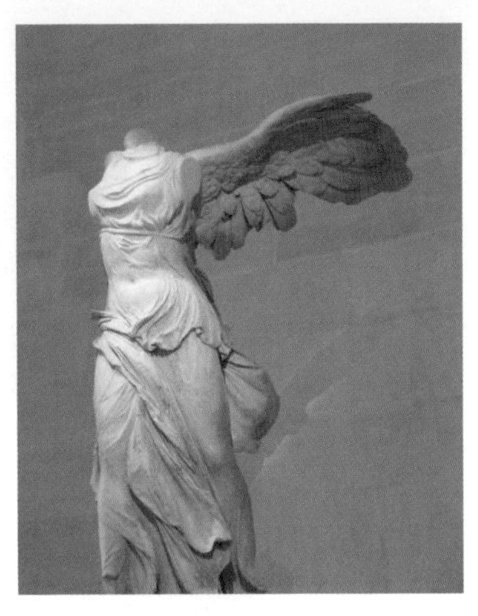

4 사모트라케의 니케 | 기원전 200년

니다. 두 작품 모두 그리스 조각의 절정을 보여준다는 평을 받고 있습니다.

이번에는 고대 그리스인들이 사용했던 도자기들[5~7]을 보시죠. 특히 도자기는 미술 감각뿐만 아니라 생활상까지 엿볼 수 있는 좋은 소재입니다. 그런데 어떤가요? 일단 종류가 많습니다. 제사 때 쓰는 용기, 결혼식 때 쓰는 용기, 작은 소품들의 저장 용기, 종류마다 다른 술잔들, 물을 긷는 용기, 향유 용기들…. 다양한 종류가 있지만 실용적이지는 않아 보입니다. 이렇게 많다면 관리도 힘들겠죠? 역시 이들은 편리함만을 추구하지는 않았습니다. 인간만 누릴 수 있는 아름다움에 큰 가치를 두었다는 것을 알 수 있습니다.

이번에는 하나하나의 형태에 초점을 맞춰 보시죠. 빨리 만들어 대량 생산을 할 생각이 없습니다. 조금씩 조금씩 다 다릅니다. 각각의 이상적 비율을 생각했고, 균형에 초점을 맞추었기 때문입니다. 과하지도 않고, 부족하지도 않은 균형을 맞춘다는 것은 보통 일이 아닌데 말이죠.

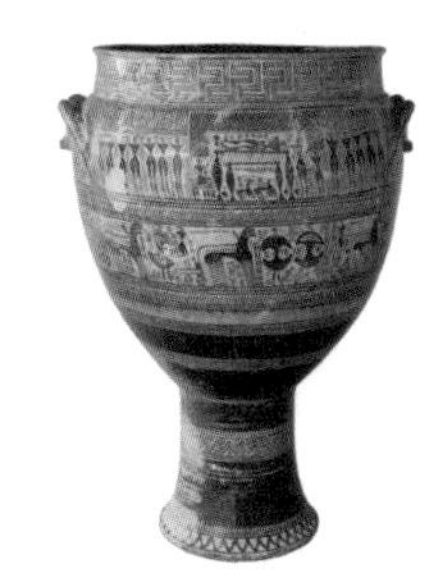

5 유해 안치 의식 장면이 있는 항아리 | 기원전 750년

건축물도 살펴볼까요? 먼저 파르테논 신전[8]입니다. 그리스 여행 시 보통은 필수로 보게 되죠. 사람이 살았던 곳

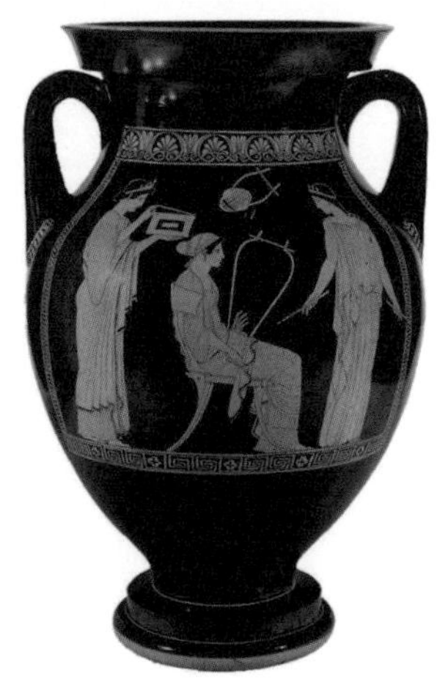
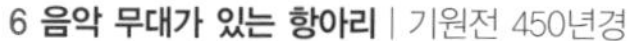

6 음악 무대가 있는 항아리 | 기원전 450년경

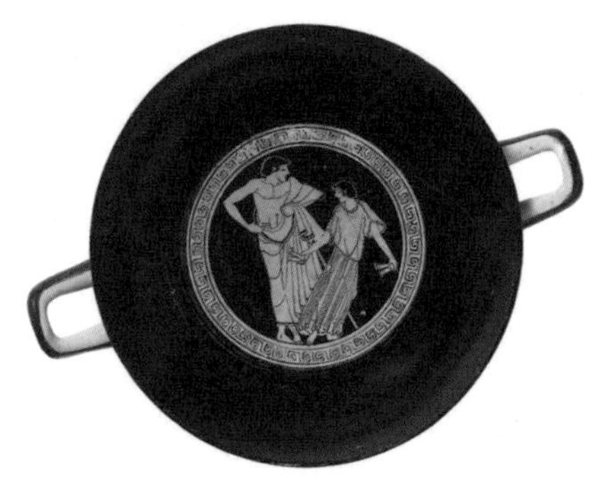

7 춤추는 남녀가 있는 술잔의 내부 | 기원전 490년경

은 아니고 아테나 신을 모셨던 신전입니다. 대략 2500년쯤 전의 건축물이지만 너무 훌륭한 나머지 이것을 모방한 현대 건축물들은 전 세계에 너무나 많습니다. 대표적으로는 프랑스 국민의회 의사당[9], 미국 대법원, 그리고 우리나라의 덕수궁 석조전이 있습니다. 그리스인들은 이 건축물에서 힘과 부와 영원불멸을 표현했습니다. 당연히 그런 의미로 보이고 싶은 건물들이 이것을 모방한 것이죠. 그런데 파르테논 신전의 이면에는 아무리 눈으로 보아도 알 수 없는 것들이 숨어 있습니다. 바로 이상적 아름다움입니다.

간단히 말씀드리죠. 아무리 보아도 직각과 수직 수평처럼 보이는 이 파르테논 신전은 곡선으로 이루어졌습니다. 일단 바닥이 곡선입니다. 미세하게 가운데가 불룩합니다. 기둥도 그렇습니다. 그리고 직각으로 서 있는 것 같지만 약간씩 안쪽으로 기울어진 형태입니다. 결론적으로 이 파르테논 신전은 대략 7만 개의 대리석 조각으로 만들어진 것인데 그 7만 개가 서로 다릅니다. 꼭 맞는 위치는 한 군데씩뿐입니다. 처음에는 몰랐습니다. 복원하기 위해 전문가들이 투입되면서 이 비밀들이 밝혀지게 된 것이죠. 상상이 가십니까? 그들의 아름다움

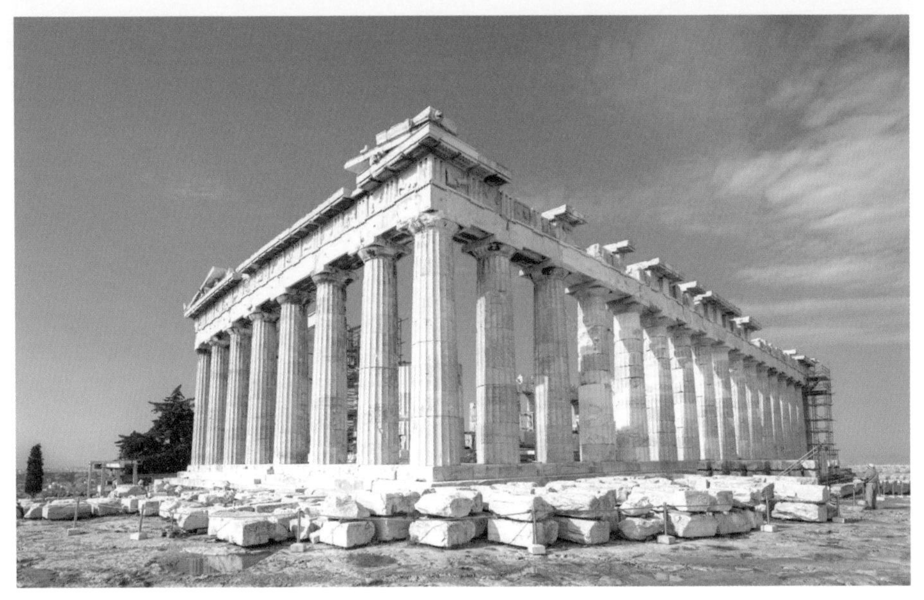

8 파르테논 신전 | 기원전 432년

을 향한 집념은 대부분 평범을 넘어선 상태였다는 것입니다.

결론은 이렇습니다. 고대 그리스인들은 진정한 인간다움을 아름다움의 추구 그리고 덕성에서 찾으려고 했습니다. 그리고 그 이상적 결과물들이 고대 그리스 미술의 핵심입니다. 앞으로 그리스 미술품들을 보실 기회가 생긴다면 오늘 말씀드린 시각에서 감상해 보시기 바랍니다. 전에 보이지 않던 것들까지 볼 수 있을 것입니다.

힘과 권위의 상징, 파르테논 신전

프랑스 국민의회 의사당, 미국 대법원 등 전 세계의 유명한 현대 건축물은 바로 그리스 예술의 대표적인 건축물인 파르테논 신전을 모방했다.

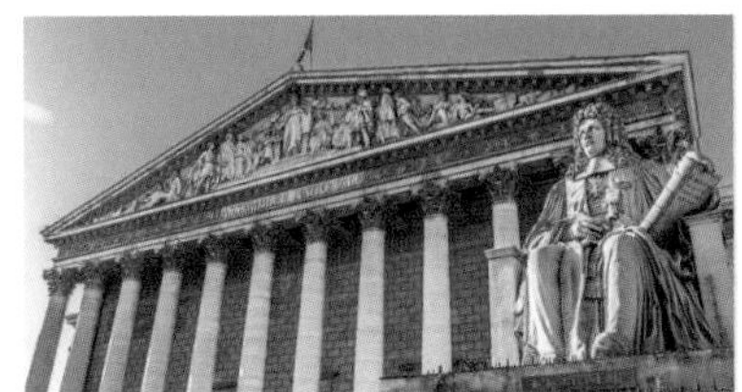

9 프랑스 국민의회 의사당(부르봉궁) | 1722~1728년

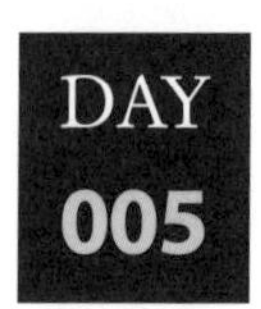

Roman Art I(500BCE~500CE)

2000년 전과의 소통, 로마 미술

환경이 생각을 길들이고 행동을 만들다

오늘은 고대 로마 미술의 첫 번째 이야기입니다. 고대 로마 미술을 이해하려면 보아야 할 위치가 있습니다. 그 위치를 잘못 잡으면 겉모습만 보게 됩니다. 보통 작품은 이렇게 봅니다. '작품에는 작가가 있다. 작가는 자신을 표현한다. 그러므로 작품을 통해 작가를 느껴야 한다.'

하지만 고대 로마 미술은 이 상황에 해당하지 않습니다. 아마 현대의 시각으로 보면 모든 로마 미술은 이렇게 보일 겁니다. '와, 잘 만들었네. 멋지네…. 2000년 전에 어떻게 이렇게 만들었을까?' 콜로세움을 봐도, 어떤 조각상이나 벽화를 봐도, 폼페이의 수많은 미술을 봐도, 다 같을 겁니다. '대단해. 옛날 사람들이… 2000년 전에 말이야….'

그렇다면 어떤 위치에서 보아야 할까요? 첫째는 고대 로마인들을 단지 옛날 사람으로 보지 말고 현재 우리 모습을 반영해서 보아야 합니다. '아! 인간은 이 환경에서 이런 행동과 모습을 보였구나.' 하는 정도로 말이죠. 로마 미술 감상은 2000년 전과의 소통입니다. 그것이 매력입니다.

두 번째는 미술의 정의를 넓혀야 합니다. 작가, 작품, 감상, 이런 구분된 시각은 근대에 들어서 생긴 것입니다. 미술이란 시간의 흐름에 따라 행해졌던 인간의 모든 창조 행위입니다. 이 점을 잊지 말아야 합니다. 그럼 이제부터 고대 로마 미술과 소통해 볼까요?

그런데 여러분은 고대 로마에 관해 이미 알고 계십니다. 거기서부터 시작해 보죠. 콜로세움[1~2]을 아시죠? 검투사도 아실 겁니다. 그리고 황제가 엄지손가락을 올리면 검투사가 살고, 내리면 죽는 것도 아실 겁니다. 도대체 왜 그래야 했을까요? 이것의 속사정을 알면 로마의 건축 미술품 콜로세움을 이해할 수 있지 않을까요?

간단히 보죠. 당시 로마시에는 100만 명 정도가 살고 있었는데 그중 로마 시민들은 대부분 일을 하지 않았습니다. 일할 필요가 없었습니다. 왜냐하면 로마에는 광대한 영역의 속주들이 있었고, 속주민들이 다 세금을 냈기 때문입니다. 지금 같으면 임대 수입이 엄청나게 많다고 할 수 있겠죠. 만약 돈이 떨어지면 또 전쟁해서 속주를 만들고, 재물을 뺏고, 포로들은 노예로 팔면 됩니다. 또 일

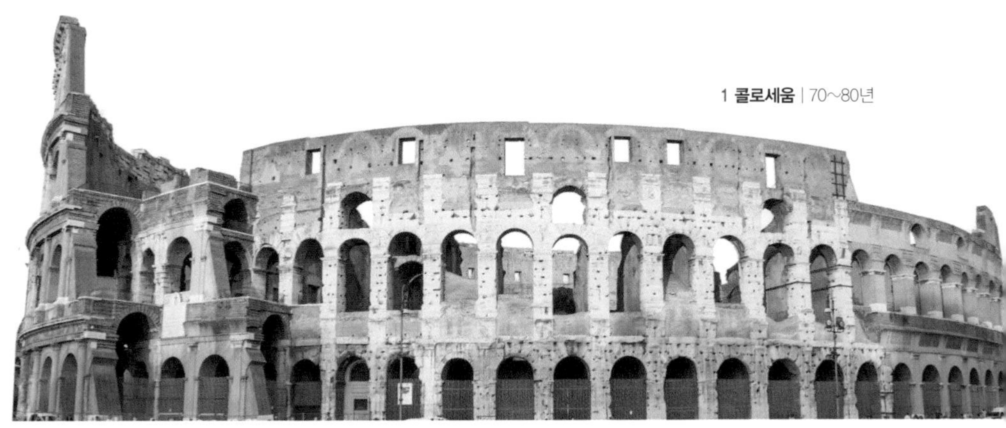

1 **콜로세움** | 70~80년

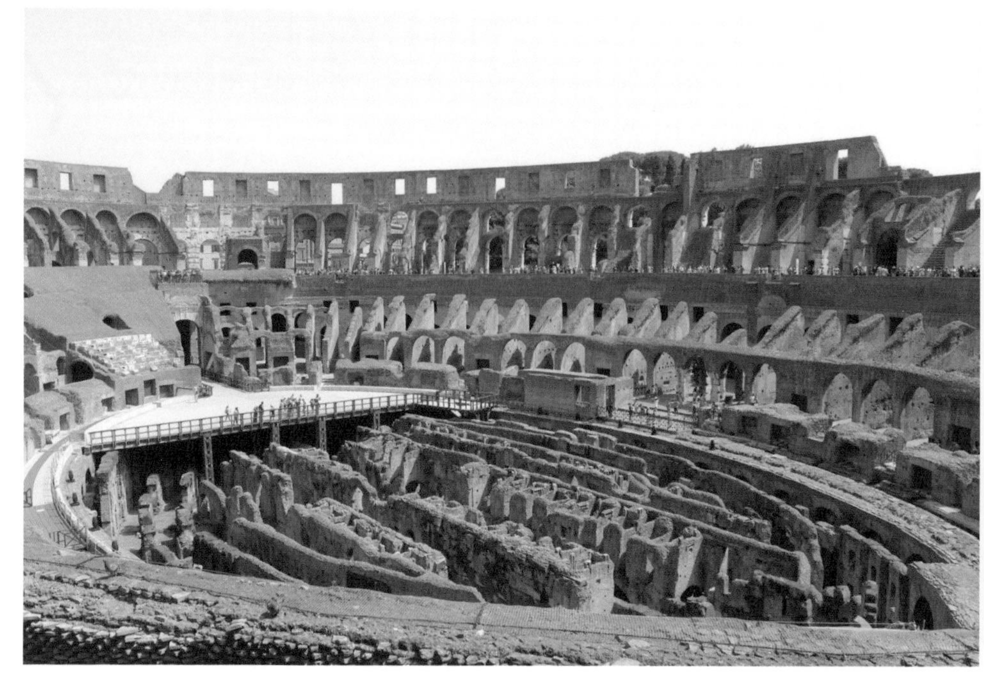

2 콜로세움의 내부

이 있다면 자신의 노예들에게 시키면 됩니다. 당연히 로마 시민들은 별로 할 일이 없었겠죠? 좋을 것 같지만 그러다 보니 부작용이 생겼습니다. 각종 범죄와 폭동들이 많아졌던 것이죠. 딱히 할 일이 없으니 그런 문제가 생긴 건지도 모릅니다. 골머리를 앓던 황제인 베스파시아누스[3]는 아이디어를 냈습니다.

"쇼를 하자. 저 할 일이 없는 시민들이 몰입할 수 있는 아주 자극적인 쇼를 하자."

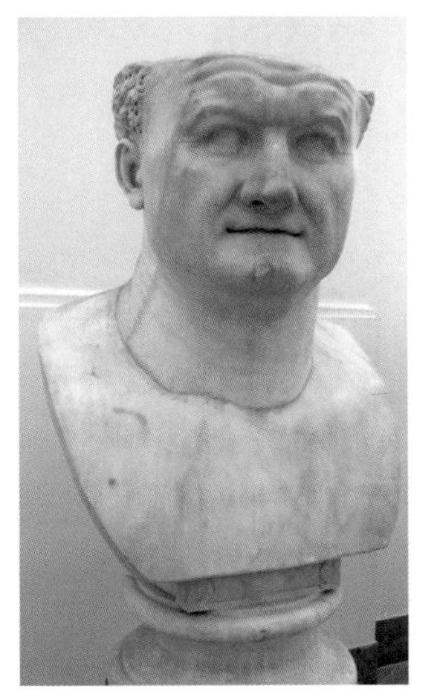

3 **베스파시아누스** | 80년경

그것이 콜로세움의 탄생 배경입니다. 물론 콜로세움 이전에도 원형 경기장이 있었고 검투 경기는 있었습니다. 하지만 베스파시아누스의 계획은 달랐습니다. 가장 큰 경기장에서 가장 화려하고 자극적인 쇼를 만들기를 원했습니다. 쇼의 내용을 볼까요. 아시겠지만 간단합니다. 대부분 죽이는 겁니다. 그것보다 더 자극적인 것은 없겠죠? 그래서 검투사끼리 죽이고, 맹수가 사람을 죽이고, 사람이 맹수를 죽이고…. 이렇게 하루에도 수백 명의 사람과 수백 마리의 코끼리, 타조, 호랑이, 하마, 사자 등이 죽어 나갔습니다. 그렇게 모든 쇼는 피비린내가 진동하는 것이었습니다.

콜로세움의 이런 끔찍한 개막 쇼는 100일 동안 이어졌고 사람들은 열광했습니다. 베스파시아누스의 계획이 맞아떨어진 것이죠. 그러나 그는 콜로세움의 경기를 보지 못합니다. 그전에 병사합니다. 개막의 주인공은 그의 아들 티투스 황제[4]였습니다. 그런데 이런 생각이 드시죠? '어떻게 죽고 죽이는 게 가장 재미있는 쇼였을까?' 하지만 그때는 그랬습니다.

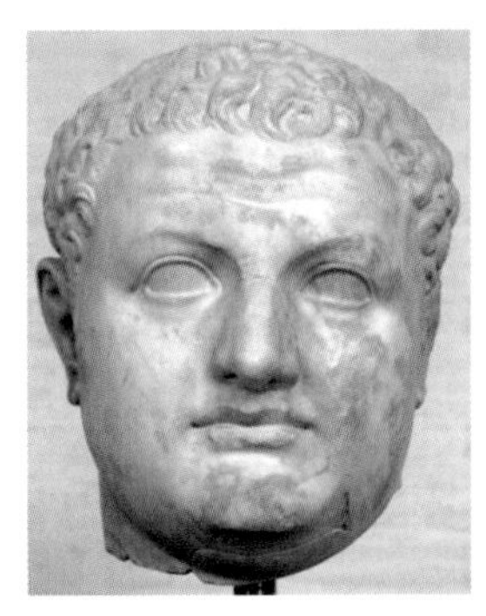

4 **티투스** | 100년경

환경에 따라 사람의 생각은 달라집니다. 죽고 죽이는 검투 경기가 그때는 지금의 큰 스포츠 이벤트 같은 것이었습니다. 어떤 상황인지 짐작이 가시겠죠? 관중들은 피 냄새를 맡으며 간식을 즐겼고, 언제 죽을지 모르는 검투사들이 흘린 땀은 병에 담겨

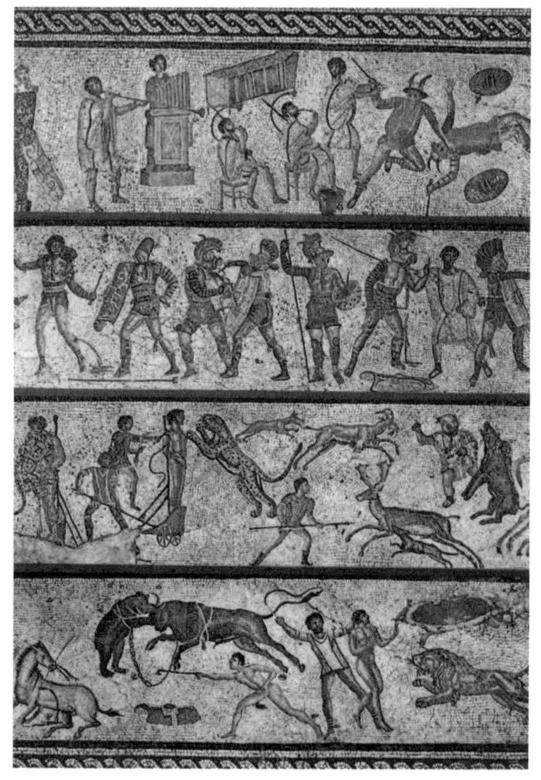

5 로마의 투수사(맹수와 싸우는 투사)를 그린 즐리텐 모자이크 | 100년경

여인들의 향수로 판매되었습니다.

이제 그들의 가장 유명한 건축물이자 미술품인 콜로세움 자체에 초점을 맞춰보죠. 보통 사람이라도 일에 열중하면 몰입은 합니다. 하지만 예술가의 그것과는 다릅니다. 차이가 큽니다. 예술가들은 몰입할 때 엄청난 에너지와 아이디어를 쏟아냅니다. 놀라울 정도입니다. 콜로세움을 만든 예술가들도 그랬습니다. 왜 그랬을까요?

왜 콜로세움에서는 로마인들은 자극적인 쇼를 즐겼을까?

특별한 일거리 없이 지내는 로마인들의 범죄율을 낮추고 그들을 통제하기 위한 수단으로 자극제가 필요했기 때문에 로마 황제의 명령 하에 콜로세움에서는 피비린내가 진동했다.

콜로세움은 모든 로마 시민의 염원이었습니다. 꿈이었습니다. 사실 처음부터 무리한 계획이었습니다. 하지만 때론 그런 것이 사람을 더 긴장시키고 몰입시킵니다. 그러다 보니 콜로세움의 염원을 짊어진 예술가들은 계획이 벽에 부딪힐 때마다 기가 막힌 아이디어를 내며 극복해 갑니다. 예술가의 극한 몰입은 때론 불가능을 넘어섭니다. 이것이 감상 포인트입니다.

콜로세움에는 이런 것들이 수도 없이 숨어 있습니다. 그들은 아치를 정말 잘 이용했고, 콘크리트, 붉은 벽돌, 기중기 등을 개발하며 5만 명에서 8만 명이나 수용할 수 있고 그늘막 배수시설까지 완비된, 상상하기도 어려운 대형 경기장을 만들어냈던 것입니다. 심지어 물을 담아 놓고 해상전투 연극도 했다고 하죠. 원형 경기장에서 벌이는 해상 쇼…. 현시대에도 이런 것이 가능하다는 얘기를 들어본 적이 없을 정도로 그들은 대단한 규모의 오락거리를 제공할 수 있었습니다.

건물의 구조적, 예술적 디테일은 또 어떤가요? 만약 콜로세움을 직접 방문할 기회가 생긴다면 우리는 2000년 전으로 돌아가 그 당시 눈앞에 펼쳐진 광경을 상상하며 감상하는 것이 좋을 것입니다.

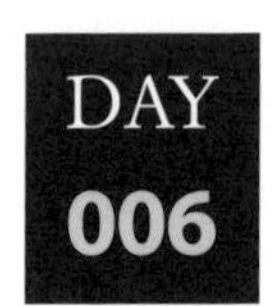

Roman Art Ⅱ(500BCE~500CE)

힘과 사치의 미술, 로마 미술

권력에서 비롯된 현실과 사치를 담다

오늘은 고대 로마 미술의 두 번째 이야기입니다. 지난 시간에는 콜로세움을 감상해 보았는데요, 콜로세움은 결국 정치인들의 통치 목적의 하나로 생겨났다고 설명했습니다. 그런데 알고 보면 고대 로마 미술은 대부분이 그렇습니다. 그것이 그리스 미술과의 차이입니다.

그리스 미술을 이상적 아름다움을 위한 창조라고 볼 때 로마 미술은 정치적 목적이나 사치품이 대부분입니다. 사실, 그리스와 로마는 태생부터가 전혀 다릅니다. 그리스는 도시국가가 기본입니다. 침략보다는 공존하는 성격이 강했습니다. 여러분도 아테네와 스파르타는 들어 보셨죠? 다 작은 도시국가들입니다.

반면 로마는 힘을 바탕으로 영토를 확장하는 제국주의 성격이 강합니다. 이런 말을 들어 보셨죠?

"모든 길은 로마로 통한다."

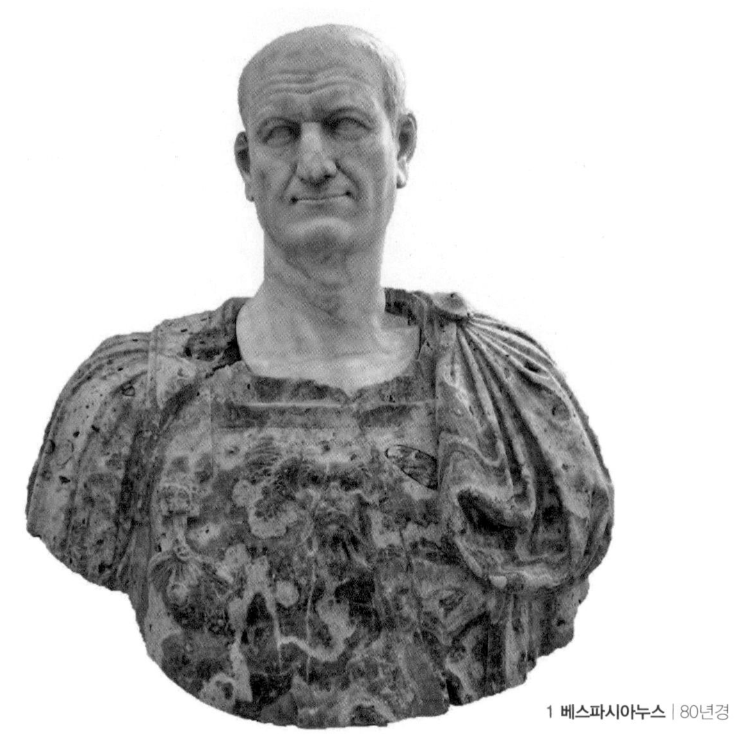

1 베스파시아누스 | 80년경

당시 지중해 연안은 거의 로마 제국이었습니다. 그렇게 상반됩니다. 단지 비슷해 보이는 이유는 로마가 그리스 미술의 복제품을 많이 만들었기 때문입니다.

여러분은 로마 하면 또 이것이 떠오르시죠? 흉상입니다. 고대 로마를 배경으로 한 영화를 보시면 흉상이 자주 나온다는 것을 알 수가 있는데, 먼저 콜로세움의 아이디어를 낸 황제 베스파시아누스의 흉상[1]을 볼까요? 그런데 어떻습니까? 먼저 인상이 찌푸려져 있습니다. 이번에는 머리를 보세요. 대머리가 그대로 드러나 있습니다. 이마에는 깊은 주름이 가득합니다. 눈 밑은 축 처졌고, 눈가 주름, 팔자주름은 진하고 깊습니다. 꽉 다문 입 덕분에 턱 밑 살은 더욱 늘어져 보입니다. 한마디로 뭘까요? 조금도 미화시키지 않겠다는 뜻입니다.

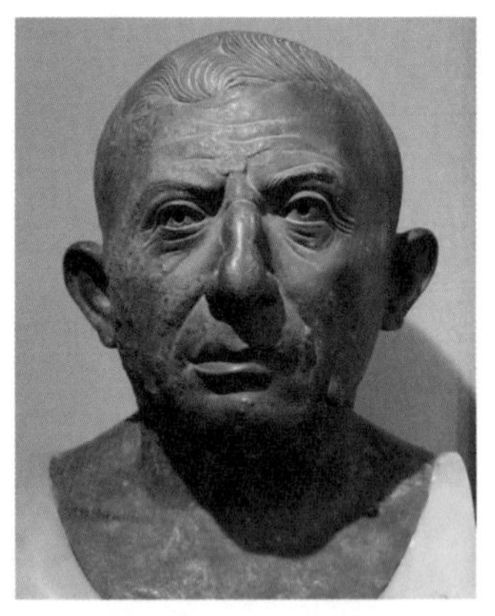

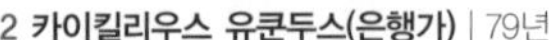

2 카이킬리우스 유쿤두스(은행가) | 79년

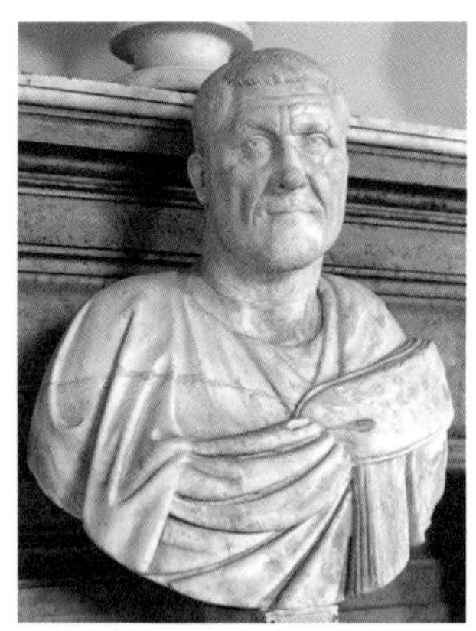

3 막시무스 트락스(군인 황제) | 235~238년

혹시 이 황제만 그럴까요? 아닙니다. 대부분의 흉상이 이렇습니다. 참 이상하죠? 지금이라면 어떤 중년 남성도, 직업이 정치인이라도, 경제인이라도, 누구라도 가능하다면 외모가 멋지고 어려 보이기를 원합니다. 그런데 이때는 왜 이랬을까요? 이유는 성공의 과정이 지금과 달랐기 때문입니다.

남자라면 욕심이 있습니다. 돈을 많이 갖고 싶습니다. 권력을 갖고 싶습니다. 마음에 드는 여자와 함께하고 싶습니다. 그렇다면 어떻게 해야 할까요? 잘 보여야 합니다. 좋은 이미지를 줘야 합니다. 그래야 기회를 얻을 수 있습니다. 취업도 될 수 있고, 경쟁에서 뽑힐 수도 있고, 여자의 마음도 얻을 수 있습니다. 당연히 미화해야죠.

하지만 고대 로마는 달랐습니다. 딱 한 가지만 있으면 됩니다. 강력한 힘입니다. 이미지가 좋다고 해서 기회가 주어지지 않습니다. 돈이든 권력이든 여자든, 힘으로 싸워 뺏어야 합니다. 승자에게는 모든 것이 주어집니다. 이

로마의 흉상들은 왜 그토록 사실적일까?

힘이면 돈이든 물건이든 모든 것을 누릴 수 있었던 로마 시대에는 굳이 외모를 미화해서 꾸밀 필요가 없었다. 대상의 생긴 모습 그대로를 보여 주어 실제 권력을 표현하려고 했던 것이 그 당시 로마인들의 생각이었다.

기는 순간, 진 사람 것은 모두 내 것입니다. 재물만 그럴까요? 사람도 그렇습니다. 지는 순간 그 사람은 노예가 됩니다. 죽이든 살리든 뭐라 할 사람이 없습니다. 또 이긴 사람은 모든 여자를 가질 수 있습니다. 누구의 부인이든 미성년자든 상관이 없습니다. 다 마음대로입니다. 지금이라면 아무리 돈이 많고 권력이 있더라도 그렇게는 못 하겠죠. 법이 있으니까요. 하지만 로마는 힘이 법이던 시대입니다. 좋은 이미지가 굳이 왜 필요할까요? 누구에게 보여주려고요? 힘만 있으면 됩니다. 그래서 흉상들은 미화되지 않았던 것입니다. 그것을 로마 사실주의 미술이라고 말합니다.

이번에는 로마의 귀족들이 사용하던 유리 공예품**4~5**을 보시죠. 어떤가요? 아름답고 화려하죠? 어떻게 보면 지나치죠? 당시에 엄청나게 비싼 가격으로 팔리던 것들입니다. 노예 한 명 값과 맞먹는 것도 있습니다. 한마디로 사치품들입니다.

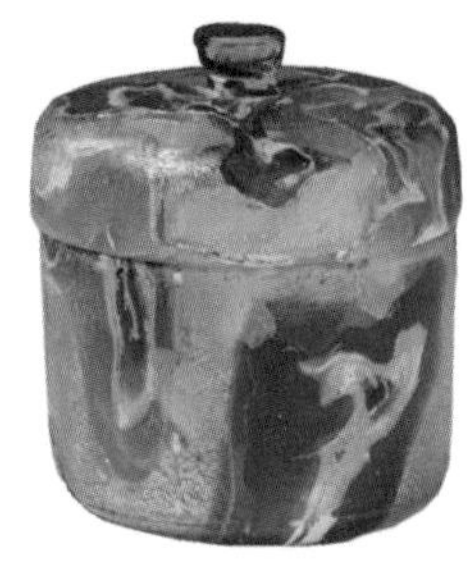

4 보석상자 | 100년경

이런 생각을 해보시죠. 여러분은 첫 월급을 받았던 날이 기억나십니까? 얼마나 소중하던가요? 힘든 아르바이트를 해서 번 돈도 그럴 겁니다. 노동의 대가로 번 돈은 아끼게 됩니다. 그게 이치입니다. 그런데 공돈이나 빼앗은 돈은 어떨까요? 물론 누구의 것을 힘으로 빼앗아 보신 분들은 거의 없으시겠지만요…. 그래도 상상은 가시죠? 씀씀이가 헤프게 되고 사치하게 되죠.

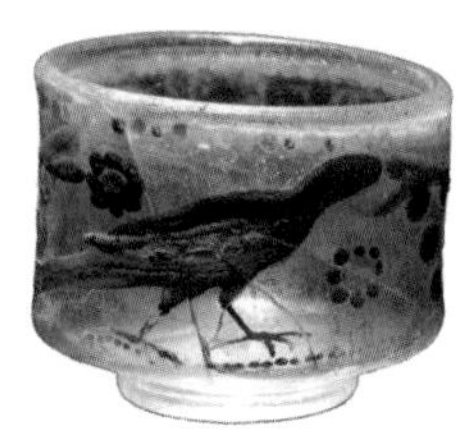

5 유리잔 | 200년경

로마의 많은 귀족이 그랬습니다. 힘들게 돈을 벌어본 적이 없던 사람들이 갑자기 부자가 되자 사치를 하게 됩니다. 그리고 사치가 유행합니다. 유행하면 경쟁이 되고, 경쟁이 시작되면 이성을 잃기도 하죠. 도를 넘는 겁니다. 로마의 사치는 꽤 큰 문제였습니다. 특히 사

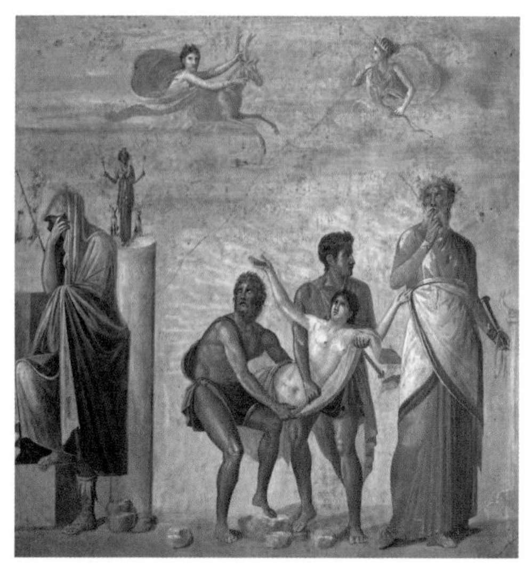

6 이피게네이아의 희생 | 45~79년

치는 쾌락으로 이어지기 쉽고, 그러면 도덕은 무너집니다.

로마의 초대 황제 아우구스투스가 이것을 걱정했다는 기록이 있습니다. 하지만 막지는 못 했습니다. 후에 칼리굴라와 네로 같은 악명 높은 폭군들이 생겼습니다. 이들은 많은 악행을 범했고, 도덕의 문란이 상상을 초월했던 황제들입니다. 하지만 이들이 난데없이 불쑥 튀어나온 것일까요? 당시 로마 자체가 그런 분위기였습니다.

후에 로마는 기독교를 받아들였는데, 기독교는 도덕성을 중시합니다. 콘스탄티누스 1세는 최초의 기독교인 황제가 되고 정식으로 기독교를 인정합니다. 콜로세움에서 그렇게 많은 기독교인을 죽이던 로마가 크게 변한 것이죠. 사실 로마 시대는 길고 미술품들은 열거할 수 없을 정도로 많습니다. 특히 폼페이가 발굴된 후 그 수는 더 늘었습니다. 그중 몇 작품을 함께 감상해 보실까요?

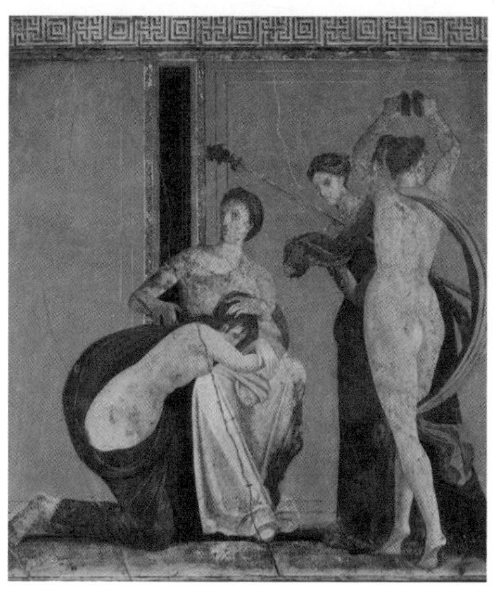

7 신비한 저택의 벽화 | 기원전 60년경

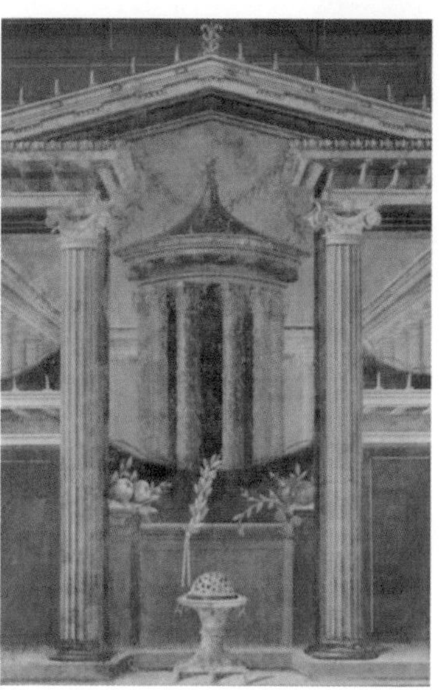

8 파니우스 시니스터 별장의 벽화
| 기원전 50~40년경

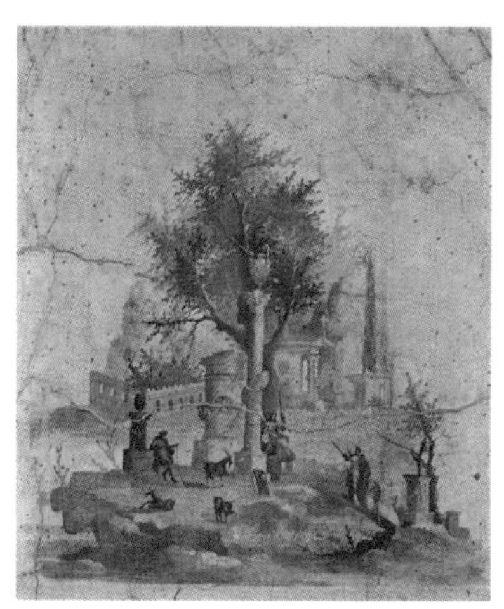

9 신성한 나무가 있는 풍경의 벽화 | 20년경

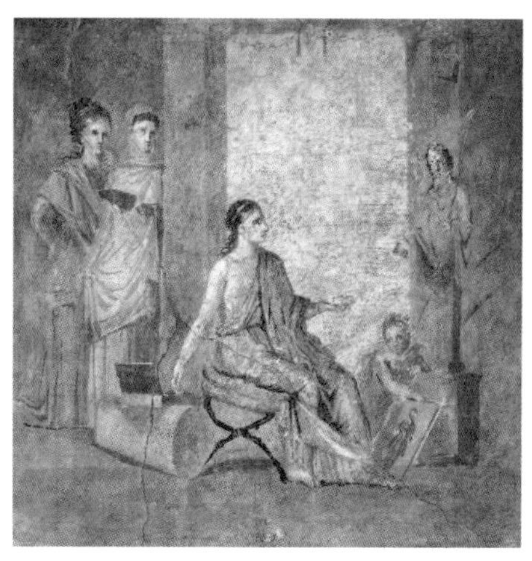

10 여성 화가 | 50년~79년경

Special

DAY
007

한눈에 여신들 알아보기

흔히 그림은 보는 것으로 알고 있지만, 때론 읽기도 합니다. 고전 작품들을 보면 그 속에 수많은 알레고리(우의 또는 풍유)와 상징 그리고 이야기를 담고 있는 그림이 많이 있습니다. 그래서 읽는 것이 가능한 것입니다.

예를 들어, 페테르 루벤스의 「파리스의 심판」[1]을 볼까요? 먼저 세 여인이 보입니다. 알몸으로 서서 자신의 미모를 뽐내고 있는 저 세 여인은 그리스의 여신인 헤라와 아테나 그리고 아프로디테입니다. 이 중 누가 아프로디테일까요? 너무 쉬운가요? 아니면, 그것을 어떻게 알 수 있을까 하는 궁금증이 생기나요? 루벤스는 이 그림에 상징물들을 그려 넣었습니다. 그래서 알아볼 수가 있습니다. 오늘은 고전 그림 속에서 한눈에 아프로디테, 즉 비너스를 알아보는 법을 이야기하려고 합니다.

이 루벤스의 작품은 그리스 신화의 '파리스의 심판' 이야기를 다룬 것입니다. 결혼식에 초대받지 못해 화가 난 불화의 여신 에리스가 결

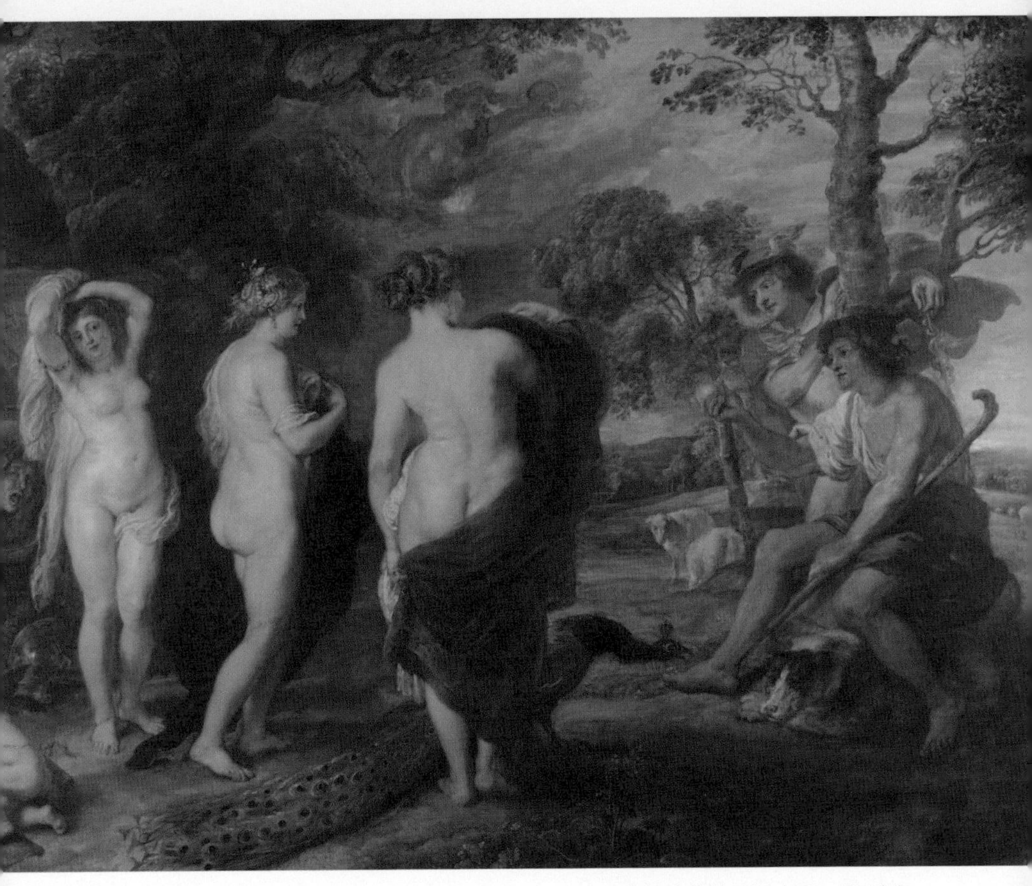

1 파리스의 심판 | 루벤스 | 1632~1635년경

혼식장에 와서는 '가장 아름다운 여신에게'라고 새긴 황금사과를 하객들에게 던졌습니다. 당연히 자신이 가장 아름답다고 생각하는 여신들의 싸움이 시작되었겠죠. 최종 후보는 지혜의 여신 아테나, 제우스의 아내인 헤라, 그리고 사랑의 여신 아프로디테였습니다. 심판은 누구였을까요? 이 싸움에 끼어들기 싫었던 제우스는 마지막 판결을 파리스에게 맡겼습니다. 그러자 후보였던 세 여신

은 사과를 얻기 위해 파리스에게 제안합니다. 헤라는 파리스를 전 세계의 왕으로 만들어 주고, 아테네는 승리의 지혜를 주고, 아프로디테는 가장 아름다운 여인 헬레네를 주겠노라고요. 결과는 어떻게 되었을까요? 파리스는 아프로디테를 선택했고 아름다운 여인 헬레네를 얻었습니다.

하지만 어찌합니까? 헬레네는 이미 스파르타 왕의 부인이었습니다. 결국 큰 싸움이 일어나게 되죠. 이것이 바로 '트로이 전쟁'입니다. 이 내용을 루벤스는 화폭에 담았습니다. 보세요. 세 여인이 파리스에게서 사과를 받기 위해 미를 뽐내고 있습니다. 헤라는 원숙미를, 아테네는 지성미를, 아프로디테는 관능미를 내세우고 있습니다. 자 이제 그림 속 세 여신을 구별해 볼까요?

맨 왼쪽의 여신이 지혜와 전쟁의 여신 아테나입니다. 그 이유는 그녀 뒤에 메두사의 머리가 달린 방패, 투구 그리고 나무 위에 부엉이가 존재하기 때문입니다. 부엉이는 지혜의 상징입니다. 가운데 여신은 아프로디테입니다. 왜일까요? 바로 그녀 뒤에서 에로스가 놀고 있기 때문입니다. 에로스는 아프로디테의 아들입니다. 마지막으로 공작과 함께 있는 여신이 헤라입니다. 헤라는 공작새나 사자 그리고 뻐꾸기 등과 같이 다닙니다. 그리고 이 이야기를 시작으로 아프로디테의 상징이 하나 더 생깁니다. 바로 황금사과죠.

이제 쉽게 아시겠죠? 날개가 달린 아기 에로스와 함께 등장하거나 사과를 들고 있으면 바로 그 여인은 아프로디테입니다.

다음은 아뇰로 브론치노의 「아프로디테와 에로스의 알레고리」[2]입니다. 사과를 가지고 있는 아프로디테가 보이시죠? 그 옆에는 화살집을 메고 있는 에로스도 있습니다. 그리고 또 하나. 왼쪽 하단의 비둘기가 보이십니까? 서로 사랑을 나누고 있는 한 쌍의 비둘기는 백조와 더불어 아프로디테의 신조(神鳥)입니다. 조개껍데기와 돌고래는 그녀가 바다에서 태어났음을 나타내는 상징물이고요.

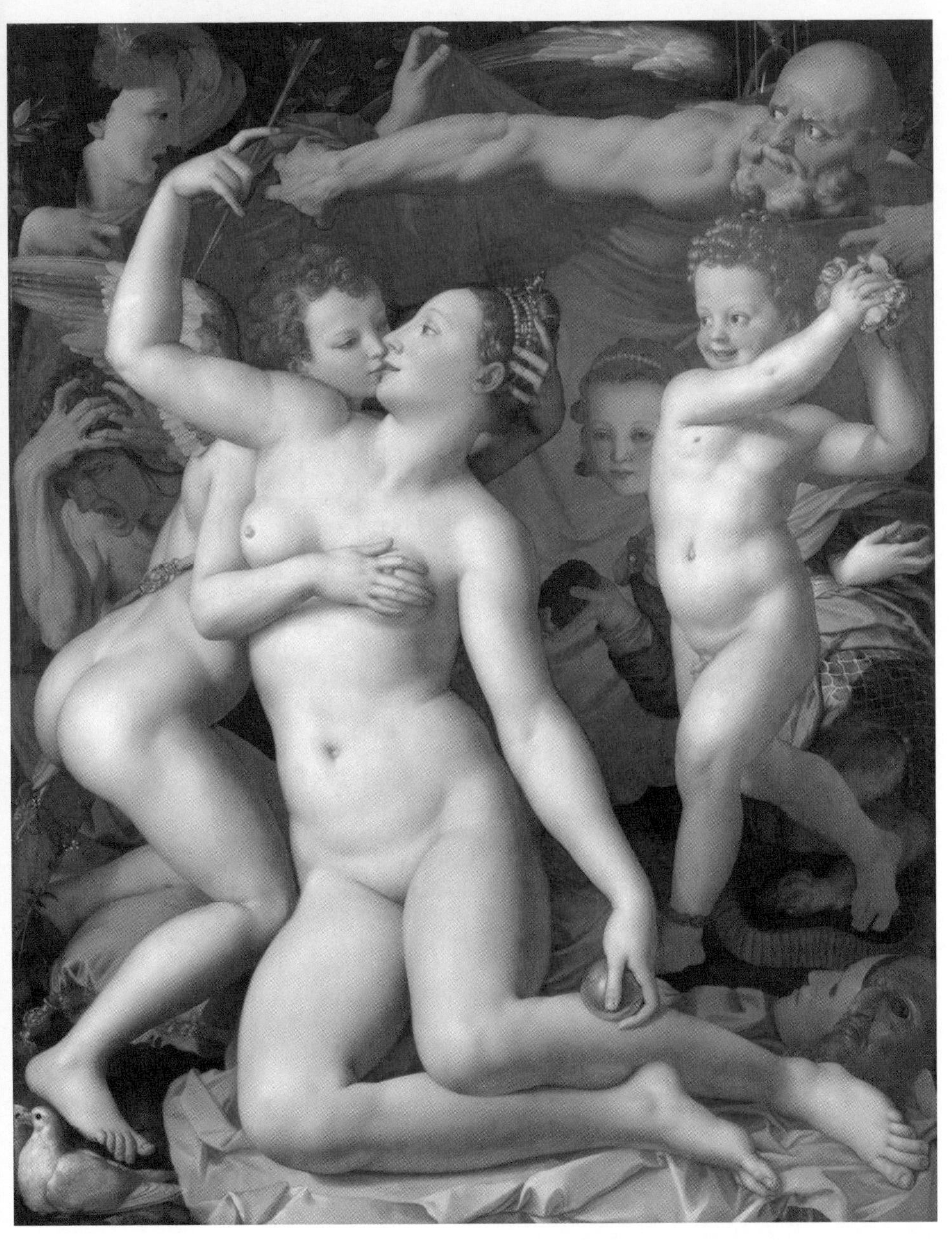

2 **아프로디테와 에로스의 알레고리** | 브론치노 | 1545년경

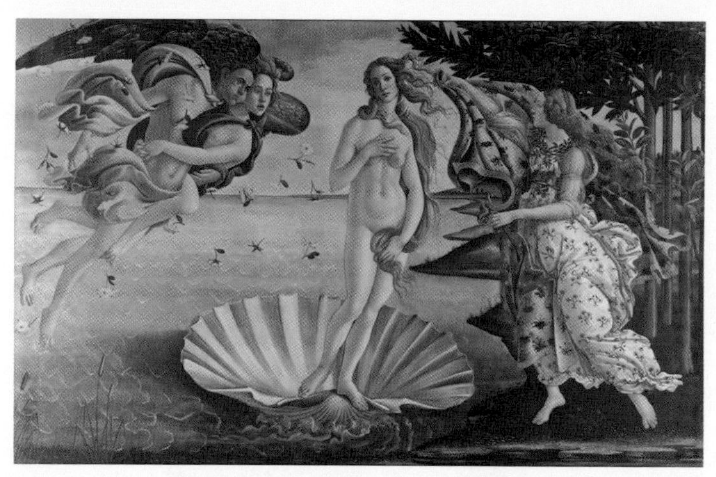

3 비너스의 탄생 | 보티첼리 | 1485년경

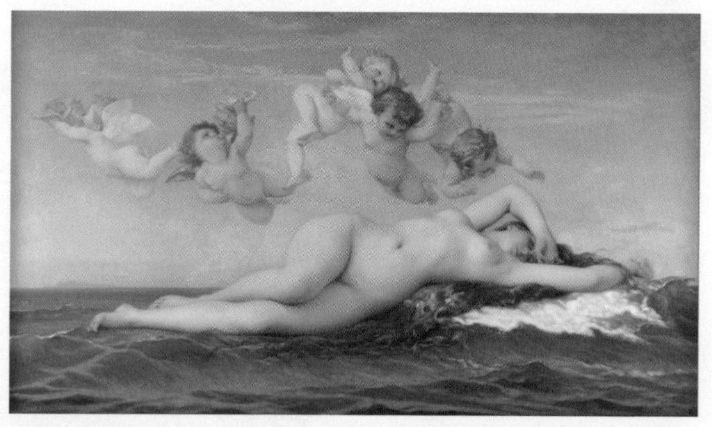

4 비너스의 탄생 | 카바넬 | 1863년

다음은 산드로 보티첼리의 「비너스의 탄생」[3]입니다. 바다에서 탄생해 역시 조개 위에 서 있는 비너스가 보이는군요. 카바넬의 「비너스의 탄생」[4]도 보실까요? 날개 달린 에로스가 나팔을 불고 있습니다. 어떠십니까? 앞으로는 그림에서 아프로디테, 즉 비너스를 바로 알아보시겠죠? 미의 여신 비너스가 등장하는 작품을 더 감상해 보시죠.

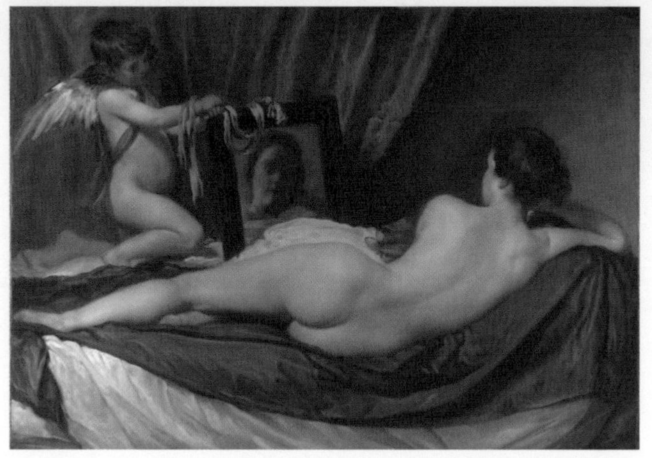

5 비너스의 단장 | 벨라스케스 | 1647~1651년

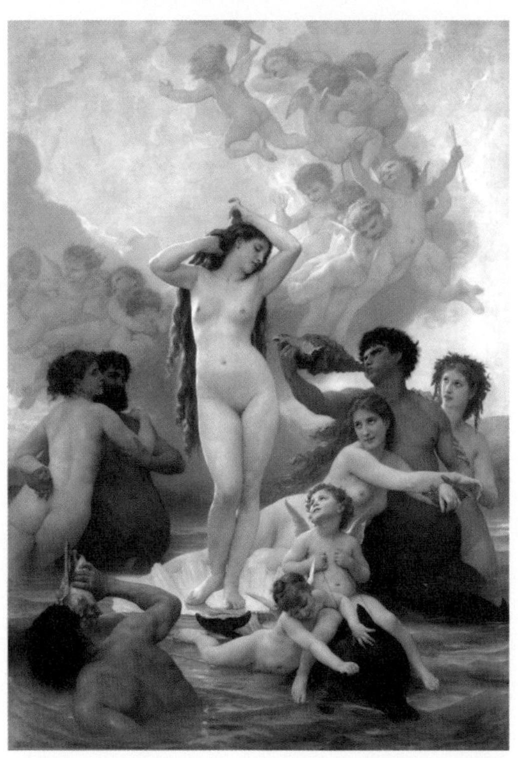

6 비너스의 탄생 | 부그로 | 1879년

아프로디테 = 비너스

그리스 신화의 미와 사랑의 여신 아프로디테는 올림포스의 12신 중의 하나로서, 기술과 불의 신인 헤파이스토스의 부인이다. 로마 신화의 베누스에 해당하고 영어로 비너스로 불리는 아프로디테는 그녀의 아름다움과 다양한 일화로 인해 작품 소재로 인기가 많았으며, 특히 아들인 에로스와 자주 등장한다.

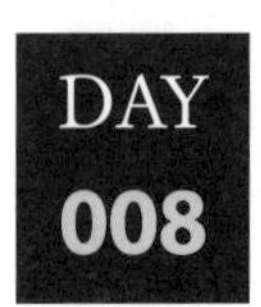

Byzantine Art I(330~1450)

위기의식에서 비롯된 비잔틴 미술

위기의 로마에서 새로운 미술이 시작되다

오늘은 비잔틴 미술의 첫 번째 시간입니다. 어느 미술사 책을 봐도 비잔틴 미술은 꼭 나옵니다. 하지만 길게 설명되지는 않습니다. 꼭 나온다는 것은 중요하다는 것이겠죠. 그런데 짧게 설명한다는 것은 간단해서 그런 것이 아닙니다. 복잡해서입니다. 자세히 설명하면 너무나 길어지니 요약만 하는 것이죠. 그러다 보니 보고도 이해가 쉽지 않습니다. 오늘은 마음먹고 들어보시죠.

비잔틴 미술은 로마부터 시작하는 것이 좋습니다. 아시다시피 로마는 광대한 영역을 오랜 시간 동안 지배하던 거대 제국이었습니다. 그런데 결국 한계가 옵니다. 크게 두 가지에서 오는데, 첫째는 힘에서 옵니다. 로마는 강력한 로마 군단으로부터 시작된 나라입니다. 힘으로 주변국을 점령하고 전리품이나 세금으로 유지되던 나라입니다. 하지만 이제 주변국들도 지고 있지만은 않게 됩니다. 싸우는 방법을 배웠기 때문이죠. 이제 그들은 오히려 로마를 공격하고 괴롭힙니다. 특히 게르

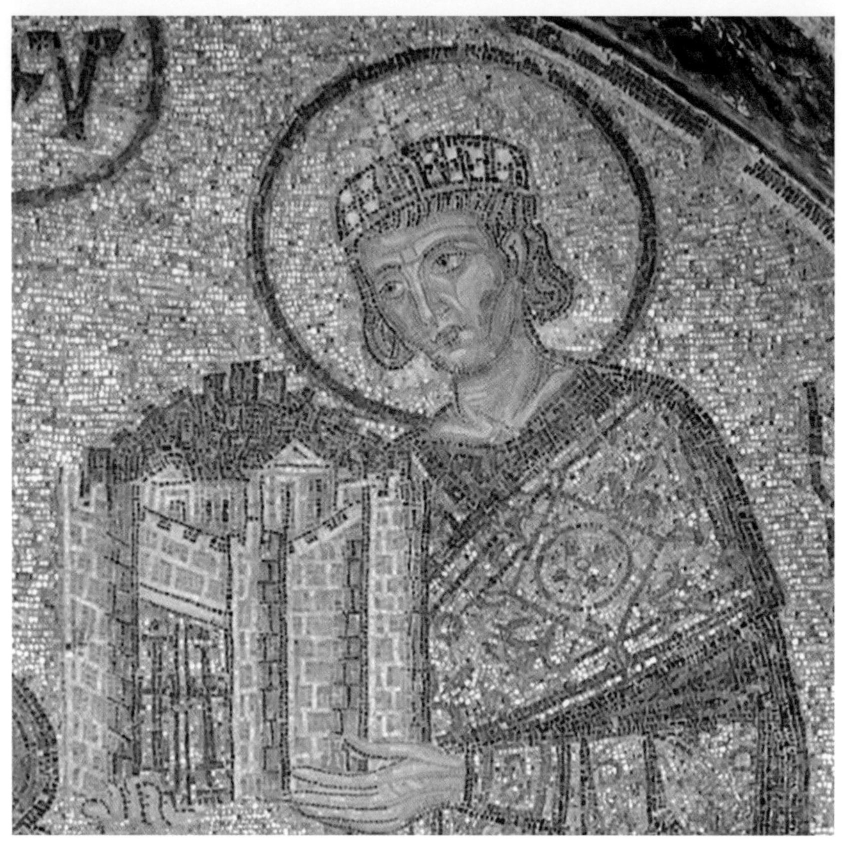

1 성모 마리아에게 콘스탄티노플을 봉헌하는 콘스탄티누스를 묘사한 하기아 소피아의 모자이크(부분) | 1000년경

만족이 그랬습니다. 게다가 내전 또한 그치지 않았습니다. 힘만 있으면 황제가 된다는 것을 다들 알아버렸고 어느 정도 권력이 생기면 황제가 되기를 꿈꾸며 전쟁을 일으킵니다. 로마는 괴로워졌습니다. 그리고 깨달을 수밖에 없었습니다. 앞으로 예전 방법으로는 제국이 더 유지될 수 없다는 사실을 말이죠.

두 번째는 도덕의 문제에서 옵니다. 힘으로 얻게 되면 타락하기 쉽습니다. 단순한 방법을 알았기 때문입니다. 그래서 뭐든 힘으로 해결하려고 합니다. 습관적으로 말이죠. 그런데 폭력은 인성을 망가트립니다. 그것을 느끼는 로마인들이 점차 생겨났고 그들은 숨어서 종교를 갖기 시작합니다. 자신들의 위기의식이 그런 결과를 만들었죠. 그 종교가 바로 기독교입니다.

이런 두 가지 큰 문제가 로마를 서서히 저물게 하고 있었습니다. 그러나 이때 다행히도 이 문제를 과감히 해결하려는 사람이 나옵니다. 황제 콘스탄티누스 1세[1]입니다.

먼저 그는 313년에 밀라노 칙령을 선포합니다. 내용은 기독교를 공식적으로 인정한다는 것입니다. 얼마 전까지만 해도 기독교인이라는 이유만으로 콜로세움에서 잔혹하게 살해되던 기독교인들인데 로마가 완전히 변한 것입니다.

콘스탄티누스 1세는 이 방법을 통해 타락한 로마의 윤리와 도덕을 바로 잡을 수 있다고 생각했습니다. 그는 기독교를 받아들이고 적극적으로 교회를 짓기 시작합니다. 중요한 건 언제나 돈 문제죠. 나라가 유지되려면 역시 경제가 튼튼해야 합니다. 그런데 이제 침략 전쟁만 가지고는 돈이 안 된다는 사실을 그는 느낍니다. 콘스탄티누스 1세는 역시 또 하나의 과감한 방법을 씁니다. 그것은 로마 제국의 수도를 옮기는 것이었습니다. 그 아이디어에는 이유가 있었습니다. 하나는 수도를 멀리 옮겨 전쟁을 피하기 위한 것이었고, 두 번째는 새로 옮기려는 도시가 미래의 황금알을 낳는 도시였기 때문입니다.

그렇다면 어떤 황금알일까요? 그리고 어떤 도시일까요? 그 도시는 비잔티움이고, 황금알은 바로 동서양의 무역입니다. 오늘이 비잔틴 미술 첫 시간인데 이제야 비잔티움이라는 말이 나왔습니다. 그렇습니다. 이 도시 비잔티움에서 이때부터 발전한 미술이 바로 비잔틴 미술입니다. 서기 330년쯤의 유럽 지도[2]를 보면 현재의 잉글랜드, 포르투갈, 스페인, 프랑스, 독일, 이탈리아, 그리고 그리스를 포함한 동유럽과 오른편으로는 터키까지가 로마 제국이고, 지중해 연안의 모로코, 알제리, 리비아, 이집트와 같은 아프리카국을 포함한 광대한 영역을 차지합니다. 그리고 수도는 로마였죠. 그런데 로마를 비잔티움으로 옮긴 것입니다.

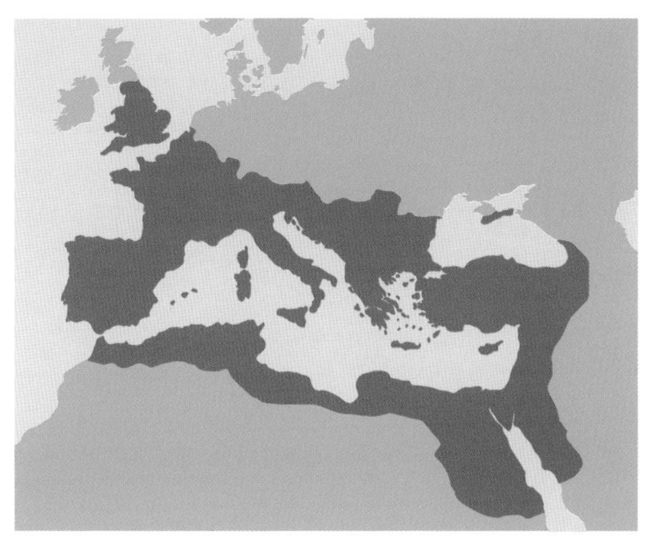

2 서기 330년경 로마 제국의 영토

오늘날 터키의 이스탄불에 해당하는 비잔티움은 동서양을 연결하는 지점에 있습니다. 지금이야 여러 경로가 있지만, 이때만 해도 동서양의 무역 상인들이 지나다니려면 이 길이 최선이었습니다. 당연히 무역의 중심지가 될 수밖에 없었고, 어마어마한 돈이 몰려들던 곳이었습니다. 콘스탄티누스 1세는 여기에 초점을 맞춘 것입니다. 지금으로 보면 투자를 한 것이죠. 무역이 부와 권력을 가져다 줄 미래에….

그는 직접 비잔티움을 발로 다니며 도시 계획을 세웠고, 그의 도시 계획과 뛰어난 로마의 토목건축 기술이 결합하며 비잔티움은 로마 제국의 새로운 수도로 태어납니다. 이렇게 비잔틴 미술은 시작됩니다.

첫 번째 기독교인 로마 황제, 콘스탄티누스 1세

로마 제국의 제52대 황제인 콘스탄티누스 1세(272~337)는 기독교에 대한 박해를 끝내고 정식 종교로 공인했고, 그 후로도 기독교 발전에 기여하여 동방 정교회는 그를 성인으로 추대했다. 그는 로마 제국의 수도를 비잔티움으로 옮기는 업적도 세웠는데, 그 도시는 훗날 그의 이름을 따서 '콘스탄티노플'로 개명되었다.

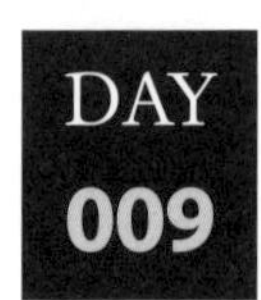

Byzantine Art Ⅱ(330~1450)

비잔틴 미술 – 성전을 수놓다

모자이크로 장식된 성스러운 건축물

오늘은 비잔틴 미술의 두 번째 시간입니다. 이제부터는 비잔틴 미술이 어떤 것인지 알아볼까요? 먼저 교회를 빼놓을 수 없습니다. 기독교가 공인되어서 예전처럼 숨어서 예배를 드릴 필요가 없어졌습니다. 이제 사람들은 예배당이 필요하였습니다. 그래서 가장 눈에 띄는 곳에 성스러운 건축물이 필요 하였습니다. 옛날에도 신전은 있었습니다. 하지만 다르죠. 그곳에는 사람이 들어가지 않았습니다. 밖에서 제사만 지냈습니다. 하지만 교회는 설교할 단상이 필요했고, 교인들이 앉을 의자도 필요했겠죠.

초기의 교회인 이탈리아의 라벤나에 있는 산타폴리나레 누오보 성당[1]을 보면 그리 특별하진 않습니다. 우리가 생각하던 예배당입니다. 십자가가 있고 경건하고 성스러운 분위기를 만드는 장식이 있습니다.

그런데 좀 특별한 것도 있습니다. 여러 기둥이 지지하고 있는 벽면에 양옆으로 늘어서 있는 그림들입니다. 그림은 세 단으로 이루어져 있는데 맨 아래는 순교자들이 그려져 있습니다. 그들은 기독교를 지키

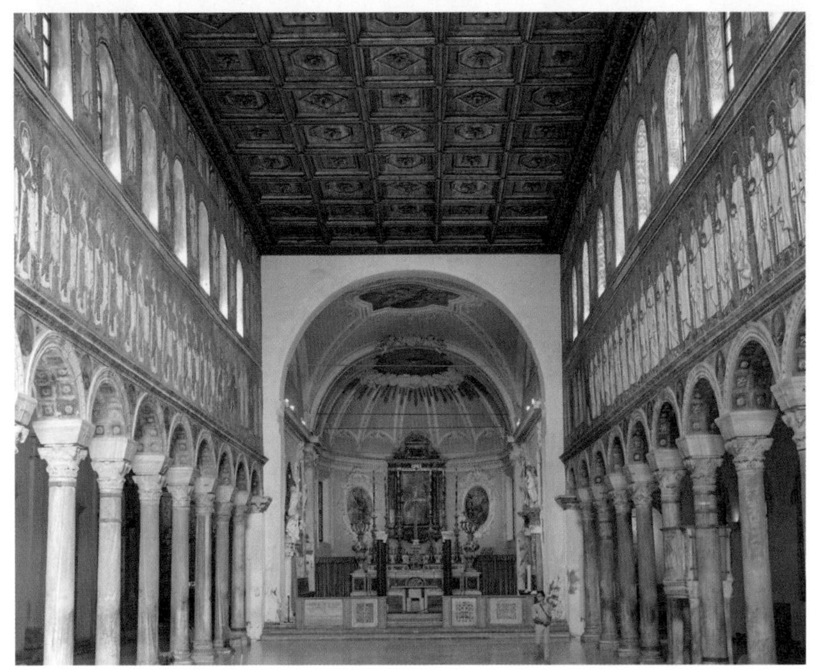

1 산타폴리나레 누오보 성당의 내부 | 500년경

다 죽음을 맞이한 사람들입니다. 왼쪽 벽면[2]은 여성 순교자들이, 오른쪽 벽면[3]은 남성 순교자들이 그려져 있습니다. 그 윗단으로는 창 사이에 사람이 한 명씩 그려져 있는데, 예수의 열두 제자와 선지자들입니다. 그리고 맨 위에는 모두 예수의 이야기들이 그려져 있습니다.

이런 그림들이 비잔틴 미술의 특징입니다. 교회로부터 발전했고, 성경의 이야기들이 그림으로 남겨져 있는 것이죠. 그런데 한 발 더 들어가 보면 다소 특이한 점을 발견할 수 있습니다. 가까이 보면 모두 모자이크입니다. 그리고 단순하게 묘사되어 있습니다.

그 이유를 같이 생각해보죠. 먼저 교회 미술로부터 발전했다는 것은 너무나

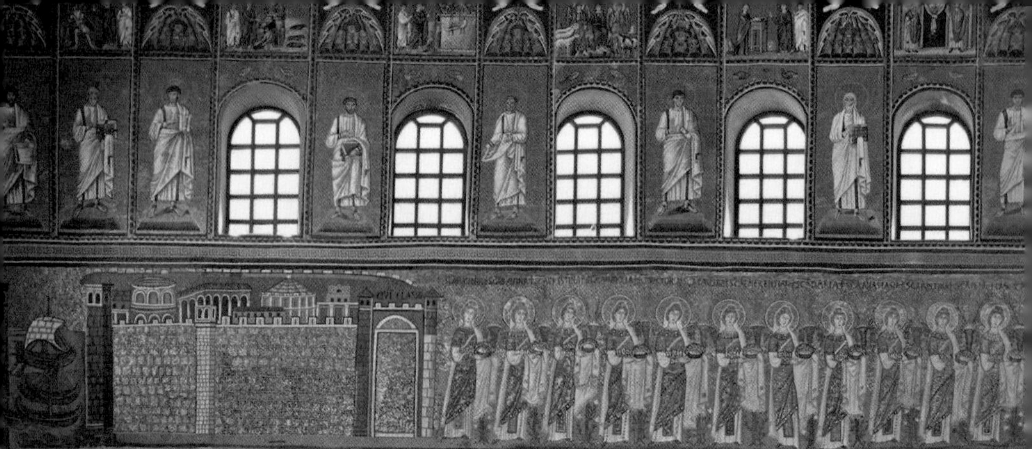

2 산타폴리나레 누오보 성당의 왼쪽 벽면 모자이크

당연하겠죠? 콘스탄티누스 1세가 비잔티움으로 수도를 옮기고 기독교를 인정하면서 시작된 미술이니까요. 두 번째는, 그런데 왜 교회 안에 그림들이 있을까요? 그리고 왜 모자이크이며 단순할까요? 이유는 이렇습니다.

비잔틴 이전에 이집트, 그리스, 로마 시대에도 신은 있었습니다. 신전이 있었고, 신전 안에는 신상이 있었습니다. 그게 상식이었습니다. 그런데 기독교는 신상을 만들 수가 없습니다. 그것은 십계명을 통해 금지된 일입니다. 그럼 교회 안에 뭐가 있어야 할까요? 물론 예수의 말씀이 있어야 합니다. 하지만 글을 읽지 못하는 사람들이 대부분이었던 당시로서는 큰 의미가 없었습니다. 그래서 고민 끝에 그들은 그림을 그려 넣기로 한 것입니다. 단 세밀한 그림은 곤란했습니다. 왜냐하면, 기독교는 육신보다는 영적인 것을 중시하는 종교입니다. 뭔가가 세밀해지면 현실과 비교하게 됩니다. 만약 사실적으로 그려진 그림을 본다면 이럴지도 모릅니다. "누구 닮은 것 같지 않아? 맞아. 맞아." 이렇다면 곤란하겠죠? 예수를 그렸는데 말이죠.

만약 어린아이의 그림처럼 단순하게 그려 놓으면 이런 문제는 생기지 않을 것입니다. 하지만 누구를 그렸는지는 알겠죠. 그래서 비잔틴 그림들은 단순하고 추상적으로 그려진 것입니다.

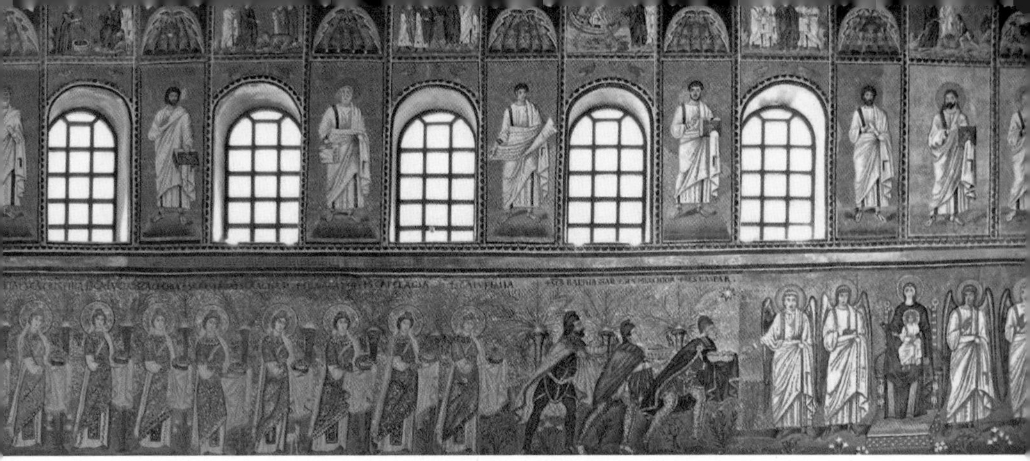

그럼 왜 모자이크일까요? 모자이크로 하면 단순화시키기가 쉽고, 또 모자이크라는 방식 자체가 다양한 재료를 사용하므로 성스러움을 표현하기가 쉬웠기 때문입니다. 그래서 원래 로마의 모자이크는 대리석을 사용했는데 비해 비잔틴 시대에 와서는 모자이크에 색유리 조각을 사용한 것입니다. 빛에 따라 반짝이게 말이죠. 이것이 비잔틴 미술의 특징입니다.

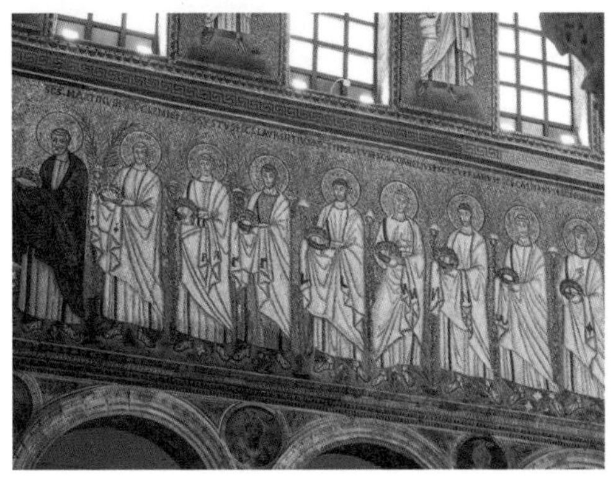

3 산타폴리나레 누오보 성당의 오른쪽 벽면 모자이크(부분)

이탈리아의 산비탈레 성당[4]도 비잔틴 미술로 유명한 곳입니다. 내부를 보면 역시 성스러운 공간 안에 설교를 할 수 있는 단상과 신도들이 앉을 의자가 있습니다. 그리고 멀리 단상 쪽으로 그림들이 있습니다. 역시 내용은 예수에 관한 이야기이고, 그림은 단순하게 처리되어 있고, 유리 모자이크겠죠. 단상으로 다가서면 세 점의 작품이 눈에 들어옵니다. 가운데 것을 보면 중심에는 예수 그리

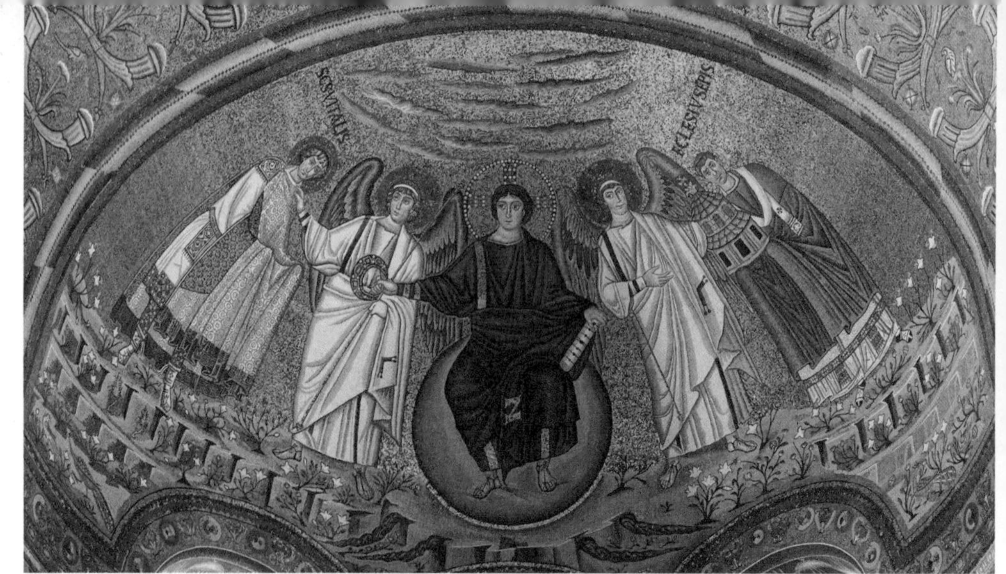

4 산비탈레 성당의 모자이크 | 546~548년

스도가 보이고 양옆으로는 대천사 가브리엘과 미카엘이 그려져 있습니다. 그리고 각자의 이름 아래에 성 비탈리스와 에클레시우스 주교의 모습이 보입니다. 이 역시 어김없는 예수의 이야기입니다.

여기까지는 자연스럽습니다. 그런데 양옆으로 있는 두 점의 모자이크는 독특합니다. 가운데 황금색 둥근 빵을 들고 있는 사람은 황제 유스티니아누스 1세[5]입니다. 그는 화려한 왕관을 쓰고 있고, 오른편 어깨에 꽃 모양 견장을 달고 있습니다. 표정도 자신감이 넘치죠? 그의 오른편 발을 보세요. 사제의 발을 꾹 밟고 있습니다. 자신의 아래라는 것입니다. 얼굴 주위에 둥근 테두리가 있죠? 이는 후광을 나타내고 성인이라는 것을 의미합니다.

결론적으로 자신은 로마의 최고 권력자이면서 종교적으로도 최고의 위치에 있다는 것입니다. 가운데 왕관을 쓴 여인이 보이죠? 황제 유스티니아누스 1세의 부인인 테오도라[6]입니다. 그녀는 여러 시녀를 대동하고 있으며 머리에 후광이 있습니다. 역시 성인의 표시죠. 부인까지 말입니다. 그리고 이 두 모자이크를 교회의 중심에 둔 것입니다. 겸손한 행동은 아닙니다. 자신과 부인까지 스스

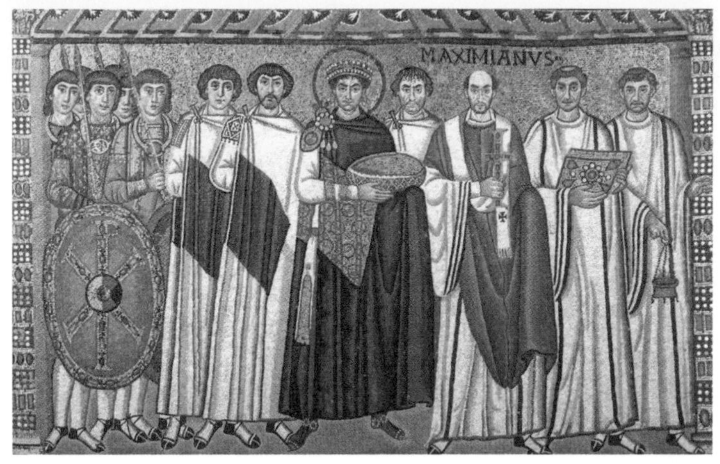

5 산비탈레 성당의 모자이크

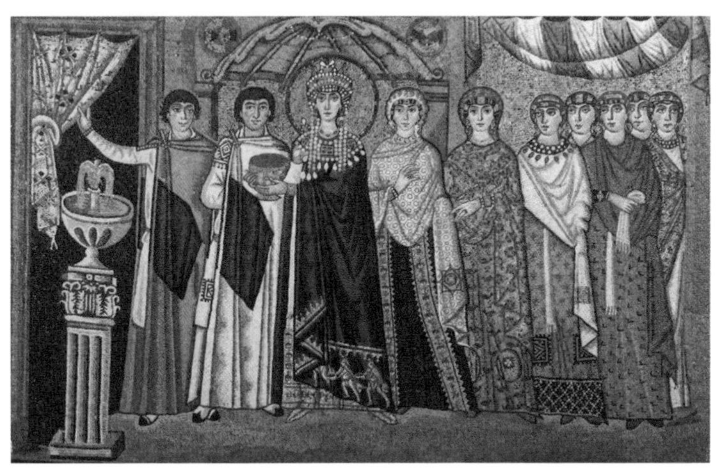

6 산비탈레 성당의 모자이크

로 성인의 위치로 그려 놓았으니까요.

이렇듯 미술을 보면 그 시대의 생각을 짐작할 수 있습니다. 이 작품들은 비잔틴 미술을 대표하는 것이고, 이들을 통해 오래전 그 시대를 다시 그려볼 수 있습니다.

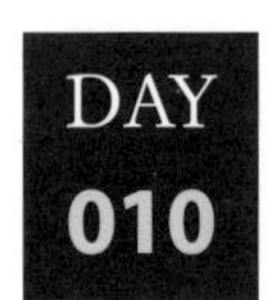

Byzantine Art III(330~1450)

신을 위한 비잔틴 미술

동서양의 만남과 신앙으로 탄생한 이콘

오늘은 비잔틴 미술의 마지막 시간입니다. 로마는 후기에 동로마와 서로마, 이렇게 둘로 갈라집니다. 그중 서로마의 경우 종교의 수장은 교황, 세상의 지배자는 황제. 이렇게 권력이 나누어져 있었습니다. 반대로, 비잔티움을 중심으로 하는 동로마는 황제 혼자서 세상의 권력과 종교의 대표자를 겸하고 있었습니다. 절대적인 권력이었죠.

이쯤에서 이것도 말씀드리죠. 비잔틴 미술의 중심이었던 도시 비잔티움의 이름이 바뀝니다. 콘스탄티노플로 말이죠. 이곳에 수도를 옮겼던 콘스탄티누스 1세의 이름을 딴 것입니다. 그것이 이어지다가 현재는 또 바뀌어 있습니다. 동로마 제국이 멸망하면서 바뀐 것입니다. 그 도시의 이름은 이스탄불입니다. 현재 터키의 이스탄불. 좀 복잡하죠? 그리고 동로마는 현재 비잔틴 제국으로 더 많이 불립니다.

이스탄불이라는 도시가 나왔으니 그곳의 대표적인 비잔틴 건축물 하나를 볼까요? 바로 하기아 소피아(아야 소피아)[1]입니다. 대부분 한

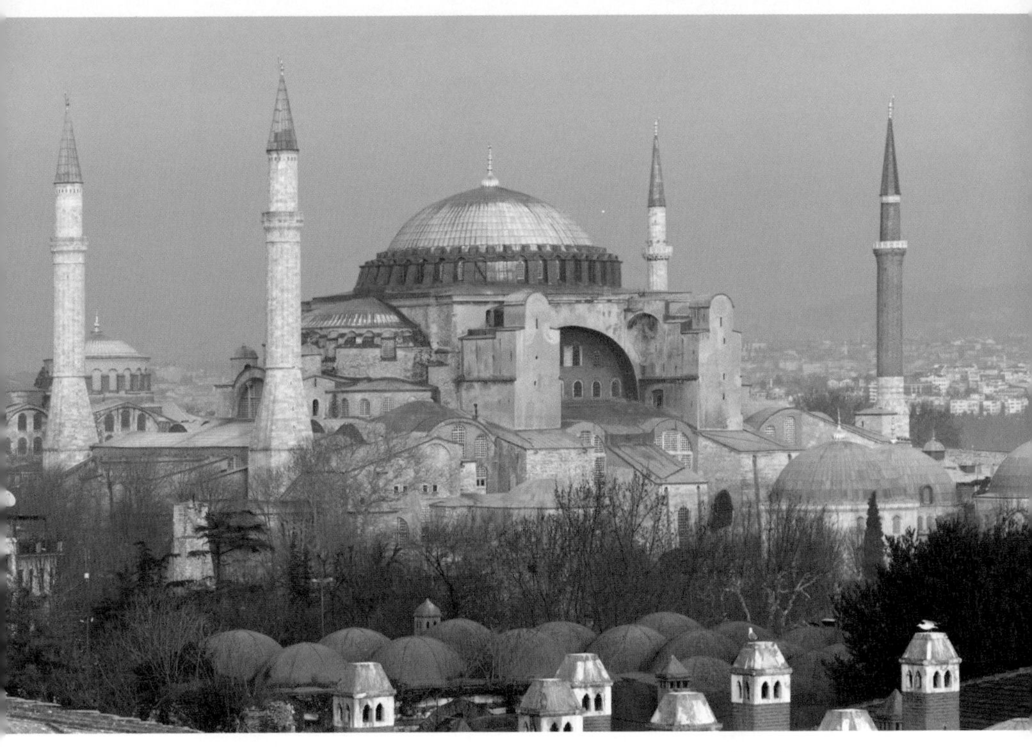

1 하기아 소피아 | 532~537년

번 이상은 대중매체를 통해 본 경험이 있을 것입니다. 이스탄불의 랜드마크인 이곳은 사방으로 뾰족한 4개의 탑이 서 있고, 가운데는 사각형 건물이 있는데 위에 커다란 돔이 있습니다. 우리가 아는 성당의 분위기와는 아주 다릅니다. 비잔티움이라는 도시가 동서양의 가운데 위치하다 보니 자연스럽게 여러 문화가 섞이게 된 것이죠. 그 결과 이렇게 독특한 성당이 생겼습니다. 지금 모습의 이 성당을 건설한 사람은 유스티니아누스 1세입니다. 바로 전 시간에 모자이크에서 본 바로 그 황제입니다.

시대에 따라 달라진 하기아 소피아의 용도

537년 완공된 하기아 소피아는 1453년까지 그리스 정교회의 성당으로 쓰이다가 1204년~1261년 동안 잠시 라틴 제국에 점령되어 로마 가톨릭교회의 성당으로 쓰였다. 1453년 이후로는 오스만 제국의 점령으로 모스크로 쓰였고, 1935년부터 현재까지 박물관으로 사용되고 있다.

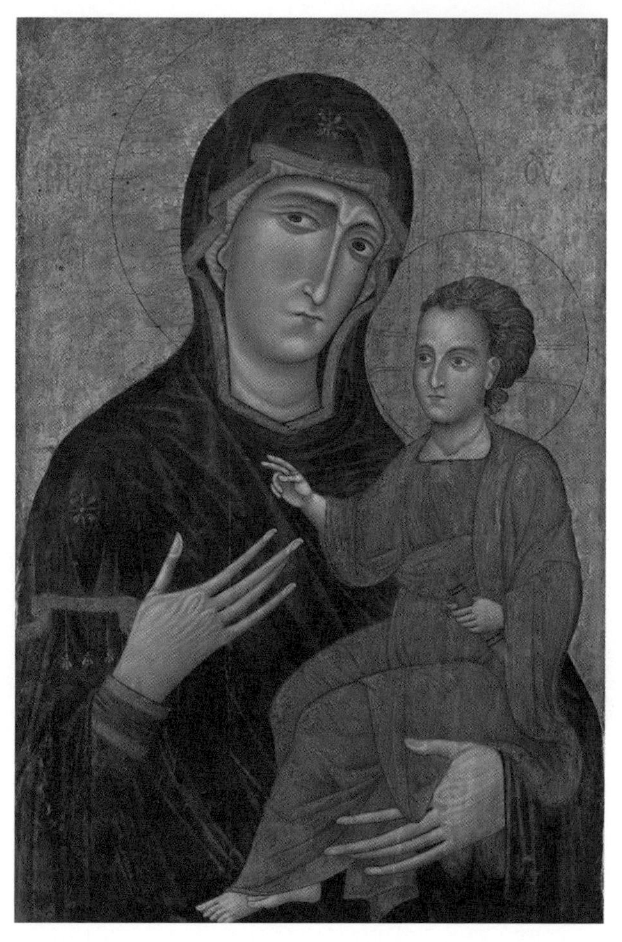

2 성모자 | 베를린기에로 | 1230년경

이번엔 미술 작품을 중점으로 볼까요? 먼저 아기 예수를 안고 있는 성모 마리아를 그린 작품인 베를린기에로의 「성모자」[2]를 소개합니다. 그런데 이상하죠? 표정도 이상하고 비율도 이상합니다. 마리아의 코는 이상하게 길고 손가락도 정상이 아닙니다. 아기 예수는 크기만 작지, 아기의 얼굴이 아닙니다. 그렇다고 성스러움이 느껴지십니까? 그것도 아니죠? 똑같이 성모자를 그린 라파엘로의 「대공의 성모」[3]와 비교해 보면 그 차이를 더 확연히 느낄 수 있습니다.

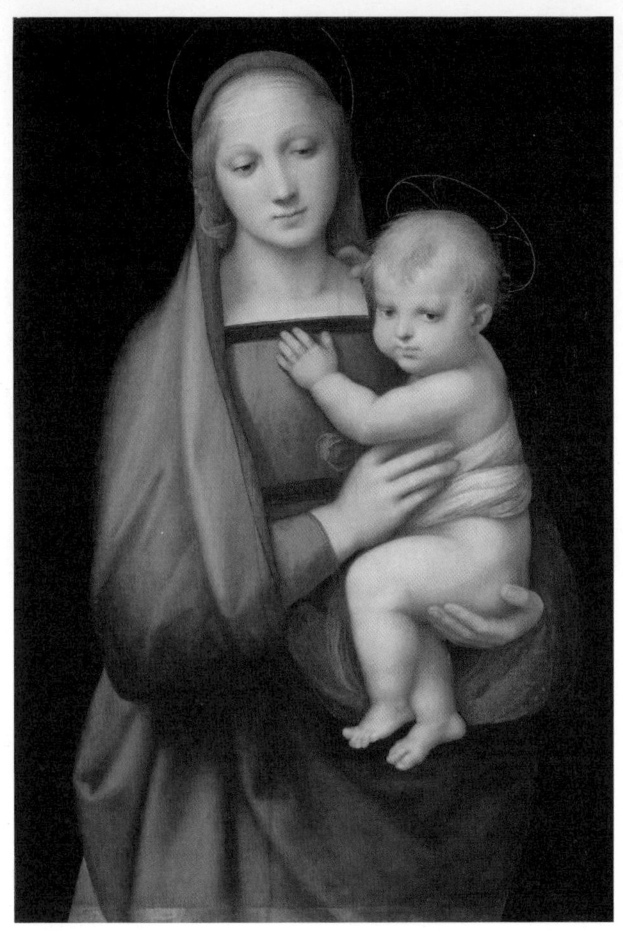

3 대공의 성모 | 라파엘로 | 1506~1507년

그런데 다소 이상하게 보이는 이런 형식의 그림들이 비잔틴 시대에 많이 제작되었습니다. 이유는 이렇습니다. 우리에게는 본능적인 심리가 있습니다. 뭔가를 상징적으로 남겨 놓고 싶은 심리 말입니다. 간단한 예로, 우리는 멋진 여행지에 가면 기념품을 삽니다. 그때의 감동을 마음속에 남겨 놓고 싶기 때문입니다. 가족사진을 지니고 다니는 분들도 계실 겁니다. 왜 그럴까요? 그걸 가지고 있으면 가족의 사랑이 느껴지고, 혼자가 아니라는 든든함을 느낄 수 있습니

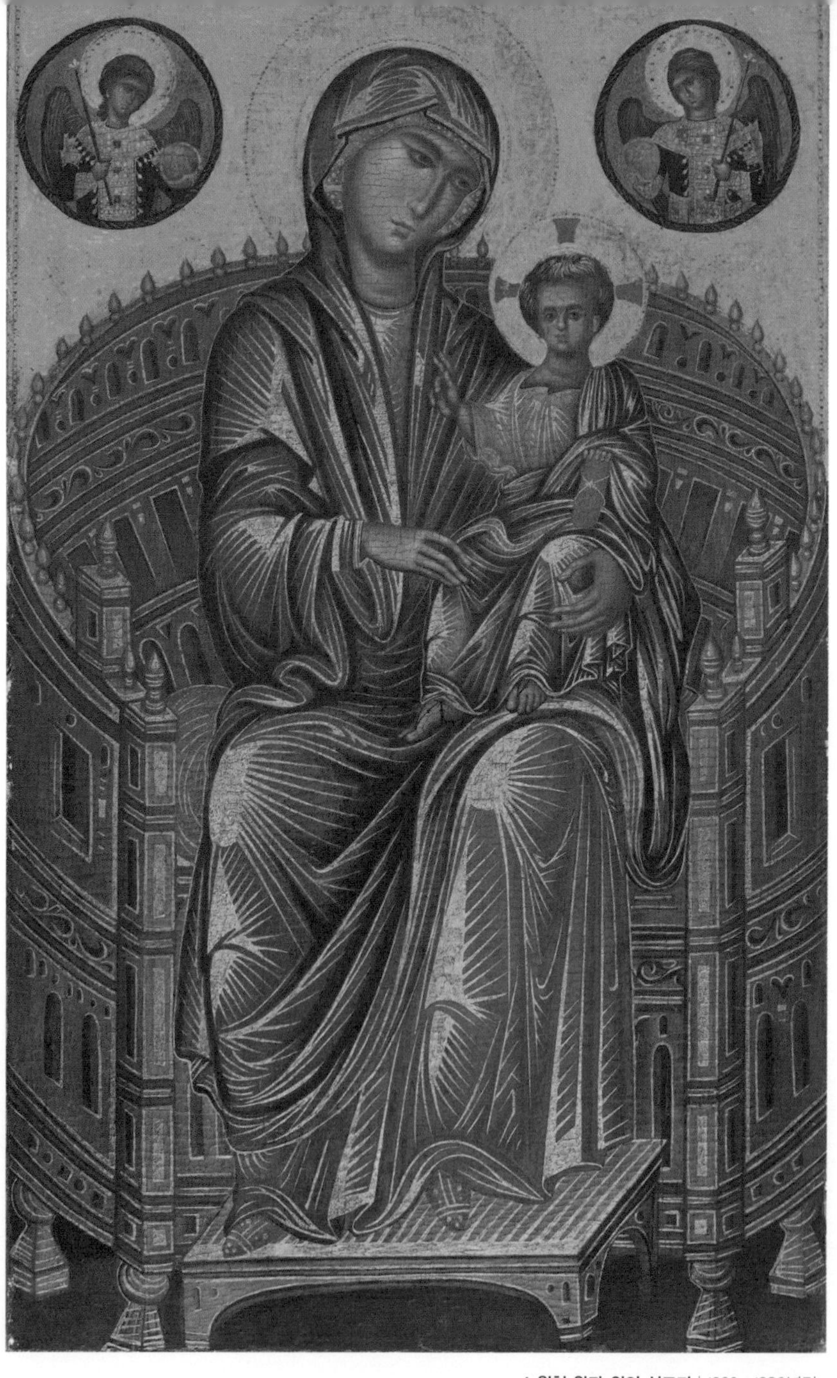

4 원형 왕좌 위의 성모자 | 1260~1280년경

다. 우리 내면에는 원래 이런 모습이 있습니다.

이제 2000년 전을 머릿속에 그려 보세요. 초기 기독교인들은 숨어서 예배를 보아야 했습니다. 기독교인이라고 얼굴에 쓰여 있는 것은 아니지만 늘 불안했을 겁니다. 박해받던 시대였으니까요. 당연히 그들은 뭔가 마음에 위안을 주는 상징물을 하나씩 갖고 싶었겠죠. 그런데 안타깝게도 기독교는 그것을 철저히 금합니다. 성경에는 구체적인 어떤 형상도 만들지 말라고 했습니다. '가지고 싶은데, 지니고 싶은데, 만들 수는 없다….'

이 문제는 오랫동안 논쟁거리였고 지금까지도 그렇습니다. 아직도 기독교 종파마다 해석이 다릅니다. 그래서 이런 그림인 듯 아닌 듯 묘한 것이 나왔던 것입니다. 이러한 「성모자」와 「원형 왕좌 위의 성모자」[4]와 같은 그림을 성상화라고 하고 이콘ikon이라고도 부르죠. 그림처럼 보이지만 그렸다고 보기보다는 성모자를 최소한으로 상징화한 것입니다. 일종의 표식 같은 것이죠. 누가 함부로 성모자를 그릴 수 있을까요? 어떤 화가도 성모자를 그리는 데 자신의 창의성을 발휘해서는 안 됩니다. 규칙대로 그려야 합니다. 이것이 비잔틴 시대의 생각이었습니다.

결론적으로 기독교인들이 뭔가를 지니고 싶었던 마음에 만들어내었던 것이 성상화, 즉 이콘입니다. 그래서 딱딱해 보였던 것입니다. 실제 사람들은 이것을 만들어 집에 보관하기도 했고, 작게 만들어 지니고 다니기도 했습니다. 그렇다면 라파엘로는 어떻게 저런 창의적인 그림을 그릴 수 있었던 것일까요? 르네상스 시대였기 때문입니다. 그때는 뭐든 상상할 수 있고, 뭐든 표현할 수 있는 인간 중심의 자유로움이 시작된 때죠. 그에 반해서 비잔틴 시대는 아직도 신 중심적으로 사고할 수밖에 없던 그런 때였습니다.

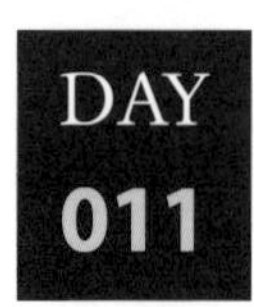

Romanesque Art I(1000~1200)

로마를 닮은 로마네스크 미술

화려함이 아닌 견고함으로 버티다

오늘은 로마네스크 미술의 첫 번째 시간입니다. 먼저 로마네스크 미술이 어떤 것인지 한번 보시죠. 독일의 힐데스하임이라는 곳에 있는 성 미카엘 교회, 그다음은 프랑스 퐁트네에 있는 시토회 수도원, 그리고 독일 슈파이어에 있는 슈파이어 대성당이 로마네스크 양식의 교회들입니다. 이 교회들은 모두 서유럽의 중세 시대인 11~12세기쯤에 지어진 것들입니다. 후에 미술사가들은 11~12세기에 유행처럼 서유럽 전역에 지어졌던 교회들을 보며, '이런 것들이 왜 갑자기 많이 지어졌을까?'라는 의문을 가졌고, 이것은 미술사에 기록될 만한 특별한 시기가 분명하다는 결론을 내렸습니다. 그리고 이름을 붙였습니다. 그것이 로마네스크 미술입니다.

로마네스크 미술을 해석하면 '로마 같은 미술', '로마를 따라 한 미술'이라는 뜻입니다. 따라서 이 미술을 높이 평가한 것은 아닙니다. 로마는 이미 500년 전에 멸망한 제국이고 그것을 따라 한 것이라고 했

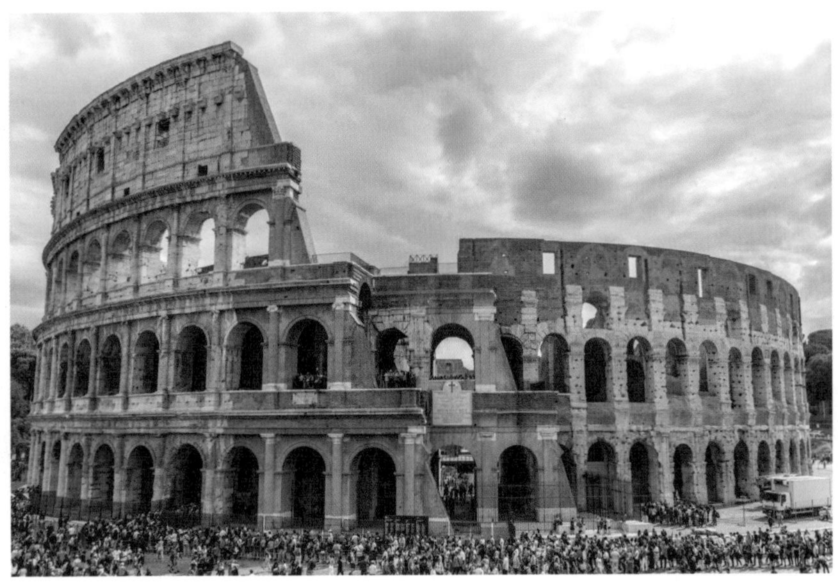

1 콜로세움 | 70~80년경

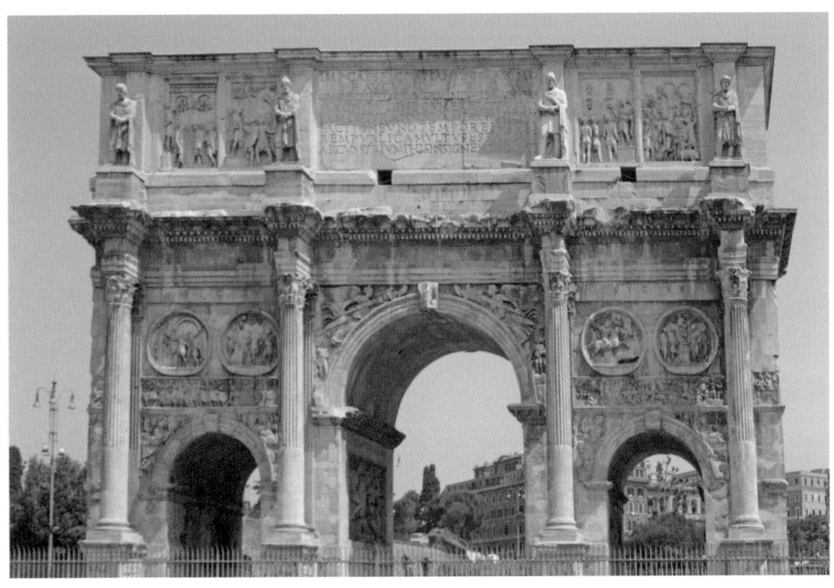

2 콘스탄티누스 개선문 | 315년

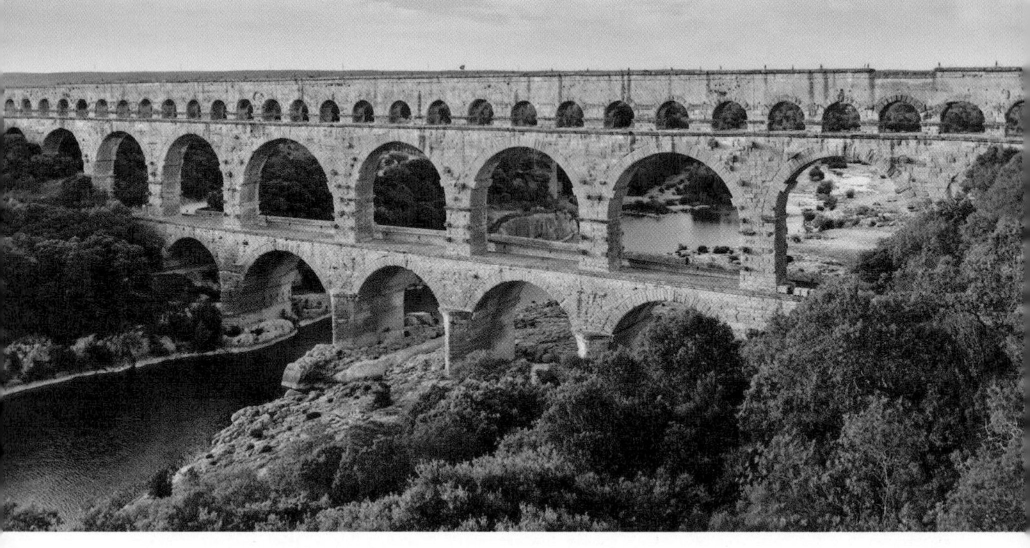

3 **가르교** | 40~60년경

으니까요. 그런데 다른 시각으로 해석할 수도 있겠죠? '고대 로마는 그만큼 대단한 나라였구나.' 그것도 맞습니다. 로마는 서유럽 문명에서 가장 빛나던 문명 제국이었습니다.

이번에는 어떤 부분에서 따라 한 것이라고 했는지 살펴볼까요? 먼저 로마 시대의 건축물을 보아야겠죠. 이탈리아의 콜로세움[1]과 콘스탄티누스 개선문[2], 그리고 수도교인 프랑스의 가르교[3]를 보면 공통된 무언가가 있습니다. 흔히 아치arch라고 불리는 모양입니다. 최근 건축에서는 얼마든지 다양한 모양을 낼 수 있지만, 그때는 석재를 쌓아서 건물을 짓던 때입니다. 철골 같은 것이 없었습니다. 그래서 처음부터 잘 쌓지 않으면 무너져 버립니다. 그때 로마인들이 냈던 아이디어가 아치입니다. 그들은 아치를 이용해 문과 창문을 만들 수 있었고, 석재의 양을 줄일 수 있었습니다.

그런데 아치에서 꼭 필요한 것은 두툼한 기둥입니다. 그것 없이는 아치도 무너져 버리죠. 그래서 로마식 석조 건물에는 꼭 아치와 두꺼운 기둥이 필요합니다.

그럼 로마네스크 교회도 그렇게 한 것인지 확인해 볼까요? 먼저 성 미카엘 교회[4]를 살펴보면 수많은 아치가 눈에 띕니다. 1층의 창문들이 다 아치고 입구도 아치입니다. 2층의 창문들도 모두 둥근 아치로 이루어져 있습니다. 탑들도 마찬가지입니다. 크고 작은 아치들이 보이고 그것이 탑의 문과 창문의 역할을 합니다. 그리고 벽과 기둥은 두툼해 보입니다. 여러 아치가 무너지지 않게 떠받치고 있어야 하기 때문입니다.

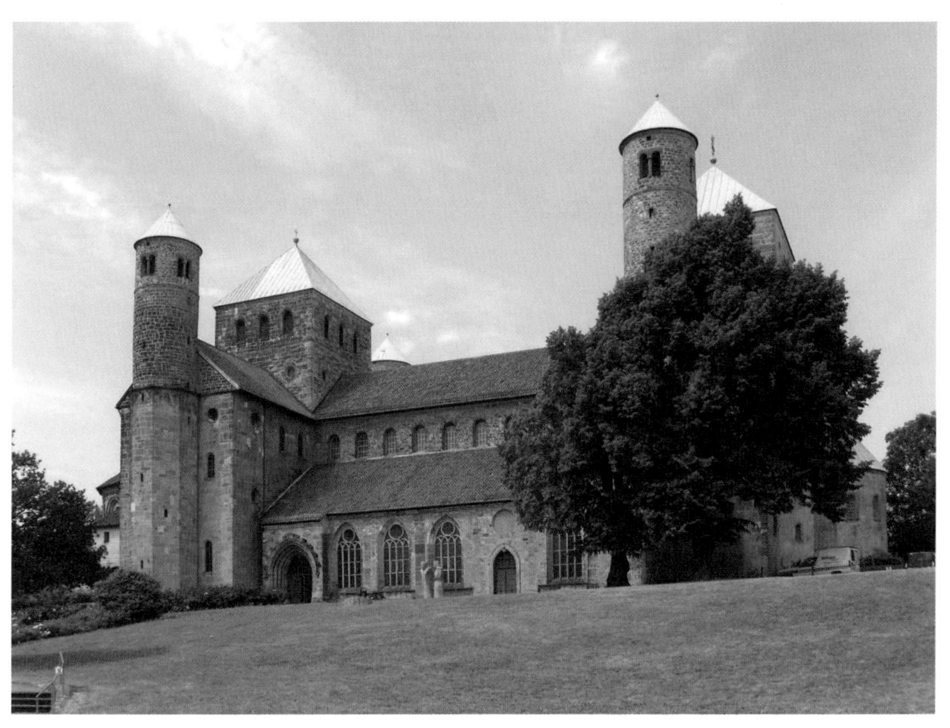

4 성 미카엘 교회 | 1010~1022년

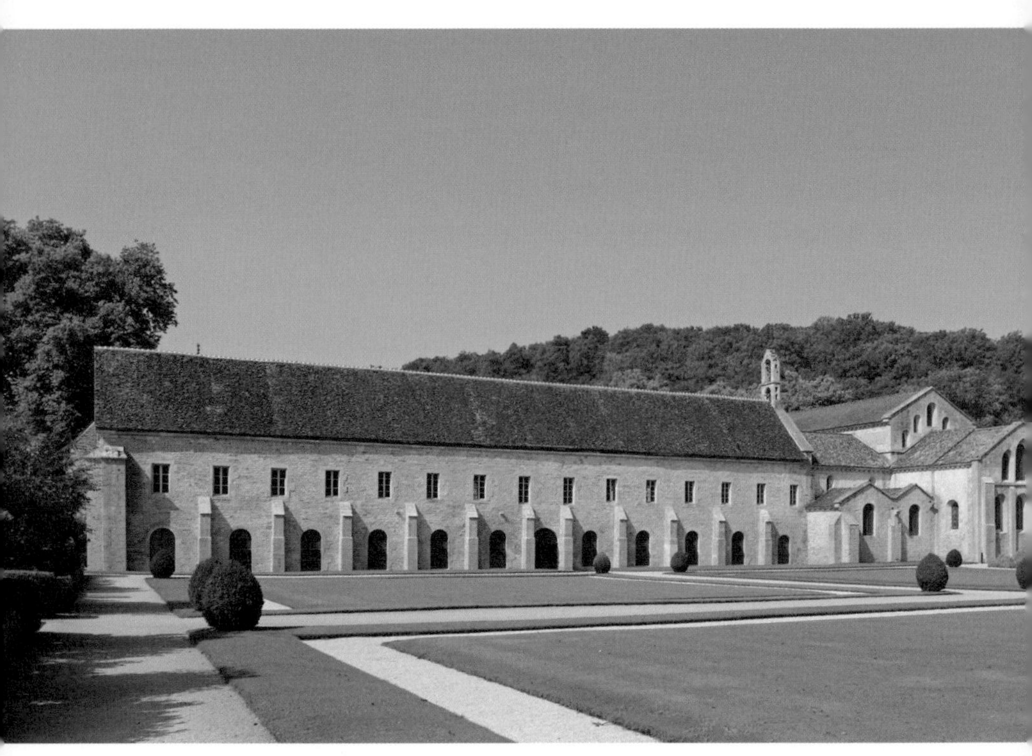

5 퐁트네의 시토회 수도원 | 1119년

퐁트네의 시토회 수도원[5]도 볼까요? 1층의 문들이 다 둥근 아치입니다. 역시 벽이 두껍고요. 2층의 창문은 네모로 만들어져 있는데 작습니다. 커지면 건물이 불안정해지겠죠. 자세히 보면 1층 아치들 사이에 두꺼운 기둥들이 있는데 건물 내부의 아치를 보강해 주는 버팀기둥입니다. 실내도 아치로 이루어져 있기 때문입니다.

마지막으로 슈파이어 대성당[6~7]을 보겠습니다. 역시 둥근 아치를 이용했고, 벽이 두껍습니다. 모두 로마 건축에서 사용하던 둥근 아치와 그것을 지탱해주는 두꺼운 버팀기둥으로 이루어져 있죠.

이것이 로마네스크 미술로 불리는 11~12세기 교회 건축 양식입니다. 느낌

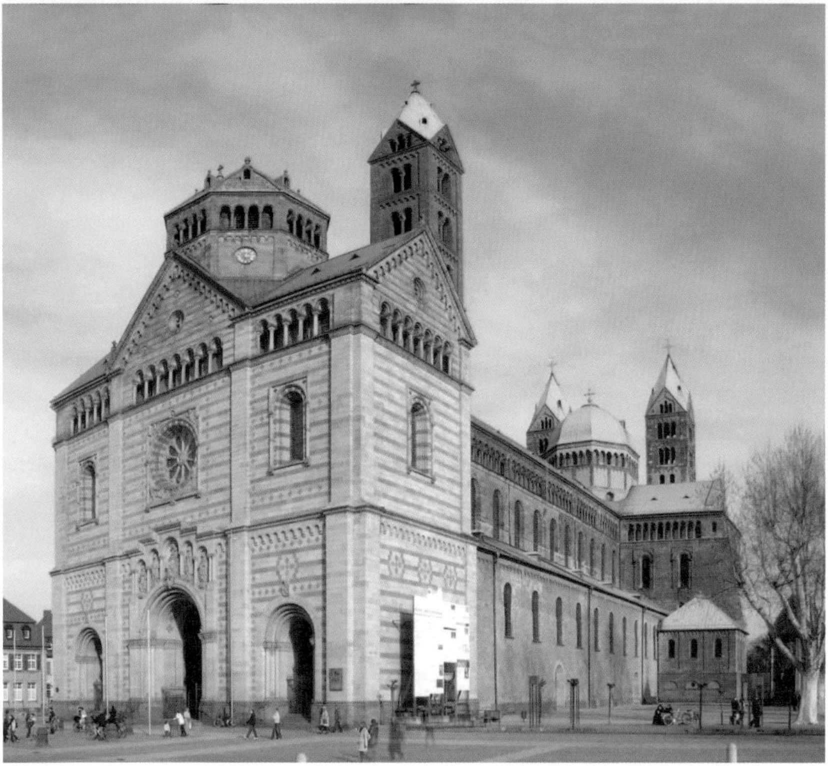

6 **슈파이어 대성당** | 1030~1106년

은 어떤가요? 무겁고, 엄숙하고, 어둡습니다. 실제 실내도 어두컴컴합니다. 창문들이 작기 때문이죠. 벽이 두꺼워야 하다 보니 그렇게 된 것입니다.

이렇게 로마네스크 양식의 건물들은 대체로 규칙적이고 대칭적인 구조를 이루며, 화려함보다는 단조로우면서도 육중함이 느껴지는 것을 특징으로 보시면 됩니다.

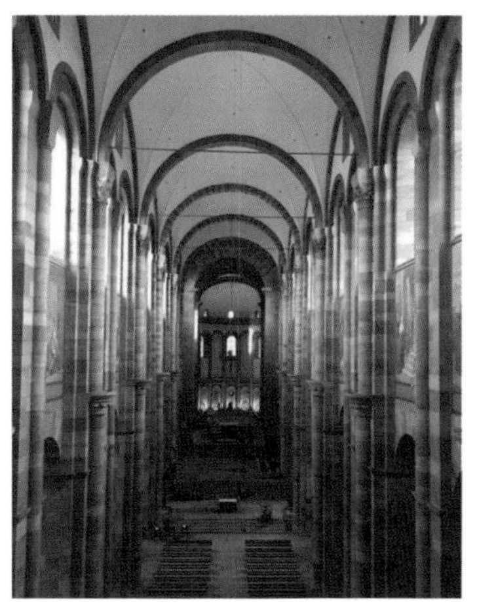

7 **슈파이어 대성당의 내부**

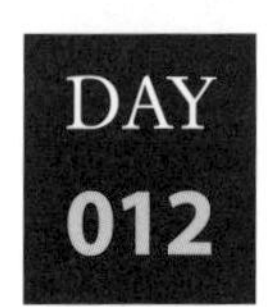

Romanesque Art II(1000~1200)

절망과 믿음의 로마네스크 미술

침울한 시대를 견뎌낸 신앙심

오늘은 로마네스크 미술의 두 번째 시간입니다. 그렇다면 11~12세기에 왜 이런 교회들이 많이 생겨났던 걸까요? 475년의 서유럽 지도[1]를 보면 단순합니다. 왼편은 대부분 서로마, 오른편은 대부분 동로마입니다.

이렇게 동로마와 서로마가 당시 유럽과 지중해 전체를 지배하고 있었습니다. 당연히 유럽은 안정적이었죠. 전체가 한 나라였으니까요. 그러던 서로마가 476년에 멸망합니다. 그 후 얼마되지 않아 서로마가 몇 개의 나라로 나누어집니다. 그런데 거기서 그치지 않습니다.

즉 476년부터 1100년경까지 유럽의 국경이 수시로 변하게 됩니다. 이 나라가 저 나라가 되고, 저 나라가 이 나라가 됩니다. 사실은 상상한 것보다 훨씬 많은 나라가 생겼다가 사라집니다. 나라라고 하기에도 멋쩍은 작은 것들도 많았습니다.

그렇다면 여기서 한번 생각해 보죠. 나라가 아무 일 없이 생겼다 사

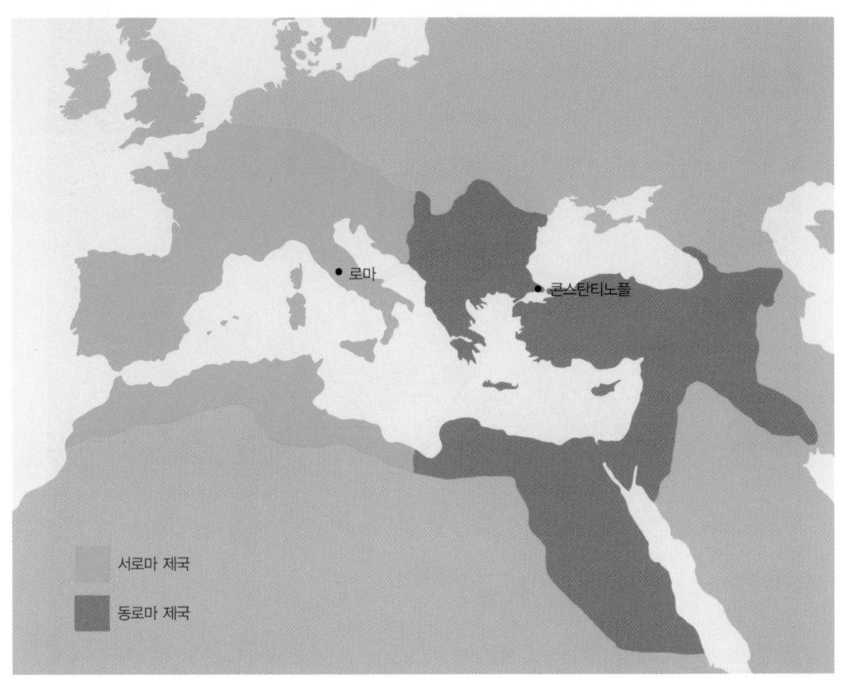

1 475년 유럽의 국경

라졌을까요? 아니겠죠? 나라가 생기려면 전쟁이 필요합니다. 다시 말해 국경이 계속 변한다는 얘기는 전쟁이 끊일 날이 없었다는 것입니다. 그런데 전쟁은 맨손으로 하나요? 막대한 자금을 필요로 합니다. 그 자금은 어디서 날까요? 힘없는 농민들이 부담하는 것입니다.

농민들이 일 년 농사를 열심히 지어 놓으면 영주들이 대부분을 가져가는 것입니다. 그것이 싫으면 군대에 가면 됩니다. 그건 괜찮을까요? 언제 죽을지 모르는 문제점이 있습니다.

그리고 중세에는 포로들을 몰살시키는 경우도 많았습니다. 살려두면 또 덤

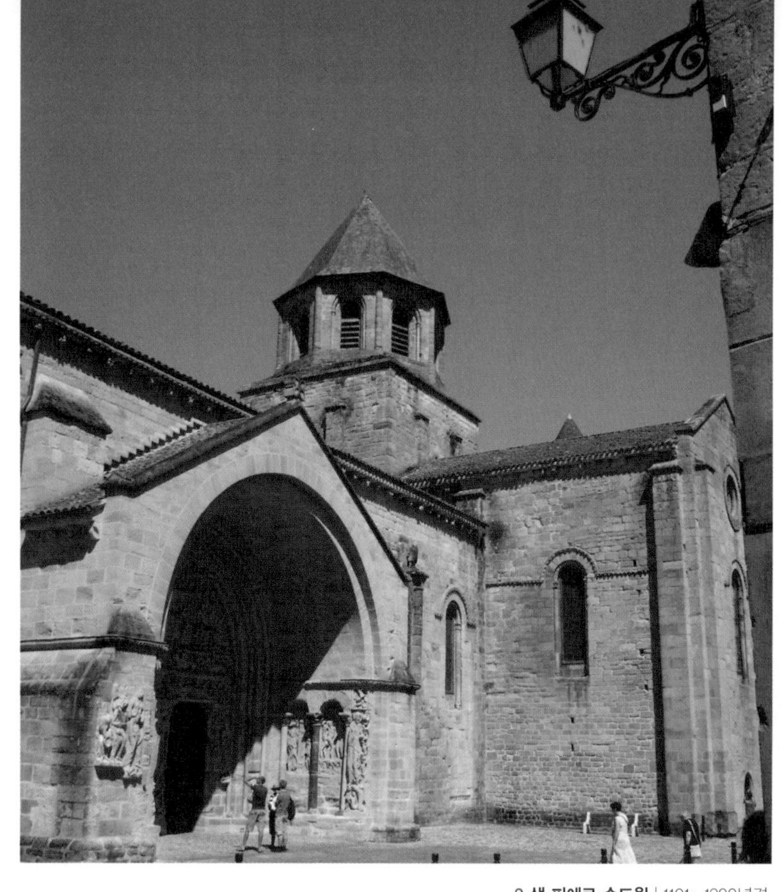

2 생 피에르 수도원 | 1101~1200년경

벼들 수 있을 테니까요. 굶어 죽거나 전쟁터에서 적과 싸우다 죽거나, 아니면 흑사병에 걸려 고통스러운 죽음을 맞이할 수밖에 없는, 내일 일을 알 수 없던 때였습니다. 모두에게 죽음은 너무나 가까이 있었습니다. 그러다 보니 사람들은 꼭 살아야겠다는 의지보다는 오히려 죽은 후를 준비하는 편이 더 나을 거라는 생각 역시 하게 되었습니다.

당연히 그들은 교회를 열심히 다니게 됩니다. 예수를 믿으면 죽어서 천국에 갈 수 있고 그것이야말로 영원한 평화라고 생각했기 때문입니다. 언제 죽을지 알 수 없는 그들에게 교회는 꼭 필요한 것이었습니다. 그런 이유로 11~12세기에 교회들이 많이 지어졌던 것입니다. 오늘날 로마네스크 양식의 건축물이라고 불리는 교회들이 말이죠.

그렇다면 왜 로마식으로 지었을까요? 그때의 상황을 보면 답을 알 수가 있는데요, 서로마가 망한 후 서유럽은 거의 전쟁 중이었습니다. 특별히 건축 기술이 발달할 이유가 없었겠죠. 그래서 500년 전 로마의 기술을 가져다 그대로 사용한 것입니다.

그럼 로마네스크 조각품을 살펴볼까요? 특별한 곳에서 찾을 필요는 없습니다. 바로 교회에서 찾아볼 수가 있는데요. 프랑스 보리유 쉬르 도르도뉴의 생 피에르 수도원[2]을 예로 들어 살펴보겠습니다. 역시 로마네스크 교회의 특징인 둥근 아치와 두툼한 벽을 가지고 있습니다. 당연히 느낌은 무겁고 엄숙합니다.

하루하루 어렵게 살던 중세의 시민들은 지친 몸을 이끌고 죽음 후의 천국 꿈을 꾸며 이곳에 왔을 것입니다. 그리고 안으로 들어갔겠죠. 이 수도원의 남쪽 정문[3]은 큰 아치형 터널같이 생겼습니다. 그 안으로는 큰 문이 있고, 문 위에 반원형으로 장식된 부분이 보이는데, 이것을 팀파눔[4]이라고 합니다. 사실 이 부분은 오랫동안 문제가 되었습니다. 성상 때문이죠. 성경에는 어떠한 사물을 본뜬 성상도 만들지

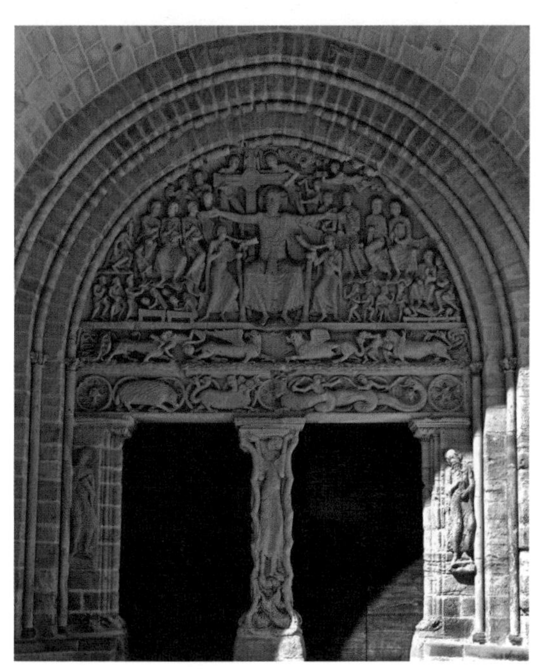

3 생 피에르 수도원의 남쪽 정문

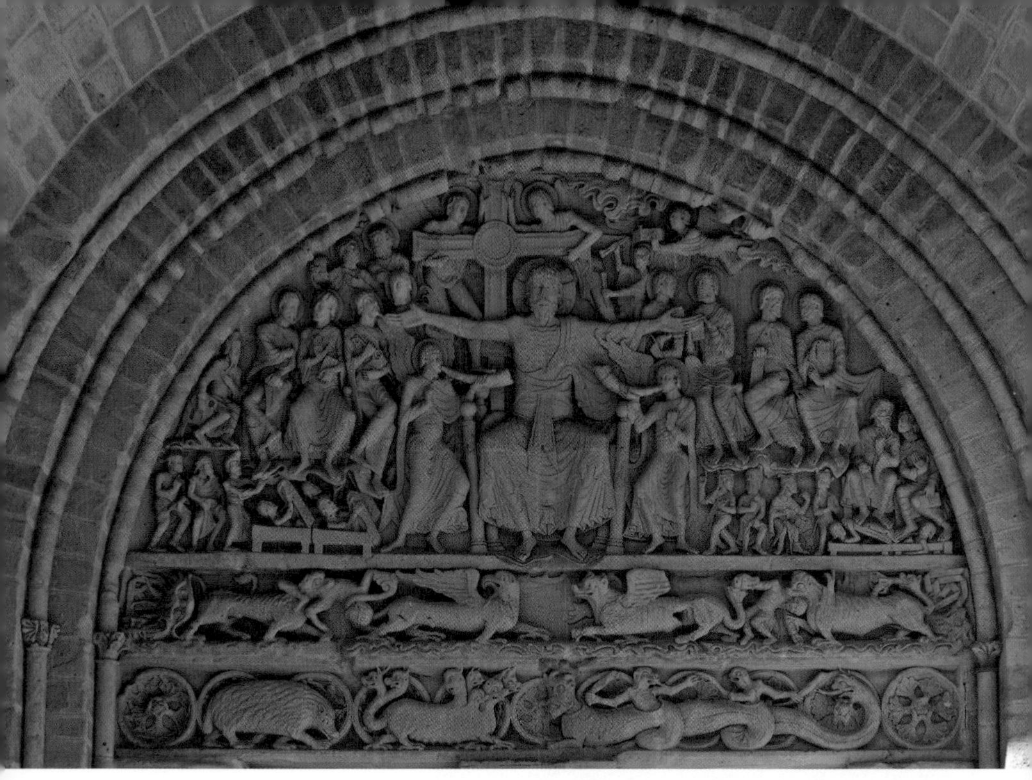

4 생 피에르 수도원의 팀파눔

말라고 나옵니다. 그래서 금기시되는 일이지만, 당시 사람들은 거의 글을 읽지 못했습니다. 그러다 보니 글로는 성경의 말씀을 전달하기가 어려웠죠. 하는 수 없이 서로마의 로마네스크 교회들은 최소한의 성상을 만들기 시작합니다. 동로마 교회에서는 이곳보다 엄격히 지키고 있었습니다.

이제 다시 그때를 상상해 보세요. 일주일간 고생하며 일했던 사람들이 마음의 위로를 받고 더 행복한 훗날의 약속받기 위해 예배하러 옵니다. 그리고 이 웅장하고 거대한 돌로 만든 엄숙한 교회 앞에 섭니다. 마음이 경건해졌겠죠. 아마 천국의 문처럼 보였을지도 모릅니다. 그리고 문 앞에서 눈을 들어 이 조각들을 보았을 겁니다. 조각 가운데는 양팔을 들고 의자에 앉아 있는 커다란 이가 보입니다. 머리에서는 둥근 빛이 납니다. 예수 그리스도입니다. 그가 '최후의 심판' 날에 온 것입니다. 그리스도 옆에는 두 천사가 나팔을 불고 있습니다. 최후의 심판을 알리는 것이죠. 그리스도 옆으로는 그의 제자들이 있습니다. 이제 세상은 다 끝났습니다. 지금부터 양쪽으로 구분이 됩니다. 예수를 믿었던 자는 천국으로 가면 됩니다. 그러지 못한 자는 지옥으로 가면 됩니다.

지옥이 궁금하면 그리스도의 발 밑을 보면 됩니다. 그곳에 지옥이 묘사되어 있습니다. 그곳에는 사람과 흉측스러운 짐승들이 뒤엉켜 있습니다. 문 앞에서 이 생생한 조각을 본 중세 사람들의 마음이 그려지십니까?

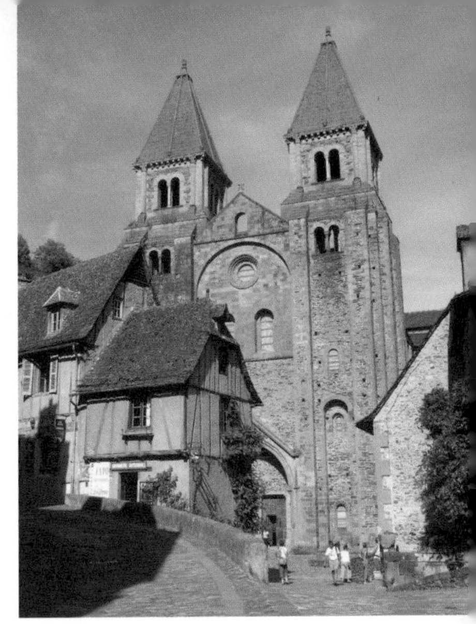

5 생 푸아 수도원 | 1030~1120년경

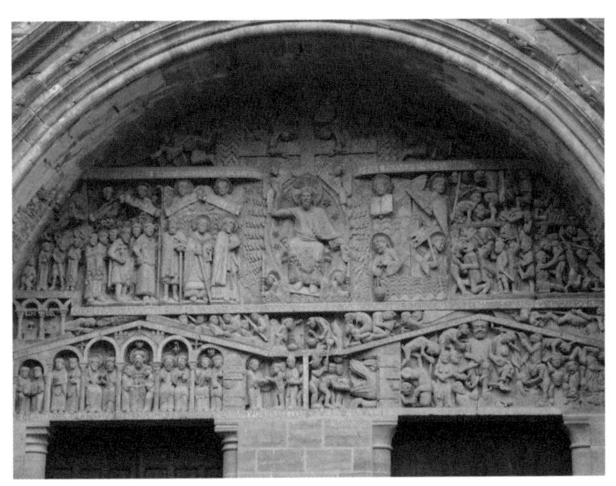

6 생 푸아 수도원의 팀파눔

팀파눔이란?

팀파눔(tympanum)은 고대 그리스부터 중세에 걸쳐 신전 및 교회를 꾸미기 위해 주로 쓰인 장식물이다. 주로 삼각형 및 반원형 모양으로 만들어지는 팀파눔은 건축물의 가장 중요한 위치 중 하나인 출입문이나 창문 위를 장식하는데, 종교적 상징물과 광경, 그리고 성경 이야기를 주 소재로 쓴다.

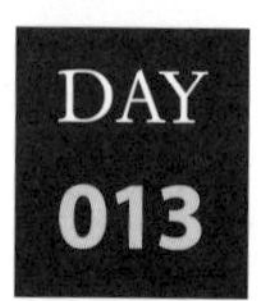

Gothic Art I(1100~1500)

야만을 품은 고딕 미술

신에게 가까이, 더 높게

오늘은 고딕 미술의 첫 번째 시간입니다. 12~15세기에 서유럽은 뾰족한 첨탑을 지닌 까마득히 높은 성당들이 많이 지어졌습니다. 대부분이 건축물들을 보신 경험이 있을 것입니다. 직접 보신 분도 계시겠고, TV나 사진에서 보신 분도 계시겠죠. 이 성당들을 보면 여러 면으로 압도당하게 되는데, 어마어마한 크기와 높이, 조각들의 정교함, 곳곳에서 뿜어져 나오는 성스러움에 자연스럽게 경외심이 생깁니다. 그리고 건물 내부에서는 스테인드글라스를 뚫고 들어오는 눈부신 형형색색의 빛을 보며 감탄을 하든 기도를 하든, 한마디로 우리의 마음을 움직이는 성당 건축물입니다.

역사가들은 이런 아름다운 성당 양식에 고딕 양식이라고 이름을 붙여 주었습니다. 그런데 이름이 좀 이상합니다. 고딕이라면 고트족의 예술이라는 뜻입니다. 하지만 이런 성당들은 대부분 프랑스에서 시작된 것으로 고트족하고는 관련이 없어 보이는데, 고딕이라뇨?

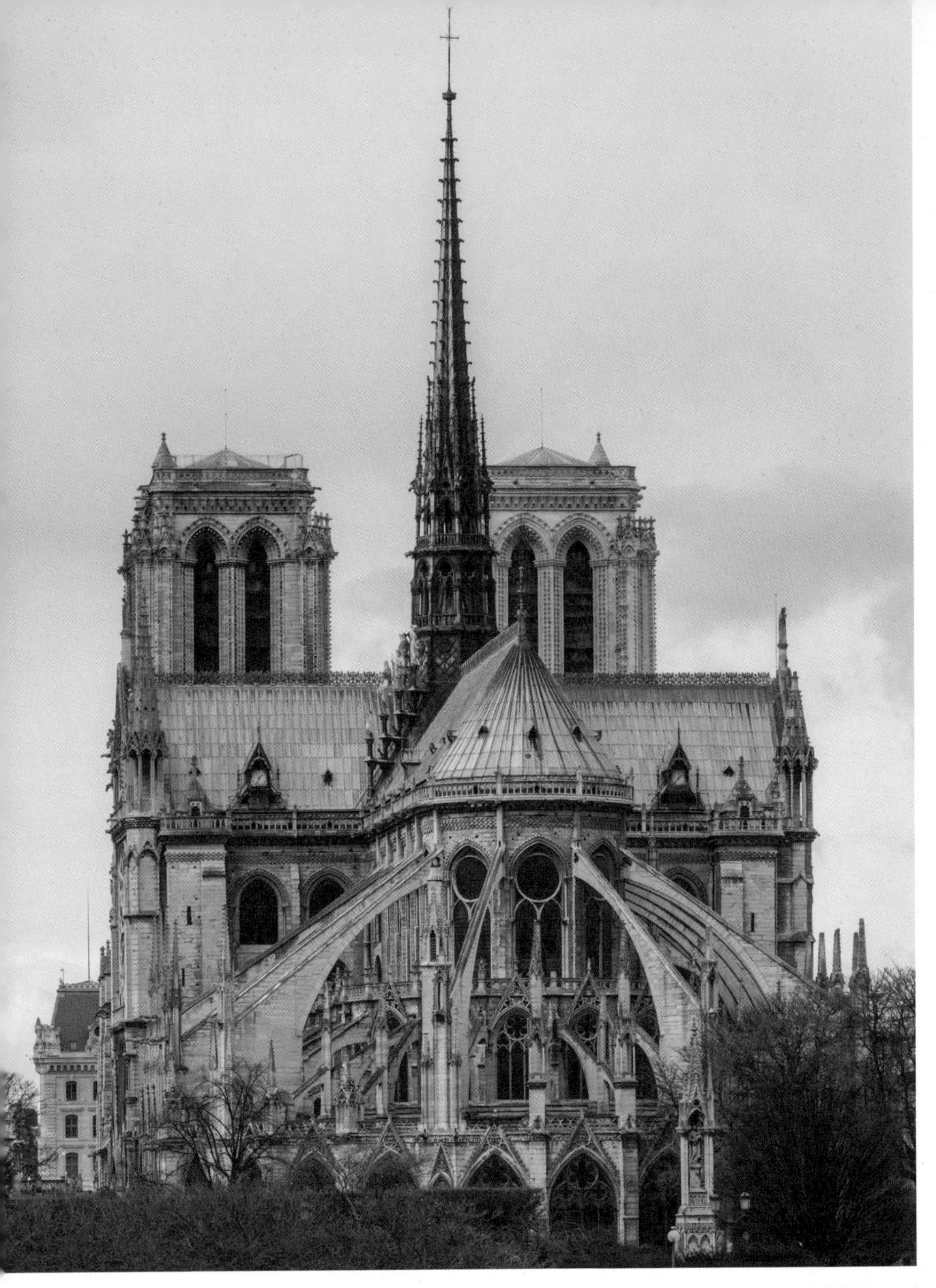

1 노트르담 대성당 | 1345년

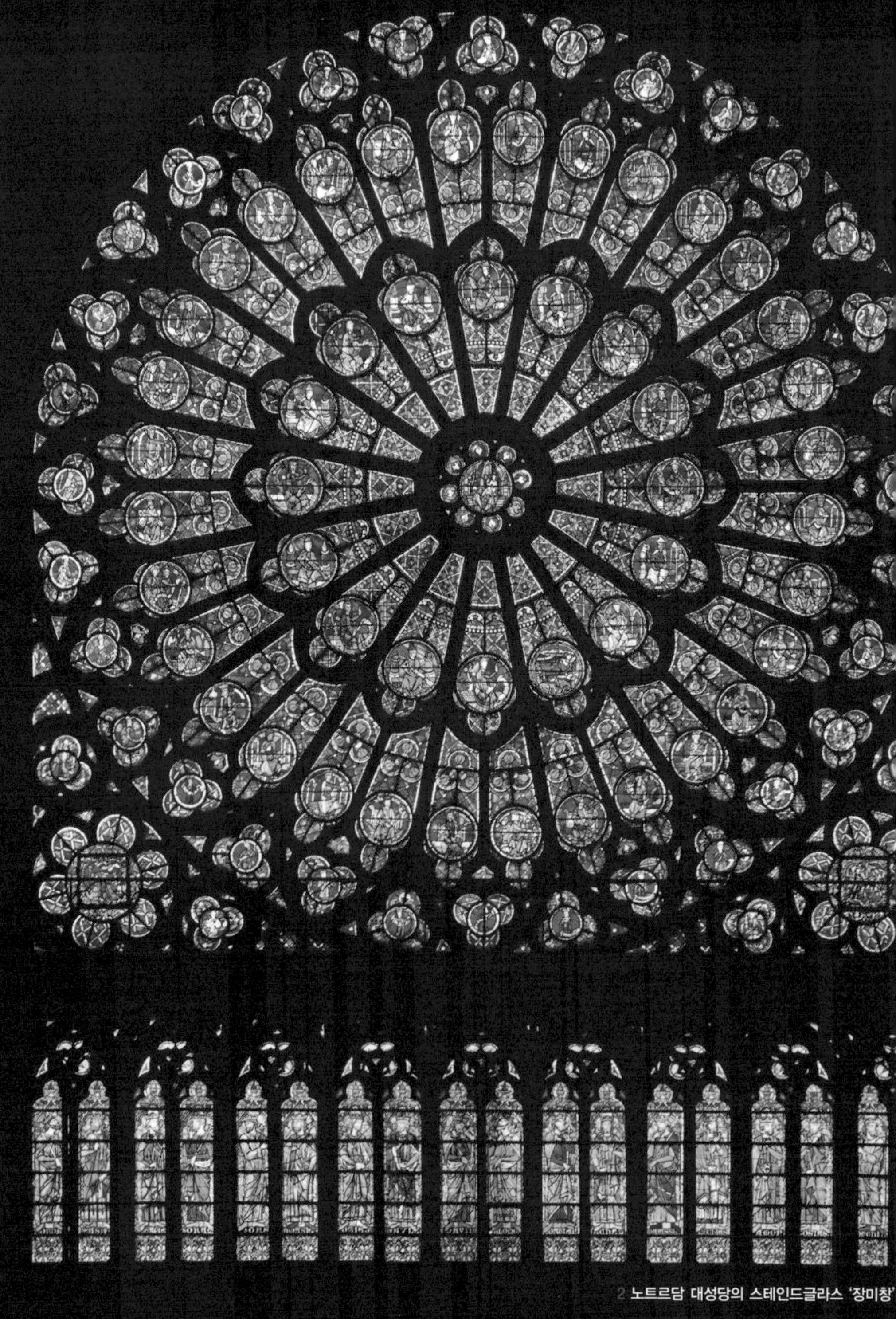

2 노트르담 대성당의 스테인드글라스 '장미창'

한마디로 비하한 것입니다. 고트족이 만든 것처럼 야만적이고 천박하다는 것이죠. 고트족은 동부 게르만족의 일파이자 옛 유럽의 야만족입니다. 로마 문명을 멸망시킨 것도 그들입니다. 아니 이렇게 멋지고 훌륭한 건축물을 비하하다니 쉽게 이해가 되지 않을 것입니다.

그런데 그 사람들도 그렇게 말한 이유가 있지 않을까요? 이 아름다운 성당들을 보며 고딕이라고 말한 사람들이 누구인지부터 볼까요? 그들은 이탈리아 사람들입니다. 15세기 르네상스를 일으킨 이들이죠. 어두웠던 중세를 뒤로 보내며 사상, 문화, 예술, 건축에서 큰 발전을 이룬 때가 르네상스입니다. 바로 그 르네상스를 이룬 이탈리아인들이 이런 성당들을 비하한 것입니다. 고딕이라고 부르면서 말입니다.

혹시 시기심에서 그런 걸까요? 전혀 없다고는 볼 수 없습니다. 이탈리아는 로마 제국의 후손이고 그 입장에서 보면 게르만족이 섞여 있는 프랑스는 야만인 출신입니다. 게르만족이 로마를 멸망시켰으니까요. 고딕풍 후에 나오는 르네상스 역시 무너진 그리스와 로마 문명을 재건하겠다는 의지를 담아 시작된 것이고요. 그러다 보니 듣지도 보지도 못 하던 특이한 방식으로 지어진 성당들을 고운 눈으로 볼 수만은 없었겠죠.

그런데 그들이 성당을 평가절하한 이유는 그것 말고도 또 있습니다. 전형적인 아름다움을 추구하지 않았기 때문입니다. 고대 그리스인들은 늘 아름다움을 추구했습니다. 그래서 이상적 비율을 중시했죠. 하지만 이 성당들은 그렇지가 않습니다. 이상적 비율과는 거리가 있습니다. 어떻게 된 일인지 알아볼까요?

때는 12세기 중세시대입니다. 당시 사회상을 풍자적으로 표현한 그림[3]이 하나 있습니다. 전체를 보면, 나무가 있고 그 위에 사람들이 매달려 있고 앉아 있고, 서 있습니다. 나무의 맨 위를 보면 황금색 갑옷을 입은 사람과 검은색 갑옷을 입은 사람이 칼을 휘두르고 있습니다. 싸우는 것입니다. 황금색 갑옷을 입은

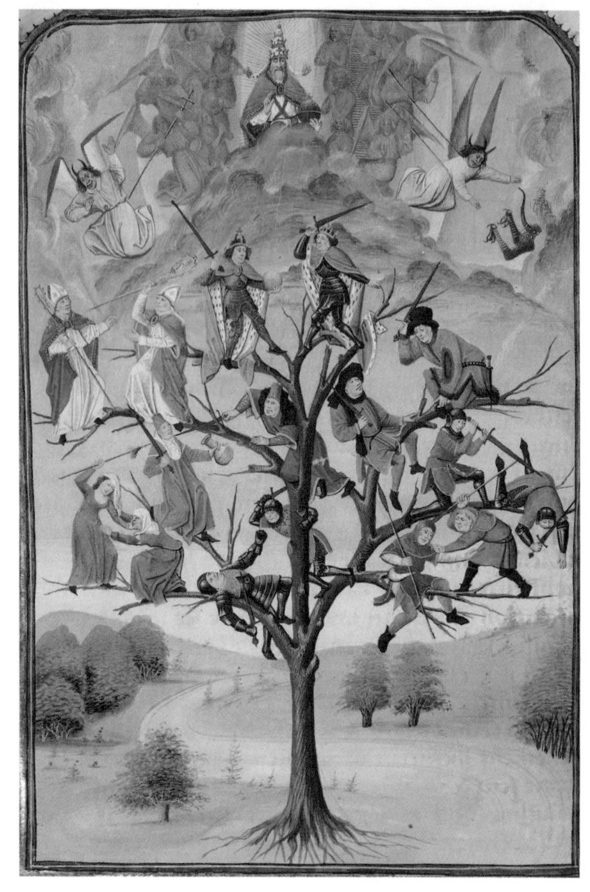

3 전쟁의 나무 | 오노레 보네 | 1467년

사람 손에는 둥근 황금 덩어리가 들려 있죠. 그것을 놓고 싸우는 것입니다. 둘 다 왕관을 썼습니다. 왕들입니다. 바로 아래를 보면, 파란색 망토를 두른 주교와 붉은색 망토를 두른 주교가 싸우고 있습니다. 지팡이까지 휘두릅니다.

그 아래를 볼까요? 부유층들이 또 싸우고 있습니다. 그 밑에도 싸웁니다. 성직자들입니다. 한 사람은 술병까지 들었습니다. 또 그 밑에는 군인들이 싸웁니다. 파란 군인이 회색 군인을 찌르고 있네요. 그 아래서는 농부들이 싸우고, 그 옆에는 기사들이 싸우고, 마지막으로 여자들끼리도 싸웁니다. 온통 싸웁니다.

여기까지의 설명은 이렇습니다. 당시 사회는 여러 계층으로 구성되어 있었는데 이들에게는 갈등이 있었습니다. 이익을 위해서라면 싸움을 마다하지 않았습니다. 그림 윗부분을 보시죠. 가운데 하느님(하나님)이 있습니다. 그 옆으로는 붉은색 날개의 천사들이 늘어서 있습니다. 그 아래로 흰 옷을 입은 천사가 양쪽으로 보이시죠? 나쁜 천사들입니다. 머리에 뿔이 났습니다. 이 천사들이 사람들을 꾀어내어 싸우게 하는 것입니다. 싸우지 않는 방법이 단 하나 있긴 있습니다. 하느님에게 가까이 다가가는 것입니다. 하느님만이 인간의 폭력을 치유할 수 있습니다. 이것이 당시 사람들의 세계관이었습니다. 왕도 주교도 귀족도 기사도 농부도 이 생각은 같았습니다. 그러니 어떻게 해야 할까요? 성당을 높이높이 세워야죠. 그래야 조금이라도 하느님에게 가까이 갈 수 있지 않을까요? 이것이 첨탑 고딕 성당의 기본적 탄생 배경입니다.

우리나라에도 고딕 양식이 있다?

1898년에 한반도에서 처음으로 대규모 성당인 명동성당이 지어졌다. 하늘 높이 솟은 첨탑과 다채로운 색을 품은 넓은 면적의 스테인드글라스를 보면 고딕 양식의 영향을 받았다는 것을 한눈에 알 수 있다.

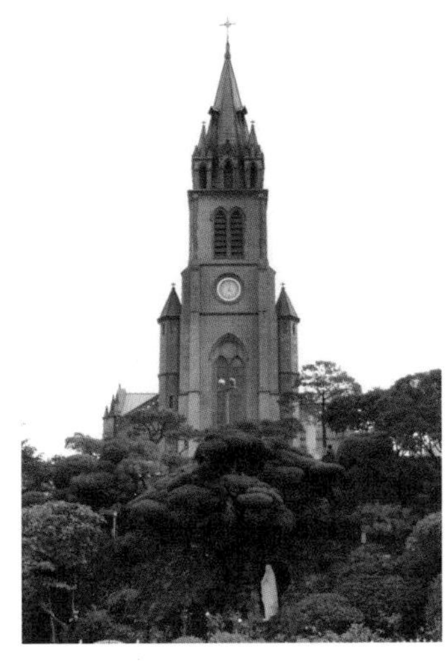

4 **명동성당** | 1898년

이러다 보니 그리스 건축처럼 이상적 비율을 따질 겨를이 있었을까요? 높이 올리는 것조차 벅찬데 말이죠. 이것이 르네상스인들이 고딕이라며 평가절하했던 이유 중 하나입니다. 그리고 중세의 기술로는 상상하기조차 어려운 성당이 올라갈 수 있었던 이유입니다. 하느님에게 다가가려는 절실함이 고딕 성당을 탄생시킨 것이죠.

Special

DAY 014

디아나와 칼리스토 그리고 별자리

오늘은 신화 이야기를 해볼까 합니다. 등장인물입니다. 먼저 제우스가 있는데 그리스 신화 중 최고의 신으로 로마 신화에서는 유피테르(주피터)입니다. 그다음으로 제우스의 누나이자 아내로 여신 중에 최고라 할 수 있는 헤라가 있는데 로마 신화에서는 유노(주노)로 불립니다. 그리고 사냥의 여신이자 제우스의 딸인 아르테미스가 있습니다. 그녀는 처녀의 수호자, 순결의 상징이기도 하며, 로마 신화에서는 디아나(다이애나)입니다. 그다음, 아름다운 요정인 칼리스토가 있는데 순결을 맹세한 후 아르테미스의 시중을 듭니다. 마지막으로 아르카스. 그는 칼리스토의 아들입니다.

그런데 이상합니다. 순결을 약속한 칼리스토에게 아들이 있다니 어떻게 된 일일까요? 이야기는 이렇습니다. 바람기가 많았던 신 중의 신 제우스는 칼리스토의 아름다움에 반하여, 자신의 모습을 아르테미스로 변신한 후 칼리스토를 유혹합니다. 사실을 전혀 모른 채 제우스의

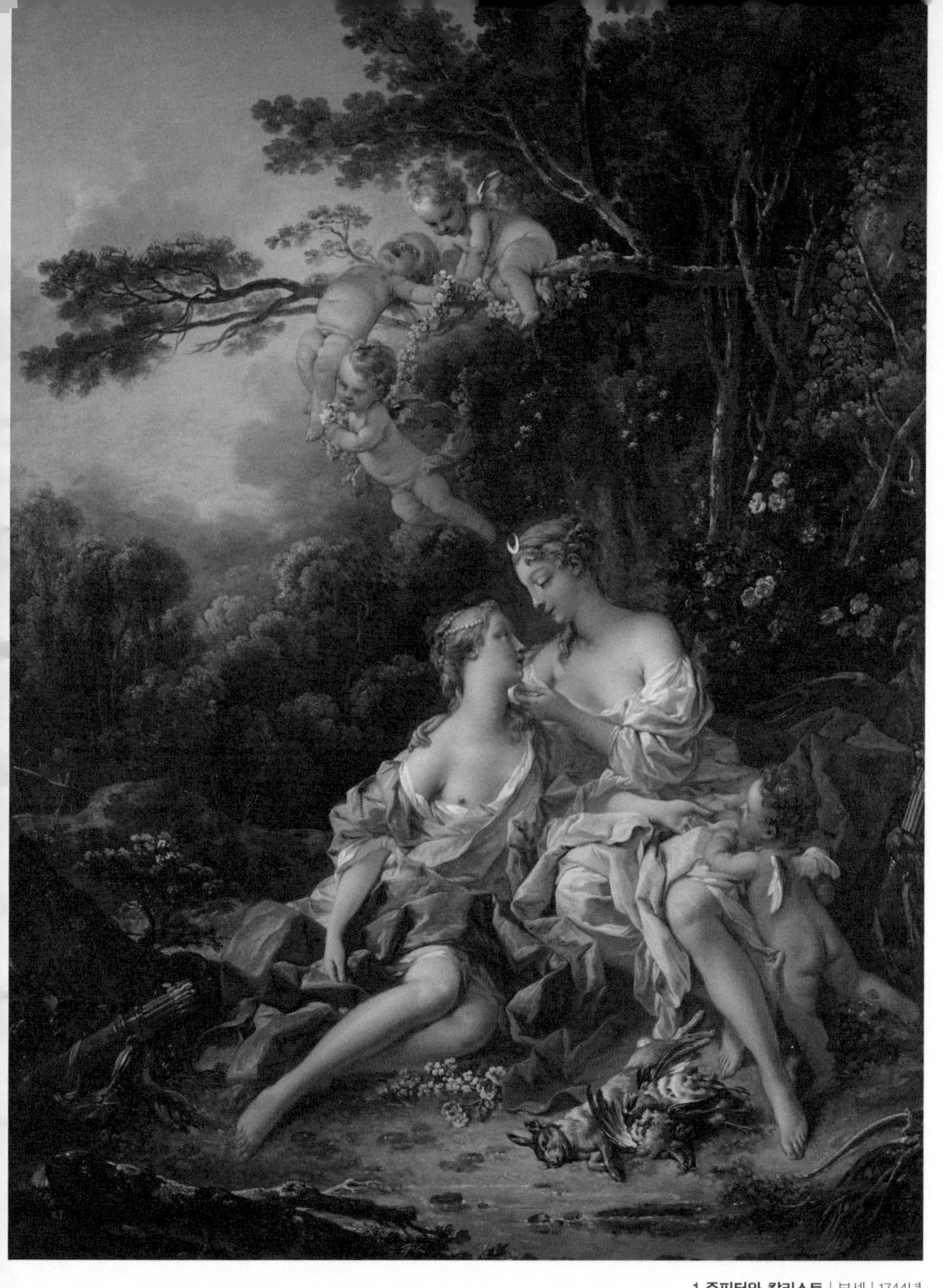

1 주피터와 칼리스토 | 부셰 | 1744년

속임수에 넘어간 칼리스토는 아르카스를 잉태하고 말죠. 칼리스토는 후에 사실을 알았지만, 두려운 나머지 아르테미스에게 숨깁니다. 하지만 배는 불러왔고, 이를 의심한 아르테미스는 칼리스토의 옷을 벗겨 보게 되고, 모든 것을 알게 됩니다. 그리고 순결을 어긴 벌로 칼리스토를 곰으로 만들어 버립니다. 여기서 곰으로 만든 것이 제우스의 부인, 헤라라는 이야기도 있습니다.

세월은 흘렀고, 어머니 없이 성장한 아르카스는 어느 날 숲에서 큰 곰을 발견합니다. 그 곰은 바로 칼리스토였죠. 아들을 발견하고 반가웠던 칼리스토는 아르카스를 향해 달려가지만, 영문을 몰랐던 아르카스는 곰을 죽이려 활시위를 당깁니다. 이 안타까운 순간에 제우스가 등장하죠. 미안한 나머지 그는 둘을 하늘로 올려보내 영원한 별자리로 만듭니다. 그것이 큰곰자리와 작은곰자리입니다. 후에 사실을 알아버린 여신 헤라는 질투를 참지 못해 별자리가 된 이들을 영원히 물가로 내려오지 못하게 했다고 합니다. 그래서 큰곰자리와 작은곰자리는 언제나 북쪽 밤하늘을 맴돌며 쉴 수가 없게 된 것이죠. 북두칠성이 큰곰자리의 일부이고, 작은곰자리 중 가장 반짝이는 별이 북극성입니다.

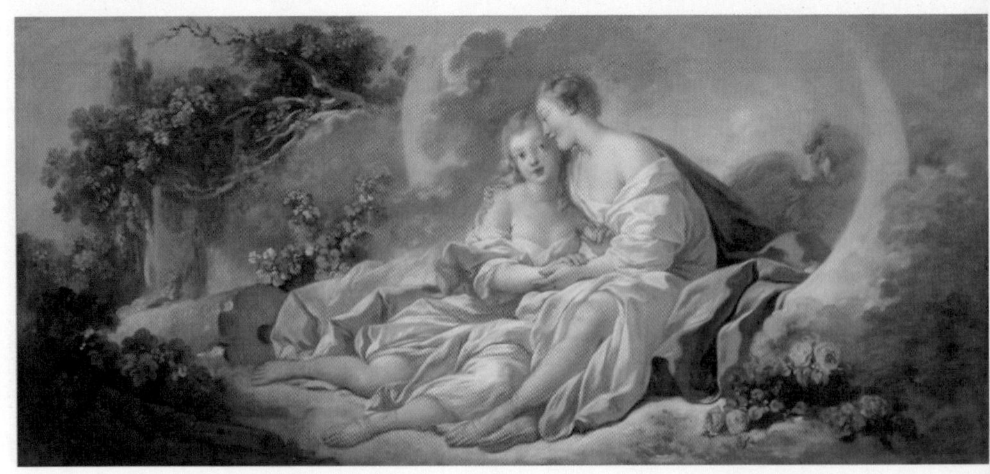

2 주피터와 칼리스토 | 프라고나르 | 1755년경

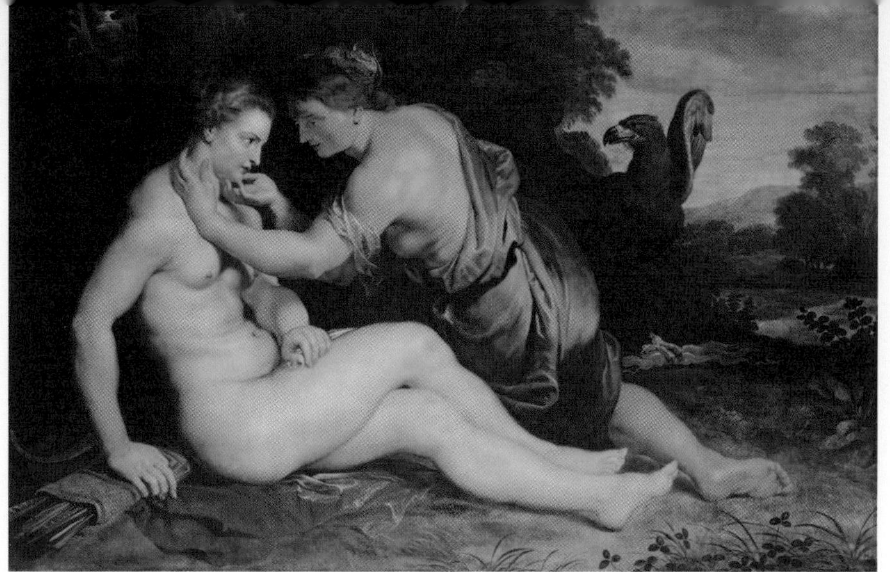

3 주피터와 칼리스토 | 루벤스 | 1613년

로코코의 대표 화가 부셰는 아르테미스로 변신한 제우스가 칼리스토를 유혹하는 장면[1]을 그렸습니다. 부셰의 그림답게 화사하고 달콤한 느낌을 줍니다. 서로 바라보는 눈빛을 보면 부셰는 남녀 간의 사랑에 초점을 두었던 것으로 보입니다.

부셰의 공방에서 공부했던 프라고나르도 같은 장면[2]을 그렸습니다. 역시 로코코 시대의 분위기에 맞게 밝고 경쾌하며, 프라고나르는 칼리스토를 좀 더 순진한 처녀로 그려 놓았습니다. 유혹하는 아르테미스 뒤에는 독수리가 보입니다. 그것이 아르테미스가 아닌 제우스라는 암시입니다. 독수리는 제우스와 함께 다니거든요.

바로크의 대표 화가 루벤스도 이 장면[3]을 그렸습니다. 역시 루벤스답게 요정 칼리스토를 풍만한 여인으로 표현했으며, 제우스의 포즈를 보면 그의 다른 그림처럼 역동적이고, 에너지가 넘칩니다. 역시 뒤에는 독수리가 그려져 있군요.

루벤스가 그린 다른 장면인 「디아나와 칼리스토」[4]입니다. 내용은 아르테미스, 즉 디아나에게 의심을 받고 요정들에 의해 옷이 벗겨지는 칼리스토를 그린 것입니다. 화가 난 디아나는 칼리스토를 노려보고 있고 다른 요정들은 구경합니다. 그녀의 죄라면 아름다웠다는 것이고 사실은 피해자인데, 칼리스토는 고개를 숙이고 두려워하고 있습니다. 조금 있다가는 곰이 되겠죠. 슬프고도 억울한 이야기입니다.

이 장면을 티치아노도 그렸습니다. 1559년경에 그린 「디아나와 칼리스토」[5]입니다. 원래 서덜랜드 공작의 소유였던 이 그림은 2012년 런던 국립미술관과 스코틀랜드 국립미술관이 공동으로 우리 돈 800억 원쯤에 구매하였습니다. 런던 국립미술관의 니콜라스 페니 관장은 이런 기회는 두 번 다시 오지 않는다며 정부를 설득했다고 전해지고 있으며, 구매 후 서덜랜드 공작에게는 삼 분의 일 가격에 팔아준 것에 관해 고마움을 표시했다고 하는군요.

사실 티치아노는 영국 사람도 아닙니다. 이탈리아의 베네치아파 화가이죠.

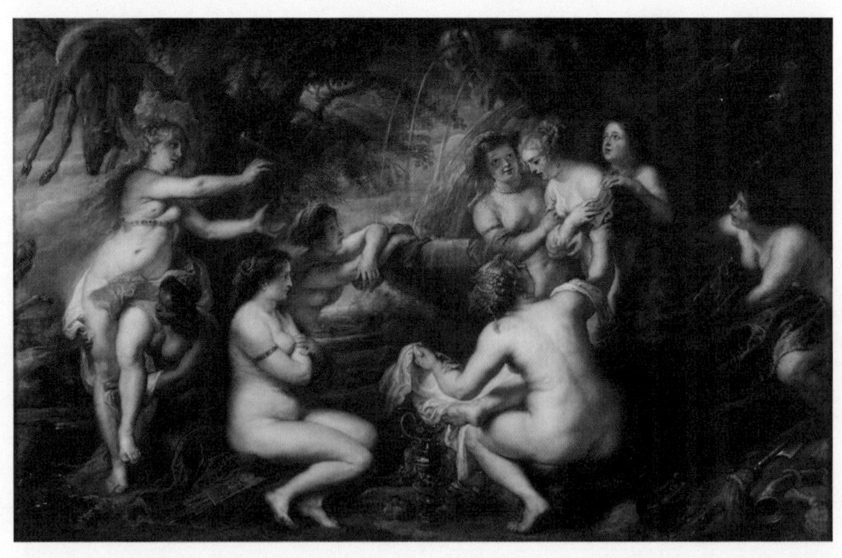

4 디아나와 칼리스토 | 루벤스 | 1635년

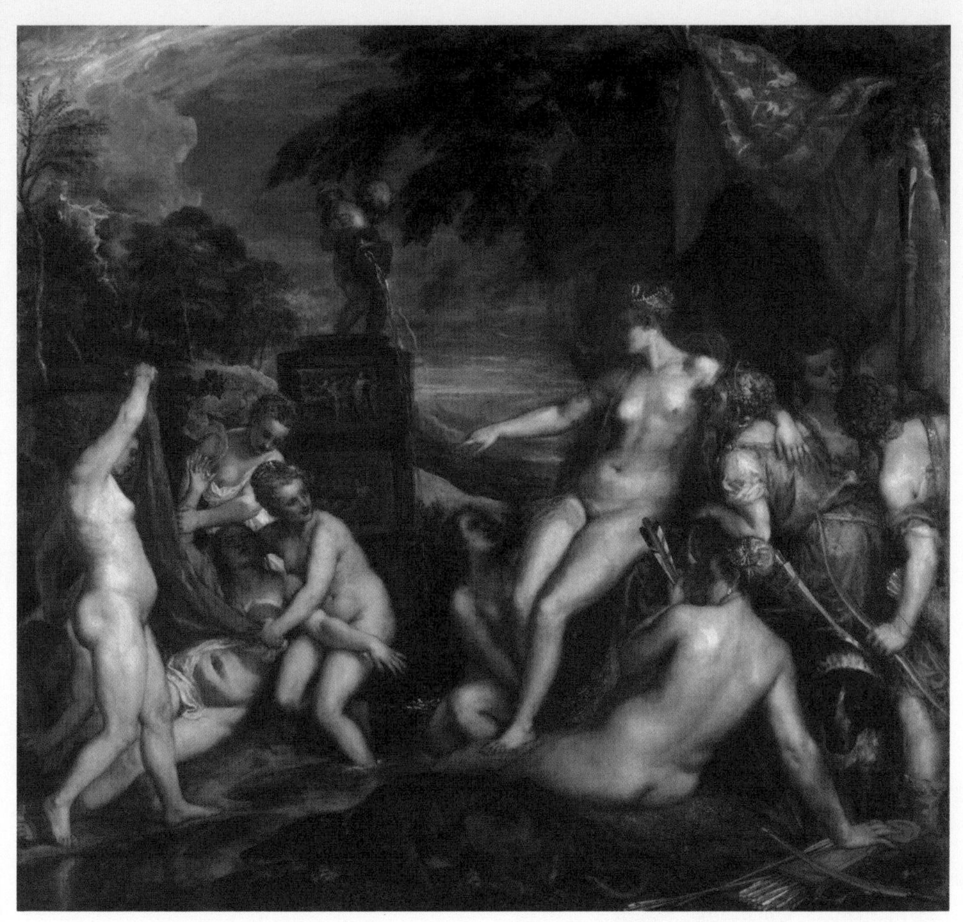

5 디아나와 칼리스토 | 티치아노 | 1556~1559년경

그런데 왜 영국의 미술관들이 그의 그림을 소장하고자 적극적으로 나섰던 것일까요? 물론 티치아노가 그림을 뛰어나게 잘 그렸던 것으로 평가되며, 그의 실력은 어린 시절 스승도 감당을 못했다는 여러 가지 일화로도 알 수 있지만, 그것이 이 그림의 가치의 전부일까요? 예술 작품의 가치는 단순히 가격으로 평가할 수 없습니다. 영국의 국립 미술관장들도 물론 그것을 잘 깨닫고 있었겠죠?

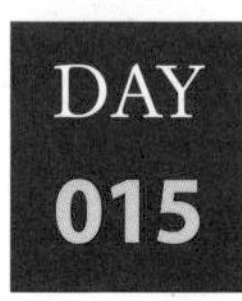

Gothic Art II(1100~1500)

묘한 감동의 고딕 미술

고딕 성당의 특징과 도시의 성장

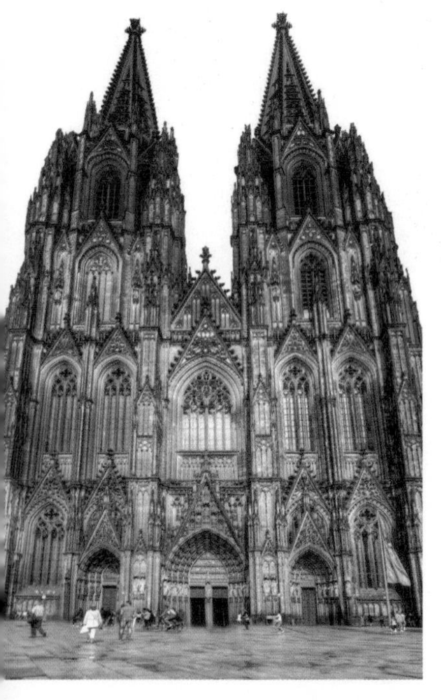

1 쾰른 대성당의 정면

오늘은 고딕 미술의 두 번째 시간입니다. 이제 고딕 성당을 자세히 살펴볼까요? 우선 독일의 쾰른 대성당[1~3]입니다. 실내의 천장이 꽤 높습니다. 43m쯤 됩니다. 경이롭습니다. 어떻게 가능했을까요? 이것은 석조 건물입니다. 뼈대가 없습니다. 단지 돌을 쌓아서 올리는 방식입니다. 모르타르(석회, 물, 모래의 혼합물)가 있긴 하지만 접착력이 거의 없습니다. 수평이 조금이라도 맞지 않으면 미끄러져 버립니다. 돌들은 중력으로 버텨야 합니다. 그렇다 치더라도 높이만 올리는 것이라면 피라미드처럼 넓게 쌓으면 됩니다. 하지만 내부 공간을 만들어야 합니다. 그러니 양옆의 벽을 일자로 쌓아야 합니다.

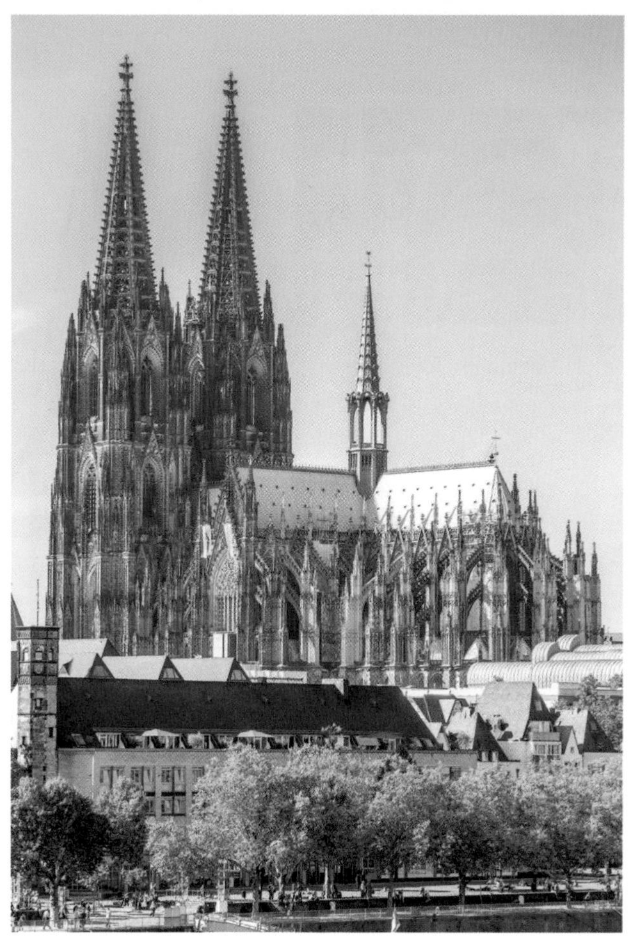

2 쾰른 대성당 | 1248~1880년

벽을 일자로 쌓더라도 두껍게 하면 43m쯤은 올릴 수 있습니다. 하지만 벽은 얇아야 합니다. 두꺼우면 빛이 들어오지 않기 때문입니다. 고딕 성당은 하느님과 인간을 이어주는 중간 장소이므로 많은 빛이 밝게 들어와야 합니다. 그래야 천국의 입구처럼 보일 수 있습니다. 이렇게 까다로운 조건이 한둘이 아닙니다. 이제 이 경이로운 건물을 어떻게 올릴 수 있었는지 알아볼까요?

중세인들이 첫 번째로 낸 아이디어는 첨두아치라고 하는 끝이 뾰족한 아치

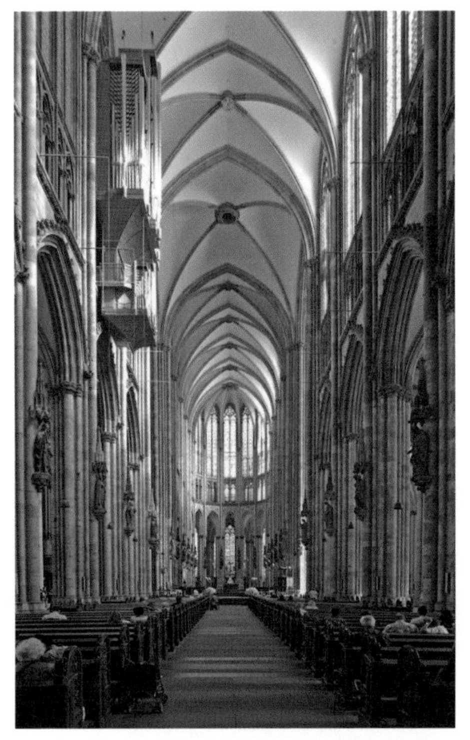

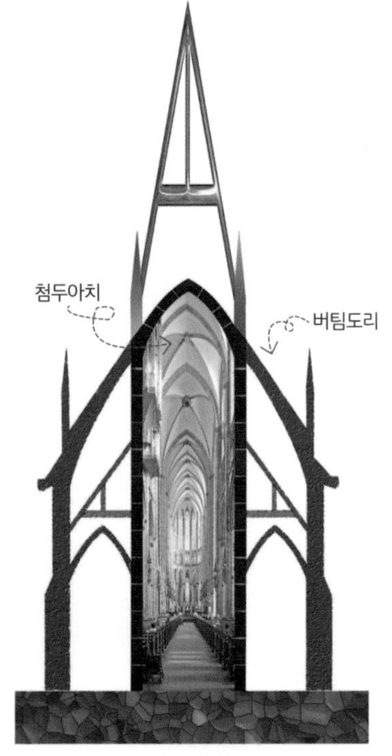

3 쾰른 대성당의 내부

4 고딕 성당의 구조도

입니다. 기존의 둥근 아치는 로마식 아치인데 대표적인 예로 콜로세움이 둥근 아치 모양으로 만들어져 있습니다. 두 아치를 놓고 머릿속으로 그려보세요. 어느 아치가 높이 올리는 데 유리할까요? 첨두아치겠죠. 둥근 아치는 옆으로 퍼지는 힘이 강해 보입니다. 그에 반해 첨두아치는 비교적 아래로 힘을 내려보내기에 높이 올리는 데는 훨씬 유리합니다.

고딕 성당을 한번 세워보죠. 먼저 바닥을 잘 다져야 합니다. 10m 정도는 다져야죠. 이것은 중력을 이용한 것입니다. 그리고 수평이 무엇보다도 중요합니다. 그 위에 첨두아치 기둥을 세웁니다. 혼자 서 있을 수 있을까요? 어느 정도까지는 버티겠지만 올리다 보면 한계에 다다를 겁니다. 무너지겠죠? 중세인들은 두 번째 아이디어를 내며 이것을 해결했습니다. 바로 버팀벽입니다. 그들은 첨두아치를 벽 위에 올리다가 밖으로 밀려날 만한 부분에 다다르면 버팀도리(플라잉 버트레스)를 덧댑니다. 물론 정확한 위치를 잡아야 합니다. 그게 관건입니다. 그렇게 잘만 올리면 혼자서 서 있을 수 있는 높은 건물이 만들어지는 것입니다. 두 가지 큰 아이디어가 나왔습니다. 첨두아치와 버팀도리.

이제 가운데 천장이 높은 공간이 나왔죠? 그곳이 예배당입니다. 이제 첨탑만 올려놓으면 됩니다. 그러나 첨두아치와 버팀도리로 버티고는 있지만 안전하지는 않습니다. 그래서 첨탑은 가능한 한 가볍게 만들어졌습니다.

그럼 성당이 다 완성되었을까요? 아닙니다. 빛을 만들어야 합니다. 얇은 벽들 사이를 스테인드글라스로 가득 채워야 합니다. 빛들이 쏟아져 들어옵니다. 스테인드글라스는 색유리를 조각으로 만든 다음, 이를 이어 붙여 그림을 완성하는 방식입니다. 내용은 성경이나 성인들의 이야기입니다. 그런 성스러움이 하늘의 빛을 받아 색색으로 반짝이니 누구든 이 공간에 들어오면 신앙심이 깊어질 수밖에는 다른 방법이 없었을 것입니다. 그게 아니라도 진흙과 나무집밖에 모르던 중세인들이 이런 어마어마한 석조 건축물을 본다는 것 자체가 기적 같은 일이었는지도 모릅니다.

이렇게 고딕 성당은 하늘에 다가가려는 신앙심이 만들어낸 기적 같은 아이디어로 완성된 것입니다. 시대적 배경도 살펴볼까요? 고딕 성당들이 여기저기서 세워지던 후기 중세에는 도시들이 발달하고 있었습니다. 농촌을 떠난 사람들이 도시로 몰려들며 수공업과 상업이 발전하기 시작했던 때입니다. 그런데 도시의 땅들은 대부분 귀족이나 교회의 소유였습니다. 시민들은 그들의 땅에 살면서 세금을 내야 했습니다. 생각해 보죠. 외부인들의 발길이 많아지면 좋을까요, 나쁠까요? 당연히 좋겠죠. 유동 인구가 많아지면 땅값이 올라갑니다. 땅

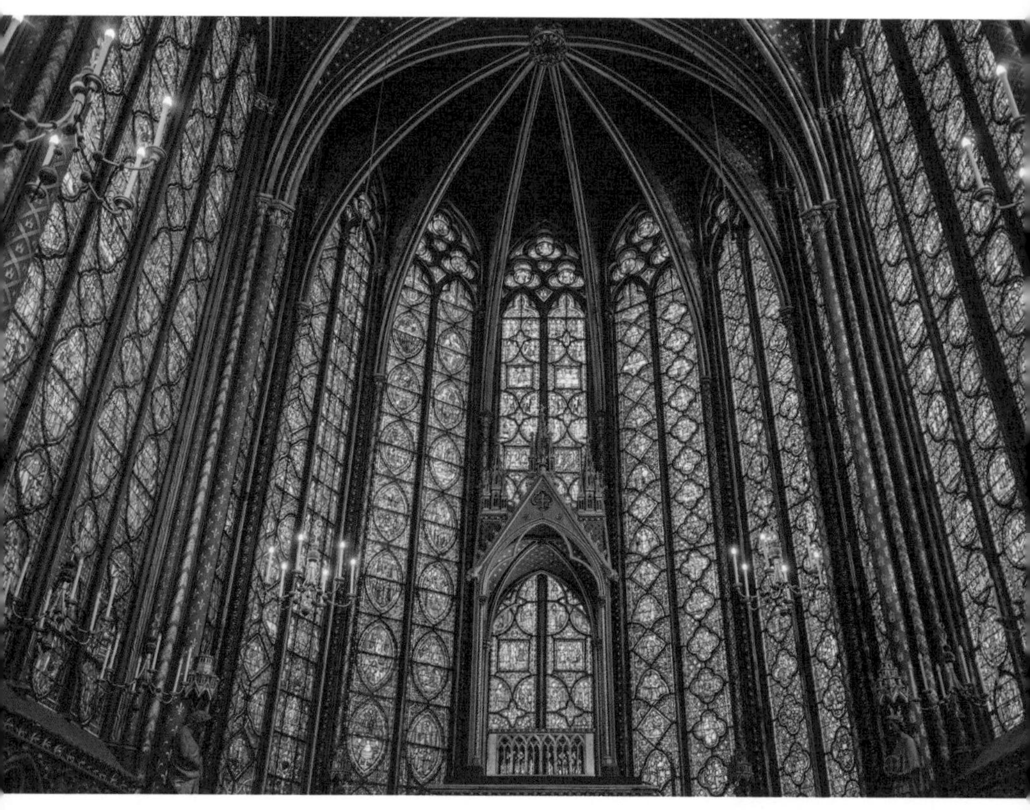

5 생 샤펠 성당의 내부 | 1242~1248년

소유주인 귀족이나 교회 입장에서는 너무 반가운 일이죠. 시민들 역시 다르지 않습니다. 외부인이 많아지면 장사도 잘되고, 숙박업도 잘되니 나쁠 것은 하나도 없습니다. 한마디로 도시가 성장하는 것입니다.

이런 이유로 도시마다 큰 성당을 짓는 것이 하나의 꿈이었습니다. 당시의 외부인이란 지금 같은 관광객은 아니었습니다. 대부분 성지순례자들이었죠. 그들은 뜻깊은 성지들을 돌며 신앙심도 다지고 수양도 하고 성찰도 하는 사람들입니다. 그들을 유치하기 위해서는 더 상징적인 성당이 필요했습니다. 자연스레 높이를 두고 경쟁하게 된 것이죠.

부작용도 생겼겠죠? 중간에 무너지는 일도 많았습니다. 사실 고딕 성당이라는 것 자체가 안정적인 건축물이 아닙니다. 유럽에 가서 고딕 성당을 보면 많은 곳이 지금도 보수 공사 중일 겁니다. 그러지 않으면 고딕 성당은 버티기가 어렵습니다. 그리고 자세히 보면 강철 와이어를 둘렀다거나 부분적으로 보강 벽을 세운 곳도 발견할 겁니다. 앞으로도 그래야 하겠죠. 고딕 건축물은 그리스나 로마의 것들과는 다릅니다. 고전 양식을 이어받은 르네상스 건축물과도 물론 다르고요. 독특한 시대에 생겨난 매우 독특한 건축물입니다. 그래서 고딕 성당에는 그만의 특별하고도 묘한 감동이 있습니다.

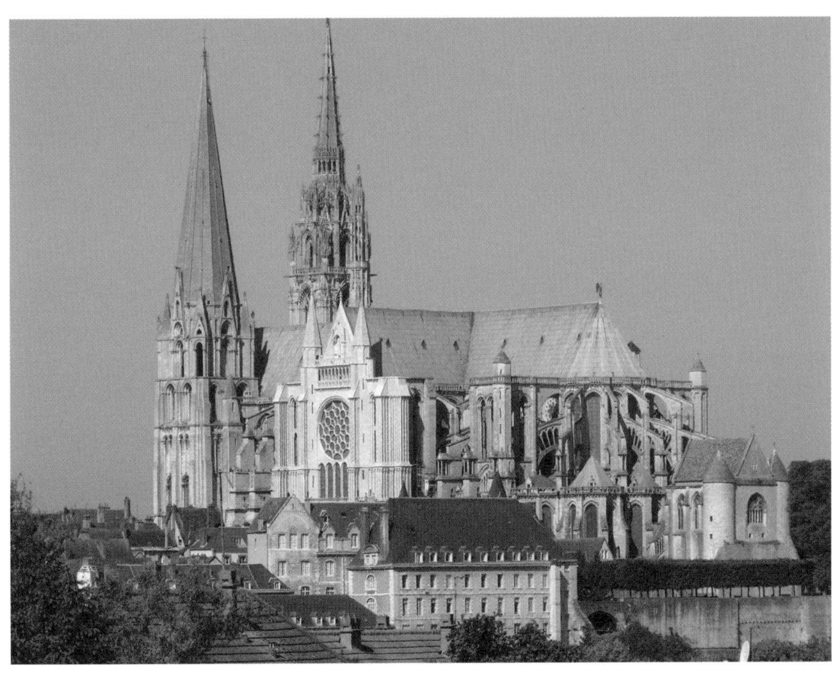

6 샤트르트 대성당 | 1194~1220년

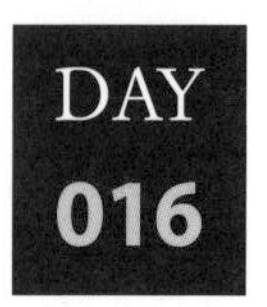

Renaissance Art I(1400~1600)

르네상스, 예술의 재탄생

새로운 시대와 천재 예술가들의 완벽한 조합

오늘은 르네상스 미술의 첫 번째입니다. 르네상스의 널리 알려진 작품으로 「모나리자」[1], 「시스티나의 성모」[2], 「아담의 창조」[3]가 있는데 작가는 각각 다 빈치, 라파엘로 그리고 미켈란젤로입니다. 세 사람 모두 천재라는 수식어를 가진 특별한 화가들입니다.

그런데 이 화가들은 거의 같은 시기에 활동했습니다. 다 빈치는 1452년생입니다. 그를 기준으로 미켈란젤로는 23살 어렸고, 라파엘로는 31살 어렸습니다. 하지만 이 세 화가는 서로 라이벌 관계를 유지하며 경쟁적으로 수준 높은 예술 작품들을 끊임없이 탄생시켰습니다. 그런데 어떻게 이런 역사적인 천재 화가들이 같은 시기에 같은 공간에 존재했던 걸까요?

혹시 어떤 사회적 분위기가 이런 천재들을 동시에 만들어내었던 것은 아닐까요? 사람들은 문화와 예술의 큰 발전을 이루었고, 다양한 분야의 천재들을 배출했던 이 시기를 르네상스 시대라고 말합니다. 그리

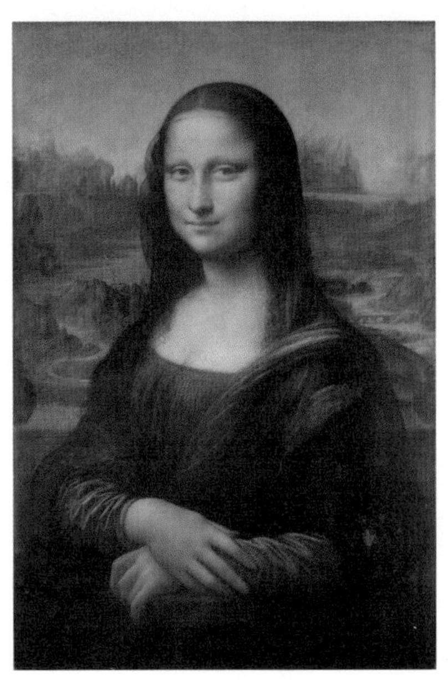

1 **모나리자** | 다 빈치 | 1503~1519년

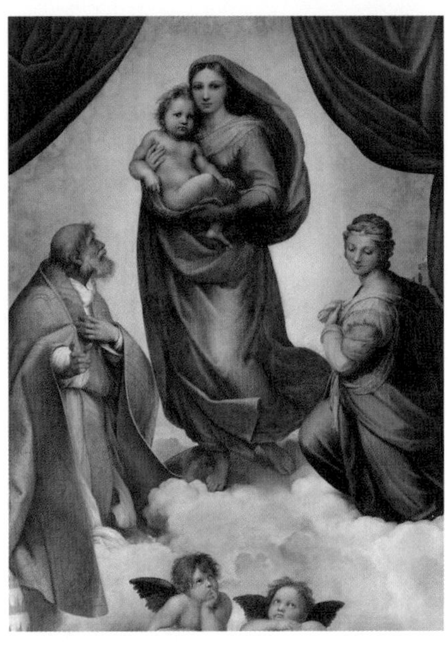

2 **시스티나의 성모** | 라파엘로 | 1512~1513년

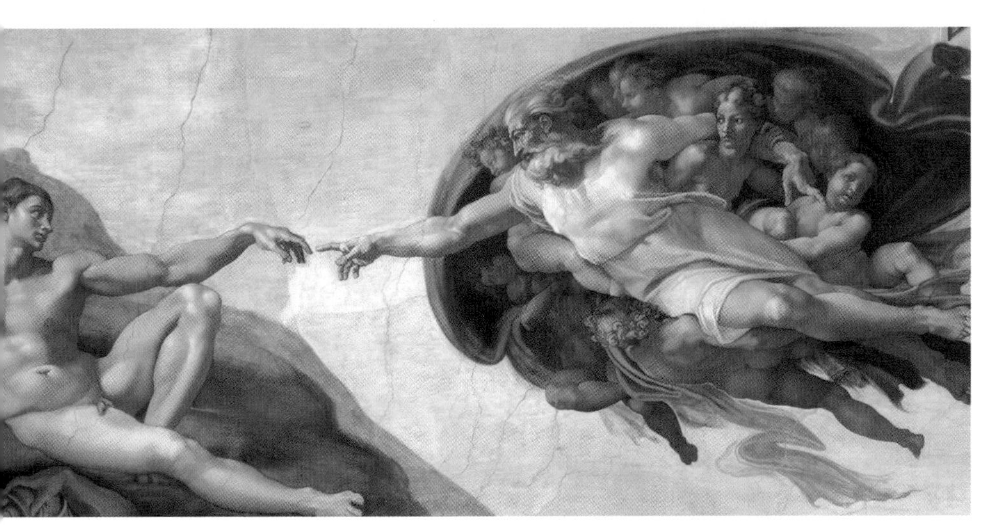

3 **아담의 창조** | 미켈란젤로 | 1511년

고 지금도 어떤 부흥이나 부활을 의미할 때 르네상스라는 말을 빌려 쓰기도 합니다. 그렇다면, 어떤 시대적 배경이 르네상스를 만들었고, 그런 특별한 예술가와 작품들을 탄생시켰던 것일까요? 그 큰 이유는 사고의 전환에서 찾을 수 있습니다.

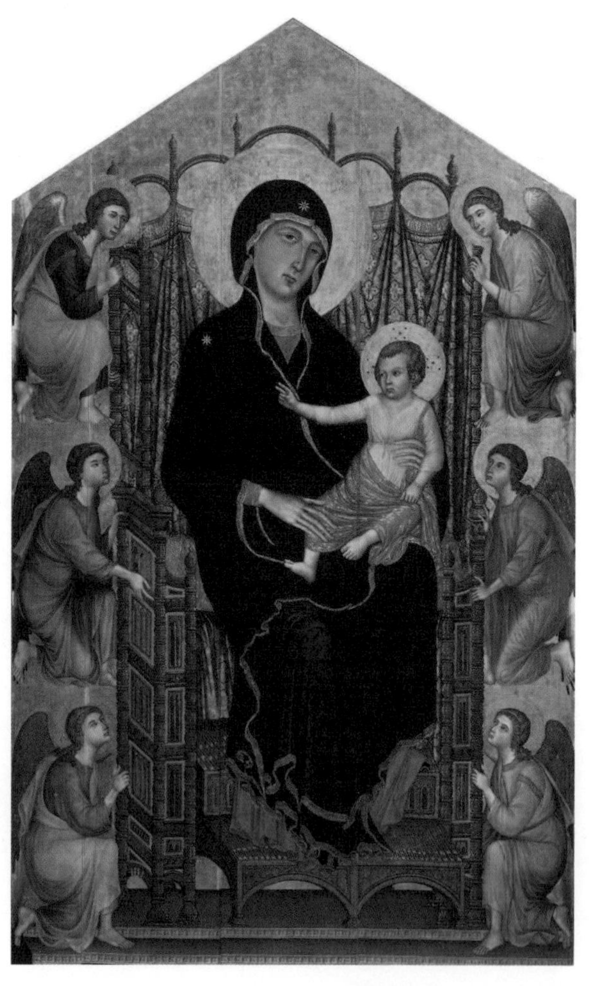

4 루첼라이의 성모 | 두초 | 1285년경

모든 것의 중심에 종교가 있었던 중세 시대가 한계를 드러내면서, 차차 사람들은 인간 중심의 새로운 사고를 하게 됩니다. 그리고 그것은 상상력과 자신감으로 이어지게 되었고, 그 자신감은 새로운 발명과 발전으로 이어집니다. 특히, 1440년경에 발명된 활자 인쇄는 사람들의 지식 수준을 한 단계 끌어올리는 데 큰 역할을 하였고 이에 힘입어 미술 분야에서의 혁신도 눈부셨습니다.

중세 화가 두초 디 부오닌세냐의 「루첼라이의 성모」[4]와 르네상스 화가 마사초의 「성 삼위일체」[5]를 비교해 보면 금방 알 수 있습니다. 한눈에도 마사초의 그림이 훨씬 입체적으로 보입니다. 지금으로선 특별할 것이 없지만, 당시 사람들은 깜짝 놀랐다고 합니다. 지금은 당연하지만, 르네상스 전까지는 원

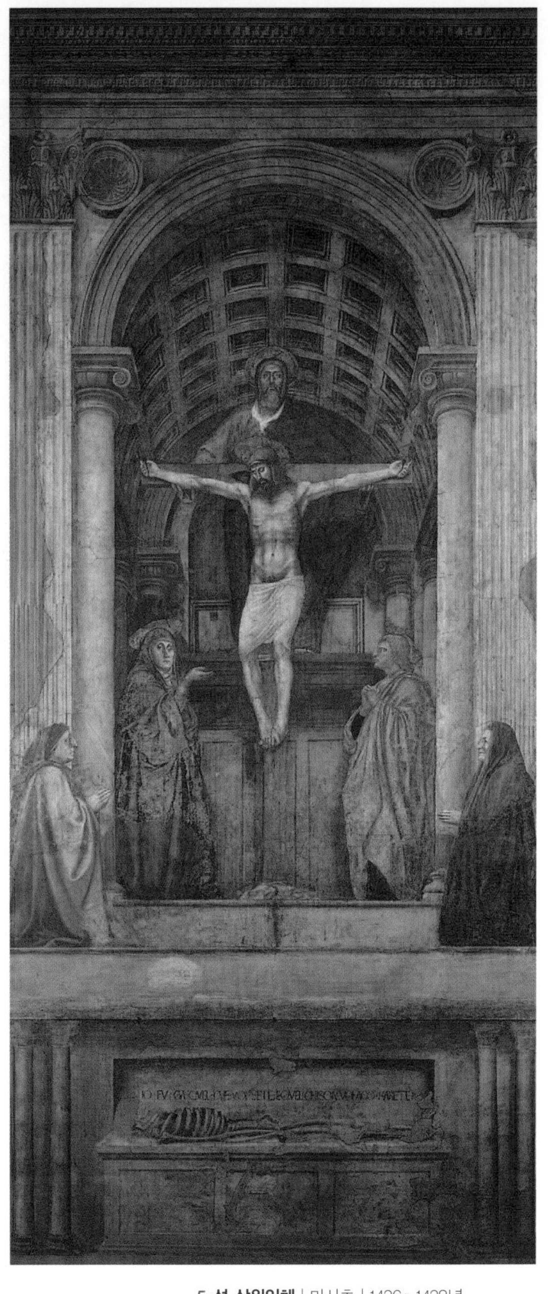

5 성 삼위일체 | 마사초 | 1426~1428년

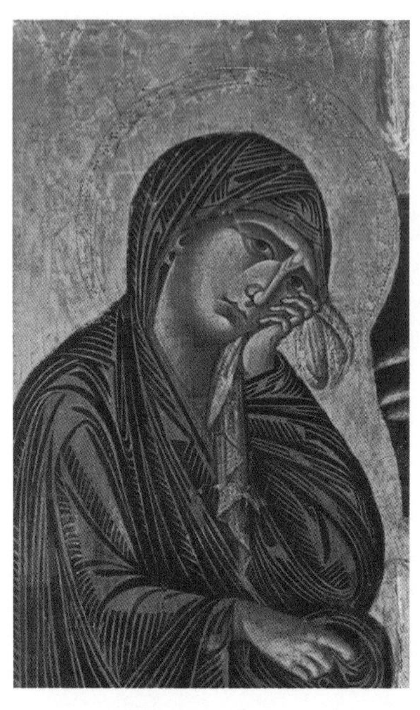

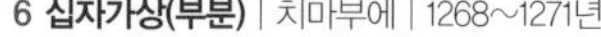
6 십자가상(부분) | 치마부에 | 1268~1271년

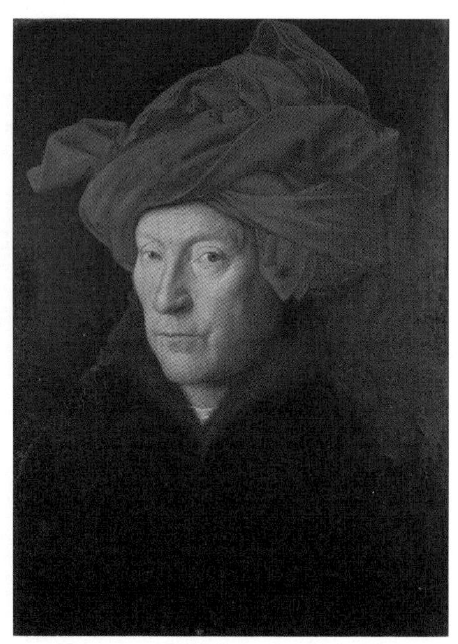

7 붉은 터번을 두른 남자 | 얀 반 에이크 | 1433년

근법을 중시하지 않았기 때문입니다. 마사초는 처음으로 원근법을 이용해 그림을 그린 화가로 유명한데 이 작품이 그 첫 번째입니다.

중세 작품인 치마부에(본명: 첸니 디 페포)의 「십자가상」[6]과 르네상스의 얀 반 에이크의 「붉은 터번을 두른 남자」[7]도 비교해보면 차이가 확 납니다. 무엇보다도 사실감에서 차이가 나는데, 「십자가상」은 목판에 템페라로 그린 것이고 「붉은 터번을 두른 남자」는 목판에 유화로 그린 것입니다. 바로 이 유화 덕분에 르네상스 화가들은 한층 발전된 회화를 선보일 수 있었던 것입니다. 유화는 마르는 시간이 있어 수정에 편리함이 있고, 색이 맑고 투명하여, 더 사실적인 묘사를 하는 데 큰 이점이 있었던 것이죠. 그리고 이 유화의 틀을 완성한 사람이 얀 반 에이크입니다.

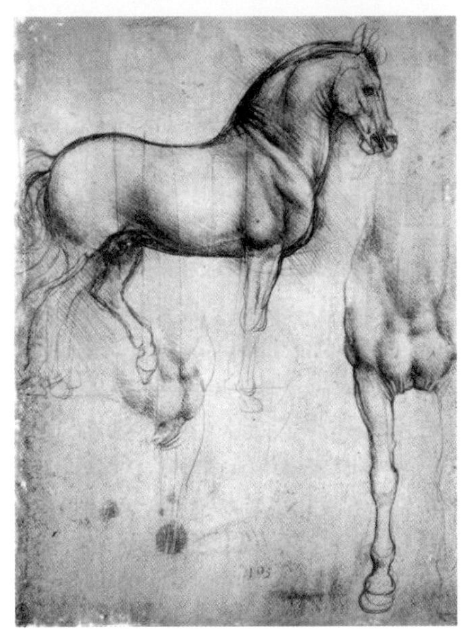

8 말의 습작 | 다 빈치 | 1490년경

혹시 '르네상스인'이라는 말을 들어보셨습니까? 못하는 것이 없는 사람을 비유하는 말이죠. 르네상스 화가는 단지 화가만이 아니었습니다. 화가이자 철학자, 그리고 과학자, 수학자, 해부학자, 건축가였던 다 빈치를 빼놓고라도 미켈란젤로 또한 조각으로 시작해 그림, 문학, 신학, 건축 등 못하는 것이 없었습니다.

당시 교황은 미켈란젤로의 조각이 마음에 들자 예배당의 천장화를 그리게 하였고, 전쟁이 나자 미켈란젤로는 군대의 요새 설계까지 맡았습니다. 바티칸의 성 베드로 대성당의 돔 역시 미켈란젤로의 작품입니다.

템페라는 무엇일까?

12~13세기에 등장한 템페라(tempera)는 달걀 노른자와 아교를 섞은 안료 또는 그 안료를 사용한 화법을 말한다. 템페라는 건조가 빠르고 온도나 습도 변화에 강해 쉽게 갈라지거나 변질하지 않는다는 장점이 있지만, 좀 더 자연스러운 효과를 낼 수 있고, 명암이나 톤의 변화를 표현하는 데 더 용이한 수채나 유화 물감으로 점차 대체되었다.

르네상스의 분위기는 무척 자유로웠습니다. 중세에서 벗어난 사람들의 자신감은 어떠한 상상도 할 수 있었고, 어떠한 실험도 가능했습니다. 대표적으로, 다 빈치는 기마상을 의뢰받고는 도나텔로의 「가타멜라타 기마상」을 뛰어넘는 작품을 완성하기 위해 말을 해부합니다. 말뿐만이 아닙니다. 그는 정확한 사람의 움직임을 표현하기 위해 30구 이상의 인체를 해부하기도 합니다. 그런 지식적 바탕이 결국 불후의 명작 「모나리자」를 탄생시켰던 것이죠. 이렇듯 르네상스는 인간 중심의 창의적인 미술이 시작되던 시기였습니다.

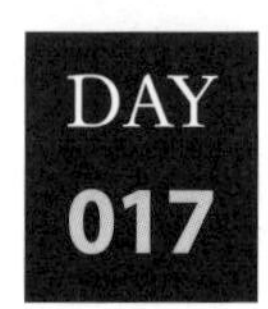

Renaissance Art II(1400~1600)

메디치 가문의 선택 그리고 르네상스

르네상스를 꽃피운 강력한 지원군

오늘은 르네상스 미술의 두 번째입니다. 먼저 미켈란젤로가 그린 시스티나 성당의 천장화[1]를 볼까요? 세계 최대의 벽화이며, 르네상스 명작 중의 명작으로 손꼽히는 작품입니다. 바티칸에 있는 이 시스티나 성당의 천장 면적은 300평이 좀 넘고, 등장인물은 300명이 넘습니다. 1508년, 33살의 미켈란젤로는 첫 작업에 착수합니다. 특이한 점은 이 큰 그림을 미켈란젤로가 혼자서 그리기 시작했다는 것입니다. 관행적으로 다른 화가들은 조수들과 함께 작업했었는데 말이죠. 물론 이유는 조수들의 실력이 마음에 들지 않아서입니다.

작업 기간 내내 미켈란젤로는 목과 허리의 고통을 호소하면서도 혼자 그리기를 끝까지 포기하지 않았습니다. 그렇게 4년이 지난 1512년, 흔히 「천지창조」라 알려진 이 천장화는 황홀할 만큼 멋진 자태를 드러냈고 사람들은 눈을 점점 크게 뜨며 입을 다물지 못했습니다.

그런데 재미있는 사실도 있습니다. 미켈란젤로는 처음에는 이 작업

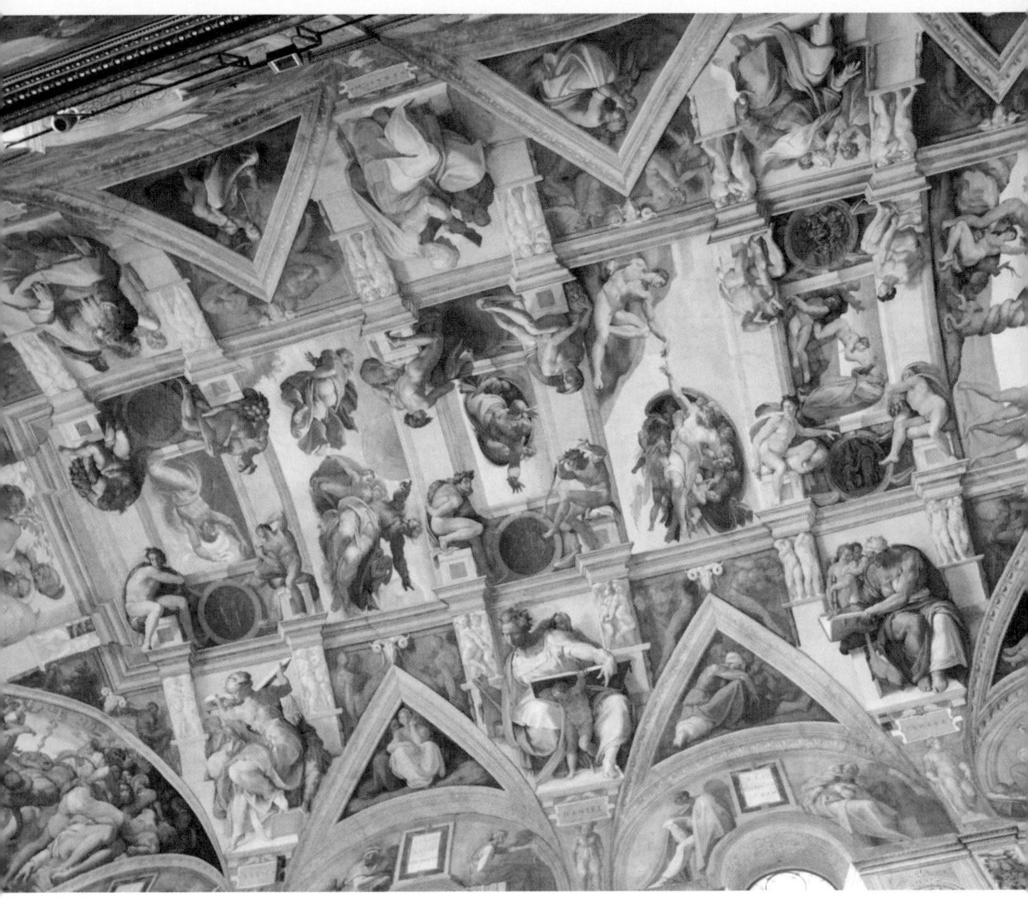

1 시스티나 성당의 천장화 | 미켈란젤로 | 1508~1512년

을 하고 싶어 하지 않았다는 것입니다. 사실 조각가 출신인 미켈란젤로는 늘 회화는 조각만 못하다며 역설하고 다녔습니다. 더군다나 그는 그림을 그려 본 경험도 많지 않았습니다. 또한 라이벌 다 빈치를 의식한 부담도 있었겠죠. 그의 심정은 편지에 잘 나타나 있습니다.

"이건 정말 내가 할 일이 아니다. 시간 낭비다. 신께서 도우시기를 …."

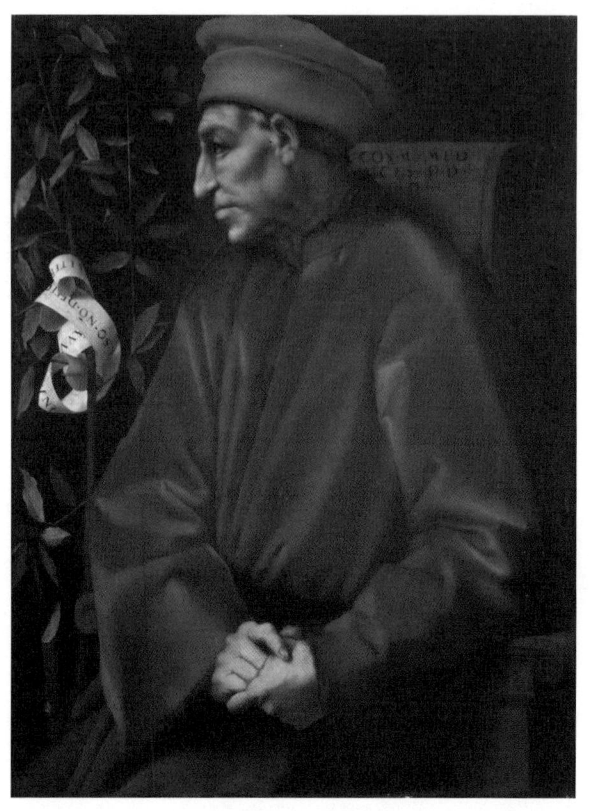

2 코시모 데 메디치의 초상화 | 폰토르모 | 1518~1520년

그의 고통스러운 마음이 느껴집니다. 하지만 미켈란젤로는 최고의 작품인 「천지창조」를 완성했고, 후세 사람들에게 명작을 볼 수 있는 기쁨을 안겨주었습니다.

처음 이 그림을 주문한 사람은 교황 율리우스 2세입니다. 그는 미켈란젤로를 그다지 좋아하지 않았습니다. 하지만 실력에 관한 믿음만큼은 확고했죠. 그래서 끝까지 미켈란젤로가 그려야 한다고 고집했습니다. 그런데 혹시 이런 궁금증이 생기지 않으십니까? '미켈란젤로도 신인 작가 시절이 있었을 텐데 도대체 어떤 과정을 통해 교황의 신임까지 받는 유명 작가가 될 수 있었던 것일까? 혹시 소속사가 있었던 것일까? 그건 아니겠지?' 하지만 실제로 그와 비슷한 역할을 한 무리가 있었습니다.

15세기 피렌체의 대부호였던 그들은 끊임없이 유망한 신인 작가들을 발굴하여 기회를 주었고, 그들이 큰 작품을 할 수 있을 때까지 재정적 후원과 관심을 아끼지 않았습니다. 미켈란젤로 역시 그들의 도움을 받았습니다. 그 후원자들이 바로 '메디치 가문'입니다.

그 당시 피렌체는 유럽문화의 꽃이었으며, 활발한 무역의 중심지였습니다. 그러다 보니 많은 돈이 도시에서 움직이게 되었고, 힘 있는 여러 가문은 그런 피렌체의 권력을 잡기 위해 보이지 않는 세력 다툼을 벌이고 있었습니다. 그중 한 가문이 메디치 가문이었습니다.

메디치 가문 역시 무역업과 은행업으로 막대한 부를 쌓으며 피렌체 권력의 중심에 서기 위한 기회를 엿보고 있었죠. 그러던 중 메디치 가문의 조반니 디 비치와 그의 장남 코시모[2]는 새로운 생각을 합니다. 반드시 힘을 통한 세력의 확장만이 아니라 철학자, 과학자, 예술가들을 지원하여 그들의 지식과 예술품을 통해 가문의 명성을 높임과 동시에 피렌체의 중심에 서려는 계획이었죠. 그때 조반니 디 비치는 피렌체 대성당(산타 마리아 델 피오레 대성당)[3]의 원형지붕인 돔을 주목합니다. 1296년에 착공된 이 성당은 돔을 완성하지 못해 100년 이상이나 흉물처럼 피렌체 중심에 방치되어 있었습니다. 늘 눈에 어른거리는 미완의 성당은 피렌체 시민들에겐 골칫거리이자 소망이었습니다.

메디치 가문은 이 성당을 완성하기로 합니다. 그 무렵 그들에게 눈에 띈 사람이 있었습니다. 바로 건축가 필리포 브루넬레스키입니다. 그는 큰 재능이 있었음에도 성격이 괴팍해 사람들이 꺼리는 인물이었습니다. 하지만 메디치 가문은 브루넬레스키와 이 프로젝트를 진행하기로 합니다. 반신반의하던 성당 측도 메

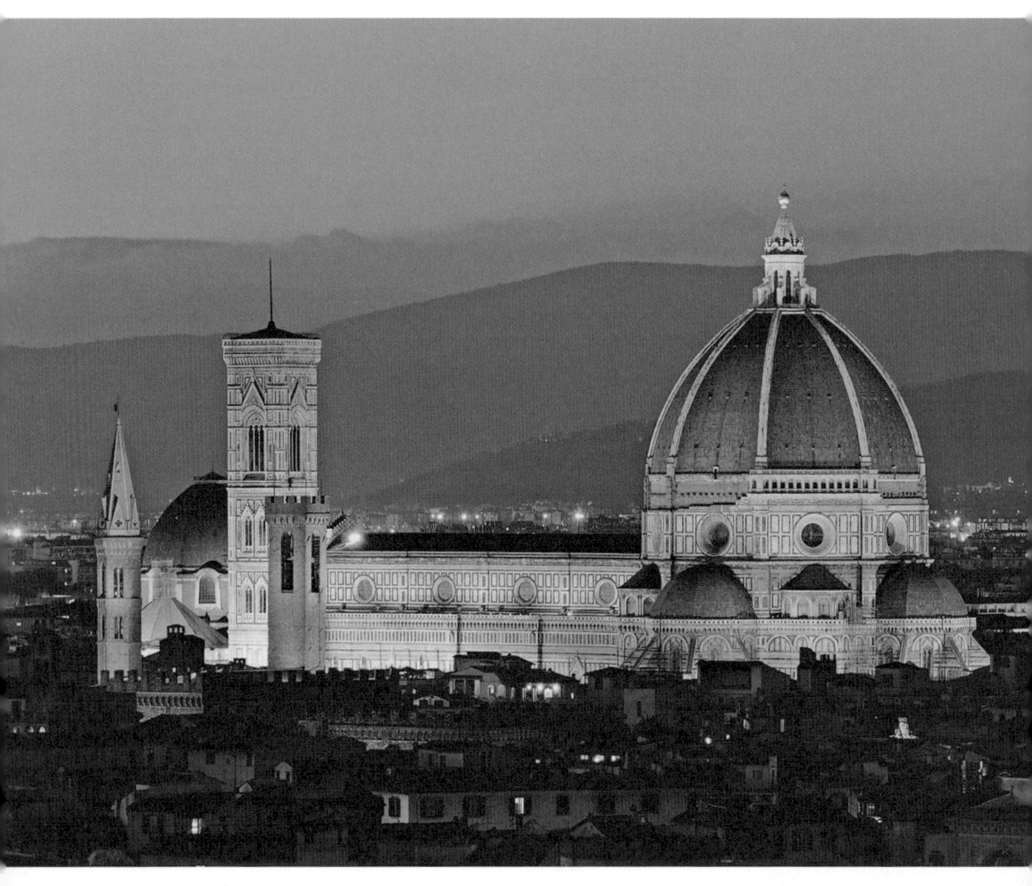

디치 가문을 믿고, 검증되지 않은 이 건축가에게 숙원 사업을 맡깁니다. 메디치 가문은 가문의 미래를 위해 위험한 도전을 선택했던 것이죠.

1420년에 브루넬레스키는 자신이 처음 생각해낸 방식으로 돔 공사를 시작합니다. 그것은 고대 판테온의 건축 방식을 기초로 한 것이었습니다. 피렌체 시민들도 처음 보는 건축 방식을 워낙 신기해해 언제나 현장으로 몰려들었다고 합니다. 이런 우여곡절의 시간 14년이 흐르고, 1434년에 원형지붕은 그 아름다운 위용을 드러냅니다. 시민들은 열광했고, 메디치 가문의 위상은 단번에 올라갔겠죠. 곧바로 메디치 가문이 운영했던 모든 사업은 유럽 전체로 확장됩니다. 교회의 신임을 얻었으니까요.

그 후로도 메디치 가문은 지식인과 예술인을 지원하기 위해 막대한 자금을 사용했는데 미켈란젤로뿐만이 아니라, 다 빈치, 도나텔로, 보티첼리 등 그 도움을 받지 않은 예술가가 없을 정도입니다. 그 결과 메디치 가문은 더 큰 부와 권력을 얻게 되었으며, 르네상스를 꽃피우게 하는 큰 공로자가 되었습니다.

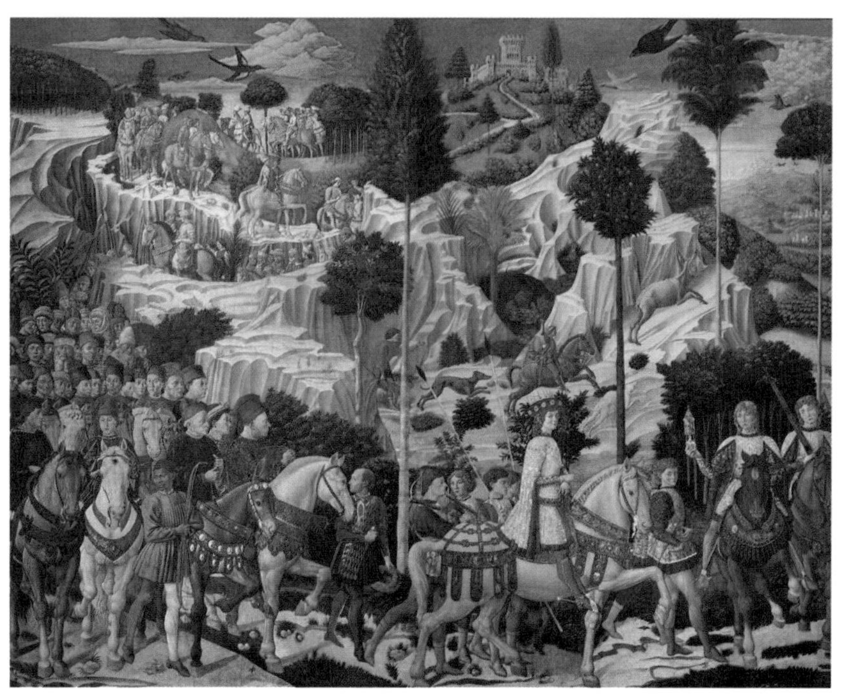

4 메디치 가문을 그려 넣은 동방박사의 행렬 | 고촐리 | 1459~1461년

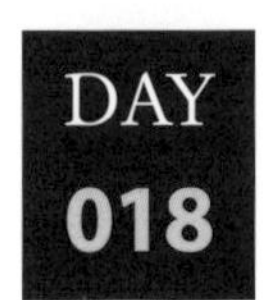

Sandro Botticelli(1445~1510)

산드로 보티첼리

르네상스의 시인 화가

앞으로는 특정 작가에 대해 좀 더 집중해서 설명할 텐데요. 첫 화가는 바로 이탈리아의 산드로 보티첼리입니다. 그는 가장 아름다운 그림을 그렸던 르네상스 화가로 불립니다. 물론 아름답다는 것은 주관적이고 또 개인에 따라 다를 수 있겠지만, 대다수의 사람은 그의 그림을 보자마자 황홀함에 빠지게 됩니다. 바로 아름다움 때문입니다.

보티첼리는 우아한 곡선과 미묘한 색 대비, 그리고 탁월한 구성을 바탕으로 그림의 주제를 부각하는 데에도 특별한 능력이 있었습니다. 그래서 그의 작품은 우리 눈을 사로잡을 만합니다. 사람들은 그의 그림 속 이야기들을 음미하며 시인 화가라고 부르기도 하고, 그가 사용한 아름다운 색들을 보고는 '보티첼리 핑크', '보티첼리 블루'라는 말도 만들어내었습니다.

먼저 보티첼리의 대표작 「봄」[1]을 볼까요? 봄 향기가 물씬 풍기는 이 그림은 르네상스 시대인 1480년경 그가 30대 중반쯤에 그린 작품입

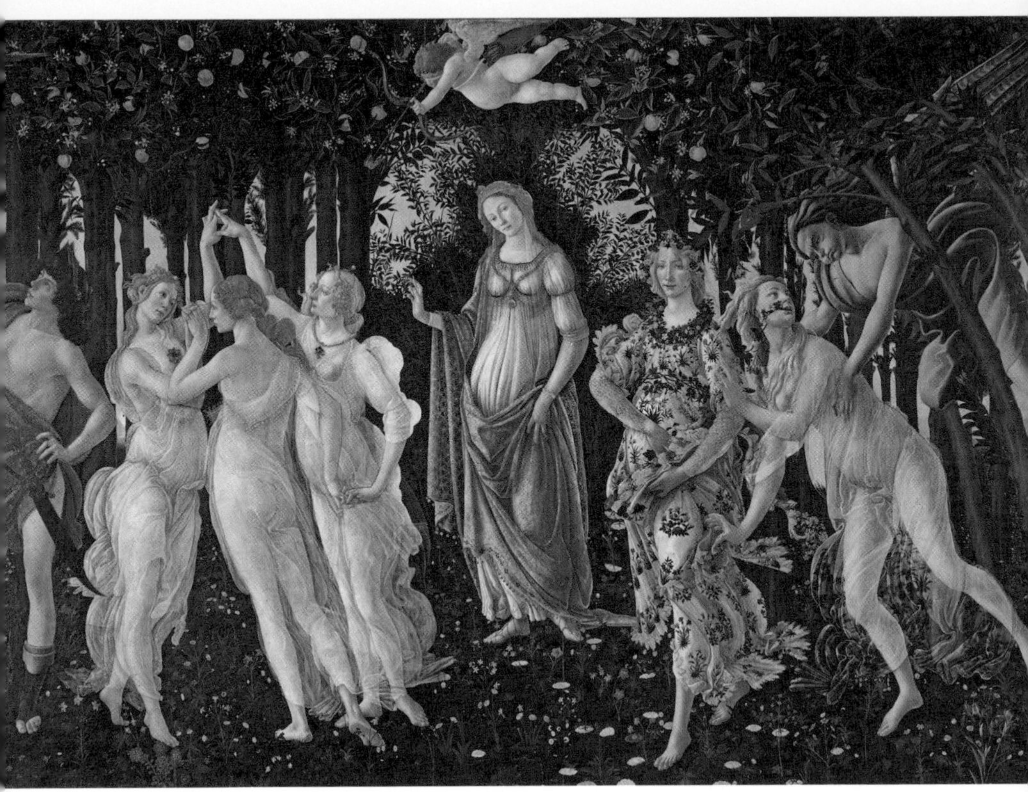

1 봄 | 보티첼리 | 1480년경

니다. 그래서 완숙함과 힘이 모두 느껴집니다. 등장인물은 그리스 · 로마 신화를 토대로 한 것이고, 배경은 오렌지 나무가 있는 숲속 꽃밭입니다. 꽃들이 많이 보이는데요, 세어보면 식물은 약 500종류나 되고, 그중 꽃은 150종쯤 된다고 합니다.

등장인물을 살펴볼까요? 맨 오른쪽 청록색 피부색을 한 인물은 서풍의 신 제피로스입니다. 날개를 달았고 입에 잔뜩 바람을 물고 있는 것을 보면 알 수 있죠. 그 옆은 요정 클로리스입니다. 입에 꽃을 물고서 제피로스에게서 도망치려는 것을 보면 알 수 있습니다. 다음은 꽃의 여신 플로라입니다. 머리부터 발끝까지 꽃장식을 하였으며, 드레스에 품은 장미를 정원에 뿌리는 것을 보면 알 수 있죠.

내용은 이렇습니다. 클로리스의 미모에 반한 제피로스가 그녀를 납치하여 결혼하였고 미안한 나머지 그녀를 꽃의 여신 플로라로 만들어 주었다는 이야기를 그린 것이죠. 그러니까 보티첼리는 제피로스가 클로리스를 납치하는 장면, 그리고 납치된 클로리스가 플로라로 변하여 정원에 꽃을 뿌리는 장면, 이렇게 두 장면을 한 장면처럼 그렸던 것입니다. 두 여인의 치마를 보면, 바람의 방향이 서로 다르다는 것을 알 수 있습니다. 이것이 두 장면을 한 장면처럼 그렸다는 증거입니다.

다음 여인은 미의 여신 비너스(아프로디테)입니다. 머리 위로 그의 아들인 아기 천사 큐피드(에로스)가 있으니까요. 그리고 보티첼리는 오렌지 나무 사이로 비치는 파란 하늘을 아치형으로 그려 그것이 비너스의 후광처럼 보이도록 하였습니다. 그녀는 미의 여신답게 고고한 표정을 짓고 있습니다. 그다음 춤을 추고 있는 세 명의 여인은 순결, 사랑, 아름다움을 상징하는 삼미신입니다. 그런데 자세히 보면 삼미신 중 가운데 여인이 옆 남자에게 눈을 돌리고 있습니다. 지금 이 여인은 사랑에 빠졌습니다. 이유가 있습니다. 위로 시선을 돌려보시죠. 눈을 가린 큐피드가 사랑의 화살을 열심히 쏘고 있는데 그녀가 맞았습니다.

마지막으로 제일 왼편 남자는 소식을 전하는 전령의 신 헤르메스입니다. 빨리 소식을 전하기 위해 날개 달린 신발을 신고 있으며, 그의 상징인 뱀 모양의 지팡이인 카두케우스를 들고 있기 때문입니다. 옆에 칼을 찬 헤르메스는 숲의 평화를 지키고 있으며, 뱀 지팡이로 숲의 하늘을 가리려는 먹구름을 막고 있습니다.

그림 설명에서 보듯 보티첼리는 수많은 이야기를 모은 다음 스스로 각색하여 새로운 이야기를 만들어내었고, 그것들을 하나의 아름다운 그림으로 풀어놓았던 것입니다. 그래서 그림 속에는 시인 폴리치아노, 루크레티우스, 오비디

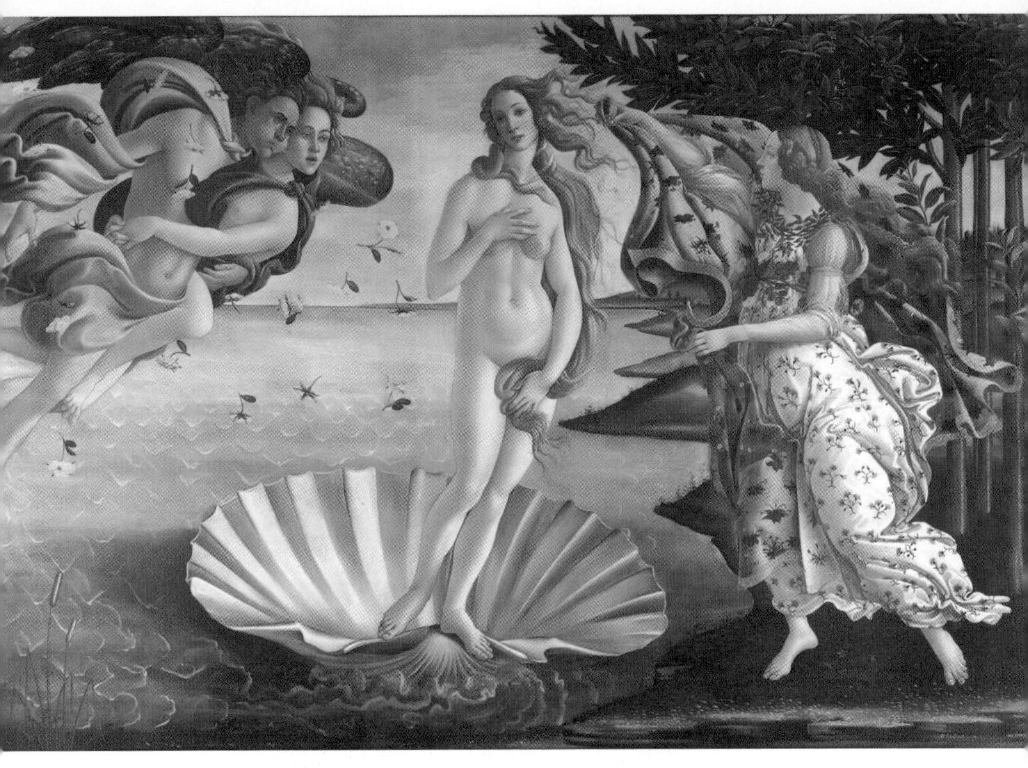

2 비너스의 탄생 | 보티첼리 | 1485년경

우스 등의 작품 속 이야기들이 조금씩 숨어 있습니다. 이것이 보티첼리가 시인 화가로 불리는 이유이며, 그의 그림을 시처럼 음미하게 되는 이유입니다.

다음 소개할 작품은 「비너스의 탄생」[2]입니다. 바다에서 조금 전 탄생한 비너스는 벌거벗은 채 조개껍데기 위에 서 있습니다. 그림 왼쪽에는 요정 클로리스를 품에 안은 서풍의 신 제피로스가 바람을 불어 비너스를 해안가로 보내주려 하고 있습니다. 오른쪽에는 봄의 여신이 비너스에게 옷을 입힐 준비를 하는 모습도 보입니다.

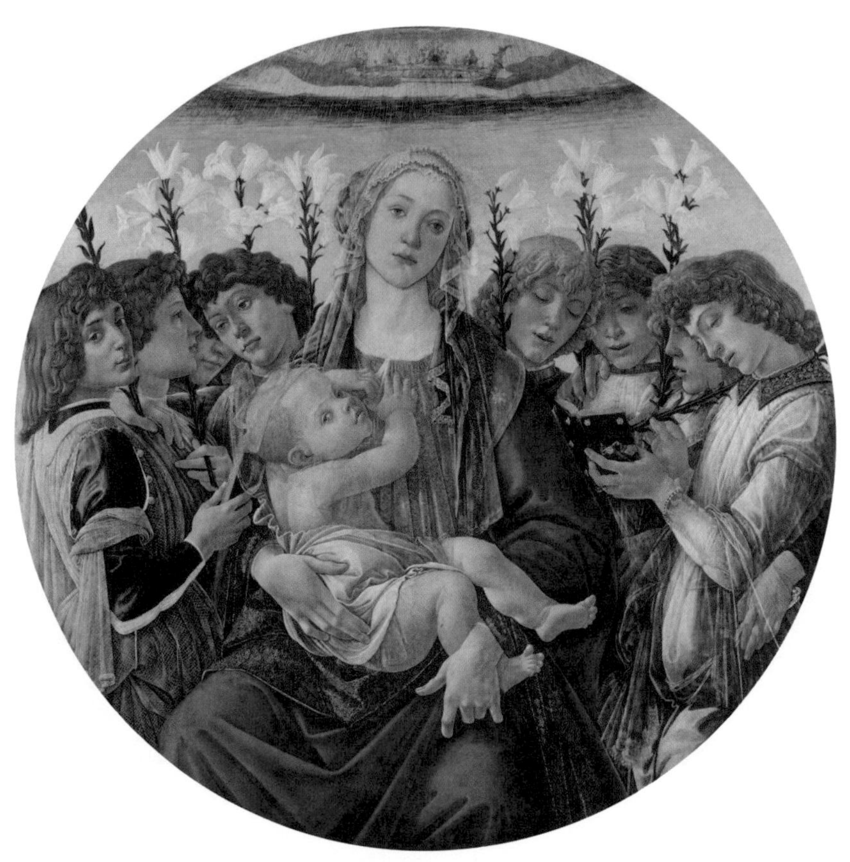

3 성모와 노래하는 여덟 천사 | 보티첼리 | 1477년경

이렇듯 보티첼리는 신화나 시 그리고 성서의 이야기에 자신의 상상력을 더하여 새로운 이야기들을 만들어내었고, 그 이야기들을 아름다운 그림으로 승화시켰습니다. 르네상스 시대 최고의 아름다운 그림을 그렸던 보티첼리의 작품을 감상할 때, 우리가 알고 있는 이야기를 어떤 식으로 재해석하여 표현했는지 음미하며 즐기는 것은 어떨까요?

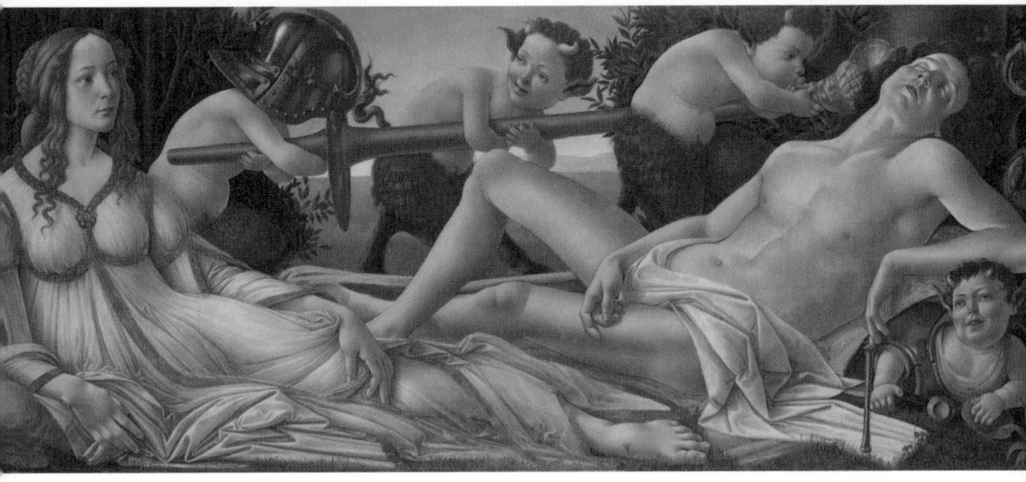

4 비너스와 마르스 | 보티첼리 | 1483년경

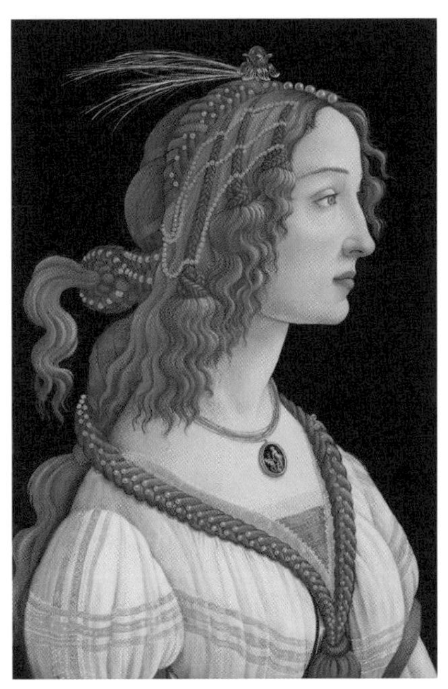

5 젊은 여인의 초상 | 보티첼리 | 1480년

보티첼리의 뮤즈, 시모네타 베스푸치

보티첼리의 여러 작품에 등장하는 비너스가 하나같이 비슷해 보임을 알 수 있는데 그 이유는 피렌체에서뿐만 아니라 르네상스 시대의 최고의 미녀라고 칭송받던 시모네타 베스푸치라는 여인을 모델로 그렸기 때문이다. 보티첼리가 죽었을 때 자신의 요구로 다른 사람의 부인이었던 베스푸치의 무덤 옆에 묻혔다고 하니, 그녀가 보티첼리에게 얼마나 큰 영향을 끼쳤는지 알 수 있다. 보티첼리가 그린 것으로 보이는 「젊은 여인의 초상」[5]의 모델도 바로 시모네타 베스푸치라고 추정되는데 그녀가 얼마나 아름다웠는지 짐작할 수 있다.

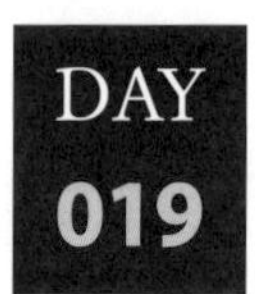

Leonardo da Vinci(1452~1519)

레오나르도 다 빈치

호기심 많은 만능 르네상스인

오늘은 르네상스 화가 레오나르도 다 빈치입니다. 르네상스 시대의 3대 거장으로 불리는 다 빈치, 미켈란젤로, 라파엘로는 천재라고 불리며, 그에 걸맞은 뛰어난 작품들을 남겼습니다. 하지만 그중에서도 가장 특별한 천재를 고르라면 다 빈치일 것입니다.

그는 화가였지만 동시에 의학자, 수학자, 건축가, 기계공학자, 군사 전문가였습니다. 그가 남긴 수첩을 보면 한 사람이 했다고는 도저히 믿을 수 없는 다방면의 연구 결과를 확인할 수 있습니다. 다 빈치의 삶과 작품을 책으로 남긴 후배 화가 조르조 바사리는 이렇게 말합니다.

"몸매가 아름답기는 아무리 칭찬해도 부족함이 없다. 행동은 우아하고 깊이가 있었으며 훌륭하기가 비길 데가 없다. 그의 정신은 고매하였으며 성격은 너그러워서 모든 이에게 존경을 받았고, 그러다 보니 명성은 높아만 갔다."

그에 따르면 다 빈치는 길을 가다가 새장에 갇힌 새를 보면 본인이 직접 값을 치르고 자유롭게 풀어주었다고 합니다.

500년 전 르네상스의 최고 천재 화가, 그리고 현재의 사람들에게까지 걸작의 영원한 아름다움을 선사하는 사람. 바로 그가 레오나르도 다 빈치입니다. 다 빈치는 1452년 4월 15일에 사생아로 태어났습니다. 그 당시 이탈리아에서 서자의 신분으로 선택할 수 있는 직업은 제한적이었습니다. 그래서 그의 아버지는 어려서부터 다 빈치가 두각을 보였던 데생을 눈여겨보고 화가의 길로 이끌었습니다.

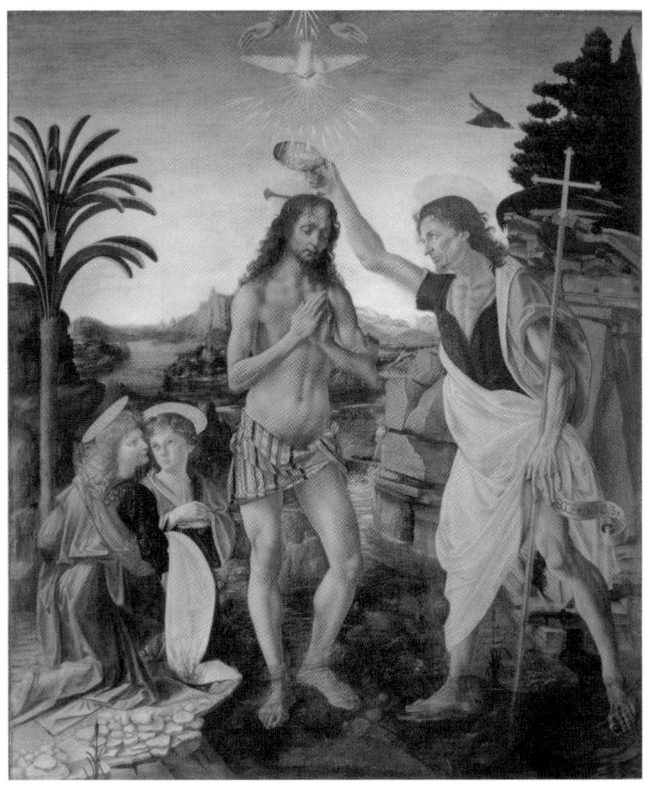

1 **그리스도의 세례** | 베로키오 | 1470~1480년

다 빈치는 베로키오의 공방에서 미술을 배우기 시작하였습니다. 베로키오는 제자들에게 원근법, 해부학, 식물학 등을 가르쳤고 다 빈치는 이를 배우면서 뛰어난 화가로 성장해 갔습니다. 그는 제자 시절부터 스승을 뛰어넘는 재능을 보이며 천재의 면모를 드러내기 시작합니다. 스승 베로키오의 그림 「그리스도의 세례」[1]에서 화면 왼쪽 하단의 파란 천사가 다 빈치가 그린 부분입니다. 이것을 본 스승 베로키오는 스스로 붓을 꺾고 그 후 조각에만 전념했다는 일화가 전해집니다. 다시 한 번 다 빈치의 뛰어남을 짐작할 수 있는 대목입니다.

그런데 다 빈치는 평생에 걸쳐 20여 개의 작품밖에는 남기지 않았습니다. 왜일까요? 그 이유는 그의 왕성한 호기심에 있었습니다. 그의 호기심은 그가 수천 점의 스케치와 메모를 남기게 했고, 회화와 예술을 넘어 해부학, 건축, 공학, 천문학, 기하학, 생물학 등 다방면에 이르렀습니다. 그 호기심은 풍부한 상상력과 더해져 수많은 발명을 해내었고, 그 당시 기술로서는 꿈도 꾸지 못할 앞선 설계가 그의 머릿속에서 탄생하였습니다. 하늘을 나는 것에 관심이 많아 다양한 비행 장치를 고안하였고, 많은 무기 발명품도 남겼습니다. 또한 그는 해부학에 관심이 많아 30구 이상의 시신을 해부하는 열정도 보였습니다. 시체 방부 기술이 없던 그때 다 빈치는 진동하는

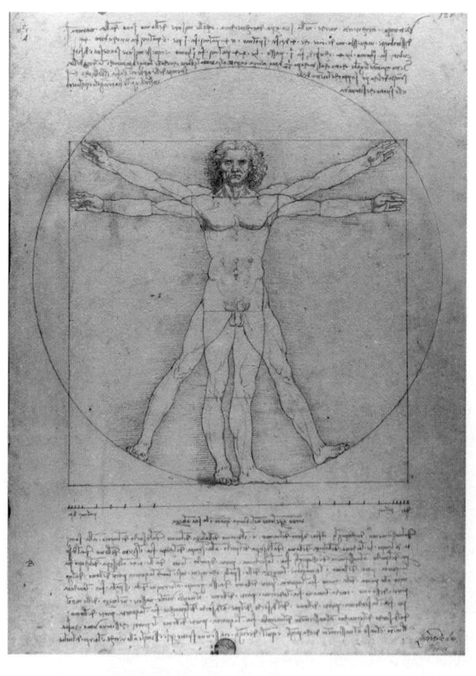

2 비트루비우스적 인간 | 다 빈치 | 1492년경

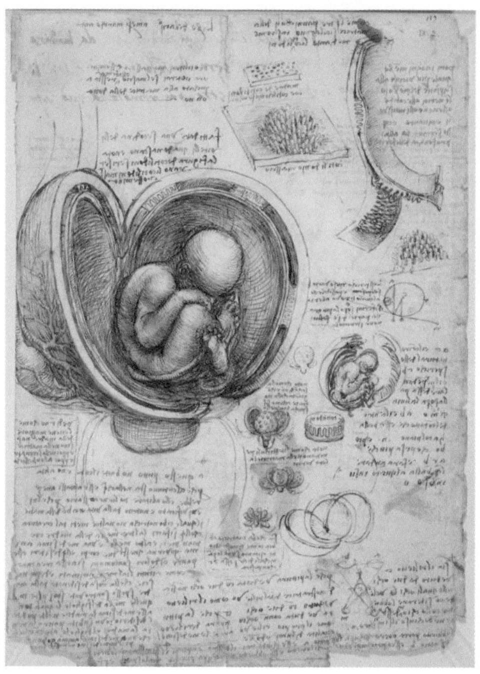

3 자궁 안의 태아 습작 | 다 빈치 | 1511년경

시체 썩는 냄새 속에서도 인체의 골격을 연구했고, 근육을 넘어 장기를 해부해 스케치로 남기고 심지어 자궁 속에 있는 태아의 모습도 그렸습니다.

너무나 유명한 작품인 「모나리자」[4]만 보더라도 손에서 보이는 그의 해부학적 지식의 정확성을 여실히 알 수 있습니다. 그는 인간이 늙고 병들어 죽는다는 것에도 의문을 품고 노인과 어린아이를 해부했고, 동맥경화라는 현상을 알아내기도 했답니다.

그렇게 다방면에 관심을 두고 연구를 하다 보니, 당연히 그는 주문받은 작품을 제때 완성하지 못할 때가 많았습니다. 어떤 분야에 호기심이 생기면 그리던 그림을 중단하고 새로운 연구를 시작했던 거죠. 「모나리자」도 사실 완성하지 못한 미완의 작품입니다. 그러나 이 미완의 작품이 주는 미소만으로도 세계 최고의 걸작으로 칭송받고 있으니, 다 빈치는 진정한 천재였음이 분명한 것 같습니다.

회화에서의 그의 호기심은 「최후의 만찬」[5]에서도 드러납니다. 그 작품은 밀라노 산타마리아 델레 그라치에 수도원의 식당 장식용 벽화입니다. 피라미드식의 안정적 구도와 원근법을 잘 이용한 훌륭한 작품이죠. 그런데 다 빈치가 그린 후 오래 지나지 않아서부터 탈색 현상이 일어나기 시작했었다고 합니다. 그 이

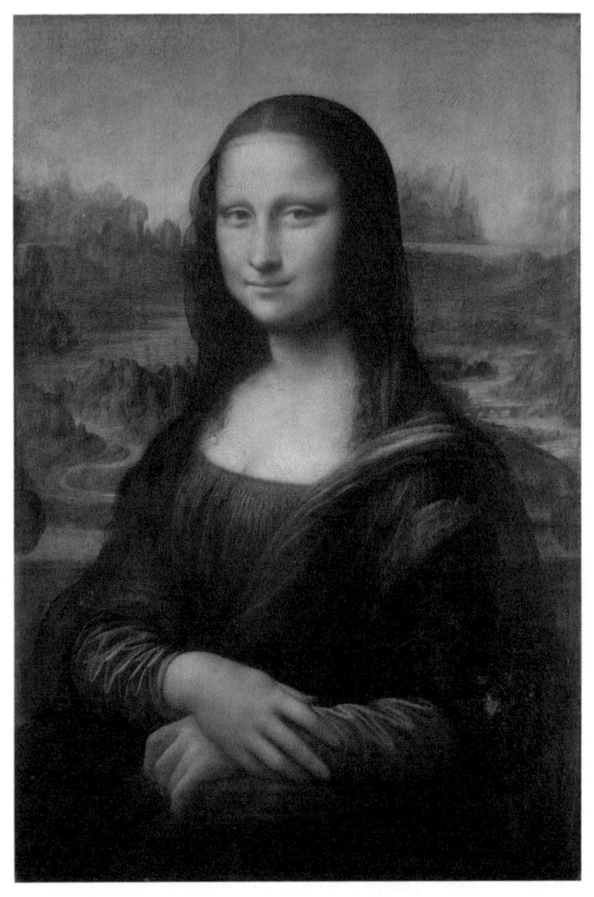

4 모나리자 | 다 빈치 | 1503~1519년

유는 다 빈치가 이 그림을 그릴 때 검증된 전통 벽화기법을 이용하지 않고 새로운 기법을 시도하였던 거죠. 템페라와 유화를 혼합하는 방법으로요. 그런데 이 기법은 벽화 용도로는 맞지 않아 변색과 물감이 떨어져 나오는 현상을 겪게 된 겁니다.

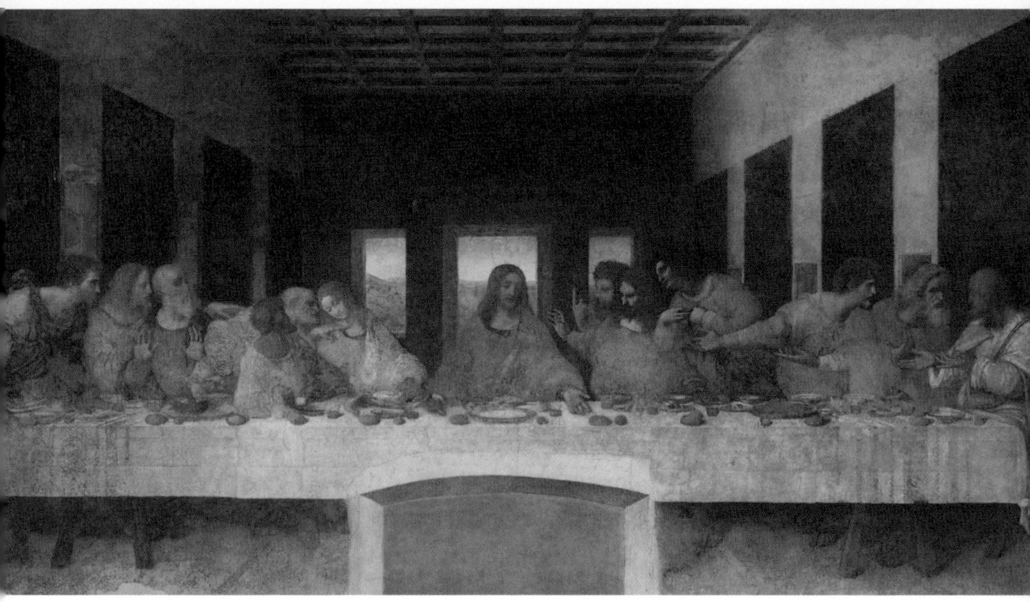

5 **최후의 만찬** | 다 빈치 | 1495~1498년

다 빈치의 호기심과 실험정신이 어느 정도였었는지 짐작이 되지 않습니까? 어찌 되었든 그는 평생 결혼도 하지 않고 다방면으로 연구와 작품 활동을 하면서 살았습니다. 그의 예술품은 정신적인 면과 창조성을 탐구하며 르네상스의 전성기를 이끌어냈죠.

그런데도 그는 죽음을 앞두고 자신이 할 수 있는 일을 다 해보지 못하고 시간을 낭비했다는 아쉬움을 표했다고 합니다. 끝없는 호기심과 열정은 그가 남긴 수만 점의 소묘 스케치와 메모로 확인되고 있습니다. 그가 보여준 다양한 천재적 재능은 아마 신이 선물한 무한한 호기심에서 나온 것이 아닐까 하는 생각이 듭니다.

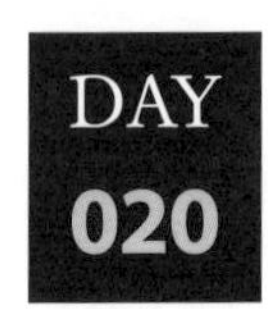

Michelangelo di Lodovico Buonarroti Simoni(1475~1564)

미켈란젤로 부오나로티

범접할 수 없는 실력의 천재

여러분은 미술작품 앞에서 자신도 모르게 나오는 탄성을 느껴본 적이 있습니까? 사실 대부분 현대 작품들은 감상자를 조용하게 만듭니다. 그리고 생각하게 만듭니다. 그래서 미술관에 가보면, 정적만이 감돌고, 감상자들은 자신의 발걸음 소리조차 조심스러워합니다.

그런데 지금 소개할 작품은 전혀 다릅니다. 이 작품을 보게 되면 사람들은 생각할 틈도 없이 몸으로 느끼는 감동을 먼저 맛보게 됩니다. 그리고 탄성을 지르기도 하죠. 바로 그 작품은 시스티나 성당에 있는 미켈란젤로 부오나로티의 「최후의 심판」[1]입니다.

1541년에 이 작품이 공개되자 교황은 그 앞에서 무릎을 꿇었고, 사람들은 기도를 올리기 시작했다고 합니다. 곧이어 로마 전체가 감탄과 경악으로 들끓었고, 그 소문은 전 유럽으로 번져갔습니다. 「최후의 심판」은 성경 속의 이야기로서, 지구의 종말이 오면 그리스도가 세상에 재림하여 인간을 심판하는데, 예수를 믿고 가르침을 따른 자는 구원을

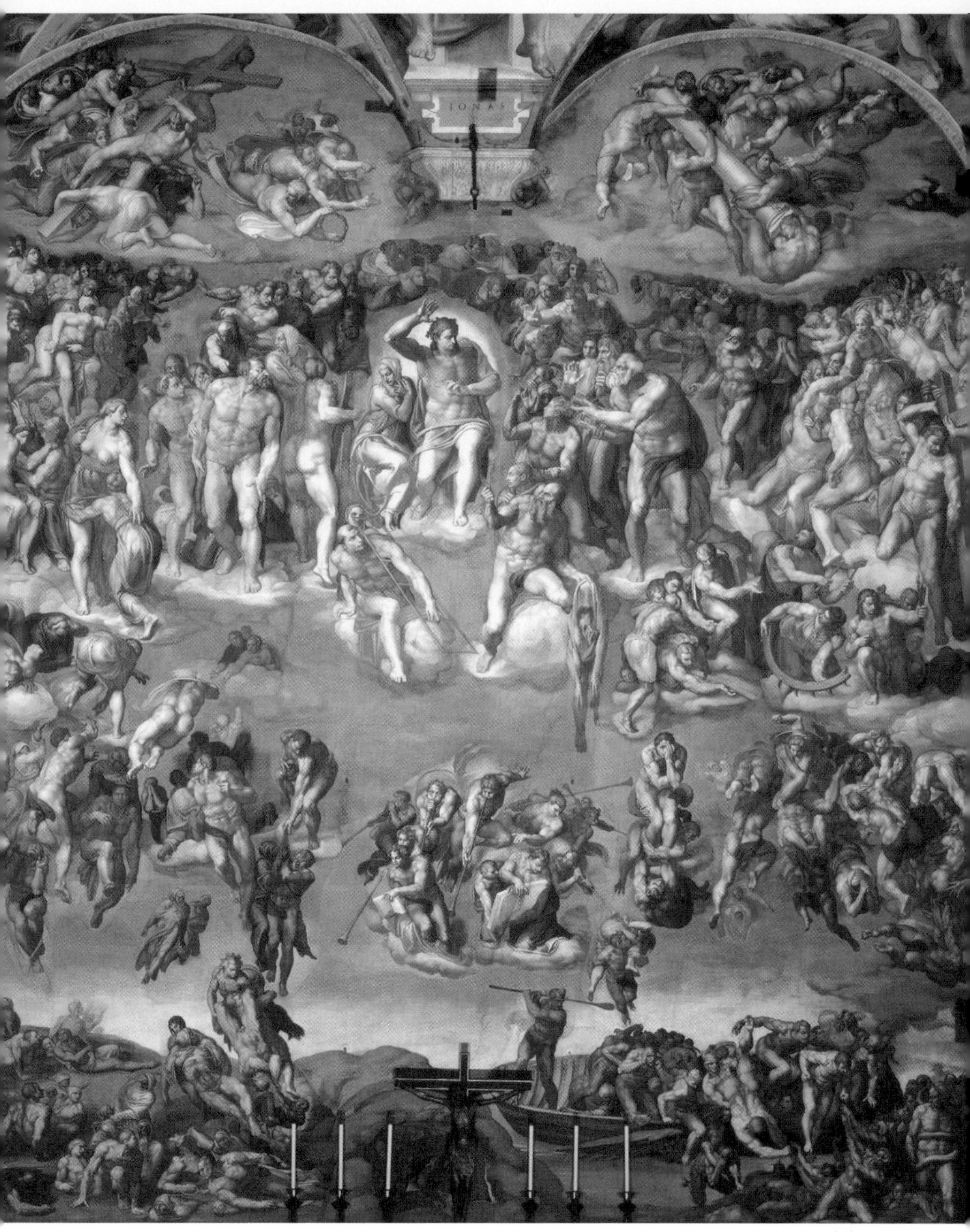

1 최후의 심판 | 미켈란젤로 | 1536~1541년

받고, 그렇지 않은 자는 멸한다는 내용입니다.

그림 중앙에는 예수 그리스도가 힘차게 걸어 나옵니다. 옆에는 성모 마리아가 보이고, 그다음으로 성 안드레아, 세례자 요한, 아벨, 이브가 보입니다. 오른편 두 개의 열쇠를 가지고 있는 사람은 제자 베드로이고, 옆 사람은 성 욥으로 해석됩니다. 아래를 보시죠. 열 명의 천사들이 나팔을 불며, 세상의 종말을 고하고 있습니다. 왼편 천사의 작은 책에는 구원받을 자들의 이름이, 오른편의 큰 책에는 지옥으로 갈 자들의 이름이 적혀 있습니다. 책의 크기에서 알 수 있듯 지옥으로 갈 자들이 훨씬 많죠. 그 밑에서는 저승 뱃사공 카론이 사람들을 지옥으로 나르고 있고, 가지 않으려고 발버둥치는 사람들과 지옥으로 떨어져 고통받는 사람들이 보입니다. 왼편으로 가시죠. 구원받을 자들이 부활하여 명단에 따라 하나둘 천국으로 다시 올라가고 있습니다.

시스티나 성당 전면에서 이 거대한 그림을 처음 보았을 때 사람들의 충격이 조금 이해가 가십니까? 하지만 놀랄 수밖에 없었던 더 큰 이유가 있습니다. 그것은 사람들의 예상을 완전히 뒤집은 그림이었기 때문입니다.

같은 주제로 그린 프라 안젤리코의 「최후의 심판」[2]과 로지에 반 데르 바이덴의 「최후의 심판」[3]을 비교해 보세요. 어떻습니까? 이와 같은 「최후의 심판」은 그저 성경의 이야기를 설명한 성스러운 그림이었습니다. 그런데 미켈란젤로의 작품은 너무 생생했던 것이죠. 우리가 생각하고 있던 그리스도의 모습도 아니고, 성자들의 가녀린 모습들도 아닙니다. 그들은 모두 근육질이고, 역동적으로 움직이고 있으며 모두 벌거벗고 있습니다. 그래서 처음 공개되었을 때 사람들은 이 충격적인 그림을 보며, 뛰어남에 감탄을 금치 못하면서도 그 생소함에 어찌할 바를 몰랐던 것입니다.

후에 교황은 그림을 살짝 손봅니다. 미켈란젤로가 말을 듣지 않자 다른 화가를 시켜 적나라한 부분들을 슬그머니 가려 놓았던 것이죠. 그것을 알게 된 미켈

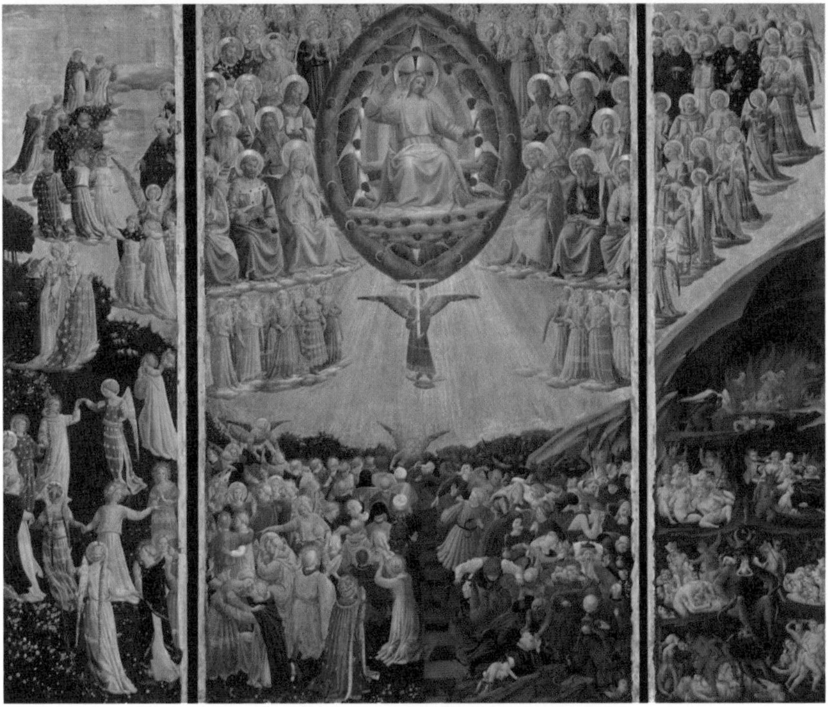

2 최후의 심판 | 안젤리코 | 1435~1450년

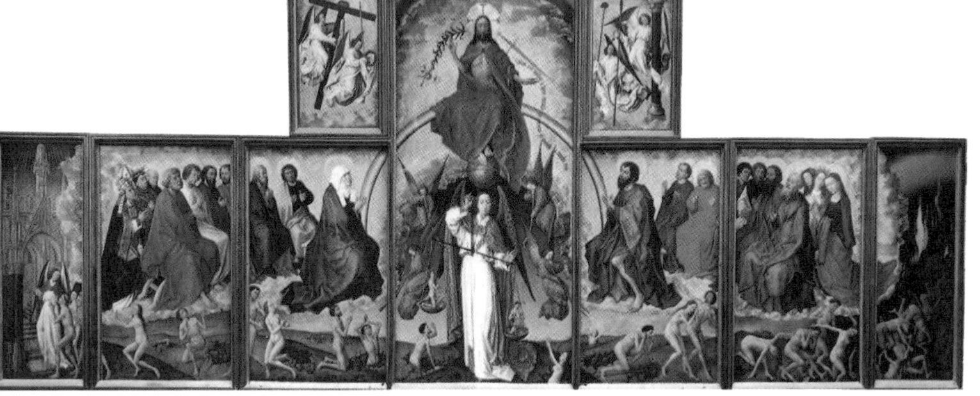

3 최후의 심판 | 바이덴 | 1446~1452년

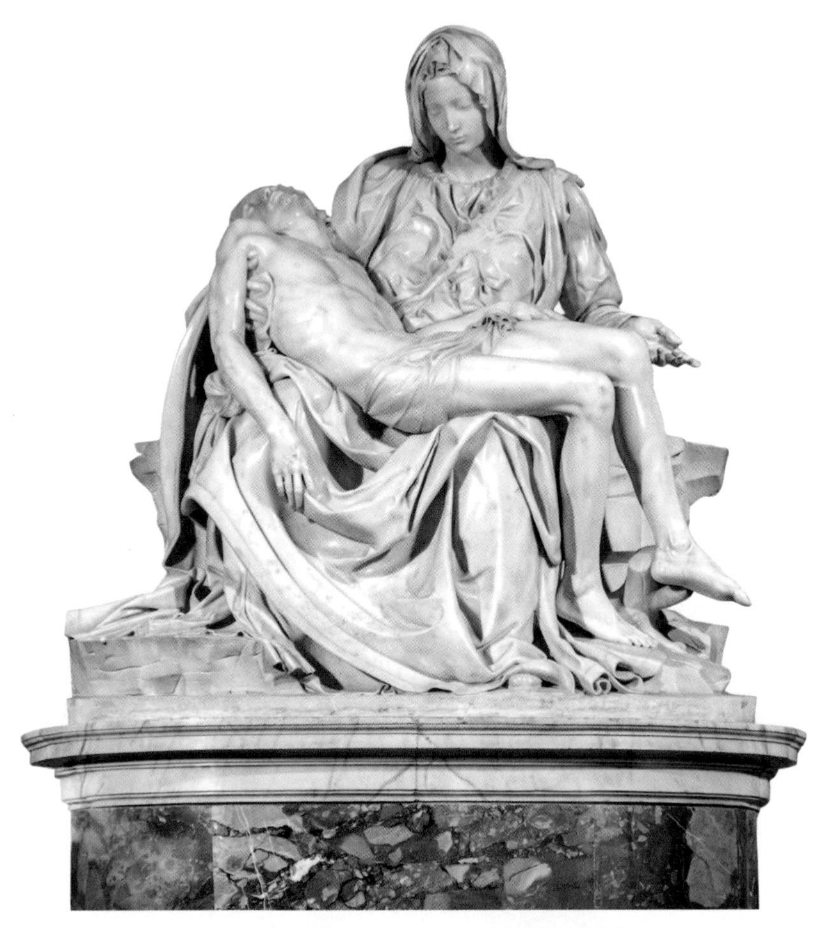

4 피에타 | 미켈란젤로 | 1498~1499년

란젤로는 교황에게 전하라며 감히 이런 식으로 말을 했다는군요. "교황이라면 그림을 고칠 생각보다는 세상을 바로잡을 생각이나 하는 게 나을 거야."

미켈란젤로, 그는 단지 남들보다 뛰어난 예술가가 아니었습니다. 그는 남들이 할 수 없었던 일을 성공시키는 천재였습니다. 언제나 그의 실력은 모든 이를 압도했습니다. 어린 시절 스승이었던 기를란다요는 그의 뛰어남을 일찍이 알아보고 메디치 가문에 추천했고, 그들도 그의 재주를 놀라워하며 미켈란젤로를 후원하였습니다. 그런 기대에 부응하여 그는 24살에 작품 하나로 자신의 천재성을 완전히 부각하게 되는데 그것이 바로 성 베드로 대성당에 있는 대리석 조각상 「피에타」[4]입니다.

그는 작업을 의뢰받고는 과거 그리고 현재의 어떤 것보다 뛰어난 작품을 만들겠다고 장담했고, 그것을 이루어내었습니다. 「피에타」는 성모 마리아가 십자가에서 내려진 예수를 안고 있는 장면인데, 미켈란젤로는 근육 하나, 혈관 하나, 그 온기까지 재현하여 작품을 완성했습니다. 이 작품은 그의 서명이 들어간 유일한 작품이기도 한데, 젊은 미켈란젤로가 이 조각상이 자신의 작품이 아닌 것으로 의심받을까 두려워한 것으로 보입니다. 사람들은 이 슬픈 조각이 완성되자 이보다 더 예술적 가치를 지닌 육신은 없고, 이토록 완벽한 작품이 인간의 손에서 태어난 것을 믿을 수 없다며 감탄을 금치 못했습니다.

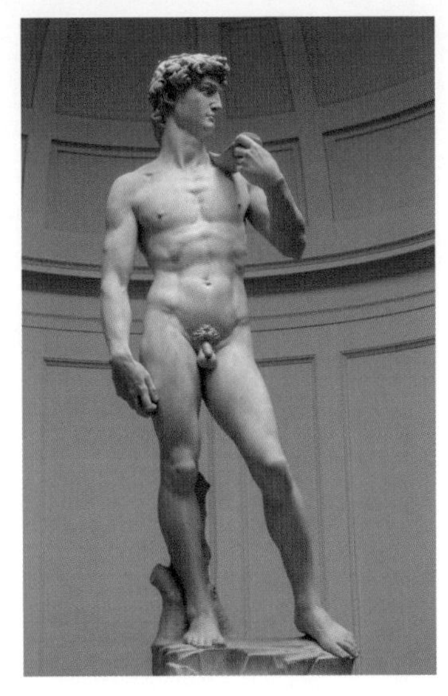

5 다비드 | 미켈란젤로 | 1501~1504년

르네상스의 3대 거장 중 한 명인 미켈란젤로. 그는 자부심 강한 천재였으며, '나는 조각가이지 화가가 아니다'라고 말하며 부인했지만, 자신이 그리 했던 회화에서조차 최고의 거장이라는 이름을 얻었습니다.

미켈란젤로를 한마디로 설명하면 최고의 능력을 갖춘 미술가라 할 수 있으며, 그의 조각의 정교함과 속도는 타의 추종을 불허했다고 합니다.

이름 따라 연민(pity)을 일으키는 「피에타」

1972년 5월 21일, 라즐로 토스라는 청년은 미리 준비한 망치로 「피에타」를 여러 번 가격했고, 그 조각상은 팔과 손가락 코와 눈과 목까지 많이 부서져 버렸다. 그 청년은 자신이 예수라 자처하는 정신병자였다. 소식을 듣자마자 교황 바오로 6세가 달려왔지만, 「피에타」는 이미 많이 손상된 후였고, 교황은 그 앞에서 기도를 올릴 수밖에 없었다. 그러나 다행히 1년간의 노력 끝에 복원이 이루어졌고, 현재 「피에타」는 방탄유리를 통해서만 볼 수 있다.

Special

DAY
021

모나리자가 사라지다

레오나르도 다 빈치의 「모나리자」[1]가 하룻밤 사이에 감쪽같이 사라졌습니다. 1911년 8월 22일, 루브르 박물관의 「모나리자」가 도난당한 것이죠. 충격을 받은 루브르는 일주일간 문을 닫기에 이릅니다. 이렇게 온 세계를 충격에 빠뜨린 이 사건의 범인은 놀랍게도 루브르에서 유리공으로 일했던 빈센초 페루자였습니다.

그는 왜 「모나리자」를 훔쳤을까요? 진품 「모나리자」를 고가에 팔기 위해서였을까요? 아닙니다. 사실 이 사건의 배후에는 명화 전문 사기꾼 에두아르도 드 발피에르노라는 사람이 있었습니다. 그들은 서로 공모하여 「모나리자」를 훔치기 전 미리 정교한 복제품 여섯 점을 제작하여 놓았습니다. 그리고는 진품을 훔친 것이죠.

당연히 「모나리자」 도난 사건은 대서 특필되었고 그들은 계획했던 대로 여러 암시장 고객들에게 가짜 「모나리자」를 진짜로 속여 팔 수 있었던 거죠. 다행스럽게도 2년 뒤에 범인들은 잡혔고 「모나리자」는

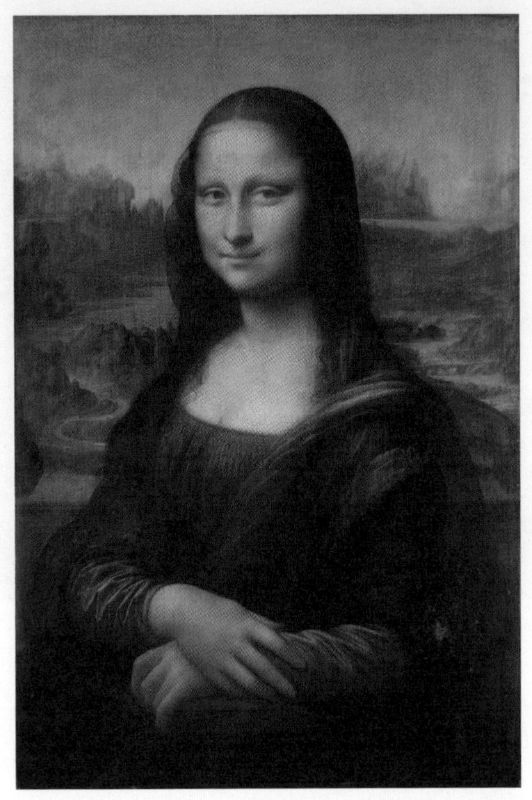

1 모나리자 | 다 빈치 | 1503~1519년

다시 미술관으로 돌아오지만, 하마터면 진품을 영영 못 볼 수도 있었던 사건이었습니다. 아무튼 이 사건으로 충격을 받은 루브르는 그 후 「모나리자」 수송에 장갑차를 이용하기도 합니다.

미술은 음악 문학 등 다른 예술 분야와는 달리 시각적인 결과물이 존재하고 단 하나라는 희소성, 그리고 작품 가치가 높다는 특징 때문에 이처럼 자주 도난의 표적이 되고 있습니다. 그리고 도난당한 미술품이 다시 돌아올 확률은 아쉽게도 25% 내외입니다.

돈이 목적이었던 또 하나의 사건을 볼까요? 2004년 노르웨이 수도 오슬로

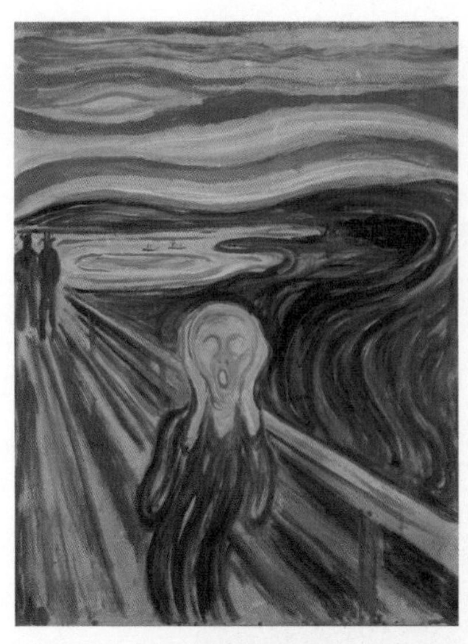

2 절규(뭉크 미술관 버전) | 뭉크 | 1910년

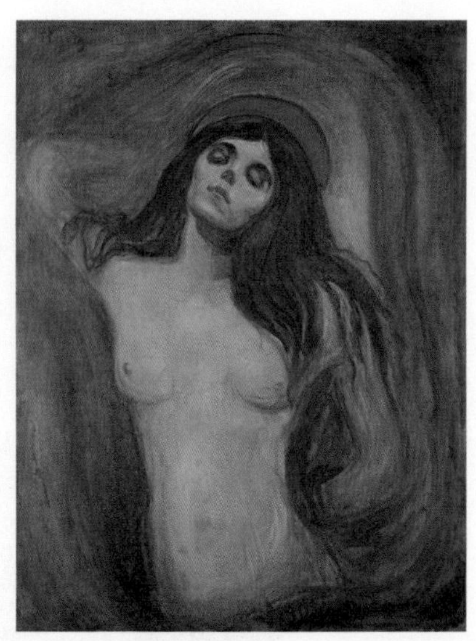

3 마돈나(뭉크 미술관 버전) | 뭉크 | 1894년

의 뭉크 미술관. 대낮에 갑자기 들이닥친 3명의 무장 강도들은 관람객 30여 명이 있는 중에도 경비원을 총으로 위협하며 너무나 쉽게 에드바르트 뭉크의 「절규」[2]와 「마돈나」[3]를 벽에서 떼어내 유유히 차로 도주하는 대담한 행동을 벌였습니다. 이는 시가 약 1,900만 달러로, 우리 돈으로 약 230억 원에 해당하는 작품들이었습니다. 하지만 금액이 너무 컸나요? 범인들은 이 작품들을 팔 수가 없었습니다. 너무도 유명한 도난 사건의 작품들이기 때문이었죠. 결국 이 작품들은 2년 뒤 범인의 자수로 다시 미술관으로 돌아오게 됩니다.

한편 정치적인 목적으로 발생하는 도난 사건들도 있었습니다. 그중 대표적인 사건이 요하네스 얀 베르메르 작품의 도난 사건들입니다. 네덜란드의 국보급 화가 베르메르는 평생에 걸쳐 30점 정도의 회화를 남겼습니다. 그러다 보니 그 희소성은 대단하죠. 그런 만큼 베르메르는 도난 사건 수난 화가 상위 랭킹에

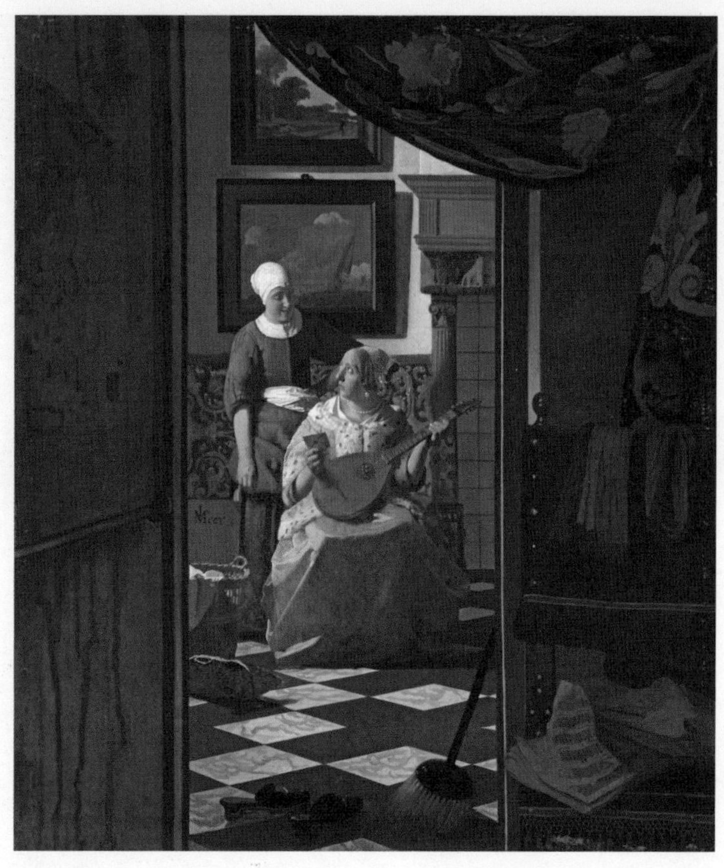

4 연애편지 | 베르메르 | 1669~1670년

오르게 됩니다.

1971년 9월에 브뤼셀에서 전시 중이던 베르메르의 「연애편지」[4]가 도난당했습니다. 그리고 범인들은 그림 반환의 대가로 동파키스탄 난민과 가난한 사람들에게 원조할 것을 요청했습니다. 그림이 인질이 된 것이죠. 후에 이 그림은 다시 돌아오지만 이미 작품은 칼로 찢겨 있었고 표면에도 심한 손상을 입고 있었습니다.

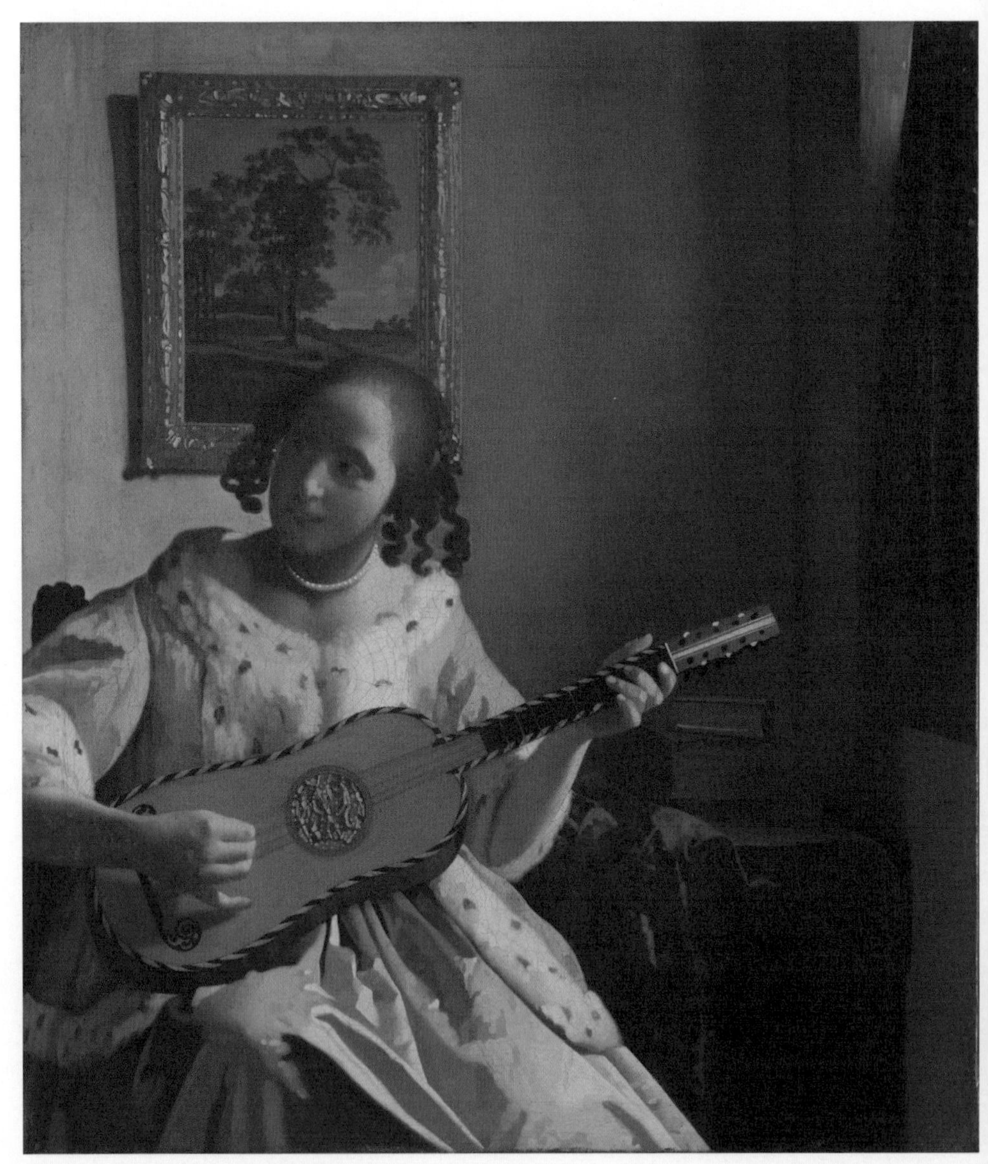

5 기타를 치는 여인 | 베르메르 | 1672년

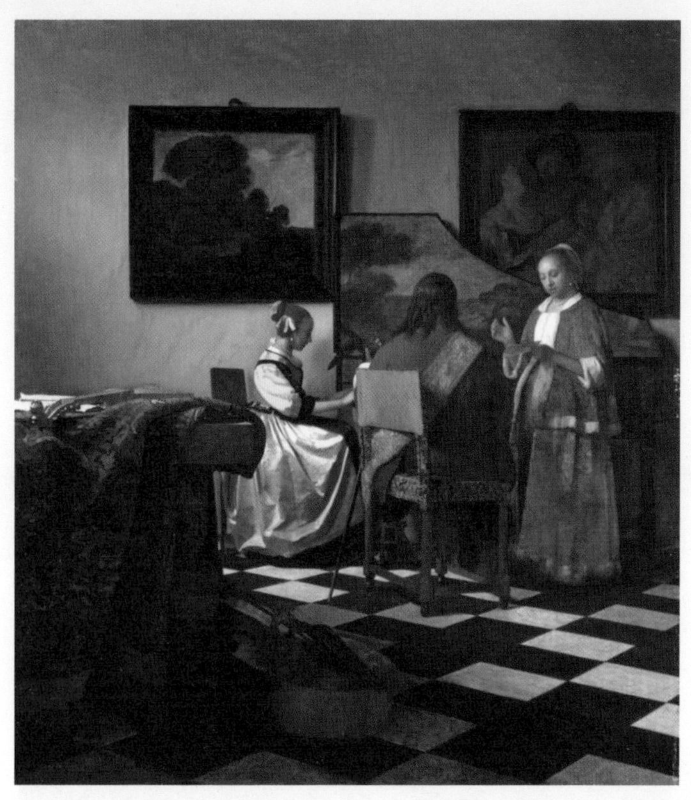

6 세 사람의 연주회 | 베르메르 | 1664년

1974년에도 베르메르의 「기타를 치는 여인」[5]이 도난당합니다. 그리고 범인들은 IRA(아일랜드공화국군)의 테러리스트 프라이스 자매의 석방을 요구합니다. 역시나 또 그림이 인질이 된 경우죠.

그렇다면 역사상 가장 큰 규모의 미술품 도난 사건은 어떤 것이었을까요? 1990년 3월 18일, 미국 보스턴의 이사벨라 스튜어트 가드너 미술관에서 무려 십여 점의 명화들이 경관으로 위장한 강도들에게 도난당했습니다. 그중 베르메르의 「세 사람의 연주회」[6], 렘브란트 반 레인의 「갈릴리 바다의 폭풍」[7]과 「자화상」[8], 에두아르 마네의 「카페 토르토니에서」[9]와 같은 걸작 등이 포함되어 있었죠. 이를 금액으로 따져 보면 현재 우리 돈 5,000억 원도 넘을 겁니다. FBI는 현상금 50억을 내걸고 다각도로 수사를 했지만, 사건 발생 후 30년이 지난 오늘에도 이 사건은 미궁 속에 빠져 있습니다.

이 밖에 전 세계적으로 피카소는 500여 점, 르누아르는 200여 점, 렘브란트는 170여 점이 도난당했습니다. 어떻습니까? 생각보다 많은 작품이 도난당하고 있지 않습니까?

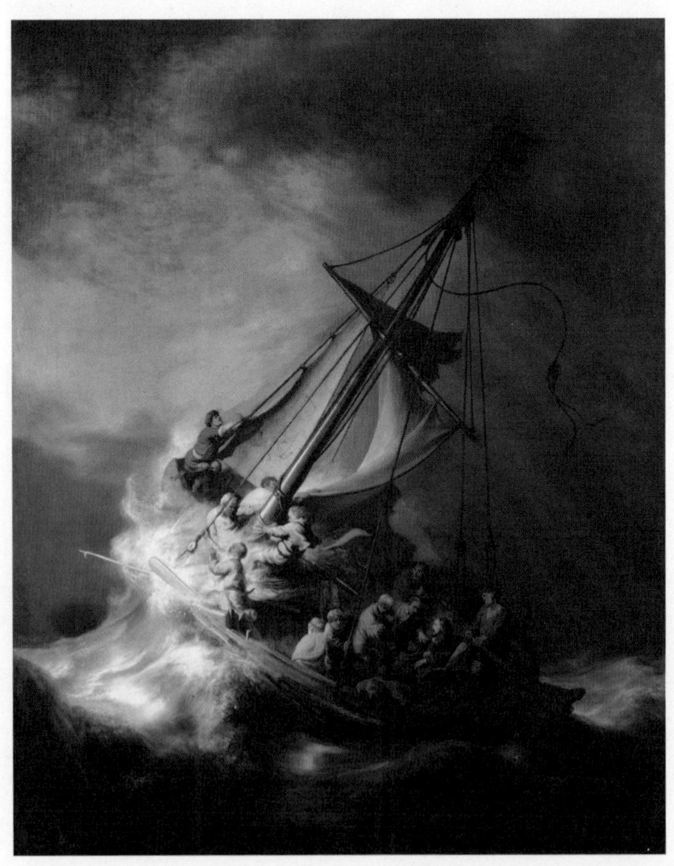

7 갈릴리 바다의 폭풍 | 렘브란트 | 1633년

인터폴에서는 도난당한 미술품들의 목록을 공개하며 대중들의 관심을 호소하고 있고, FBI 또한 미술품 도난 사건을 예술 테러로 규정하고 수사에 적극적인 자세를 취하고 있지만, 미술품 도난 사건은 매년 증가 추세에 있다고 합니다. 그리고 도난된 미술품들이 다시 세상에 나올 확률은 매우 적습니다. 가끔 뉴스를 보면 명화들이 도난 사건이나 위작 시비로 이슈화돼서 등장하는 경우를 봅니다. 그 모두 작품을 돈으로 보는 시각 때문이겠죠. 작품을 예술적 가치로 보고 물려주어야 할 유산으로 보아야 할 텐데 말입니다.

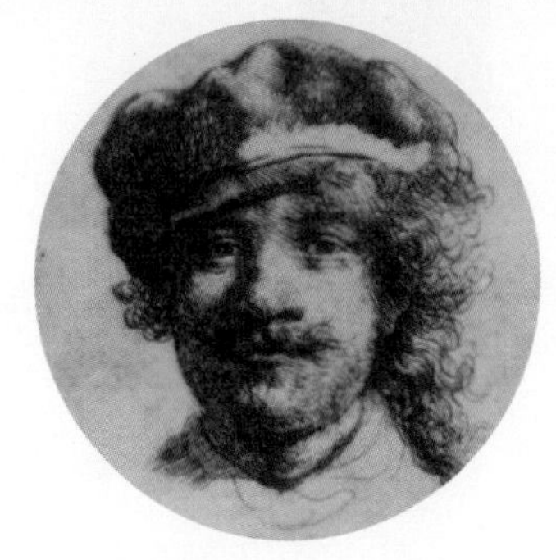

8 **자화상** | 렘브란트 | 1633년

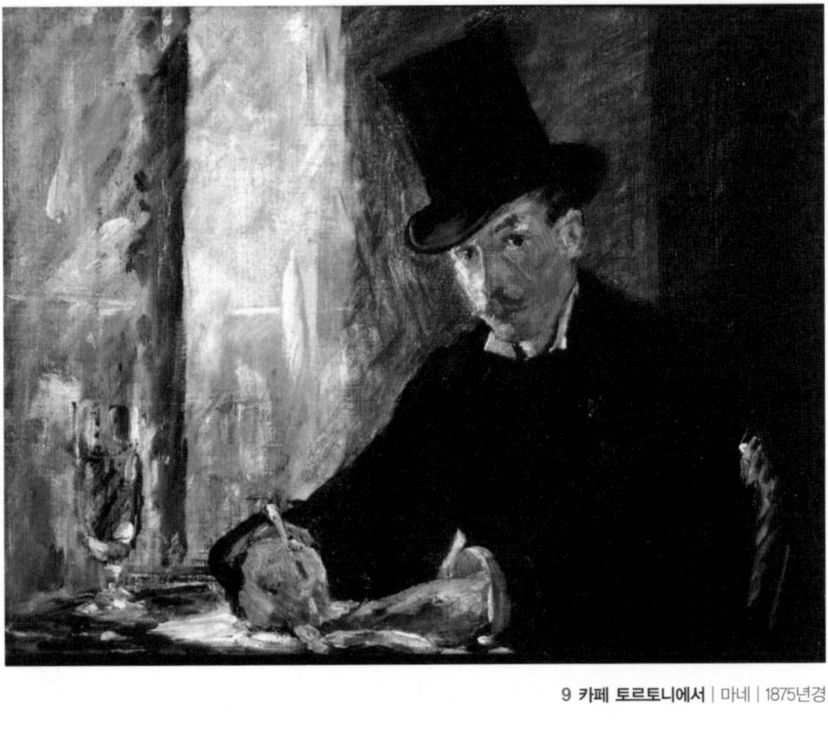

9 **카페 토르토니에서** | 마네 | 1875년경

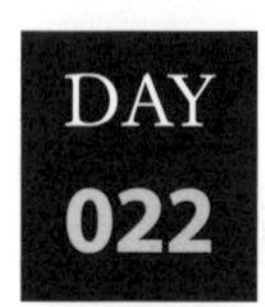

Raffaello Sanzio da Urbino(1483~1520)

라파엘로 산치오

라파엘로의 방으로 떠나는 여행

르네상스는 지금부터 약 500년 전입니다. 현재와는 비교할 것이 하나도 없을 만큼 달랐던 때입니다. 그런데 그때 그랬다고는 상상하기 어려울 정도로 세련된 표현을 하던 화가가 있었습니다. 이탈리아의 천재 화가 라파엘로 산치오입니다. 그의 작품은 지금도 아무 수정 없이 응용되거나 예술가들에게 직접적인 영감을 줍니다. 그중 하나가 「시스티나의 성모」의 아기 천사들을 그린 부분[1]입니다. 녹색과 갈색이 섞인 예쁜 깃털 날개를 단 아기 천사 둘이 하늘을 올려다봅니다. 한 아기는 왼손으로 턱을 괴었고, 나머지는 양팔을 잡고 볼을 기대고 있습니다. 초롱초롱한 눈동자까지 보세요. 누구든 아기 천사와 눈이 마주친다면 미소 짓지 않을 수 없을 겁니다.

라파엘로는 물론 천재적인 실력을 갖추었지만, 전문가들은 그의 배려하는 성격이 세련되고 조화로운 작품의 바탕이었다고 평가합니다. 당연히 그는 어느 누구와도 잘 지냈고, 주변 사람들 모두에게 칭송받

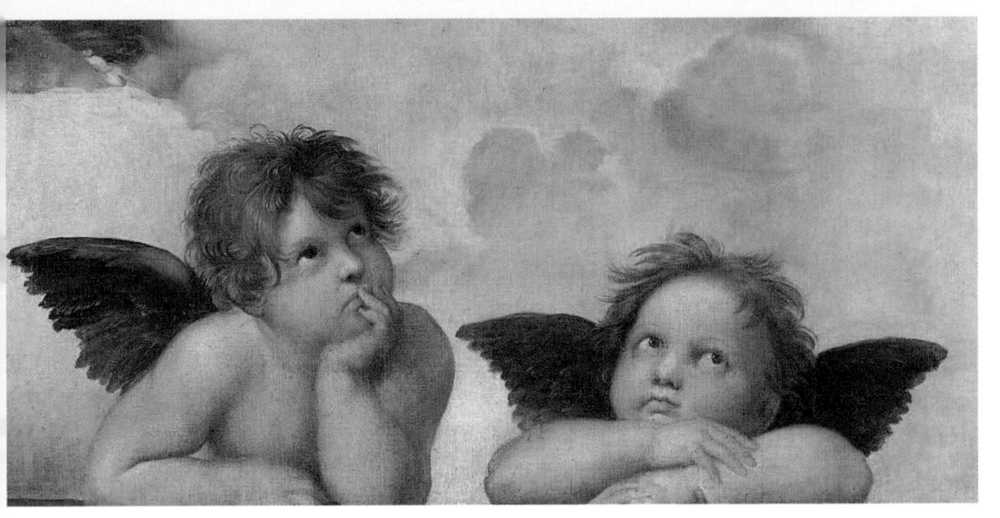

1 아기 천사들(시스티나의 성모의 부분) | 라파엘로 | 1512~1513년

았습니다. 그리고 온화한 성격처럼 미술의 이상을 보여주는 우아함을 구현해 내었습니다. 이 귀여운 아기 천사들이 그려져 있는 전체 작품은 「시스티나의 성모」[2]입니다. 예수를 안고 있는 성모는 구름을 타고 있습니다. 그 옆에 무릎을 굽힌 사람은 수호성인 식스투스와 성녀 바르바라입니다. 그들은 성모를 안내하고 있습니다. 이 작품은 모든 면에서 흠잡을 데 없는 최고의 성모상으로 평가받는 라파엘로의 대표 작품입니다. 라파엘로는 르네상스 전성기를 이끌며 많은 걸작을 남겨 거장으로 불리고 있습니다. 「시스티나의 성모」처럼 성모자상을 아름답게 표현하였고 위대한 프레스코화를 남겨 지금까지도 많은 감상자의 감탄을 자아내고 있습니다.

오늘은 그의 프레스코화를 감상하러 로마 교황청 바티칸 궁의 라파엘로 방으로 안내하고자 합니다. 1450년경부터 교황의 주도로 이루어지고 있던 로마 재건. 그때 라파엘로도

대표적인 벽화 기법, 프레스코화

프레스코(fresco)는 이탈리아어로 '신선하다'는 의미인데, 프레스코화는 회반죽 벽이 마르기 전, 신선한 상태에서 물에 녹인 안료로 벽 위에 그림을 그리는 기법이다. 그러면 회반죽이 굳으면서 안료의 색이 같이 굳는다. 이 방법은 수정이 불가능해서 매우 계획적으로 빠르게 판단하여 작업을 완성해야 하기에 상당히 숙련된 화가가 아니면 쉽게 도전할 수 없는 화법이라고 한다. 라파엘로 외에 미켈란젤로도 많은 프레스코화 명작을 남겼다.

교황 율리우스 2세에 의해 벽화를 담당하는 일을 맡게 되었습니다. 사실, 율리우스 2세는 시스티나 성당의 천장 벽화를 그린 미켈란젤로와 큰 마찰을 빚기도 했던, 조금은 독선적인 교황이었습니다. 하지만 사교적이고 온화한 성격이었던 라파엘로는 율리우스 2세의 맘에 쏙 들었습니다. 그래서 라파엘로가 프레스코를 담당한 방은 콘스탄티누스의 방, 헬리오도로스의 방, 보르고의 화재의 방, 그리고 서명의 방, 이렇게 총 네 개의 방이었습니다. 그중 서명의 방에는 라파엘로의 가장 유명한 그림 중 하나인 「아테네 학당」[3]이 있습니다. 또 그 방에는 총 네 점의 벽화가 있는데, 각각 신학, 법학, 철학, 그리고 예술을 상징하고 있습니다. 「아테네 학당」의 실제 크기는 자그마치 너비가 8m에 이릅니다. 거대

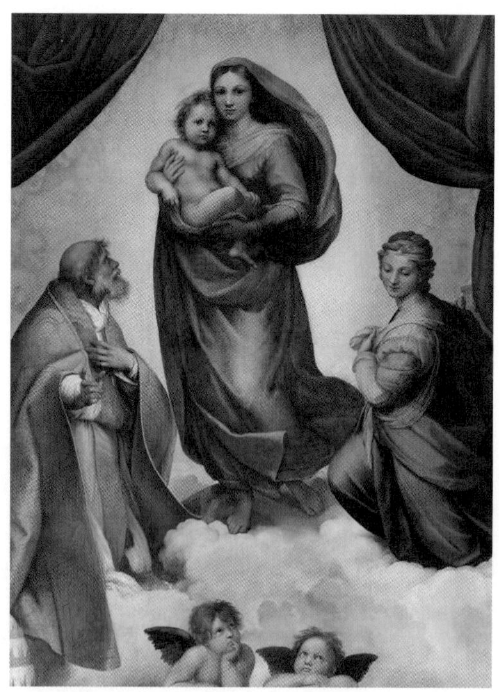

2 시스티나의 성모 | 라파엘로 | 1512~1513년

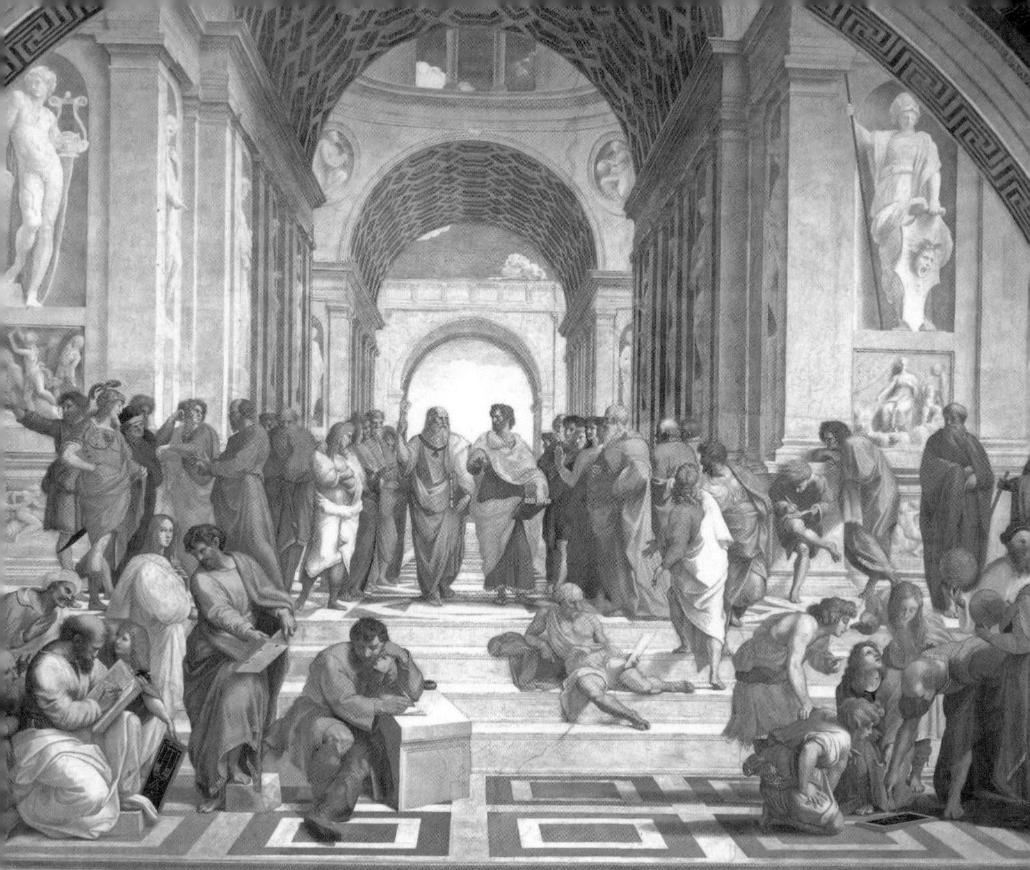

3 아테네 학당 | 라파엘로 | 1509~1511년

한 그림이죠. 그래서 방에 들어서는 순간 그 크기에 압도되어 감동은 더욱 고조됩니다.

둥근 아치형의 공간 속에 쉰여덟 명의 인물이 자연스럽게 배치되어 있고, 원근법과 1점 소실점을 이용해 완성된 이 그림은 라파엘로의 능력을 그대로 보여줍니다. 중심에서 하늘을 가리키고 있는 인물이 플라톤으로서 이데아(영원불변한 실재)를 이야기하고, 그 옆에 손바닥이 아래를 향해 있는 인물은 아리스토텔레스이며 자연의 진리를 이야기하고 있겠죠. 만물의 근원을 '불'이라고 주장한 헤라클레이토스는 계단 아래서 턱을 괴고 글을 쓰고 있습니다. 라파엘

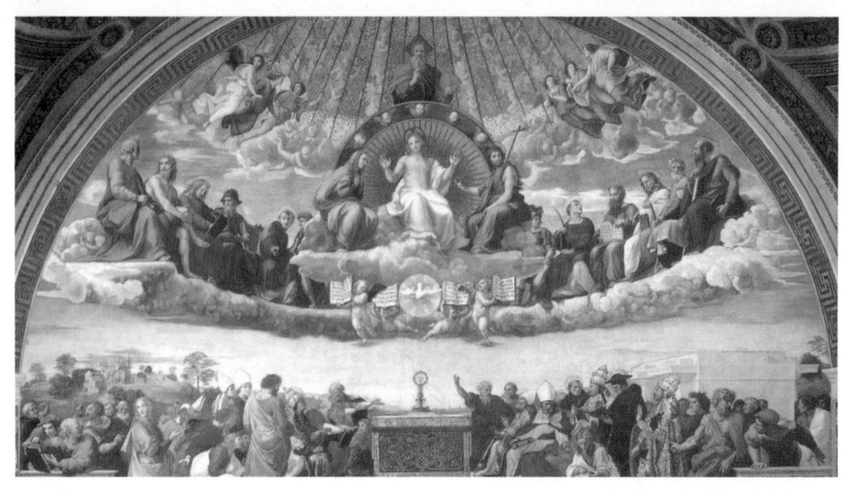

4 성체에 대한 논쟁 | 라파엘로 | 1509~1510년

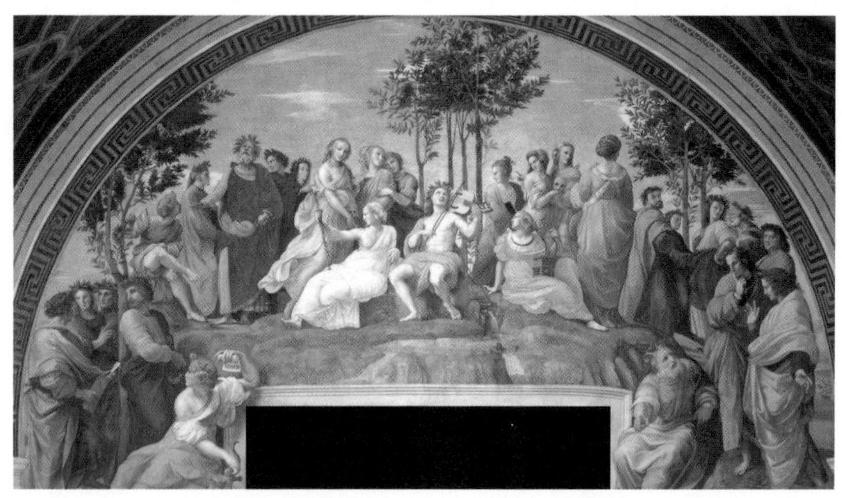

5 파르나소스 | 라파엘로 | 1509~1510년

로는 다 빈치에게 공간 구성, 심리 묘사 등을 배웠고, 미켈란젤로에게는 인체의 표현에 대해 영향을 받았습니다. 따라서 플라톤을 다 빈치의 모습으로, 헤라클레이토스는 미켈란젤로의 모습으로 그려 놓았다고 합니다. 그 밖에 피타고라스, 유클리드, 프톨레마이오스 등 많은 철학자와 수학자를 그림에 넣었습니다.

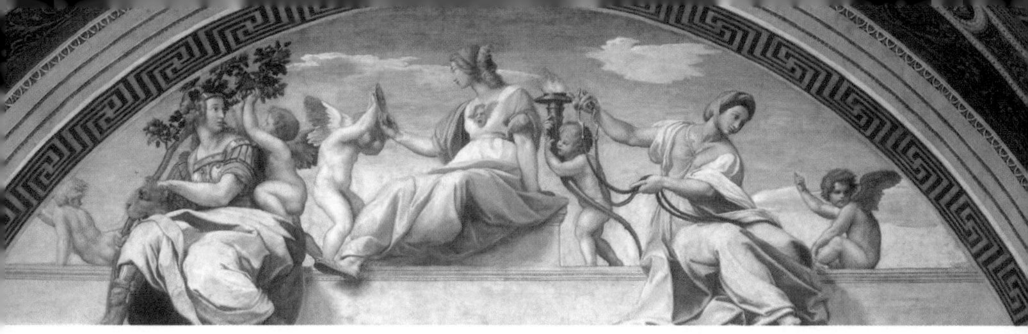

6 삼덕상 | 라파엘로 | 1508~1511년

「아테네 학당」과 마주보고 있는 그림은 신학을 상징하는 「성체에 대한 논쟁」[4]입니다. 천사와 사도들, 교회와 관련된 인물들을 배치하고 반원의 형태 안에 천상과 지상을 분리하는 또 다른 반원의 형태를 주어 배치를 극대화하였습니다. 그는 이상적인 교회를 그려 넣고자 하였고 또 그것을 이루어내었습니다.

「성체에 대한 논쟁」의 오른편 벽에는 「파르나소스」[5]가 있습니다. 이 그림은 앞의 두 그림과는 달리 벽에 커다란 창문이 나 있었습니다. 뛰어난 화가 라파엘로는 그러한 특징을 고려해 창문 위에 언덕을 만들고 음악의 신 아폴로를 그려 넣었습니다. 비올라를 켜고 있는 아폴로의 좌우에는 음악의 뮤즈들과 단테, 호메로스 등 시인, 문학가들을 배치해 예술에 관한 내용을 담아내었습니다.

그리고 맞은편 벽에는 「삼덕상」[6]이 그려져 있습니다. 세 여신은 강인함, 절제, 신중함을 상징합니다. 네 면의 작품과 천장화 그리고 또 다른 방의 그림들을 보면 우리는 라파엘로의 뛰어난 실력에 감탄할 수밖에 없습니다. 율리우스 2세에 이어 교황 레오 10세에 이르는 시기에 바티칸 궁전의 벽화를 그렸고 회화의 많은 부분을 담당하며, 예술의 감동을 선사했던 라파엘로는 37살의 나이에 갑자기 죽음을 맞이하였습니다. 그 안타까움에 슬퍼하던 교황 레오 10세는 위대했던 화가 라파엘로에게 국가적인 장례를 치러주었습니다. 라파엘로의 그림은 다 빈치나 미켈란젤로와 같이 뚜렷이 구별되는 스타일은 아니었습니다. 하지만 라파엘로는 자신의 성품처럼 우아하고 편안하고, 온화하고, 아름다운 그림으로 지금까지도 우리에게 끝없는 감동을 주고 있습니다.

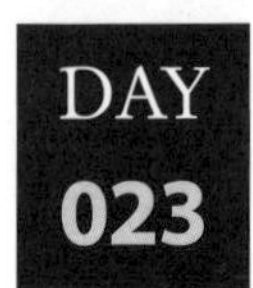

Tiziano Vecellio(1490~1576)

티치아노 베첼리오

베네치아의 독창적인 일인자

예술 작품의 가치 평가는 쉽지 않습니다. 특히 현대 미술까지 넘어오면 더 어려워집니다. 평가 기준이 다양하면서도 모호해졌기 때문입니다. '얼마나 독창적인가? 시대적 의미를 담고 있는가? 마음을 움직이는가?'와 같은 질문에 객관적으로 평가하기 어려운 조건이 많습니다. 그래서 현대 미술은 난해하다고들 합니다. 하지만 르네상스 시대의 작품평가는 지금처럼 어렵지 않았습니다. 전문지식이 없는 사람도 쉽게 알아볼 수 있도록 잘 그리면 되었습니다. 르네상스 피렌체의 3대 거장으로 불리는 다 빈치, 미켈란젤로, 라파엘로도 그래서 유명합니다. 「모나리자」, 「천지창조」, 「아테네 학당」은 누가 보아도 멋지게 잘 그려져 있습니다. 그런데 당시 베네치아에도 거장이 한 명 있었습니다. 실력이라면 피렌체의 거장들 못지않았습니다. 그의 스승 조르조네는 그가 어머니의 배 속에 있었을 때부터 화가였을 것이라며 극찬을 했고, 사람들은 그에게 미켈란젤로의 뛰어남과 라파엘로의 우아함을 두루 지녔다고 칭송했습니다. 심지어 이 화가에 매료된 신성로마제국의 황제 카를 5세는 자신의 초상화를 그리던 중 그가 붓을 떨어뜨리자 손수 주워 주기도 하였다는군요. 과감한 색과 힘찬 붓질로 섬세한 피렌체 화가들과는 또 다른 명작을 남겼던 그의 이름은 티치아노 베첼리오입니다.

당시 화가의 실력이 뛰어나면 먼저 교회에서 주문이 들어옵니다. 교회로서는 교세 확장과 신도들의 신앙심에 도움이 되어 좋았고, 화가로서는 자신의 그림을 널리 알릴 수 있어서 마다할 이유가 없었습니다. 티치아노 역시 교회를 위한 그림을 그렸는데, 먼저 모두 세 점으로 구성된 「파도바의 성 안토니우스의 기적」[1~3]에 관해 이야기하도록 하죠.

첫 번째 작품은 질투에 사로잡혀 눈이 먼 남편이 아내를 살해하는 장면입니다. 하지만 남편은 곧 후회하게 되고 성 안토니우스가 죽었던 아내를 다시 살리는 기적을 행하는 중입니다. 멀리 뒤에 죽은 아내를 살리는 성 안토니우스의 모습이 그려져 있습니다.

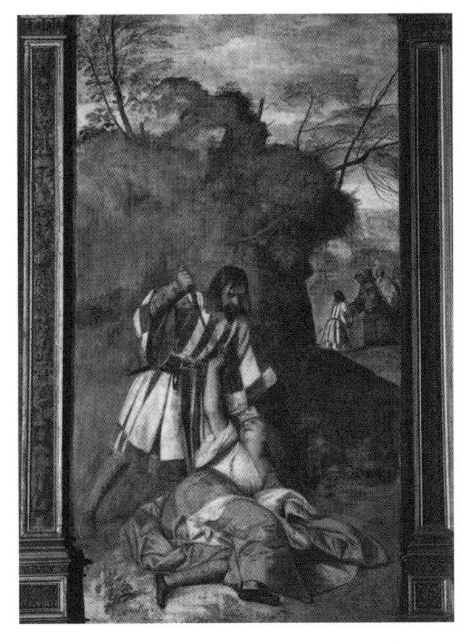

1 파도바의 성 안토니우스의 기적: 질투하는 남편의 기적 | 티치아노 | 1511년

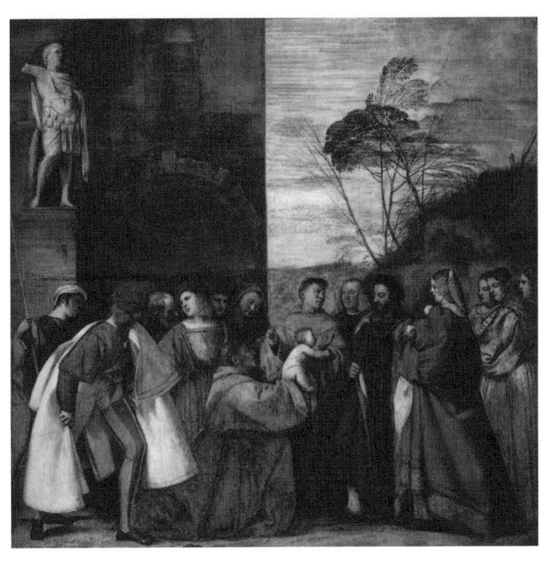

2 파도바의 성 안토니우스의 기적: 아기의 기적 | 티치아노 | 1511년

두 번째 그림은 좀 더 재미있습니다. 간통으로 의심받는 아기 엄마를 위해 성 안토니우스는 그녀의 갓난아기에게 말할 수 있는 능력을 주는 기적을 행하였고, 결국 갓난아기가 변호해 어머니의 누명을 벗겨 주었다는 기적을 그린 것입니다.

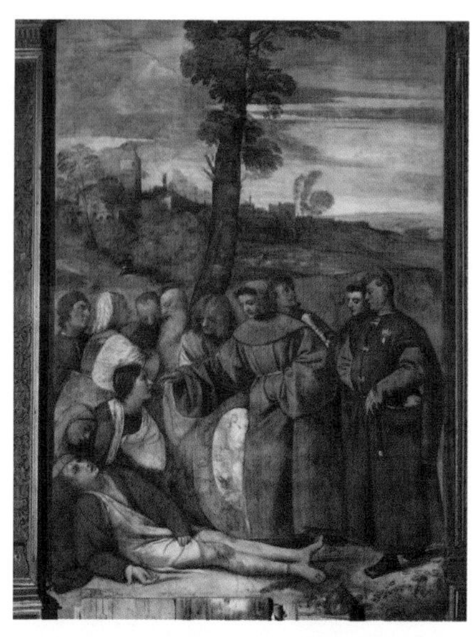

3 파도바의 성 안토니우스의 기적: 치유된 발의 기적 | 티치아노 | 1511년

마지막 그림은 순간적인 분노를 참지 못해 스스로 발을 잘라버리고 후회하는 청년의 발을 다시 붙게 해 주었다는 기적을 그린 것입니다.

이것 말고도 티치아노가 베네치아를 떠들썩하게 만들었던 제단화가 있습니다. 산타 마리아 글로리오사 데이 프라리 성당의 「성모 승천」[4]입니다. 높이가 7m나 되는 거대한 크기의 제단화인데, 성모가 천국에 올라가는 장면을 그린 것이죠. 아래에는 놀람과 경이로움으로 성모를 바라보는 사도들의 모습이 보이고, 가운데는 구름을 타고 하늘을 오르는 성모와 천사들이 보입니다. 위에는 성모를 맞이하는 성부가 보이는데, 이 세 부분이 매우 조화롭게 이어져 아래로부터 위로 자연스러운 시선 이동을 만들어주며, 등장인물의 역동적 움직임은 살아 있는 듯 느껴지고, 황금빛의 후광과 붉은색은 우리의 시선을 고정해 버립니다. 당시 수도자들도 이 작품을 처음 접했을 때 입을 다물지 못했다고 하는군요.

이 유명해진 화가에게 초상화 주문은 쏟아졌습니다. 하지만 우선순위가 있습니다. 먼저 교황이나 왕족, 그다음이 귀족입니다. 그 외에는 자신의 차례를 기다리지 않는 편이 나았습니다.

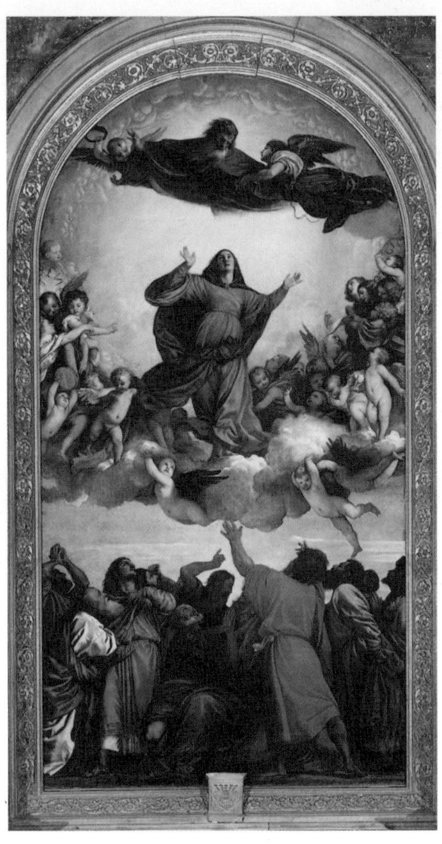

4 **성모 승천** | 티치아노 | 1516~1518년

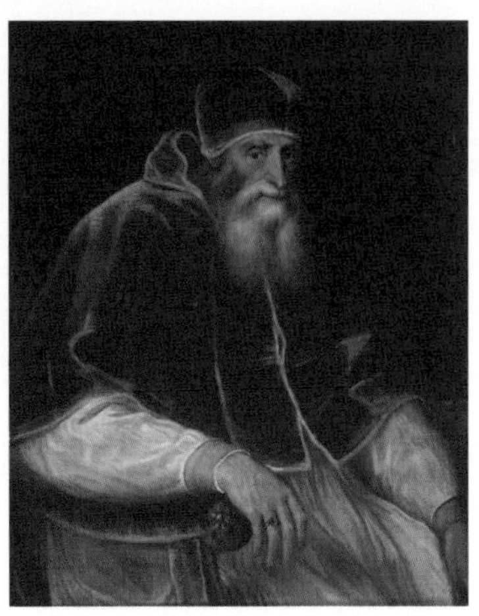

5 **교황 바오르 3세의 초상** | 티치아노 | 1545~1546년

작은 별들 가운데 있는 태양, 티치아노

베네치아 역사상 가장 성공적인 화가인 티치아노는 동시대 사람들로부터 '작은 별들 가운데 있는 태양'이라고 불렸다. 그는 주로 베네치아에서 작업했지만, 작품 주문을 다른 국가에서도 받은 최초의 국제적 화가이기도 했다. 그는 초상화의 특성상 큰 변화가 어려움에도 불구하고, 얼굴의 각도 손과 팔의 위치 등으로 다양한 포즈를 구사했다.

다음은 「교황 바오로 3세의 초상」[5]입니다. 교황 바오로 3세는 자신의 초상화를 부탁하기 위해 성당의 각종 특혜까지 주며 화가를 불러들입니다. 그렇게 심혈을 기울여서 그려진 그림입니다. 교황의 눈빛 그리고 정교하게 그려진 손을 보면 감탄이 나옵니다. 금방 무슨 말이라도 할 듯합니다. 후에 교황은 감사의 마음으로 티치아노에게 명예 로마시민 자격을 주었습니다. 다음은 「황제 카를 5세의 기마상」[6]입니다. 이 작품은 뮐베르크 전투에서 신교도에게 대승한 기념으로 그려진 것으로, 그림을 통해 카를 5세는 자신의 입지와 가톨릭 진영의 승리를 분명히 하고 싶었습니다. 티치아노는 이런 고객의 마음을 매우 잘 파악했던 것으로 보이며, 그래서 완전 무장을 한 카를 5세를 전장이 아닌 숲을 배경으로 표현하여 오히려 안정감 있는 믿음의 수호자로 표현하였습니다. 후에 카를 5세는 티치아노를 귀족으로 신분 상승시켜, 백작의 작위와 황금 박차 훈장까지 주며 4대에 걸친 혜택까지 미리 주었습니다.

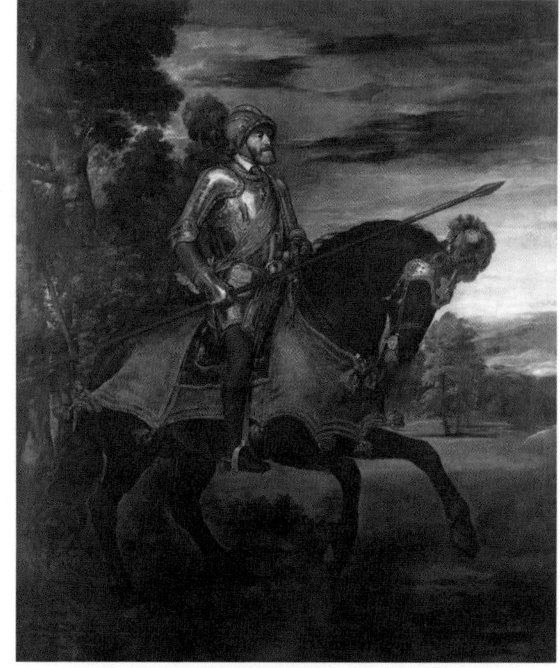

6 황제 카를 5세의 기마상 | 티치아노 | 1548년

마지막 그림은 인상주의 화가 마네가 「올랭피아」[7]를 그릴 때 영감을 얻었다는 「우르비노의 비너스」[8]입니다. 이 그림은 우르비노의 공작인 구이도발도 델라 로베레가 결혼 기념으로 주문한 것으로 알려져 있으며, 이 누드화는 섬세한 붓 터치, 명암, 색상, 그리고 감상자를 정면으로 바라보는 시선 처리 등 후에 많은 누드화의 전형으로 이어진 작품입니다. 티치아노는 성공에 관한 욕심이 많았습니다. 그리고 욕심을 뒷받침해줄 재능 또한 넘쳤습니다. 당연히 그는 당대 최고의 부와 영예를 누렸고, 그의 재능이 남긴 작품은 명작으로 전 세계 미술관들을 지금껏 장식하고 있습니다.

황금 박차 훈장이란?

교황이 수여하는 황금 박차 훈장(Order of the Golden Spur)은 기독교의 영광을 빛내고, 신앙을 전파는 데 공헌한 사람에게 주어진다. 그리스도 훈장에 이어 두 번째로 높은 등급의 이 훈장의 주요 수상자로는 라파엘로, 티치아노, 모차르트 등이 있다.

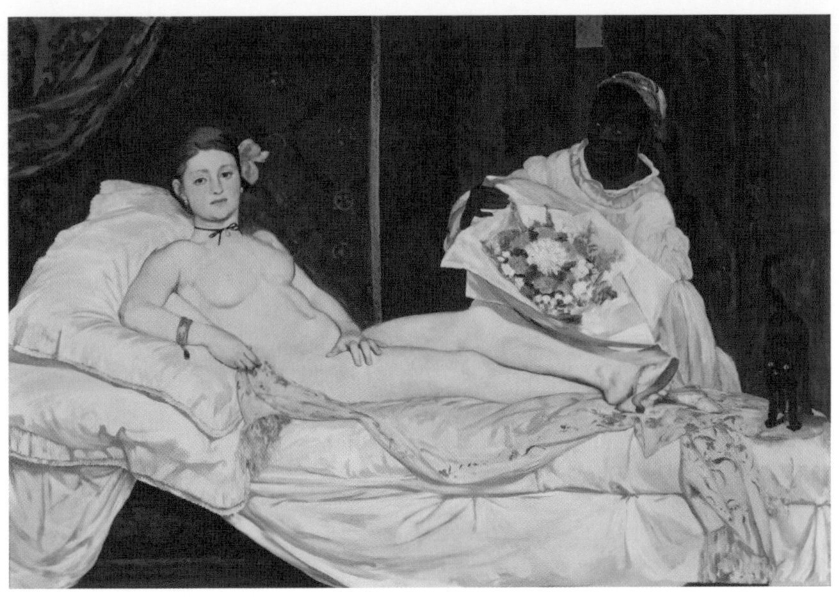

7 올랭피아 | 마네 | 1863년

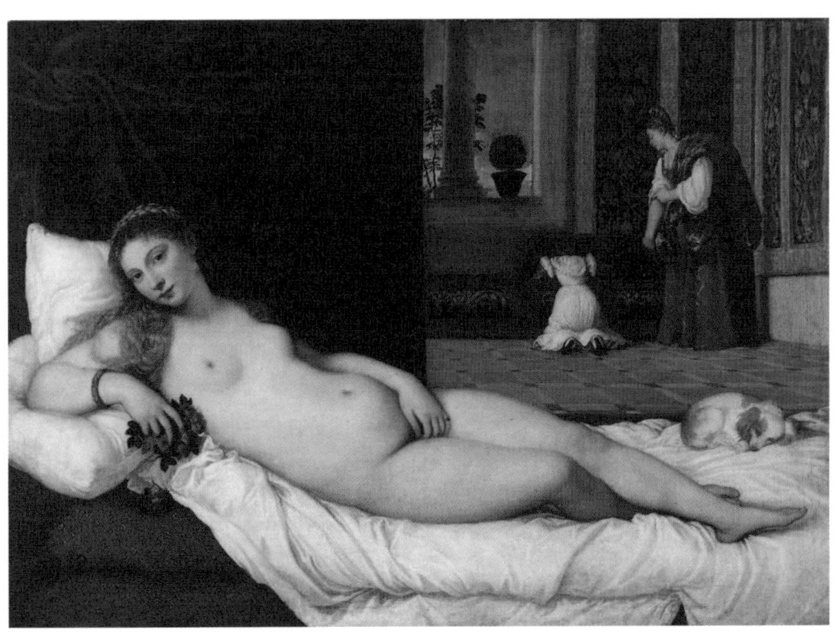

8 우르비노의 비너스 | 티치아노 | 1534년

DAY
024

Pieter Bruegel the Elder(1525~1569)

대(大) 피터르 브뤼헐

네덜란드식 블랙코미디?

한 시대를 살았던 사람들의 일상을 알아보는 일은 재미있습니다. 그때 어떤 풍습이 있었고 아이들이 어떤 놀이를 했는지 알 수 있고, 또 이를 통해 지금을 살아가는 우리를 되돌아볼 수 있는 교훈을 얻기도 합니다. 우리는 김홍도의 「서당」을 보면서 회초리 맞는 아이가 안됐으면서도 그 상황에 미소를 짓기도 하고, 「씨름」에서 흥미진진한 한판을 보고 있으면 절로 흥도 납니다. 그것은 시대의 생활상을 너무도 사실적으로 표현한 화가들이 주는 또 하나의 즐거움이 아닌가 합니다.

오늘은 서양의 풍속화를 한번 볼까요? 피터르 브뤼헐을 소개합니다. 브뤼헐은 16세기 플랑드르 지방의 화가입니다. 그는 뛰어난 풍속화를 그린 매우 인기 있는 화가였습니다. 그가

피터르 브뤼헐이 두 명이다?

피터르 브뤼헐이라는 화가가 사실 두 명이었다. 아버지 화가와 아들 화가 두 명이 모두 같은 이름을 써서 아버지는 대 피터르 브뤼헐(Pieter Bruegel the Elder), 아들은 소 피터르 브뤼헐(Pieter Bruegel the Younger)로 구분한다. 아들이 아버지의 화풍을 이어가 비슷한 느낌의 작품을 많이 남겼으며, 브뤼헐 집안은 4대에 걸쳐 많은 화가를 배출했다고 한다.

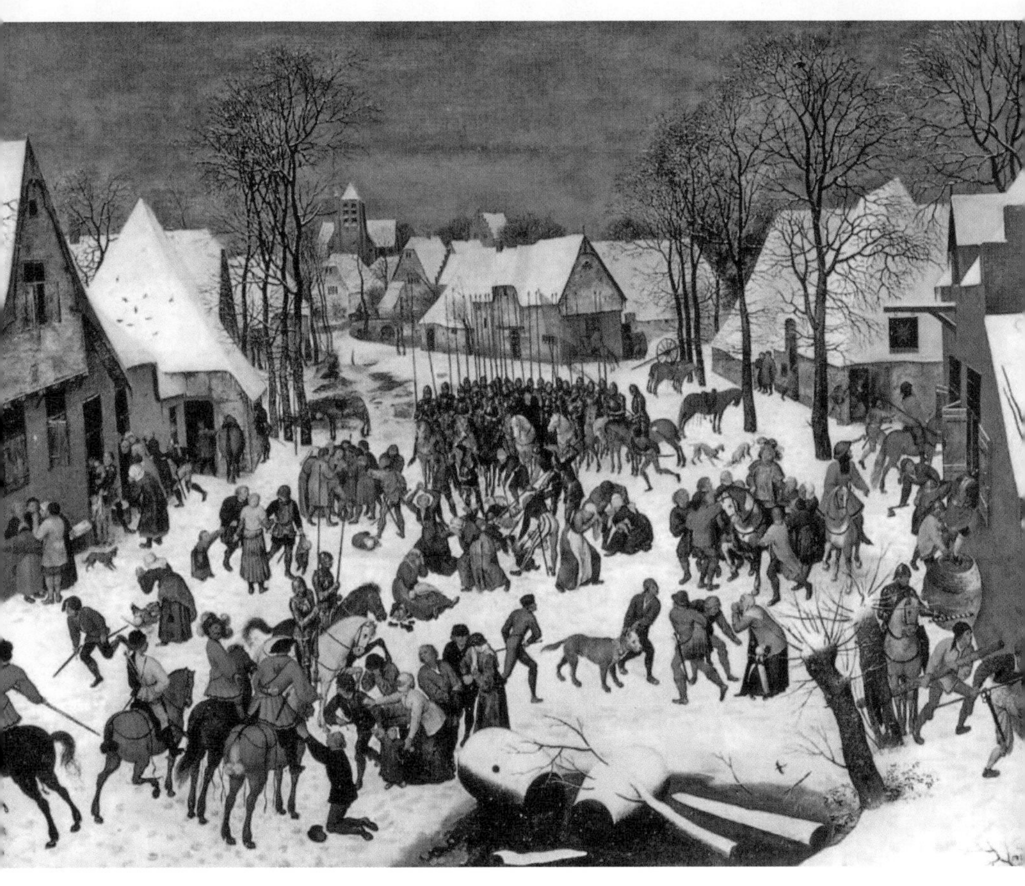

1 베들레헴의 영아 학살(빈 미술사 박물관 버전) | 소(小) 브뤼헐 | 1565~1567년

살던 시대는 스페인이 네덜란드 사람들을 가톨릭으로 개종시키기 위해서 군대와 통치자를 보내 강력한 압박을 하던, 정치적으로 매우 혼란스럽고 두려움이 가득한 시기였습니다. 하지만 브뤼헐은 특유의 풍자와 해학이 담긴 그림을 그리며 그 시대를 살았습니다. 그는 일반 화가들과는 달리 시대의 풍습이 드러나는 재미난 그림을 많이 그렸습니다. 그의 작품을 보면 하나의 그림에 수많은 사

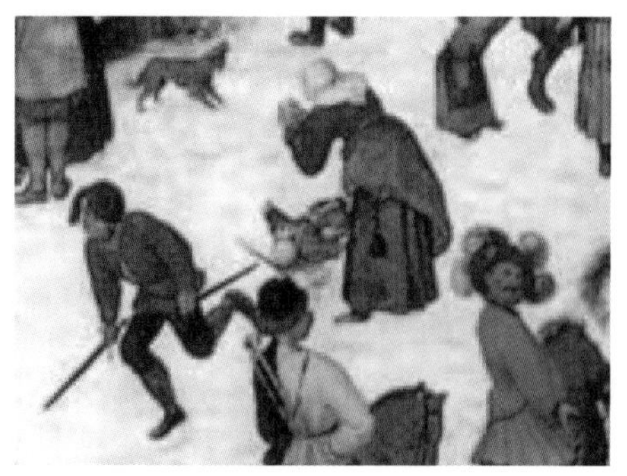

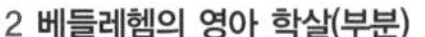

2 **베들레헴의 영아 학살(부분)**

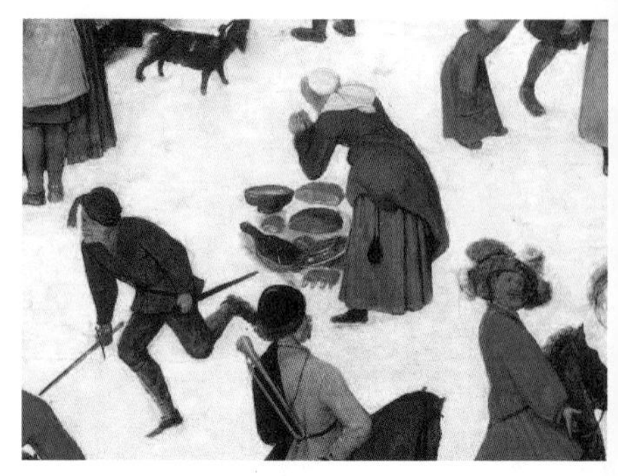

3 **베들레헴의 영아 학살(부분)** | 대(大) 브뤼헐 | 1565~1567년

람이 등장하며, 각자 저마다의 행동들을 하고 있습니다. 오늘은 그의 작품 속 사람들이 보여주는 수많은 이야기를 들어보시죠.

처음 살펴볼 작품은 「베들레헴의 영아 학살」[1]입니다. 성서에 나오는 헤롯 왕이 예수의 탄생을 두려워하여 그 시기에 태어난 모든 아기를 죽이라는 명령을 했다는 이야기를 혹시 들어보셨나요? 브뤼헐은 그 이야기를 네덜란드의 당시 상황으로 풍자하였습니다. 어머니가 보는 앞에서 아기를 죽인다는 사실은 정말 끔찍한 장면입니다. 그림을 자세히 들여다볼까요? 검은 갑옷을 입은 기병대 장교들이 감시하고 있고, 병사들이 아이들을 살해합니다. 아기를 뺏으려는 병사, 망연자실한 엄마들. 그런데 이런 처절한 상황 속에서 한 갑옷을 입은 병사가 벽에다 노상 방뇨를 하고 있습니다. 이 그림을 그린 화가는 어떤 마음이었을까요? 슬프고 무서운 시대를 살아갔던 브뤼헐의 슬픈 유머일까요?

다음은 「아이들의 놀이」[4]입니다. 이 그림에는 많은 아이가 장난감이 없던 시절 어떻게 놀았는지에 대한 설명이 풍부하게 묘사되어 있습니다.

대(大) 피터르 브뤼헐의 「베들레헴의 영아 학살」에서 아기들이 동물로 둔갑했다?

「베들레헴의 영아 학살」은 여러 버전이 존재한다. 그중 아버지 브뤼헐이 그린 원작에서는 아무리 봐도 아기를 학살하는 장면이 안 보이는 이유가 무엇일까? 바로 원작은 스페인 군인과 독일 용병들이 강압적 행위에 대항하는 의미가 있어서 로마 황제 루돌프 2세의 명령으로 아기들을 칠면조와 돼지, 그리고 물건들로 덮어 그리기를 했기 때문이다. 하지만 그림을 자세히 보면 죽은 아이들의 그림자 흔적이 여전히 남아있다. 아마도 수정 작업 지시를 받은 화가가 억지로 덮어 그리면서 일부러 살짝 남기지 않았을까? 나머지 버전은 전부 아들 브뤼헐이 그렸는데 대부분 아기들의 학살 장면을 고스란히 담고 있다.

아이들이 많죠? 총 몇 명일까요? 세어보면, 250명쯤 됩니다. 그럼 어떤 놀이를 하고 있는지 볼까요? 굴렁쇠를 굴리는 아이도 보이고 우리와 같은 말뚝 박기, 공기놀이, 팽이치기 하는 아이들이 보입니다. 그리고 꼬리 잡기, 드럼통 타기, 술래 잡기, 물구나무서기 등 정말 다양한 놀이를 하며 많은 아이가 신나게 놀고 있습니다. 그런데 브뤼헐은 왜 이런 그림을 그렸을까요? 이 그림은 단지 기록적인 풍속화만이 아니라 어린아이 놀이처럼 쓸데없는 데에 시간을 낭비하는 어른들에게 충고하는 의미의 그림으로 해석되기도 합니다.

이제 「네덜란드 속담」[5]이라는 작품을 보실까요? 이 작품은 100개 이상의 네덜란드 속담을 인간의 무분별하고 어리석은 행동으로 표현하고 있는 작품입니다. 몇 가지를 살펴보죠. '손가락 사이로 보기'는 자기 일이 아니면 방관한다는 뜻인가요? '서로 코 잡아 끌기'는 서로 속고 속인다는 뜻입니다. '달을 향해 소

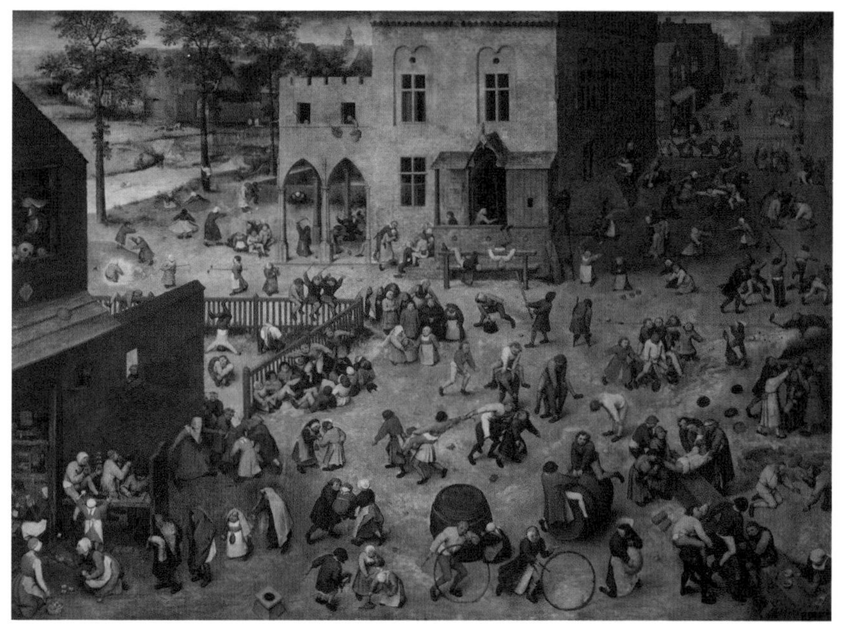

4 아이들의 놀이 | 브뤼헐 | 1560년

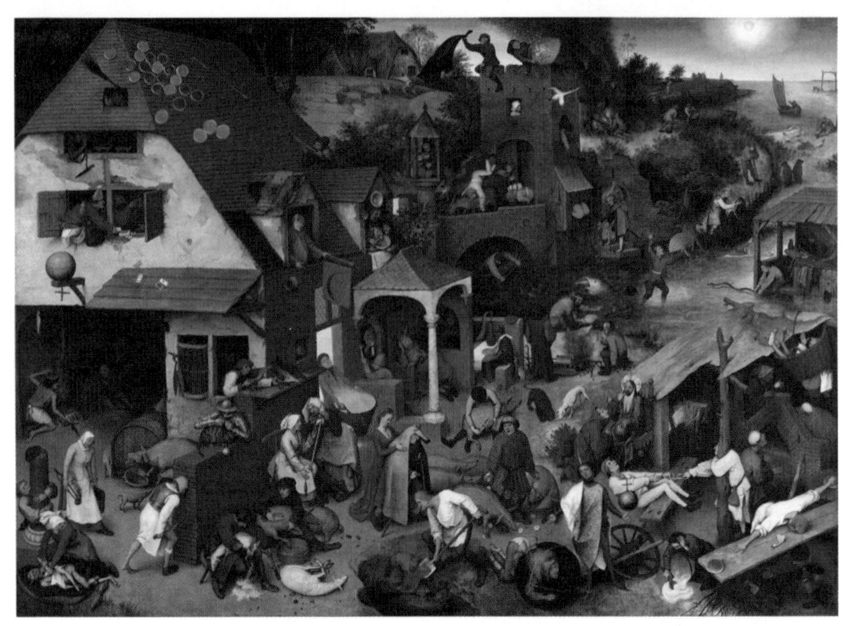

5 네덜란드 속담 | 브뤼헐 | 1559년

변 보기'는 불가능한 일을 한다는 뜻이고, '악마도 베개에 묶어둘 수 있다'는 집요하면 무슨 짓이든 할 수 있다는 뜻입니다. '암퇘지가 통 마개를 뽑는다'는 서투른 일은 결국 대가를 치른다는 뜻입니다. '남이 하면 돼지털도 따라 깎는다'는 무슨 일이든 따라 하는 사람을 의미합니다. '엎지른 수프는 주워 담을 수 없다'는 이미 저지른 일은 후회해도 되돌릴 수 없다는 뜻입니다.

그림 속의 속담을 더 살펴볼까요? '돼지에게 꽃 주기'는 어울리지 않는 일을 의미하고 '털은 깎아도 살갗은 베지 마라'는 이익을 얻으려 뭐든 해서는 안 된다는 뜻입니다. '입이 두 개'는 '한 입으로 두말하기'와 같고, '돌담에 머리 박기'는 안 되는 일을 무모하게 밀어붙인다는 의미입니다. 마지막으로 '여우와 두루미가 서로 대접한다'는 사기꾼이 서로 사기당한다는 의미이고요. 어떠신가요? 그때의 네덜란드가 지금과 비슷한 면이 많이 있는 것 같지 않습니까?

마지막 작품은 「이카로스의 추락이 있는 풍경」[6]입니다. 이카로스 신화를 아

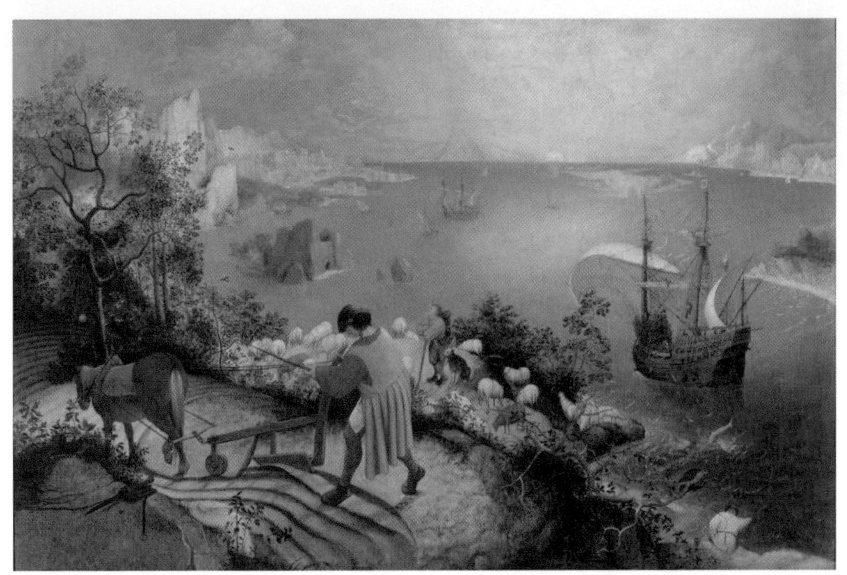

6 이카로스의 추락이 있는 풍경 | 브뤼헐 | 1560년경

시나요? 깃털, 실, 밀랍 등을 이용해 날개를 만들고 하늘을 날게 된 이카로스와 그의 아버지, 다이달로스. 태양 가까이에 가면 밀랍이 녹아서 떨어지고 말 것이라는 아버지의 경고를 무시하고 너무 가까이 갔다가 바다로 추락하고 만 이카로스의 이야기입니다. 그런데 이카로스는 어디에 있을까요? 무심코 하늘을 보셨나요? 하늘에 없습니다. 대부분의 작가는 태양 가까이 하늘에서 떨어지고 있는 이카로스를 그리는 데 반하여, 브뤼헐은 오른편 구석에 이미 떨어져 두 발만 보이는 추락한 이카로스를 그려 놓았습니다. 그리고 그가 막 떨어지던 허공에는 깃털 몇 개가 허무하게 휘날리고 있습니다. 그래서 이카로스보다는 오히려 묵묵하게 자기 일을 하는 농부와 양치기 그리고 낚시꾼이 더 눈에 들어옵니다. 헛된 꿈을 찾아 헤매지 말라는 브뤼헐의 충고입니다.

오늘은 암울한 시기에 풍속화를 그리며 살았던 브뤼헐과 수많은 이야기를 담아 놓았던 그의 작품 속 이야기들을 살펴보았습니다.

DAY
025

Hieronymus Bosch(1450~1516)

히에로니무스 보스

펠리페 2세를 매혹하다

"세상에 의지할 것은 아무것도 없다. 정의로워야 하며 악에 대해서는 반드시 벌을 내려야 한다. 쾌락을 추구하지 말고 경건해야 할 것이며, 신이 우리를 만드신 것은 그의 영광을 실현하기 위함이라는 것을 잊지 말아야 한다."

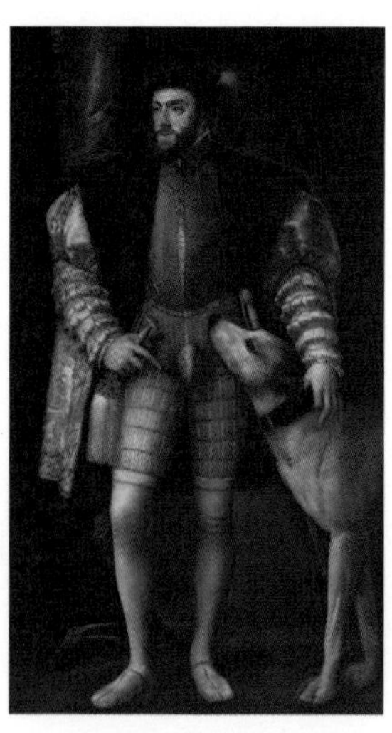

1 개와 함께 있는 카를 5세의 초상
| 티치아노 | 1533년

이 말은 16세기 스페인 왕 카를 5세[1]가 아들 펠리페 2세[2]에게 남긴 유훈입니다. 카를 5세는 17살에 왕이 되어 마흔 번이 넘는 전투를 통해 네덜란드와 나폴리, 독일과 오스트리아까지 지배한 스페인의 영웅입니다. 그런 영웅적인 아버지에게 받았던 지침은 아들 펠

리페 2세로서는 꼭 지켜야 할 사명이었습니다. 29살에 왕위를 물려받은 펠리페 2세는 아버지의 뜻을 이루기 위해 수도가 마드리드임에도 불구하고, 북서쪽으로 떨어진 마을에 거대하지만 소박한 건물을 짓기 시작합니다. 바로 그곳이 엘 에스코리알 궁전입니다. 그곳은 왕궁과 성당 그리고 수도원과 도서관을 겸한 곳이었습니다. 신앙도 지키고, 나랏일도 충실히 수행해 아버지의 위업을 이으려는 펠리페 2세의 마음을 엿볼 수 있습니다.

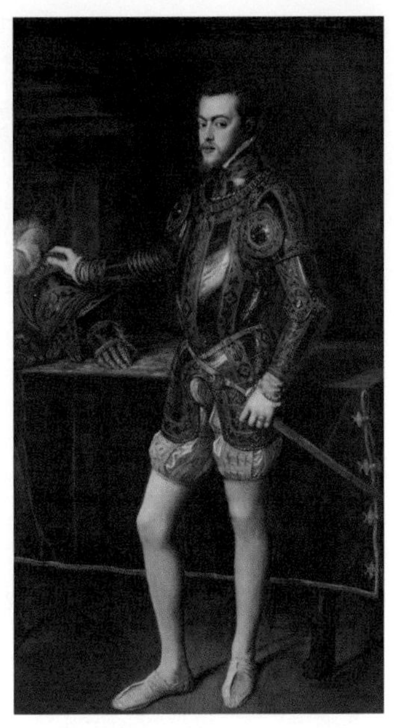

2 펠리페 2세의 초상 | 티치아노 | 1551년

그때쯤 펠리페 2세가 애지중지하던 그림이 있습니다. 그 그림을 보며 그는 아버지의 유훈을 되새겼을 것입니다. 그 그림은 네덜란드 화가 히에로니무스 보스의 「일곱 가지 대죄와 네 가지 종말」[3]입니다. 보스는 수수께끼 같은 화가인데 펠리페 2세가 특별히 좋아했습니다. 그 그림 가운데는 부활한 그리스도가 보이고 이런 글이 쓰여 있습니다. '조심하라. 하느님이 보고 계신다.'

큰 원 주변에는 일곱 가지 그림이 있습니다. 모두 죄를 경고하는 내용입니다. 한 남자가 술병을 든 채 칼을 휘두릅니다. 맞은편 남자는 의자를 머리에 쓰고 방어를 합니다. 살인도 저지르게 되는 분노의 죄악을 경고합니다. 시계 방향으로 다음 그림에는 무거운 짐을 지고 가는 하인과 흰옷을 입은 부자가 나옵니다. 그런데 한 남자가 갈망하듯 바라봅니다. 남이 가진 것을 탐하는 질투의 죄악을 경고하는 것입니다. 다음은 재판 중인 판사가 나옵니다. 파란 옷을 입은 남자가 억울함을 호소하는데 판사는 왼손으로 이미 뇌물을 받고 있습니다. 뇌물을 마

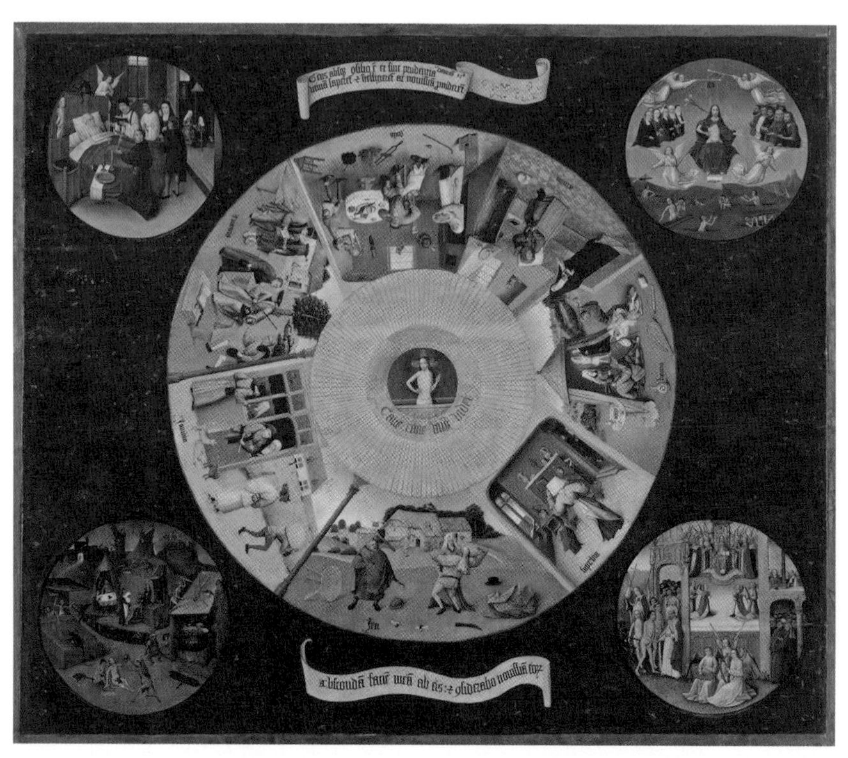

3 일곱 가지 대죄와 네 가지 종말 | 보스 | 1505~1510년

다하지 않는 탐욕의 죄악을 경고합니다. 다음, 뚱뚱한 남자는 연신 음식을 먹습니다. 여자는 또 음식을 나릅니다. 그런데 정작 서 있는 하인은 말랐습니다. 배가 고팠는지 물만 들이켭니다. 욕심을 부리며 먹어대는 폭식의 죄악[4]입니다. 그다음, 벽난로 앞에서 한 사람이 졸고 있습니다. 묵주와 성경을 든 여자가 종교적 의무를 말합니다. 태만의 죄악입니다. 남녀가 먹고 마시고 놀고 있습니다. 호색의 죄악을 경고합니다. 마지막으로 한 여자가 큰 모자를 쓰고 거울 앞에 서 있습니다. 그런데 거울을 들고 있는 자가 마귀입니다. 외모에만 관심을 두는 허영의 죄악에 관한 경고입니다. 이렇게 그림은 보는 사람을 일깨우고 있습니다.

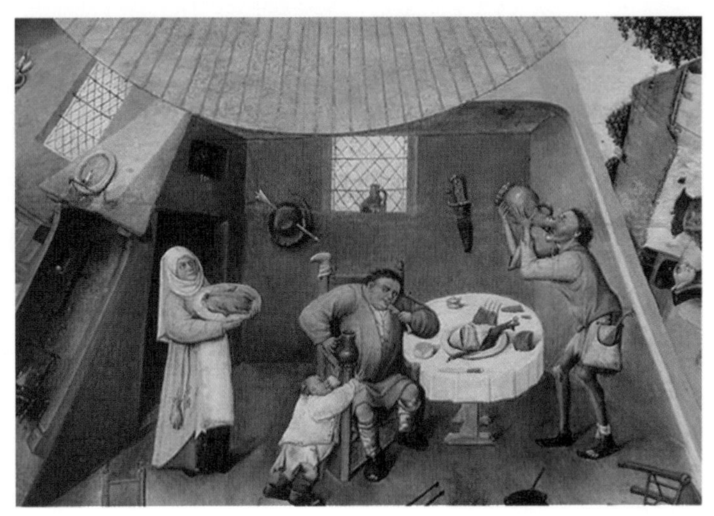

4 일곱 가지 대죄와 네 가지 종말(부분)

주위로 네 개가 더 있습니다. 첫째, 인간이라면 누구든 피할 수 없는 것이 죽음이라는 것을 상기시켜 주고 있습니다. 둘째, 언젠가 하느님이 내려와 최후의 심판을 하실 것을 예언하고 있습니다. 셋째로는 지옥을, 그리고 넷째로는 천당을 잊지 말라고 경고하고 있습니다. 선왕의 유훈을 지키려는 아들 입장에서는 딱 필요한 그림이 아니었나 싶습니다.

다음 작품 역시 펠리페 2세가 좋아한 그림입니다. 바로 보스가 그린 「세속적인 쾌락의 동산」[5~6]인데요, 수수께끼 화가 보스의 그림 중에서도 최고의 수수께끼로 불립니다. 이 그림은 삼단 제단화처럼 만들어져 있는데 그렇게 사용된 기록도 없고, 내용을 보아도 제단화가 목적은 아닙니다. 닫힌 상태에도 그림은 그려져 있습니다. 둥근 지구입니다. 그 속에서 여러 생명이 탄생하고 있습니다. 왼편 위에는 작게 하느님이 그려져 있습니다. 학자들은 천지창조의 셋째 날이라고 해석합니다. 제단화를 열고 왼편부터 보면 하느님을 가운데로 하고 아담과 이브가 처음 만나는 장면이 나옵니다. 위로는 연못도 보이고, 여러 가지 동물들이 평화롭게 놀고 있습니다. 성경에 나오는 에덴 동산입니다.

그런데 오른편은 다소 이상합니다. 무언가 불에 타고 있는데 배경은 빙판처럼 보입니다. 그림의 하단부는 너무 이상해 어떤 설명을 붙이기도 어렵지만, 잔인하고 끔찍한 장면들은 분명합니다. 마치 지옥을 그린 것 같습니다. 하지만 정말 알 수 없는 것은 가운데 장면입니다. 학자들의 의견도 엇갈립니다. 일부는 완벽한, 다시 말해 상상할 수 있는, 최고의 낙원을 그린 것이라고 하고, 또 한편에서는 욕망으로 인해 온갖 죄악을 저지르는 모습들, 그러니까 지옥으로 가기 전 인간들의 모습을 그린 것이라고 하기도 합니다. 하지만 정확한 것은 알 수 없습니다. 보스는 아무 기록도 남기지 않았습니다. 그래서 그는 수수께끼 화가입니다. 펠리페 2세는 이 그림을 애지중지하며 스페인을 황금시대로 이끌었습니다. 그리고 1598년 9월 13일 엘 에스코리알 궁에서 성경책과 자신이 아끼던 그림을 곁에 두고 조용히 숨을 거두었습니다.

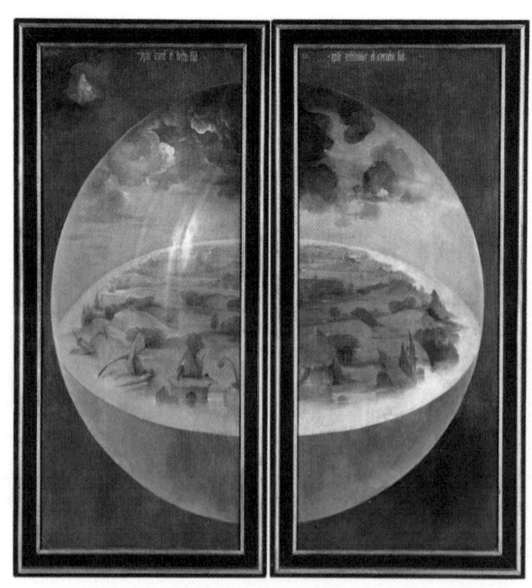

5 세속적인 쾌락의 동산(닫힌 모습) | 보스 | 1490년~ 1500년

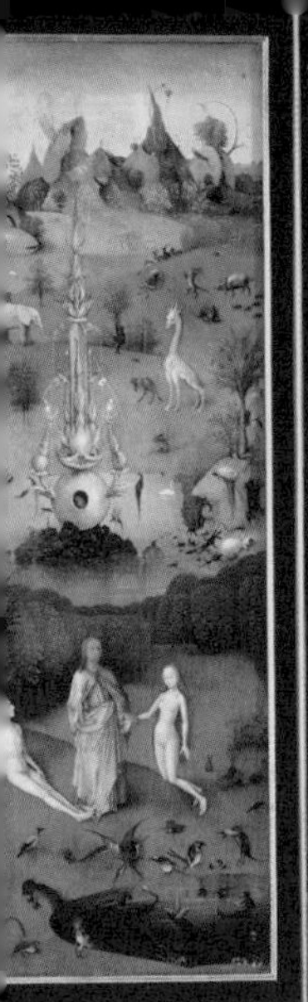
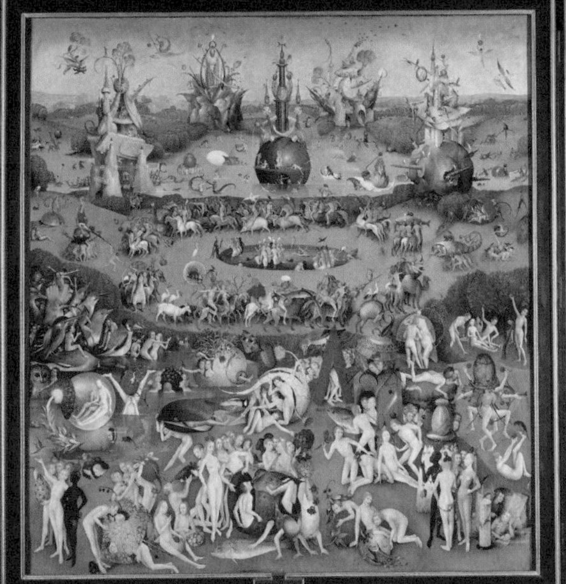
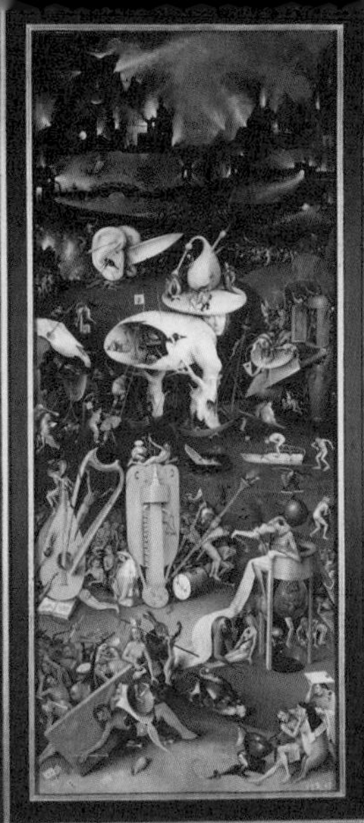

6 세속적인 쾌락의 동산(열린 모습)

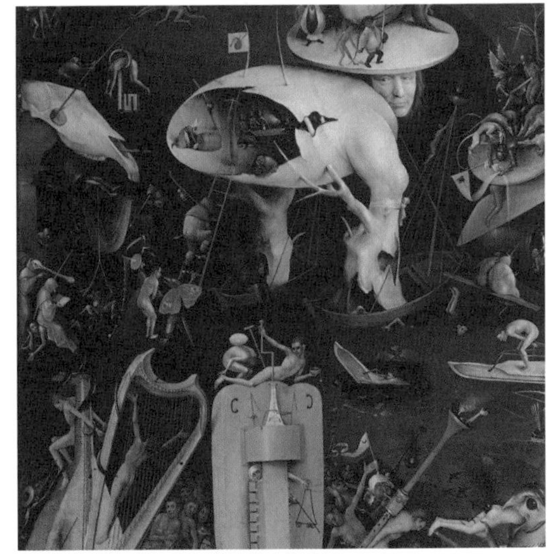

7 세속적인 쾌락의 동산(열린 모습의 부분)

기괴한 예술의 거장, 히에로니무스 보스

히에로니무스 보스의 삶에 대해 거의 알려진 내용이 없고 그의 그림도 25점 정도밖에 없다고 여겨진다. 하지만 그는 자신만의 상당히 독특하고 상상력이 뛰어난 기괴한 그림으로 유명하다. 이러한 그림은 당시에 유행하는 회화 양식은 아니었지만 이후 피터르 브뤼헐과 같은 화가와 20세기 초현실주의에도 큰 영향을 끼치게 된다.

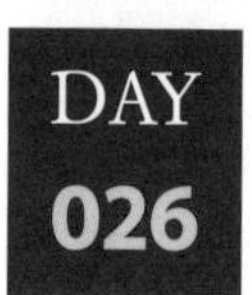

Albrecht Dürer(1471~1528)

알브레히트 뒤러

독일 최고의 미술가, 판화의 귀재

화폐에 어떤 도안이 들어갈지를 결정하는 것은 매우 중요한 일입니다. 그 자체가 한 나라의 대표 상징이 될 수도 있으니까요. 지금 유럽의 여러 국가는 유로Euro, 즉 하나의 단일 통화 체계를 사용하지만, 이전에는 각 나라만의 특색 있는 화폐가 있었습니다. 예전 독일에서 사용하던 5마르크, 20마르크, 50마르크, 그리고 100마르크 지폐[1]를 보면 모

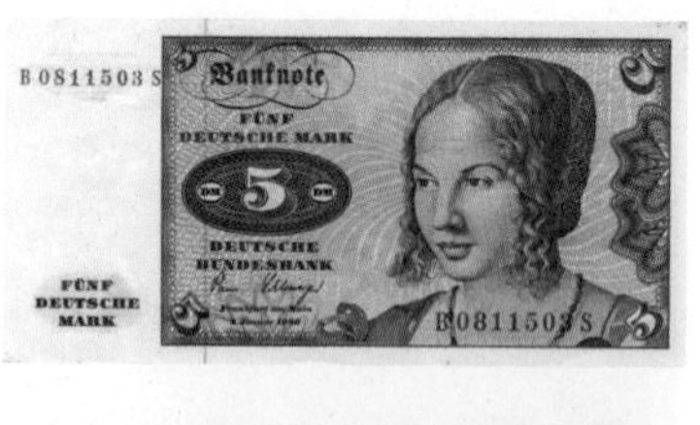

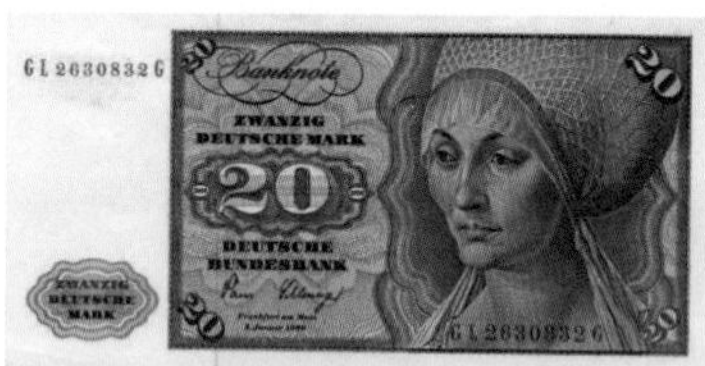

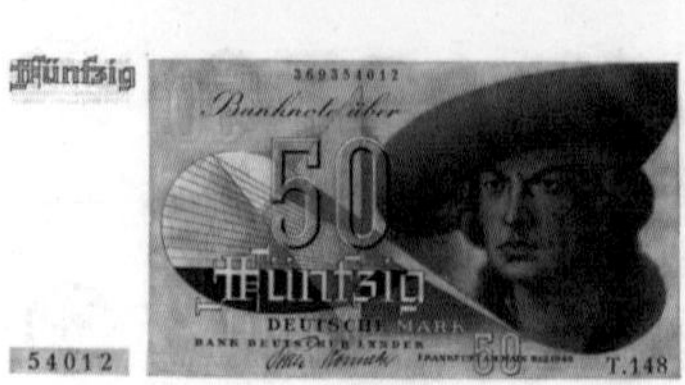

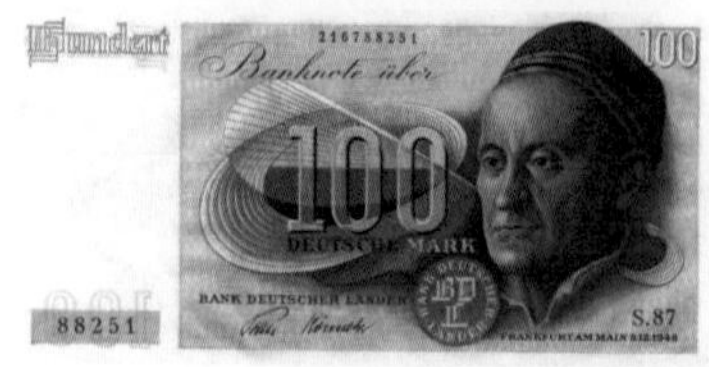

1 뒤러가 그린 인물화가 들어간 독일의 구 마르크 지폐

두 인물이 들어가 있는데 같은 화가가 그린 것입니다. 바로 그 화가는 독일의 르네상스를 이끈 알브레히트 뒤러입니다. 여러 종류의 지폐에 뒤러의 작품이 실렸다는 사실에서 우리는 그가 독일에서 얼마나 중요한 화가였는지 짐작할 수 있습니다.

뒤러는 어떤 화가였을까요? 먼저 그의 「자화상」[2]을 보시죠. 뒤러는 언뜻 예수님의 초상처럼 보이는 모습과 자세로 자신을 고귀한 지위의 사람으로 그려 내었습니다. 그는 스스로에 대한 자긍심과 자신감으로 충만했던 화가였습니다. 이 작품에는 이런 글귀가 쓰여 있습니다.

> "나 뉘른베르크 출신의 알브레히트 뒤러는 스물여덟의 내 모습을 영원히 지워지지 않는 색으로 그리고 있다."

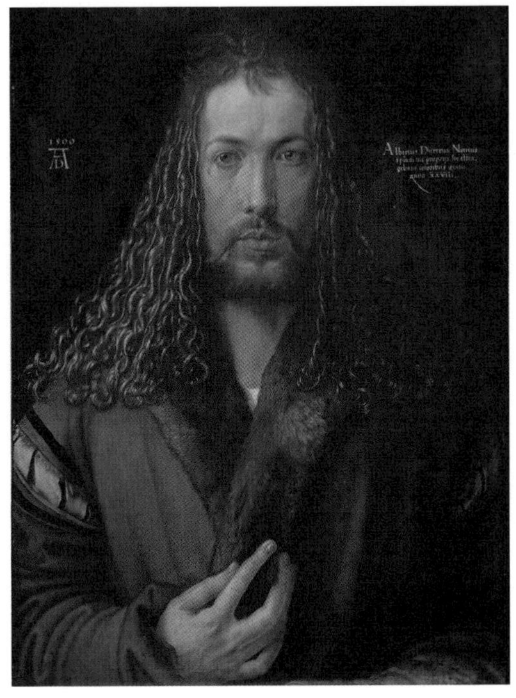

2 자화상 | 뒤러 | 1500년

뒤러의 자긍심이 느껴지십니까? 그는 독일의 레오나르도 다 빈치 또는 미켈란젤로라고도 불립니다. 그만큼 다방면에 관심이 많았던 화가였습니다. 자연과 동식물에 특별한 관심을 보였고 인문과학서, 미술 이론서와 여행기도 남겼고, 인체 비례에 대한 연구도 하였습니다. 그가 이룬 업적은 많은 종교화, 초상화, 자화상과 사실주의 원칙에 따라 자연을 그린 세밀화 등에서 찾을 수 있습니다.

하지만 무엇보다 특별했던 것은 그의 판화 작품들입니다. 뒤러는 금 세공사 집안의 셋째 아들로 태어났습니다. 자연스럽게 그는 금 세공을 익히며 판화에 관심을 두게 되었습니다. 그렇게 세공 기술부터 익힌 뒤러의 동판화 작품들은 그 당시로는 획기적일 정도의 사실적인 묘사와 세밀한 질감을 표현해 주고 있습니다. 또한, 판화는 같은 그림을 여러 장 찍어낼 수 있기 때문에 대중들도 쉽게 그의 작품을 구입하고 수집할 수 있었습니다. 그런 이유로 그는 판화 작품들을 통해서 대단한 명성과 부를 누릴 수 있었습니다. 또한, 그의 판화는 철학, 수학, 의학, 신학 등을 함축하고 있었기 때문에 보는 이로 하여금 또 다른 즐거움을 느낄 수 있게 해 주었습니다.

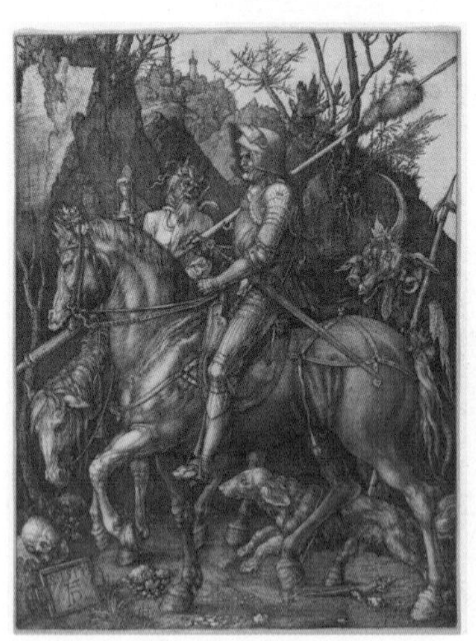

3 기사, 죽음, 악마 | 뒤러 | 1513년

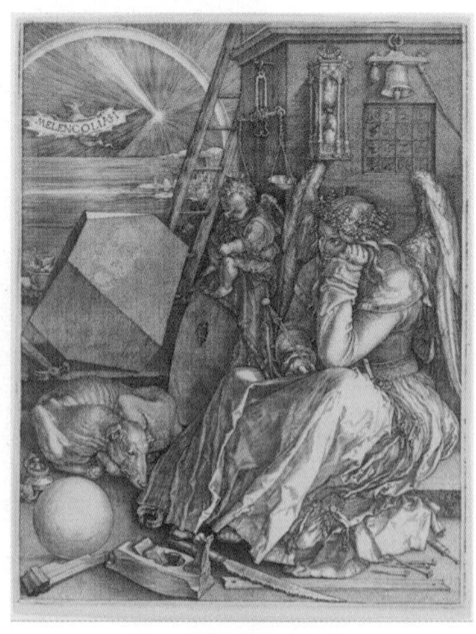

4 멜랑콜리아 I | 뒤러 | 1514년

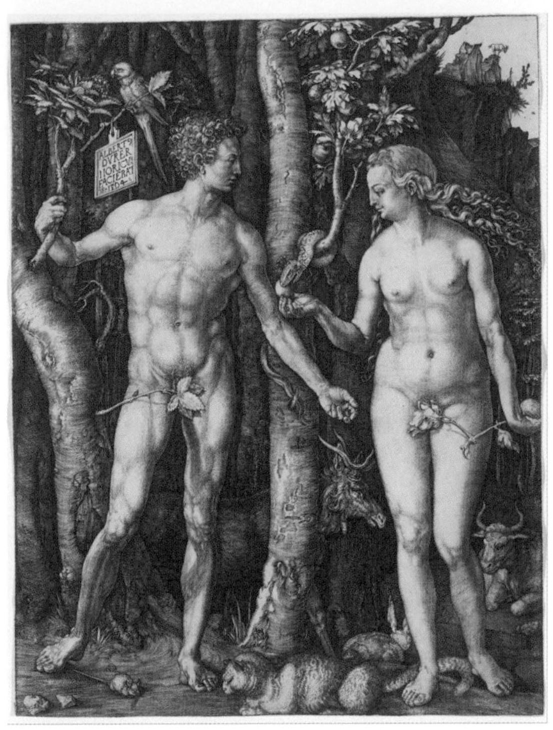

5 아담과 이브 | 뒤러 | 1504년

그의 판화 작품의 백미는 「기사, 죽음, 악마」[3]와 「멜랑콜리아 I」[4]입니다. 동판화의 기법을 완벽히 사용하여 무수한 상징과 알레고리를 넣은 그의 작품에 관한 해석은 지금까지도 분분합니다.

그의 또 다른 대표작 「아담과 이브」[5]입니다. 이 작품 역시 뒤러의 섬세한 감각을 그대로 보여주고 있습니다. 뒤러는 신앙심이 강한 사람이었습니다. 그래서 아담과 이브는 완벽하고 이상적인 사람일 거로 생각했습니다. 때문에, 이 작품을 그릴 때 다리는 키의 1/2, 얼굴은 1/10 등 인체의 비례를 고려하여 그렸습니다. 뒤의 배경에는 마치 숨은그림찾기처럼 많은 상징이 숨어 있습니다. 나무는 생명과 지식을 상징하고 있고 왼쪽 나무에는 지혜와 호기심을 상징하는 앵무새가, 중앙의 나무에는 이브를 유혹하는 뱀이 그려져 있습니다. 그 밖에도 자연에 관심이 많았던 뒤러답게 에덴 동산의 여러 동물이 보입니다. 이 중 사슴, 소, 토끼, 고양이는 각각 사람의 네 가지 성질인 우울질, 점액질, 다혈질, 담즙질을 의미한다고 합니다. 또한, 그는 자신이 살던 북유럽의 식물들을 세밀히 표현하였습니다. 그리고 나무에 달린 판자에는 "뉘른베르크의 알브레히트 뒤러가 1504년에 그렸다"라는 서명을 해 놓았습니다. 뒤러는 이 한 장의 그림으로 자신의 관심과 신앙, 자연과학, 수학적 이론을 모두 보여주고 있습니다.

그는 평생에 걸쳐 1,100점이 넘는 소묘, 34점의 수채화, 108점의 동판화와 에칭, 246점의 목판화, 188점의 회화를 남겼는데 계속 추가되고 있습니다. 많은 양의 그림뿐만 아니라, 주제 또한 관심사만큼이나 다양합니다. 또한 뒤러가 자연을 제대로 표현하기 위해 털 한 올 한 올까지 묘사한 세밀화들을 보고 있으면 그의 열정이 자연스럽게 느껴집니다. 그는 판화를 예술로 승화시켰고 많은 뛰어난 이론서들을 만들어내었습니다. 뒤러는 타고난 재능에 더해 끝없는 연구와 노력으로 독일을 대표하는 화가가 되었고, 화폐에까지 자신의 그림이 사용되는 영광까지 누릴 수 있었습니다.

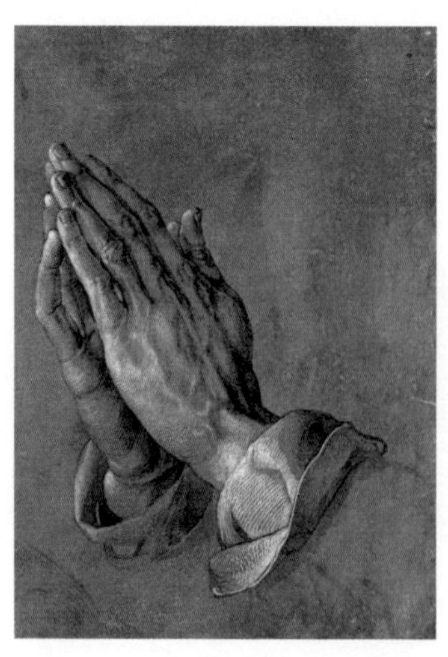

6 기도하는 손 | 뒤러 | 1508년

독일의 미켈란젤로- 알브레히트 뒤러

뒤러는 훌륭하게 만든 자신의 판화 작품을 대량으로 찍어서 누구나 그의 그림을 살 수 있도록 판매했고, 장사가 잘되어 유럽 전역에 널리 이름을 알릴 수 있었다. 그래서 당시에 미켈란젤로보다도 더 유명했다고도 한다.

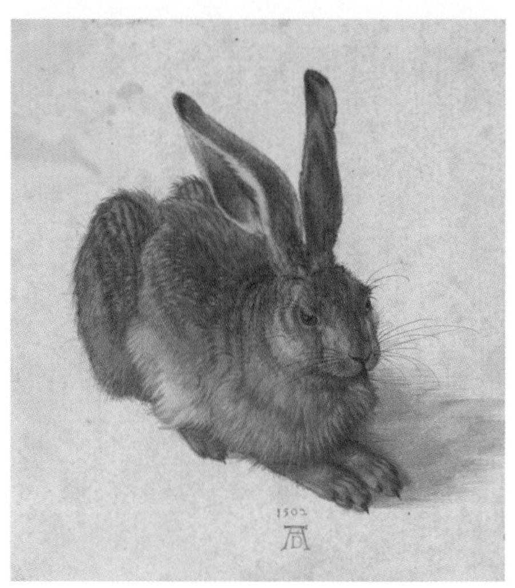

7 야생 토끼 | 뒤러 | 1502년

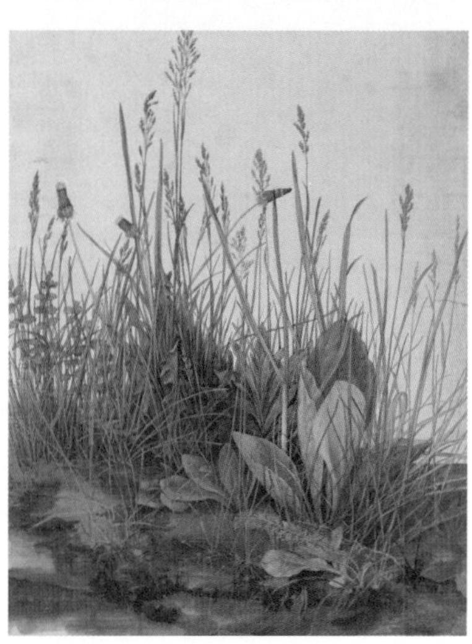

8 커다란 잔디 | 뒤러 | 1503년

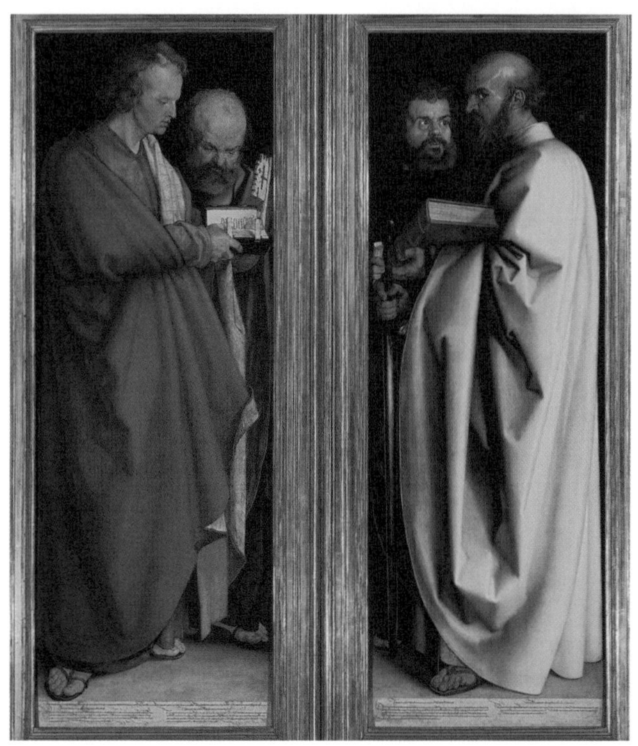

9 4인의 사도 | 뒤러 | 1526년

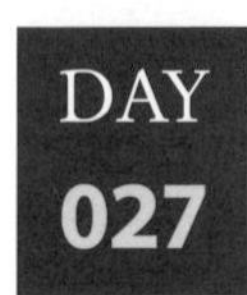

DAY
027

Hans Holbein the Younger(1497~1543)

소(小) 한스 홀바인

그림에 이야기를 담은 르네상스 최고의 초상화가

오늘은 같은 시기에 우리나라와 유럽에서는 어떤 그림이 그려졌는지 비교해 보려고 합니다. 조선조 중종 시대로 거슬러 올라가 볼까요? 먼저 「모견도」[1]입니다. 이암의 그림으로 자식을 돌보는 어미 개와 엄마 품에서 평화롭게 쉬고 있는 강아지가 보입니다. 그의 또 다른 그림 「화조구자도」[2]도 보십시오. 어떠십니까? 우리 조상의 멋과 여유로움과 따뜻한 마음이 보이지 않습니까?

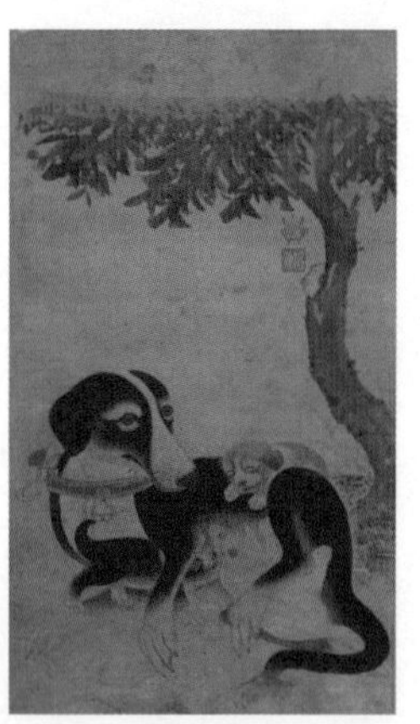

1 모견도 | 이암 | 16세기경

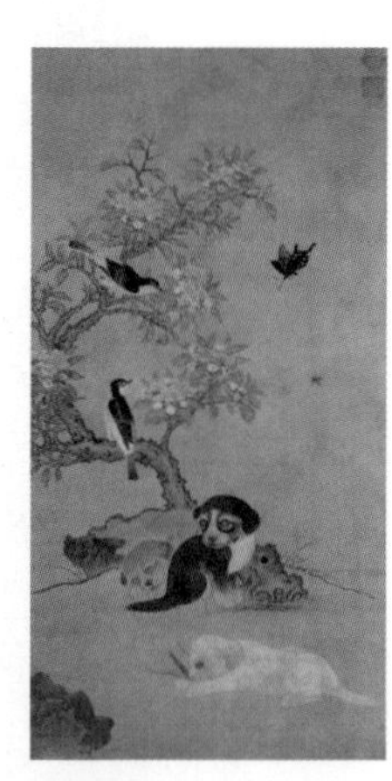

2 화조구자도 | 이암 | 16세기경

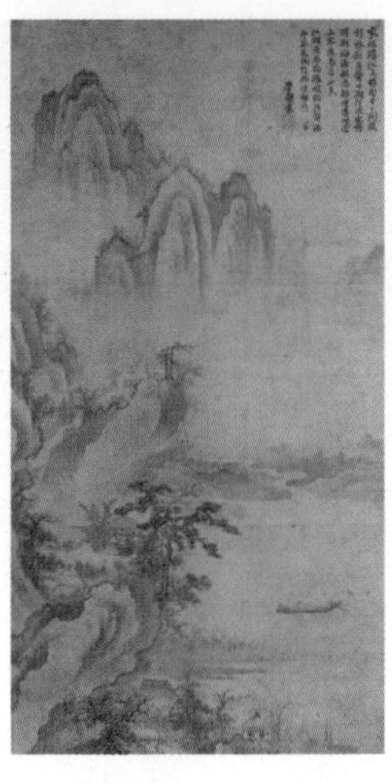

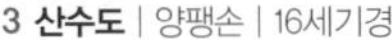

3 **산수도** | 양팽손 | 16세기경

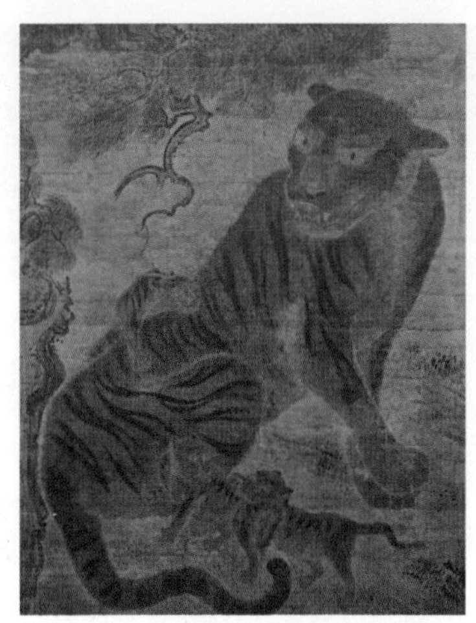

4 **호도** | 고운 | 16세기경

당시 다른 화가들의 작품도 느낌이 비슷합니다. 양팽손의 「산수도」[3]와 고운의 「호도」[4]는 우리의 마음을 잔잔하게 만들며 한 편의 시처럼 다가와 더 깊게 음미하게 만듭니다. 이렇듯 우리의 선조들은 사물을 볼 때 눈으로만 본 것이 아닙니다. 그래서 사실적이지는 않지만, 볼수록 생생한 느낌을 줍니다. 그리고 상상할 수 있는 여백 또한 충분히 남겨 놓았습니다.

그렇다면 이때쯤 서양에서는 어떤 그림들이 그려지고 있었을까요? 16세기의 서양은 과학, 문학, 상업, 미술 등이 번성하던 르네상스 시대를 경험하고 있었습니다. 그럼 그림을 통해서 당시의 상황을 엿볼까요?

먼저 「상인 게오르크 기체의 초상」[5]입니다. 그림이 분명한데 사진보다도 선명합니다. 게다가 모델의 무표정한 얼굴과 또렷한 눈동자는 우리를 순식간에 긴장시킵니다. 그리고 여유의 틈도 없이 그림은 한꺼번에 다양한 이야기를 쏟아 놓기 시작합니다. 탁자를 덮고 있는 호사스러운 융단과 그 위에 있는 시계, 인장, 깃펜, 동전, 편지, 가위 등은 이 사람이 상인임을 설명하며, 특히 시계는 정확한 시간을 알려주면서 신용을 지키라는 경고를 합니다. 그리고 꽃들은 사랑과 순수를 상징하며, 깨지기 쉬운 유리 꽃병을 그린 것은 항상 겸손해야 한다

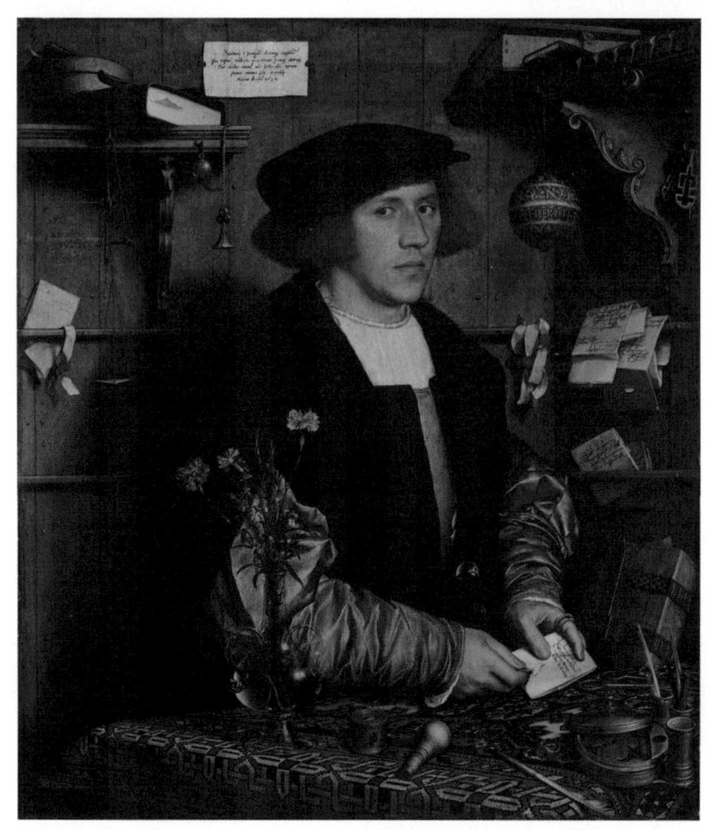

5 상인 게오르크 기체의 초상 | 홀바인 | 1533년

는 뜻입니다. 특히 이 그림에서 카네이션은 약혼을 의미하여 이 그림이 게오르크 기체의 약혼녀에게 보내질 초상화로 추측되고 있습니다. 또한 편지에는 상인의 이름과 주소 상호가 선명히 적혀 있으며, 그림 위편에는 이런 글까지 있습니다. '이 그림은 게오르크의 얼굴과 외모를 보여준다. 눈도 뺨도 생생하지 않은가? 1532년 그의 나이 34.'

그리고 하나 더 있습니다. 그림을 자세히 보면 불균형한 곳이 여러 군데 보입니다. 예를 들면 동전을 담은 금속 통과 연필꽂이가 같은 시점에서 그려지지 않았습니다. 그리고 떨어질 것 같은 불안한 위치에 있습니다. 그리고 전체의 원근

법 또한 맞지 않습니다. 선반에 걸려 있는 불균형한 저울 옆에 새겨져 있는 기체의 좌우명인 '후회 없는 즐거움은 없다.'라는 말이 겉보기에는 부유해 보이는 삶도 불안정하고 헛된 것이라는 메시지에 힘을 실어 주는 것 같습니다.

그렇다면 그림에 여백은 있는지 볼까요? 아무리 자세히 보아도 없습니다. 화가는 머리카락 한 올까지 빼곡히 채워 놓았습니다. 16세기의 한국화와 서양화. 우리의 그림이 한 편의 시라면, 그때의 서양화는 잘 정돈된 설명서 같다는 생각이 들지 않습니까? 지금 본 「상인 게오르크 기체의 초상」은 르네상스 최고의 초상화가로 불리는 독일의 한스 홀바인의 작품입니다. 미술사에는 한스 홀바인이라는 화가가 두 명 나옵니다. 한 명은 아버지인 대(大) 홀바인Hans Holbein the Elder이고 다른 이는 아들인 소(小) 홀바인Hans Holbein the Younger입니다. 그중 오늘 소개하는 화가는 아들 한스 홀바인입니다.

다음은 그의 최고의 걸작이자 사물을 극도로 왜곡해서 그리는 아나모포시스anamorphosis, 즉 '왜상'을 이용한 대표적인 그림인 「대사들」[6]을 보시죠. 역시나 매우 세밀하게 그려져 있는 이 그림의 주인공은 그림을 주문한 프랑스 외교관 장 드 당트빌(좌)과 프랑스 라보르의 주교 조르주 드 셀브(우)입니다. 여기서 고급 융단이 깔린 선반 위의 천구, 해시계, 과학 도구 등은 당트빌의 과학적 지식과 부를 상징한다고 볼 수 있습니다. 그 아래 보이는 펼쳐진 성가집과 줄이 끊어진 현악기인 류트는 신교와 구교 간의 불협화음을 나타내는 것입니다. 당시 영국의 헨리 8세는 이혼 문제로 교황과 불화를 겪고 있었으며, 사실 당트빌도 그 때문에 영국과 교황청과의 결별을 막기 위해 온 것입니다.

혹시 두 사람의 나이가 궁금하십니까? 당트빌의 단검을 가까이서 보면 29살이라고 쓰여 있고 조르주 드 셀브의 나이는 그가 기댄 책에 25살이라고 쓰여 있습니다.

마지막으로 그림 하단에 거슬리는 길쭉한 타원이 보입니까? 정면에서 보지

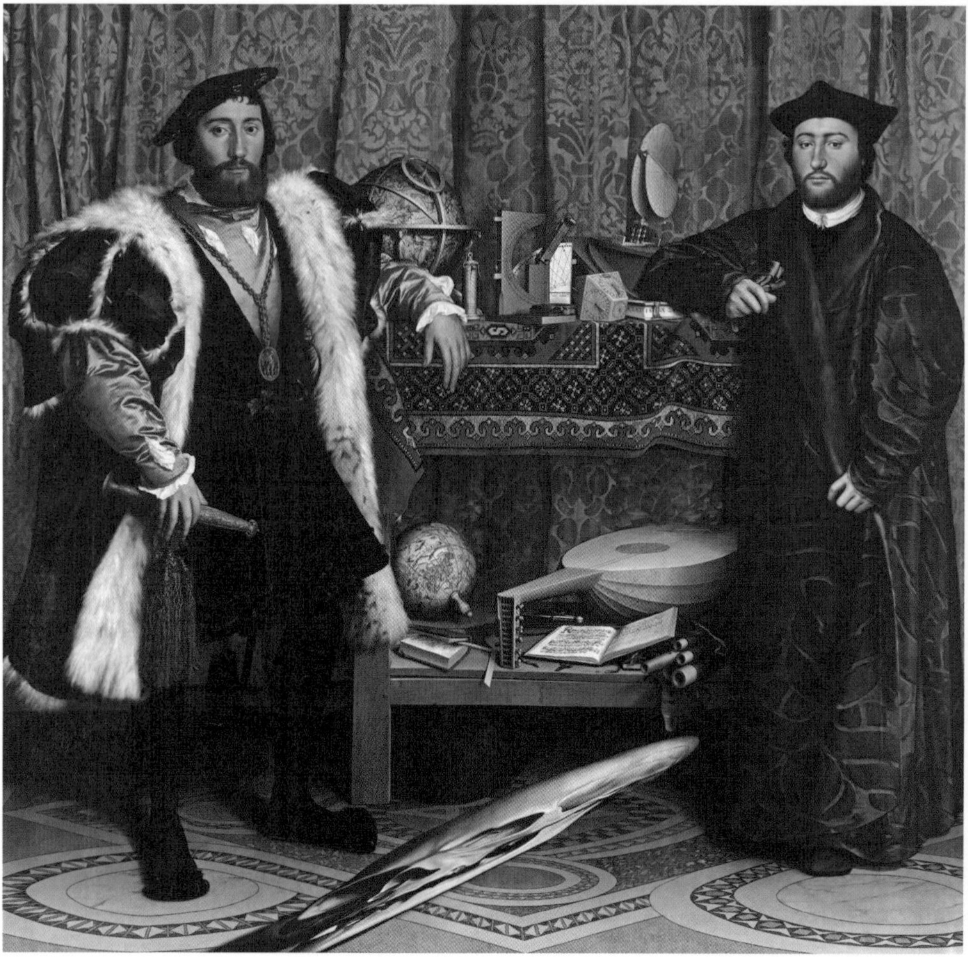

6 **대사들** | 홀바인 | 1533년

말고 그림을 뺨에 붙여 놓고 비스듬히 보면 해골이 보입니다. 이것은 '메멘토 모리', 즉 누구나 죽는다는 것을 상기시키며, 허영을 경계하고 겸손해지라는 뜻을 전하는 것입니다. 또한 이러한 왜곡된 해골 모양은 당시의 높은 광학 기술 수준도 알려주는데요, 이

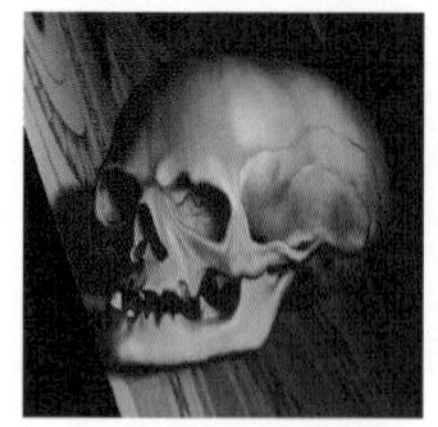

7 대사들의 해골을 제대로 본 모습

를 통해 지식과 기술이 있음을 과시하는 의미도 있습니다. 이 그림이 애초에 계단 위에 걸어 둘 그림으로 만들어졌다는 주장이 있는데, 이는 감상자가 계단을 오르내리면서 해골을 제대로 볼 수 있도록 하기 위한 것이라 합니다.

홀바인의 사적인 기록은 많이 남아 있지 않습니다. 하지만 그는 그림을 남겼고 그 속에 수많은 이야기와 힌트를 남겼습니다. 때때로 한 가지만 오래 보면 더 안 보일 때가 있습니다. 이럴 때는 서로 다른 두 가지를 비교하면 더 잘 보이기도 합니다. 16세기 우리나라와 유럽 미술의 다른 점이 보이십니까?

홀바인의 그림에 나타난 '메멘토 모리'의 기원

메멘토 모리(memento mori)는 라틴어로 '죽음을 기억하라'라는 의미이다. 과거 로마에서는 개선장군이 개선 행진을 할 때 노예가 뒤따르며 '메멘토 모리'를 외치게 하였다고 한다. 이를 통해서 전쟁에서 승리했다고 자만하지 말며, 너 자신도 죽을 수 있으니 겸손해지라는 의미를 전하는 풍습이었다고 한다.

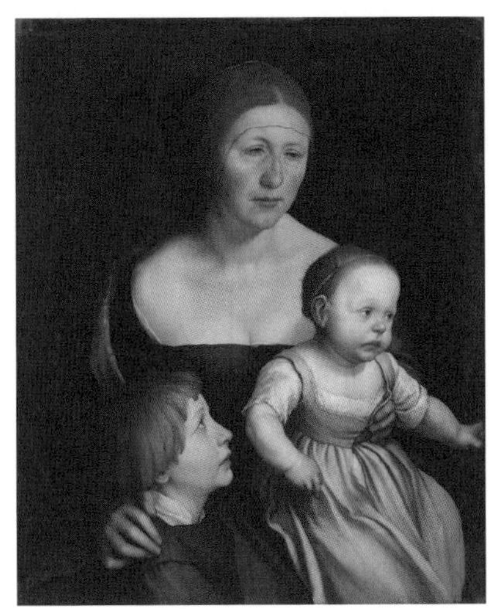

8 **화가의 가족** | 홀바인 | 1528~1529년

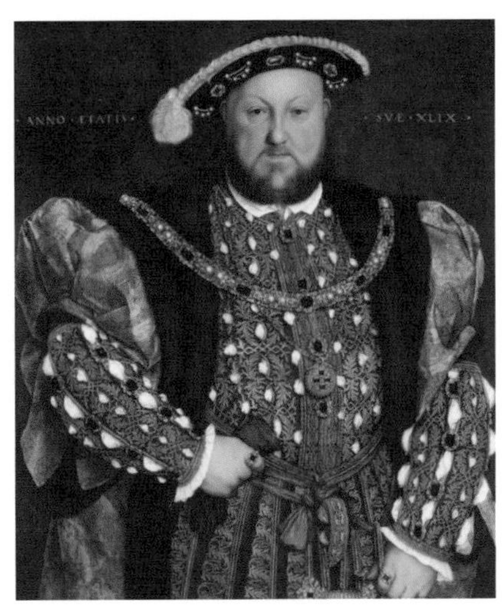

9 **헨리 8세의 초상화** | 홀바인 | 1540년

Special

DAY
028

거울이 있는 그림

우리가 늘 사용하는 엘리베이터가 첫선을 보인 것은 1854년이었습니다. 그 덕분에 4, 5층 이상의 건물들이 등장할 수 있었던 거죠. 사람들은 처음 보는 이 기계의 편리성에 감탄하면서도, 대기 시간이 길고 운행 속도가 느리다며 불만을 제기했습니다. 초기 엘리베이터는 증기기관을 사용하였습니다. 그러니 그 속도가 얼마나 느렸겠습니까?

발명가 엘리샤 오티스는 고민에 빠졌고 그 후 갖가지 방법들을 동원해 보지만 이용자들의 불평은 줄어들지 않았습니다. 하지만 한 직원의 아이디어로 너무나 간단하게 이 문제는 해결되었습니다. 엘리베이터 안에 거울을 달았던 거죠. 그 후 불평은 감쪽같이 사라졌습니다.

나르시시즘narcissism은 정신분석학 용어로 '자기애'라는 것인데 물에 비친 자기 모습에 반하여 시간 가는 줄도 모르고 한없이 바라보다가 죽어서 수선화가 되었다는 그리스 신화 속의 미소년 나르키소스의 이야기에서 유래되어 정신분석학자 네케가 지칭한 용어입니다.

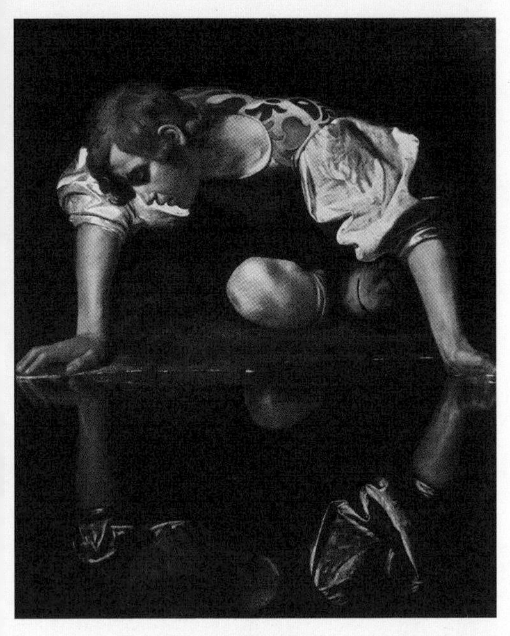

1 **나르키소스** | 카라바조 | 1597~1599년

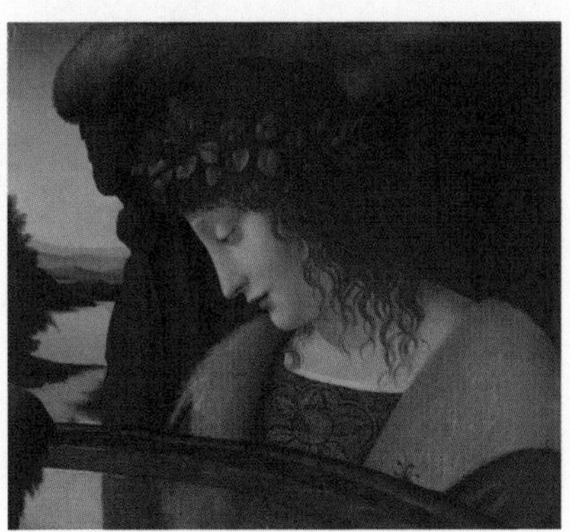

3 **나르키소스** | 볼트라피오의 추종자 | 1500년경

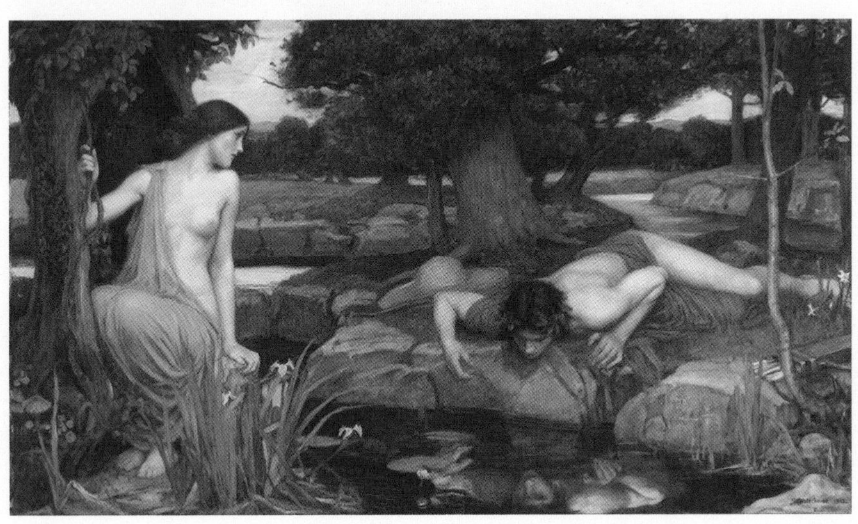

2 **에코와 나르키소스** | 워터하우스 | 1903년

예를 들면 여성들이 거울 앞에 오랫동안 서서 얼굴의 화장을 고치고 옷매무새를 가다듬으며 자신의 모습에 만족해하는 것도 자기애에서 나오는 것이라고 합니다. 이 나르키소스의 이야기는 많은 화가에게 매력적인 소재로 다루어져 아름다운 소년의 모습이 화폭에 담겼습니다.

첫 작품은 미켈란젤로 카라바조의 「나르키소스」[1]입니다. 자신 속으로 끝없이 빨려 들어가는 미소년의 얼굴이 보입니다. 다음은 존 윌리엄 워터하우스의 「에코와 나르키소스」[2]입니다. 그리고 다 빈치에게 강한 영향을 받은 조반니 안토니오 볼트라피오의 추종자가 그린 「나르키소스」[3]가 있습니다. 구성이 매우 독특합니다.

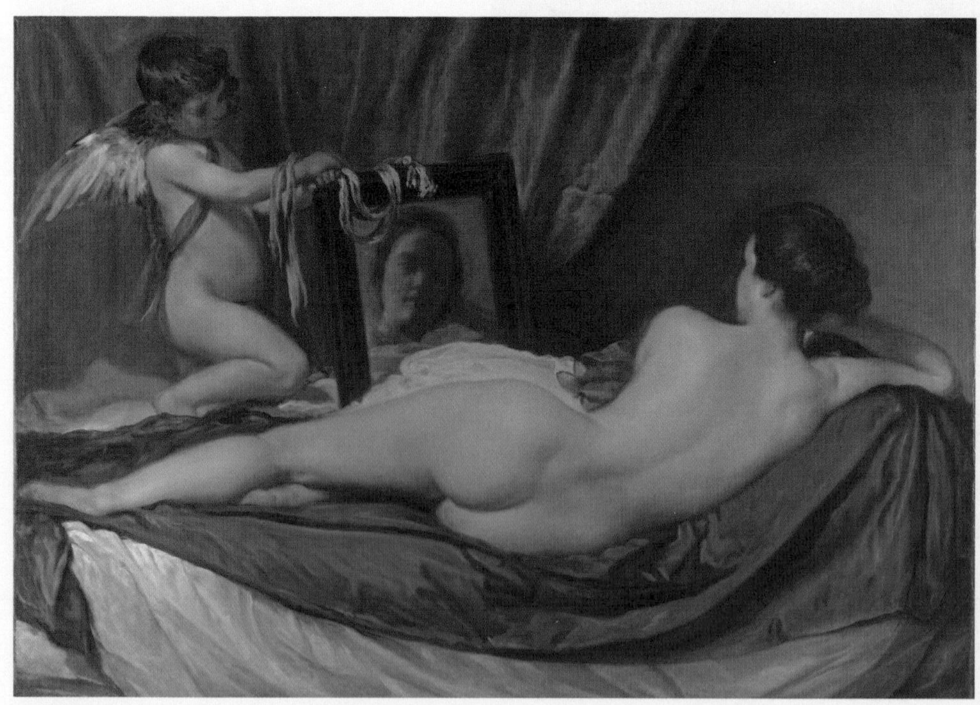

4 비너스의 단장 | 벨라스케스 | 1647~1651년

거울 이야기가 나왔으니 거울이 등장한 작품들을 볼까요? 미술사상 가장 위대한 초상화가로 불리는 17세기 스페인의 궁정화가 디에고 벨라스케스의 「비너스의 단장」[4]입니다. 자신의 모습을 가장 아름답다고 생각한 여신답게 그림에서의 비너스는 거울에 비친 자신의 모습을 황홀하게 바라보고 있는 것 같습니다. 우리는 그림 속 비너스의 아름다운 뒷모습을 감상할 수 있고, 거울 속에 흐릿하게 비친 비너스의 얼굴을 상상하게 됩니다. 그런데 이 그림은 페미니스트들에 의해 큰 논란에 휩싸인 적이 있습니다. 벨라스케스는 애초에 여성의 감상용 누드화를 그린 것이고, 거울을 통해 앞모습까지 감상할 수 있게 했고, 누드화를 그렸다는 비난을 피하고자 큐피드를 등장시켜 비너스로 위장한 것이라는 이유에서죠. 글쎄요? 벨라스케스는 아름다운 비너스를 그린 것일까요? 아니면 누드화를 그리고선 비너스로 감춘 것일까요?

벨라스케스가 화폭에 거울을 등장시킨 또 하나의 유명한 작품이 있습니다. 「시녀들」[5]입니다. 이번에도 그는 거울을 통해 보이지 않는 공간을 담았습니다. 펠리페 4세의 가족을 그린 이 그림은 귀여운 마르가리타 공주가 중앙에 등장합니다. 그녀의 시녀들이 보이고 큰 캔버스에 그림을 그리고 있는 화가 자신도 등장합니다. 그런데 자세히 보면 그림의 뒤쪽 벽에 거울이 걸려 있고 그 속에는 두 명의 인물이 그려져 있습니다. 거울 속의 인물은 왕 펠리페 4세와 왕비의 모습입니다. 그렇다면 벨라스케스는 왕과 왕비를 그리고 있는 것이고 그 광경을 공주와 하녀들이 보고 있는 것일까요? 아니면 마르가리타 공주를 그리고 있는 모습을 왕과 왕비가 지켜보고 있는 것일까요? 그 사실은 지금도 알 수 없습니다. 아무튼 벨라스케스는 우리가 보지 못하는 공간을 보여주기 위해 「비너스의 단장」에도 「시녀들」에도 거울을 사용하였습니다.

거울을 통해 우리가 보지 못하는 공간을 보여주는 작품은 그 이전에도 있었습니다. 얀 반 에이크의 「아르놀피니 부부의 초상」[7]입니다. 언뜻 보면 좀 이상

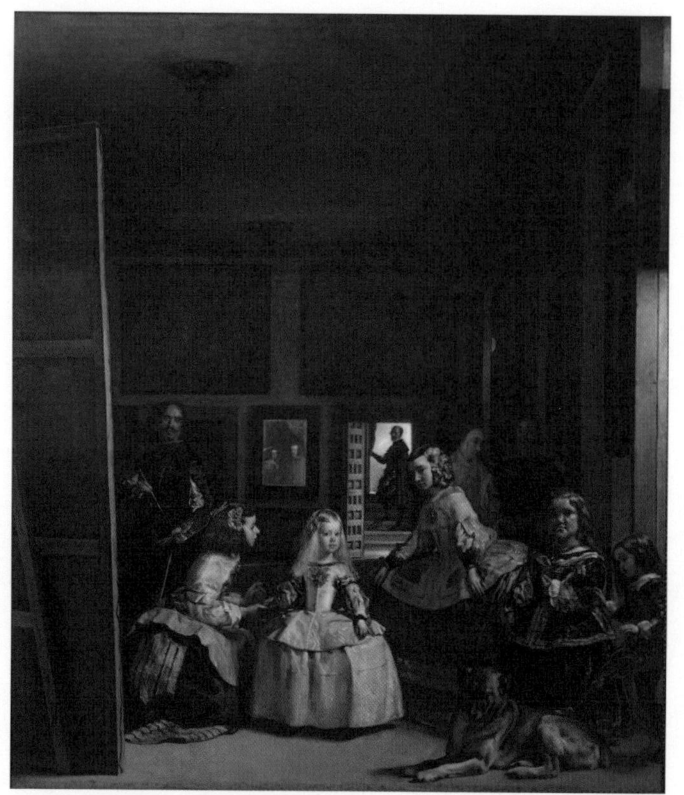

5 시녀들 | 벨라스케스 | 1656년

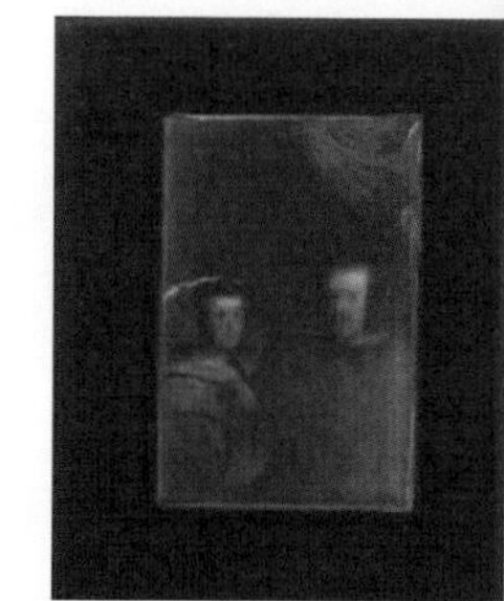

6 시녀들의 거울

해 보이긴 하지만, 이 그림은 이탈리아의 거상이었던 60대의 신랑 조반니 아르놀피니와 신부 조반나 체나미의 결혼식 서약 장면을 그린 매우 유명한 작품입니다. 그런데 신랑과 신부의 가운데에 벽에 걸린 볼록 거울로 시선을 돌려 보세요. 거울에는 신랑과 신부의 뒷모습과 함께 우리가 보지 못했던 공간에 두 사람이 서 있습니다. 그중 파란 옷을 입은 사람은 얀 반 에이크, 바로 화가 자신입니다. 자신이 결혼식에 있었다는 것을 서명으로 그리고, 거울 속에 자신의 모습을 직접 등장시켜 놓았습니다. 여기서도 거울은 보이지 않는 공간을 보여 주는 역할로 사용되었습니다.

거울은 직접 볼 수 없는 공간을 보게 해주는 역할을 하기도 합니다. 그래서 사람들은 스스로는 직접 볼 수 없는 자신의 모습을 거울을 통해서 볼 수 있죠. 그런데 때론 거울 속의 자신의 모습에 빠져 자신의 진정한 모습을 보지 못할 때도 있는 것 같습니다. 여러분은 어떠신가요?

8 아르놀피니 부부의 초상의 거울

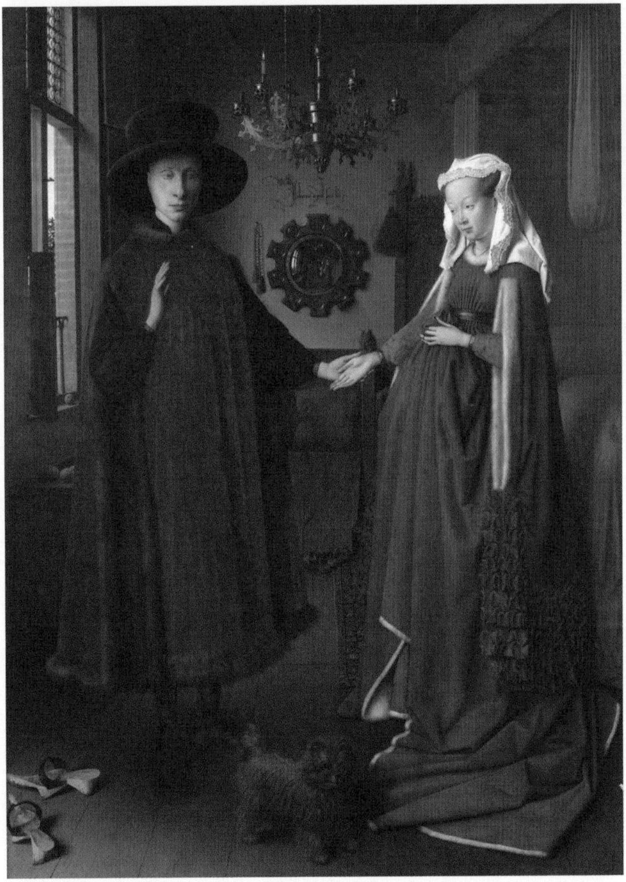

7 아르놀피니 부부의 초상 | 얀 반 에이크 | 1434년

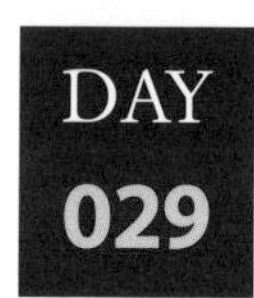

Doménikos Theotokópoulos El Greco(1541~1614)

엘 그레코

시대를 앞선 신비로운 그리스인

오늘은 매우 독특한 방식으로 성경 속 장면을 그린 화가를 소개합니다. 이 화가는 1541년에 그리스의 크레타섬에서 태어났습니다. 1541년이라면 르네상스 시대이므로 대부분의 화가는 비례를 중시했고, 유화의 발전으로 사실적 색상을 표현했으며, 원근법에 근거한 매우 이성적인 그림을 그리고 있었습니다. 그런데 오늘 소개할 화가의 그림은 전혀 다릅니다. 그의 그림에서는 인체가 길게 그려졌으며 원근법도 지켜지지 않았습니다. 색상 또한 사실과 다릅니다. 왜일까요? 이 화가는 이성이 아니라 감성을 그리고 있었던 것입니다.

먼저 「십자가를 진 예수」[1]입니다. 가시 면류관을 쓴 예수의 맑은 눈동자는 분명한 곳을 응시하고 있으며, 고통과 두려움은 보이지 않습니다. 십자가를 잡은 예수의 가늘고 흰 손은 고귀하게 그려져 있으며, 단지 광채가 나는 예수 뒤의 먹구름만이 이 광경을 슬퍼하는 것 같습니다. 한마디로 나무랄 데 없는 성화입니다. 하지만 다른 면에서 보면 예

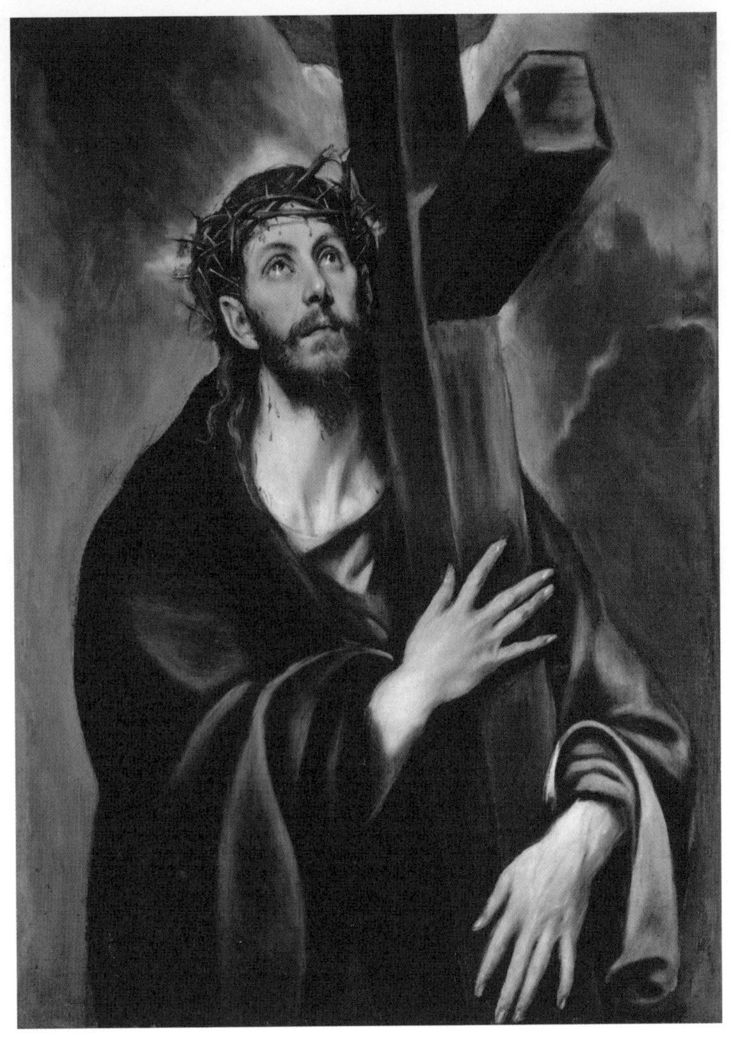

1 십자가를 진 예수 | 엘 그레코 | 1577~1587년

수의 모습이 과장되게 길게 그려졌으며, 십자가는 너무 작고, 배경은 입체적이지 않습니다. 르네상스 시대의 그림치고는 특이합니다. 화가는 자신의 책에 이런 글을 남겨 놓았습니다.

"인체의 비례는 재는 것이 아니다. 그것은 화가의 주관에 맡겨져야 한다."

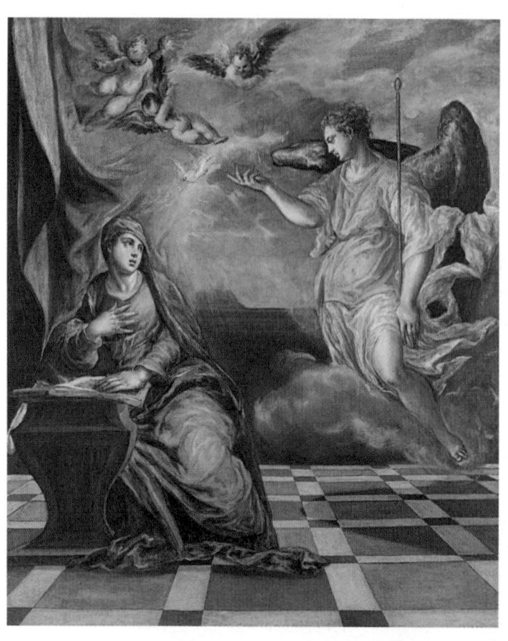

2 수태고지 | 엘 그레코 | 1576년

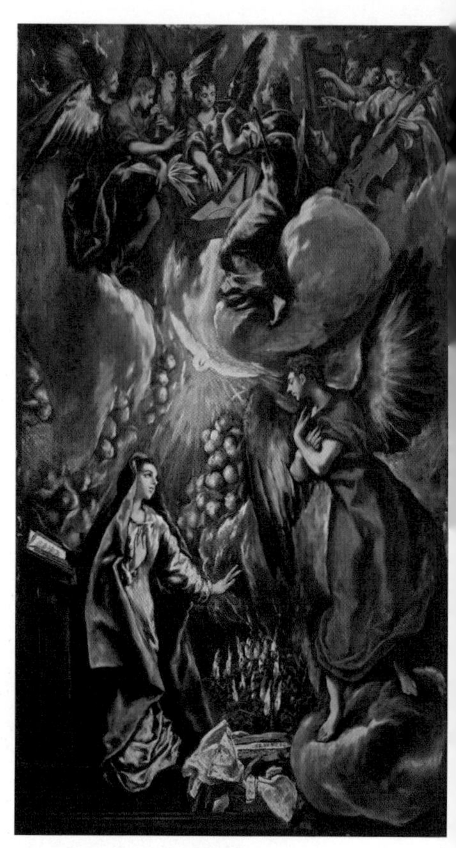

3 수태고지 | 엘 그레코 | 1597~1600년

그런 생각 때문인지 화가는 당시 실력을 인정받지 못했습니다. 기록에 의하면 작품 가격을 놓고 분쟁도 많았던 것 같습니다. 하지만 300년 후, 사람들은 시대를 앞서갔던 이 사람에게 '불꽃의 화가'라는 수식어를 붙여 주었습니다. 고야, 벨라스케스와 함께 스페인을 대표하는 이 화가의 이름은 엘 그레코입니다. 언뜻 생각하면 엘 그레코가 어떤 편향성을 가지고 그림을 그렸다고 보기 쉬우나 실제 그는 130권이나 되는, 당시로서는 도서관만큼의 책을 소장하고 있었으며, 그가 남긴 메모를 보면 과학적, 철학적 지식을 바탕으로 작품을 그렸던 것으로 추측됩니다.

그가 35살에 그린 「수태고지」[2]와 60살쯤에 그린 「수태고지」[3]를 비교해 볼까요? 초창기에 그린 「수태고지」는 인체의 비례가 잘 맞고, 바닥을 보면 원근법이 적용되어 있습니다. 즉 르네상스풍 그림입니다. 그런데 후기에 그린 「수태고지」는 다릅니다. 먼저 공간이 신비롭게 변했습니다. 작품의 색상과 빛이 환상적이고, 틀에 박힌 원근법이나 비례에서 해방되면서 그림은 역동적으로 움직이기 시작합니다. 구름 위의 천사들은 곡을 연주하고 있으며, 땅에서는 사랑의 상징인 흰 불꽃이 타오릅니다. 특히 주인공인 성모 마리아와 가브리엘 대천사의 눈빛과 자세에서는 경건한 감동까지 느껴집니다.

모든 것이 35살에 그린 「수태고지」와는 너무 차이가 납니다. 아무리 그린 시기가 다르다 할지라도 같은 화가의 그림으로 보기조차 힘듭니다. 결국 엘 그레코는 탐구를 통해 그림의 깊이를 더해 갔던 것으로 추측할 수밖에 없습니다. 그래서 사람들은 그를 화가 이전에 과학자이자 철학자라고 부릅니다.

다음은 「그리스도의 수난」[4]입니다. 역시 배경은 어둡고 신비로워 그림 속에 빠져들게 하며, 길게 늘어진 인물들은 묘하게 도드라집니다. 인물의 손동작과 눈빛을 보면 저마다 무슨 이야기를 하는 것 같고, 초록과 노랑 등의 원색은 또 다른 입체감을 만들어냅니다.

마지막으로 소개할 작품은 성경 중 사도행전 2장 1절부터의 이야기를 그린 「성령 강림」[5]입니다. 하늘에서 내린 성령의 불꽃에 12사도를 포함한 여러 신도가 놀라워하고 있고 성모 마리아 역시 두 손을 모으고 조용히 그 빛을 바라보고 있습니다. 그런데 단 한 사람만이 정면을 응시하고 있습니다. 그는 바로 엘 그레코입니다. 아마 이 작품이 특별히 맘에 들었던지 그는 자신을 그려 넣었습니다.

수태고지란?

신약 성경에 나오는 일화로 가브리엘 대천사가 성모 마리아에게 처녀의 몸으로 예수를 잉태할 것이라고 알리고, 마리아가 이 말을 받아들인 사건을 말하는데, 성모영보 또는 성모희보라고도 말한다.

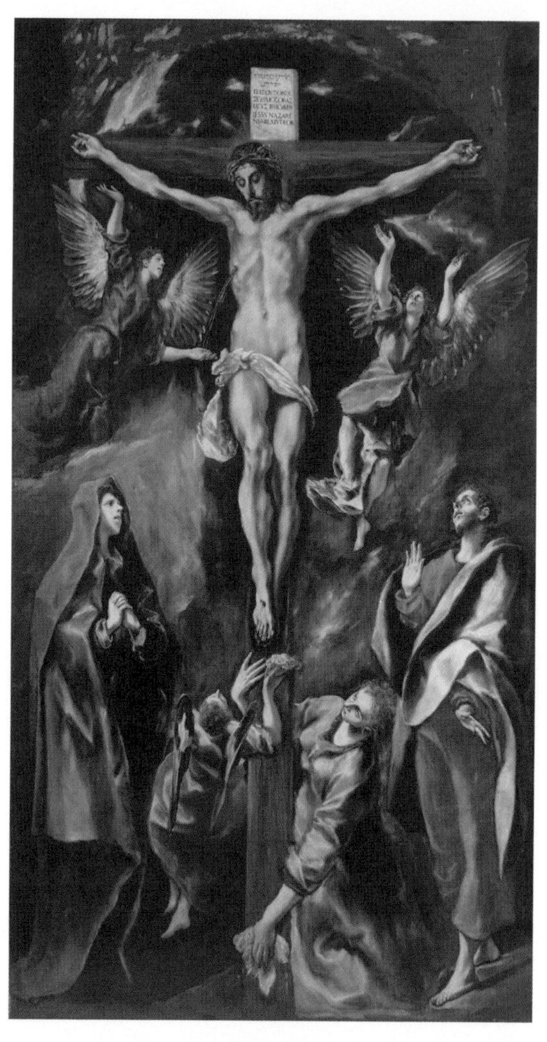

4 그리스도의 수난 | 엘 그레코 | 1597~1600년

엘 그레코는 시대를 초월했던 화가였습니다. 그래서 살아서는 인정받지 못했고, 후세에는 천재성을 높이 평가받으면서도 난시가 있어서 대상을 길게 그렸을 것이라는 의견이 다분했습니다. 또한 정신적으로 문제가 있거나 마리화나를 복용했을 것이라는 시기까지 받기도 하였습니

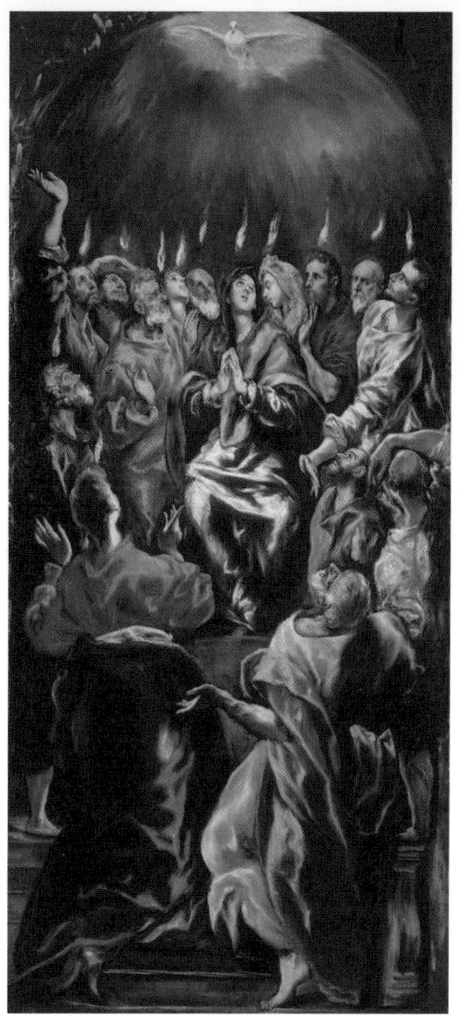

5 **성령 강림** | 엘 그레코 | 1600년경

엘 그레코의 의미?

엘 그레코의 이름은 사실은 스페인어로 '그리스인'을 의미하는 엘 그리에고(El Griego)에서 유래한 별명이다. 화가의 본명은 도미니코스 테오토코풀로스(Domenikos Theotokopoulos)였고 자신의 작품에 항상 그리스 문자로 본명 서명을 했다고 한다.

다. 하지만 분명한 것은 그가 르네상스를 뛰어넘었다는 사실이고 빈센트 반 고흐, 폴 세잔, 잭슨 폴록, 파블로 피카소 등과 같은 다양한 사실주의, 표현주의, 입체주의 화가에게 큰 영향을 끼쳤습니다.

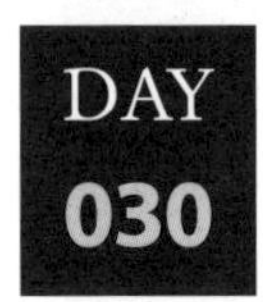

Baroque Art(1600~1750)

바로크 미술

시대의 변화가 만든 바로크 미술

이탈리아 화가 카라바조의 「그리스도의 매장」[1]의 첫인상은 매우 강렬합니다. 각 인물의 표정, 포즈, 그리고 비치는 빛. 그 모든 것이 마치 무대의 한 장면처럼 극적입니다. 그의 다른 그림인 「의심하는 도마」[2]도 다르지 않습니다. 예수의 부활을 의심하는 세 남자의 미간은 있는 대로 찌푸려져 있고 시선은 과도하게 집중되어 있습니다. 그리고 아무리 궁금하다 하더라도 저렇게 손가락을 찔러 넣어 보았을까요? 게다가 화면이 너무 사실적입니다. 조금도 미화되지 않았습니다. 어떤가요? 무척 인상적이긴 하지만, 과장된 느낌이 들지 않습니까?

미술사에서는 이런 스타일이 등장했던 17세기를 바로크 시대라고 합니다. 그리고 '일그러진 진주'라는 뜻의 포르투갈어 페롤라 바로카pérola barroca에서 유래된 '바로크'라는 말은 종종 너무 지나쳐서 가치가 없다는 뜻으로 사용되기도 합니다. 그렇다면 왜 과장되었던 것일까요? 그리고 바로크 미술의 작품들은 그런 것뿐일까요?

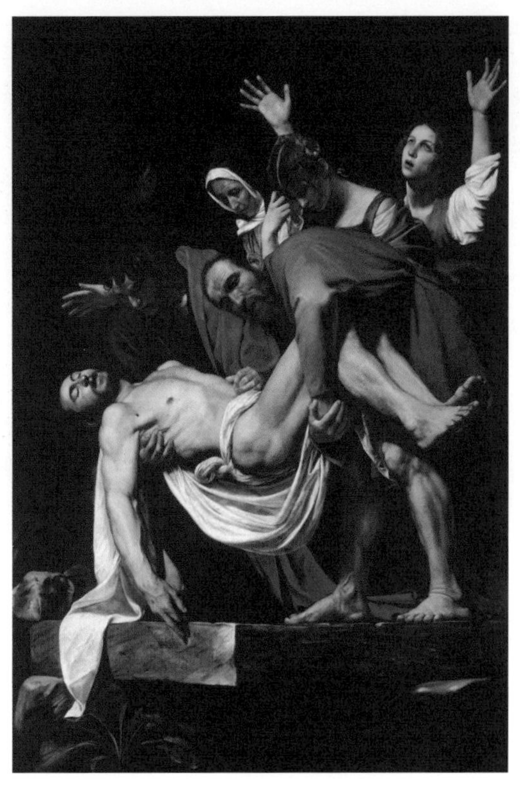

1 그리스도의 매장 | 카라바조 | 1600~1604년

아닙니다. 사실 바로크 시대는 그리 간단하지 않습니다. 왜냐하면, 17세기 유럽에서는 지역마다 여러 사건이 있었고, 그로 인해 다양한 미술들이 동시에 등장했기 때문입니다. 이탈리아 로마의 경우는 종교개혁이 큰 사건입니다. 교황청 입장에서 보면 있어서는 안 되는 일이 벌어진 것입니다. 권위에 상처를 받은 가톨릭은 자신들의 세력을 다시 결집하여야 했습니다. 그래서 전보다 더욱 극적인 종교화들이 필요했습니다. 그러다 보니 강렬한 종교화를 잘 그리던 카라바조의 인기는 높았습니다. 그는 매우 거친 성격을 가졌고, 상습 폭행 전과에

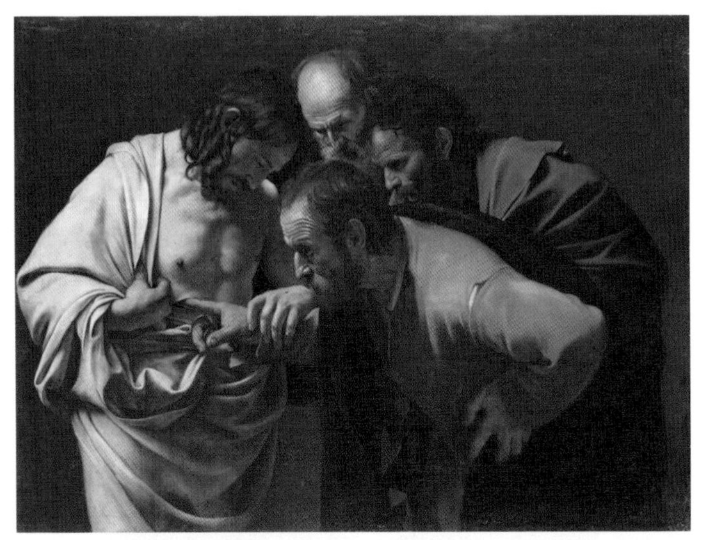

2 의심하는 도마 | 카라바조 | 1601~1602년

살인까지 저지른 인물이었지만, 뛰어난 실력 덕분에 사제들에게 용서도 많이 받은 화가입니다.

바로크 시대 네덜란드에서 그려지던 스타일은 이와 다릅니다. 렘브란트의 「니콜라스 툴프 박사의 해부학 강의」[3]와 「포목상 조합의 이사들」[4]은 모두 단체 초상화입니다. 종교화가 아닙니다. 독립국인 네덜란드는 신교가 지배하고 있었고, 교회의 사치를 방지하기 위해 종교화가 금지되어 있었기 때문입니다. 화가들은 이제 일반인에게 주문을 받아 그림을 그리거나 멋진 풍경을 그린 후 팔아야 했습니다.

새로운 문화도 생겼습니다. 중산층 시민들이 그림을 사 자신의 집을 장식하는 유행이 생겨났습니다. 당연히 화가들은 주문받은 단체 초상화, 정물화 등을 많이 그리게 됩니다. 이때 네덜란드에 그림 시장이라는 것이 처음으로 생겨나죠.

그때 인기를 끌던 화가 중 한 사람이 요하네스 베르메르입니다. 대표작으로

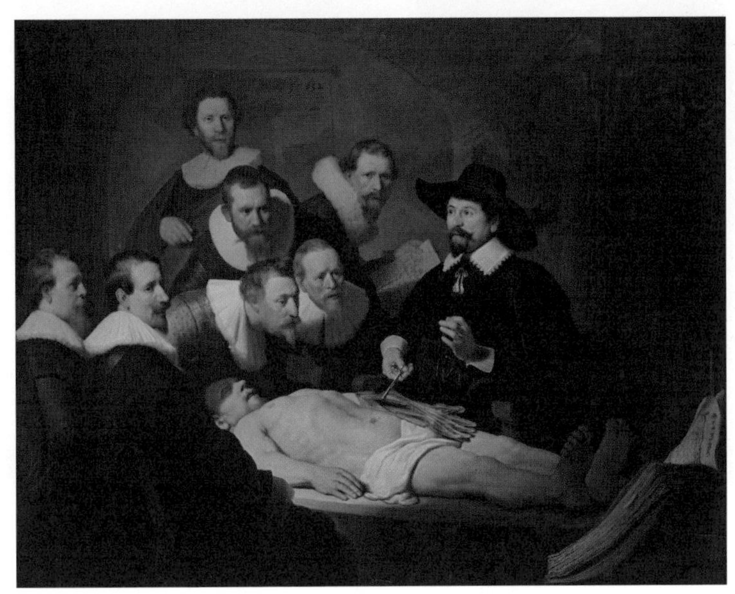

3 니콜라스 툴프 박사의 해부학 강의 | 렘브란트 | 1632년

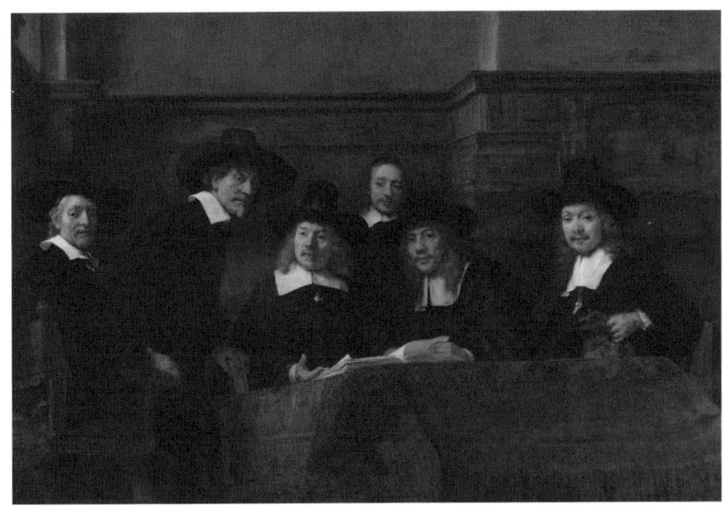

4 포목상 조합의 이사들 | 렘브란트 | 1662년

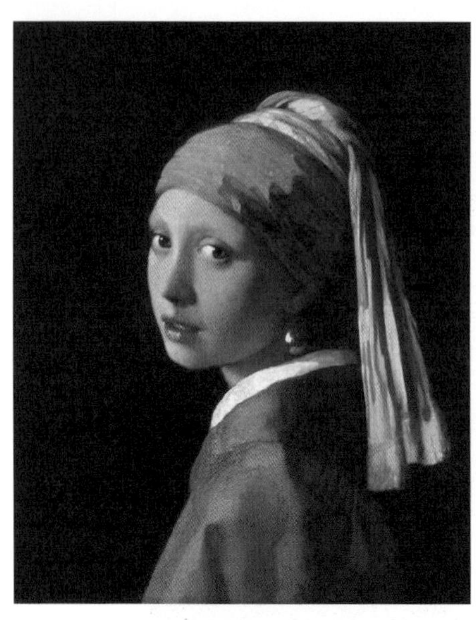

5 진주 귀고리를 한 소녀 | 베르메르 | 1665년

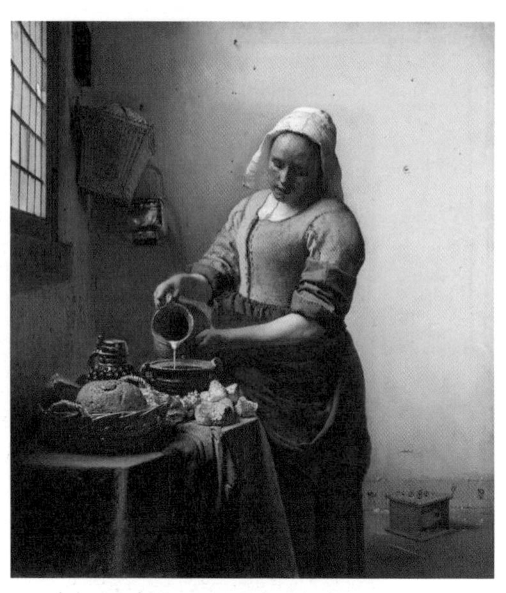

6 우유 따르는 여인 | 베르메르 | 1658~1660년

카메라 옵스큐라는 무엇일까?

카메라 옵스큐라(camera obscura)는 라틴어로 '어두운 방'을 의미하는데, 우리가 현재 알고 있는 카메라의 조상이라고 할 수 있다. 카메라 옵스큐라는 어린이 과학 학습용으로 사용하는 바늘구멍 사진기와 비슷한 원리로 어두운 상자 한 면에 작은 구멍을 뚫고 반대편에 상(image)이 거꾸로 비치는 광학기구이다. 16세기경 화가들은 종종 이를 이용해서 그림을 베껴 그리기도 했는데, 베르메르 또한 이 기구를 이용했다고 추측된다.

는 「진주 귀고리를 한 소녀」[5], 「우유 따르는 여인」[6]이 있습니다. 평범한 주제를 다루었으면서도 그 표현이 너무 섬세하여 깊은 감동을 주는 베르메르는 사생활이 거의 알려지지 않은 신비의 작가입니다.

특히 그의 작품을 자세히 보면 카메라로 촬영한 것처럼 정확한 거리감이 나타나 있고, 빛의 번짐 현상까지 그려져 있는 것을 알 수 있습니다. 그래서 그가 카메라의 전신인 카메라 옵스큐라를 이용해 그림을 그린 것으로 추측하는 학자들도 있습니다.

같은 시대에 프랑스의 유명한 화가로는 조르주 드 라 투르를 꼽을 수 있습니다. 그는 바로크 시대의 유행을 따랐다기보다는 독특한 자신만의 스타일을 추구했던 것으로 높이 평가됩니다. 대표작 「작은 등불 앞의 막달라 마리아」[7]와「목수 성 요셉」[8]을 보면, 등불이나 촛불 하나를 이용해 그려진 공통점이 있습니다. 그는 이 방식을 자주 이용했습니다.

그런데 특이한 것은 작품이 강렬하기보다는 부드러워 보인다는 것입니다. 보통 하나의 조명을 쓰면 카라바조의 경우처럼 강렬해 보이기 마련인데 그의 그림은 반대입니다. 섬세하고 포근합니다. 그 면에서 사람들은 더욱 매력을 느낍니다.

바로크 시대 스페인에서는 종교화와 궁정 초상화들이 많이 그려졌습니다. 대표 화가로는 바로크의 천재라 불리는 벨라스케스를 빼놓을 수 없습니다. 벨

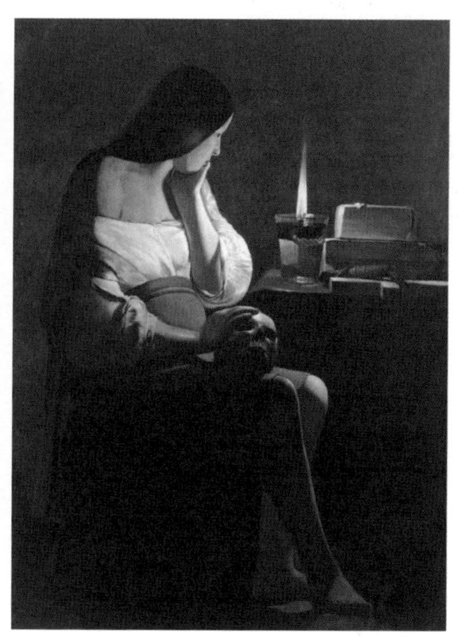

7 작은 등불 앞의 막달라 마리아 | 라 투르 | 1640~1645년

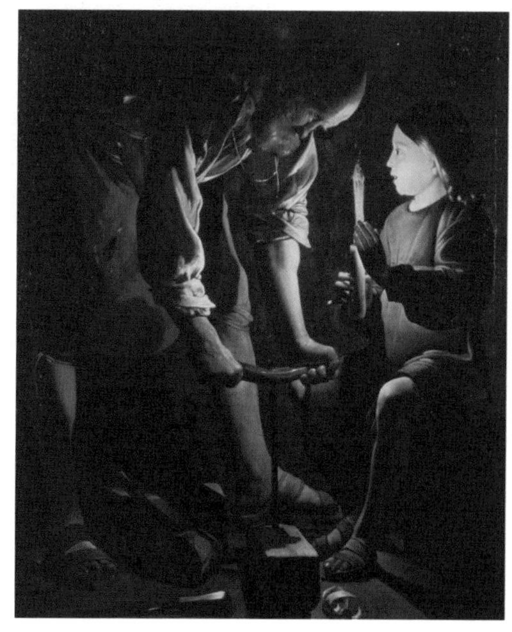

8 목수 성 요셉 | 라 투르 | 1642년

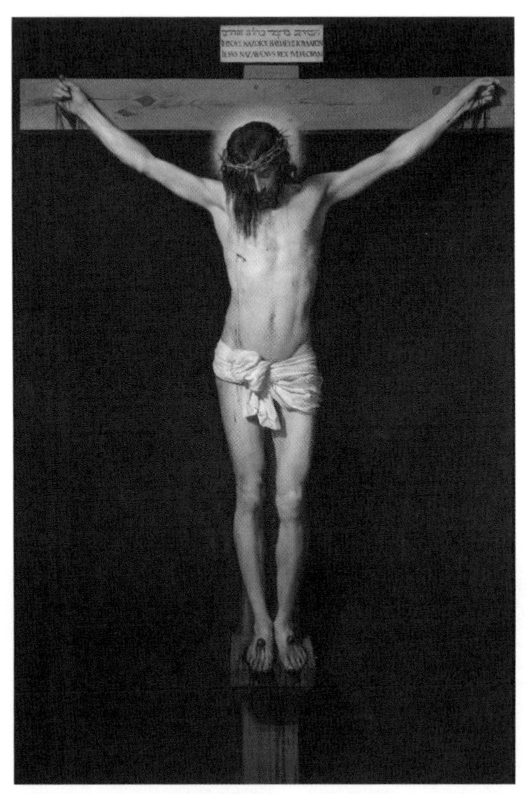

9 십자가에 못 박힌 그리스도 | 벨라스케스 | 1632년경

라스케스의 작품 「십자가에 못 박힌 그리스도」[9] 한 점만 보면 그가 왜 천재로 불리는지 단번에 이해가 됩니다. 회화의 기술적인 부분에 빈틈이 없습니다. 하지만 기술적인 것은 그의 실력 중 일부입니다. 그는 모델의 정확한 감정을 읽어내는 재주가 있었습니다. 그리고 관계, 상황, 분위기, 태도까지 모조리 표현합니다. 그래서 사람들을 탄복시킵니다.

그리고 또 한 가지가 있습니다. 한 점의 그림 속에 스토리를 집어넣은 특별한 능력입니다. 그의 작품 「마르다와 마리아의 집에 있는 그리스도」[10]에서의 묘한

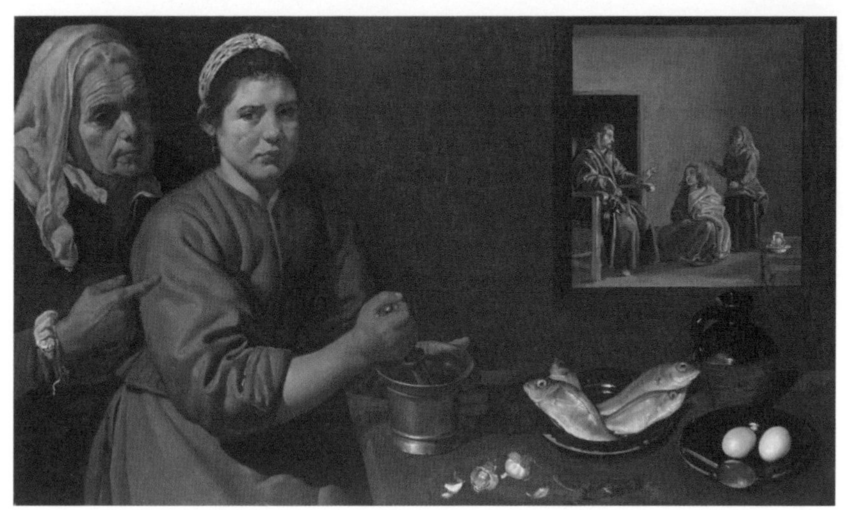

10 마르다와 마리아의 집에 있는 그리스도 | 벨라스케스 | 1618년

분위기가 읽히십니까? 전경에는 젊은 여인과 노파가 나옵니다. 젊은 여인은 화면을 응시합니다. 그래서 우리와 눈이 마주칩니다. 마주하다 보면 그녀의 불편함이 느껴집니다. 도움을 요청하는 것일까요? 그녀 뒤에 바싹 붙은 노파의 손가락은 그녀를 찌르고 있습니다. 눈을 마주치지 않는 노파의 태도와 음산함이 겹쳐지며 우리의 또 다른 상상은 자극됩니다. 그런데 오른편 사각형은 액자일까요? 아니면 벽이 뚫려 옆방이 보이는 것일까요? 이렇게 벨라스케스는 한 점의 작품을 그려 놓고는 작품의 앞뒤 상황을 우리에게 숙제로 줍니다. 바로크 시대에 이런 화가는 흔치 않았습니다. 그래서 그가 천재적인 것입니다.

어떤 학자들은 바로크를 역사상 가장 화려하고 뛰어난 작품들이 탄생한 시기라고 말합니다. 한 가지로만 이어지던 르네상스의 기준이 한계를 보이면서 나타난 다양한 시도들이 새로운 기준들을 만들어내었던 시기가 바로크입니다.

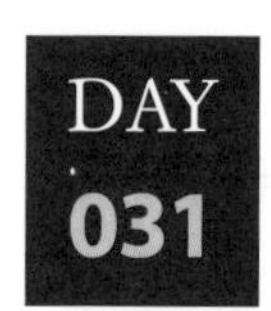

Michelangelo Merisi da Caravaggio(1573~1610)

미켈란젤로 메리시 다 카라바조

범죄자이자 천재 예술가였던 카라바조

어느 정도의 자제력은 누구에게나 필요합니다. 상황에 따라 감정이나 욕구를 적당히 참아낼 수 있어야 합니다. 그래야 사회가 유지되고, 개인적으로도 후회할 일을 만들지 않습니다. 그런데 17세기 바로크 화가 카라바조에게는 그것이 없었습니다. 그는 감정대로 행동하고 내키는 대로 저지릅니다. 참는 법이나 감추는 법이 없습니다. 게다가 공격적입니다. 돌려 말해도 될 것을 꼭 대놓고 말하고, 모른 척하면 될 일을 구태여 끄집어냅니다. 그러다 보니 싸움이 그칠 날이 없었습니다. 폭력 전과가 여러 번인 것은 물론이고, 후에는 살인까지 저지르고 쫓기는 신세가 됩니다. 그 좋은 그림 실력을 갖고 있으면서도, 그는 30대를 못 넘기고 거리에서 세상을 떠납니다.

그런데 화가가 그림만 잘 그리면 되지 왜 개인적인 성격까지 이야기할까 하는 의문이 든다면 이유는 분명합니다. 자제력 없는 그의 성격이 걸작의 배경이 되었기 때문입니다. 자제력이라는 것은 일종의 참는

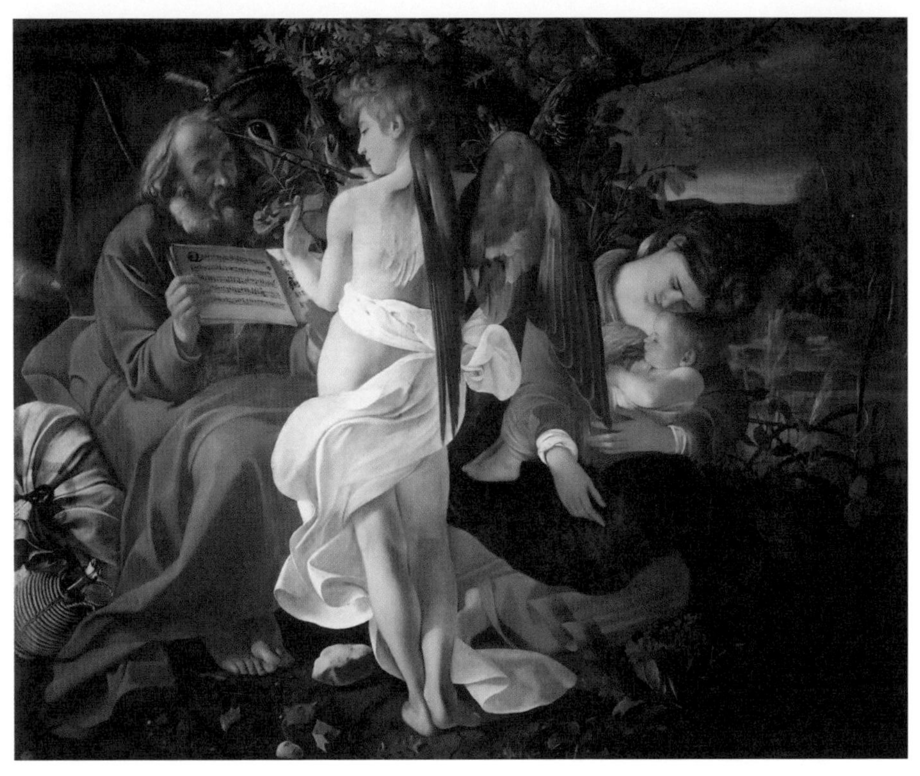

1 이집트로 피신하는 길의 휴식 | 카라바조 | 1597년

것입니다. 내가 참는다는 것은 상대방 입장에서 보면 감춘다는 뜻일 수 있고, 감춘다는 것은 솔직하지 못한 것으로 이해될 수 있습니다. 그런데 카라바조는 그림에서조차 참지 않고 다 드러냈습니다. 그래서 한편으로는 거부감이 들기도 합니다. 다른 편으로는 묘한 매력을 주기도 합니다. 실제 그의 그림은 불쾌하다고 거부도 당했지만, 그만큼 그 매력에 끌리는 사람도 많았습니다.

「이집트로 피신하는 길의 휴식」[1]은 아기 예수와 성모 마리아 그리고 요셉이 이집트로 피신하는 중에 천사가 내려와 곡을 연주하며 피곤을 달래주는 장면입니다. 당연히 성화입니다. 그런데 성스러움이 느껴집니까? 날개 달린 천사는 단지 옷을 벗겨 놓은 미소년이고, 요셉은 수염이 덥수룩한 농부일 뿐입니다. 더 나아가 표정을 보면 천사는 연주하지 않습니다. 바이올린을 들고 포즈만 취한 것이 분명합니다. 음악이 느껴지지 않습니다. 그리고 요셉은 천사의 음악에 경이로워하나요? 그는 소년의 얼굴을 빤히 쳐다보고 있습니다. 발가락을 비비면서 말입니다. 옆에 있는 붉은 머리의 성모는 잠에 한참 빠져 있습니다.

보통 성모는 저렇게 그리지 않습니다. 고귀하게 그립니다. 머리 위에 후광도 있고 자더라도 우아하게 자야 합니다. 발 모양으로 보나 팔 모양으로 보나 얼굴 각도로 보나 이런 생각이 듭니다. '모델이 진짜 피곤했나 보다.' 예쁜 금발의 아기 예수도 다르지 않습니다. 이렇듯 카라바조는 모델을 놓고 성화를 그려야 하는데, 모델을 놓고 모델을 그대로 그리고 있습니다.

「성 마태오의 영감」도 비슷한 과정을 겪었습니다. 산 루이지 데이 프란체시 성당에서 카라바조에게 주문합니다. 제단 장식화인데 내용은 성 마태오가 복음을 쓰는 것을 천사가 도와주는 장면을 그려 달라는 것입니다. 카라바조는 「성 마태오의 영감 I」[2]을 자신의 방식대로 그립니다. 성당 측은 역시 깜짝 놀랍니다. 그러면서 손사래를 칩니다. 그는 결국 다시 그려야 했고 그렇게 그려진 두 번째 버전인 「성 마태오의 영감 II」[3]가 현재 산 루이지 데이 프란체시 성당에 걸려 있습니다.

둘을 비교해보면 성당에서 무엇을 원한 것인지 알 수 있습니다. 첫 번째 차이점은 마태오의 농부 복장과 불룩하게 튀어나온 근육입니다. 당연히 고결한 성인으로 안 보입니다. 카라바조는 성 마태오를 한 명의 인간으로 표현하고자 했지만 받아들여지지 않았습니다. 그래서 그는 주문자가 원하는 대로 그림을 고칩니다. 고급스러운 옷으로 바꿔 입히고 근육도 모조리 가립니다.

두 번째는 천사와 마태오의 모호한 포즈입니다. 천사가 바싹 붙어서 복음서

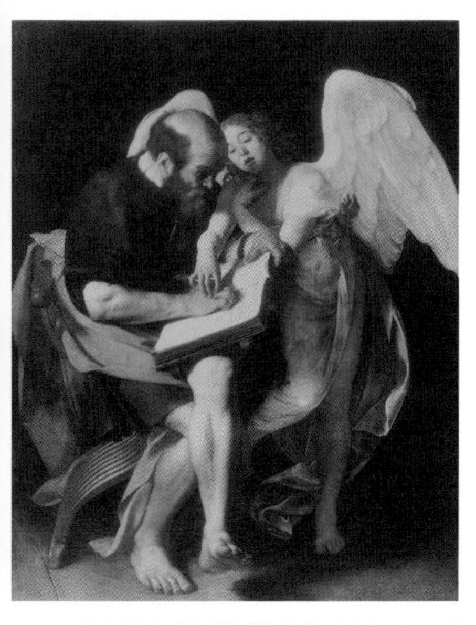

2 성 마태오의 영감 I(색 재현 버전) | 카라바조 | 1602년

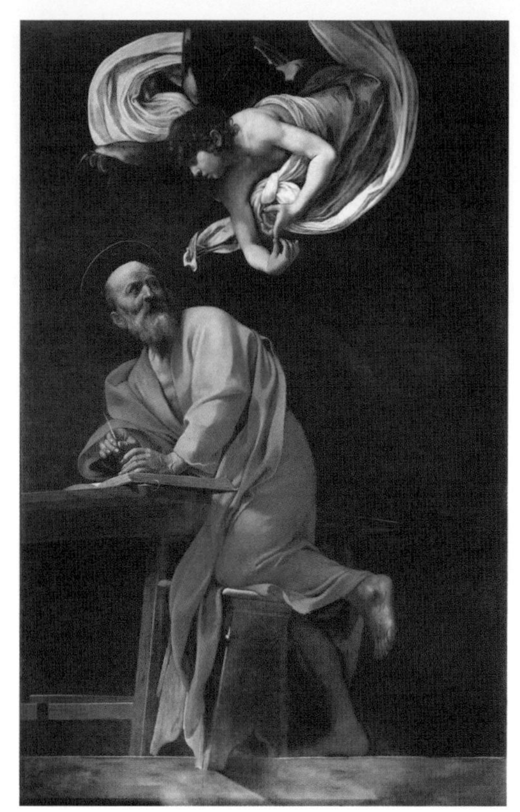

3 성 마태오의 영감 II | 카라바조 | 1602년

를 쓰는 마태오의 손등을 만지고 있습니다. 서 있는 자세도 성스럽지 못합니다. 교회에서는 당연히 수정하라고 요구했고 그는 다시 수정하게 됩니다. 그는 아예 천사를 멀리 떨어뜨려 놓습니다. 그 편이 더 안전했을 것입니다. 마지막으로 마태오의 머리에 후광도 그려 넣었습니다. 사실감을 가급적 없애야 했기 때문입니다. 결국, 두 번째 버전으로 끝은 났지만, 사람들은 천사를 가리키며 그것은 천사가 아니라 천장에 매달려 있는 곡예사라는 말과 같은 비난을 계속했습니다.

카라바조의 뛰어난 능력은 더 있습니다. 실제와 똑같이 그리는 능력입니다.

화가라고 다 그렇지는 않습니다. 이 능력은 특별히 타고나야 합니다. 그가 그린 「과일 바구니」[4]를 보면 자연스럽게 감탄이 나옵니다. 사람들은 이 작품을 보면 먼저 만져보고 싶어합니다. 뛰어난 사실감이 몸부터 움직이게 만들기 때문입니다. 게다가 당시의 일반적인 화가들이라면 아름답고 이상적인 과일 바구니를 그렸겠지만, 카라바조는 과일의 벌레 먹은 부분과 상한 흔적, 그리고 말라 시들어가는 이파리까지 있는 그대로를 묘사했습니다.

「병든 바쿠스」[5]도 그의 또 다른 능력을 확인시켜 줍니다. 그것은 바로 표정을 읽고 나타내는 능력입니다. 우리에게는 감정이 있고, 감정은 표정으로 드러납니다. 그래서 표정을 보면 어지간한 감정은 읽을 수 있습니다. 그런데 이 작품은 어렵습니다. 미묘한 감정의 경계가 그려졌기 때문입니다. 그래서 한참 보게 됩니다. 술의 신인 바쿠스(디오니소스)를 인간처럼 술에 취하고 병에 걸린 모습으로 그린 카라바조는 무엇을 표현하고 싶었던 것이었을까요?

흔히 카라바조는 빛과 그림자의 대비를 잘 다루었던 화가로 알려져 있습니

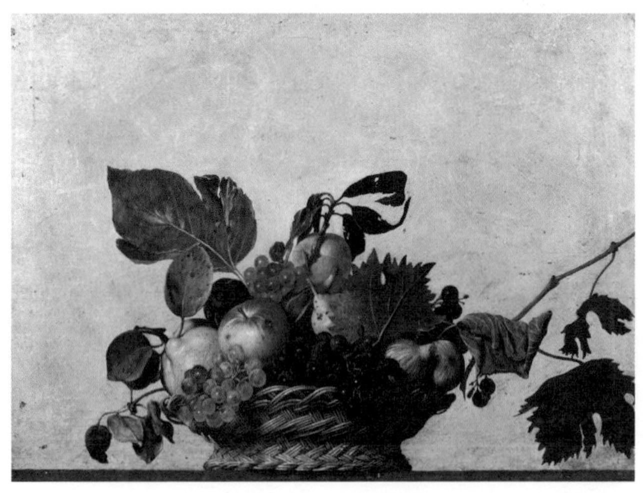

4 과일 바구니 | 카라바조 | 1597~1600년

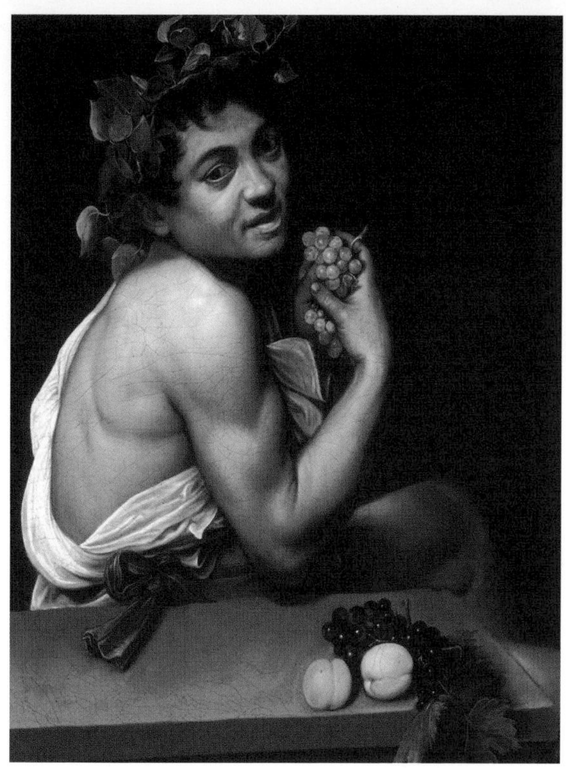

5 병든 바쿠스 | 카라바조 | 1593~1594년

다. 하지만 그것은 일부일 뿐이고 사물을 있는 그대로 나타내는 능력과 미묘한 인간의 감정을 상세히 표현하는 능력이 카라바조를 바로크 시대의 가장 돋보이는 화가 중 한 명으로 만든 것입니다.

건달, 살인자에서 미술사 흐름을 바꾼 거장이 된 카라바조

카라바조는 어린 시절 부모를 잃고 제대로 된 미술 교육을 받은 적이 없었다. 게다가 술과 도박에 빠지고 살인까지 저질렀다. 하지만 그의 미술 실력은 너무나 천재적이면서도 독창적이고 파격적이어서 사람들의 눈에 띄지 않을 수가 없었다. 그는 자신의 그림을 보고 매료된 어느 귀족의 후원을 받게 되었고, 이후 유럽 전역에 그의 회화 스타일을 따르는 화가들도 생겼다. 루벤스와 렘브란트 등 화가들의 그림에서 카라바조의 직간접적인 영향을 발견할 수 있다. 그의 그림을 보면 배경은 어둠 속에 묻히고 주인공만 연극 무대 위에서 스포트라이트를 받은 듯이 밝게 빛난다. 이러한 빛과 그림자의 대비로 집중 조명 효과를 표현하는 기법을 테네브리즘(tenebrism)이라고 하는데, 바로 이것이 바로크 회화에 엄청난 영향을 끼치게 된다.

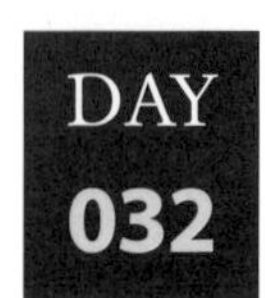
DAY
032

Peter Paul Rubens(1577~1640)

페테르 루벤스

멀티태스킹의 원조, 바로크의 왕자

여러분은 몇 가지 일을 동시에 해본 적이 있나요? 요즘처럼 복잡한 세상에서는 한 번에 한 가지 일만 처리하는 것은 왠지 시간 낭비라는 생각이 들 때도 있습니다. 그래서 여러 일을 동시에 하는 사람들을 부러워하기도 하고, 때로는 자신도 모르게 멀티태스킹 중독에 빠지기도 합니다. 하지만 사실 멀티태스킹은 컴퓨터에서나 가능하지 사람은 한 번에 한 가지 일만 해야 더 효율적이고 정신 건강에도 좋다고 하는군요. 그런데 특별히 멀티태스킹 능력을 타고난 사람도 있나 봅니다.

오늘 소개할 화가가 그렇습니다. 이 화가의 작업실에 들렀던 목격자에 의하면, 이 화가는 자신과 대화를 나누면서도 그림을 그리고 있었고, 그러면서 한 조수에게는 타키투스의 책을 낭독하게 했으며, 또 다른 조수에게는 자신이 부르는 대로 편지를 받아쓰게 했다고 합니다. 동시에 네 가지 일을 하고 있었던 것이죠. 그러면서도 각각의 일의 완성도가 나무랄 데가 없었습니다. 그는 화가로서 전 유럽을 독무대로

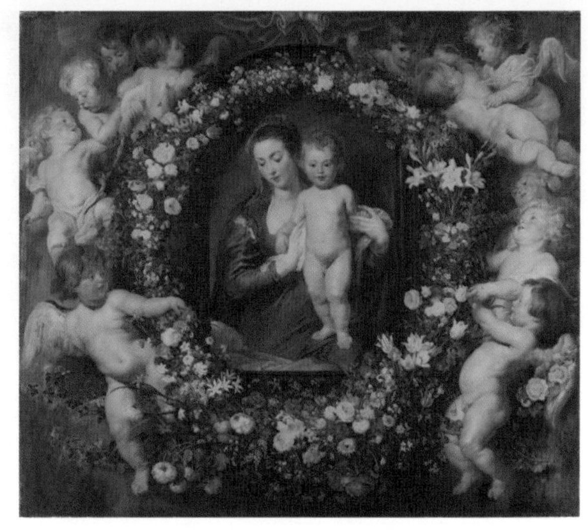

1 **꽃다발과 아기 천사들에 둘러싸인 마리아와 아기 예수** | 루벤스 | 1621년경

누비고 있었으며, 6개 국어가 가능했기에 외교관으로서도 사업가로서도 탁월한 능력을 발휘했습니다. 그의 능력이 얼마나 다양했던지 그의 친구였던 암브로시오 스피놀라 장군은 "그의 재능 중에 가장 하찮은 것이 그림 그리는 재능이다."라고 말했다는군요. 또한, 그의 장점은 자신의 실력으로 다른 사람들을 열광시키는 것이었고, 단점은 다른 화가들의 의욕을 꺾어 버리는 것이었다고 합니다. 낭만주의 화가인 들라크루아가 '회화의 호메로스'라고도 극찬한 이 화가는 플랑드르 바로크의 왕자로 불렸던 페테르 루벤스입니다.

이러한 루벤스에게 그림 주문이 끊임없이 쏟아졌습니다. 그러다 보니 혼자서 그림을 다 소화하는 것은 불가능했죠. 그래서 루벤스는 대략 세 가지 방식으로 그림을 완성하고 해당 방식에 따라 그림값을 받았습니다. 첫 번째는 루벤스가 처음부터 끝까지 그리는 방식, 두 번째는 동료 화가와 공동으로 그리는 방식, 세 번째는 루벤스가 처음에 시작한 그림을 조수가 그리게 하고 끝 마무리를 다시 본인이 하는 방식이었습니다. 물론 루벤스는 자신이 작품에 관여한 양만큼의 가격 차이를 두어 고객들이 주문 시 혼란을 겪지 않게 했다고 합니다.

「꽃다발과 아기 천사들에 둘러싸인 마리아와 아기 예수」[1]는 두 번째 방식으로 완성된 작품입니다. 그러니까 루벤스가 직접 인물을 그리고, 당시 꽃 그림의 대가였던 얀 브뤼헐에게 꽃 부분 그림을 맡김으로써 더욱 완성도 높은 작품을 탄생시킬 수 있었습니다.

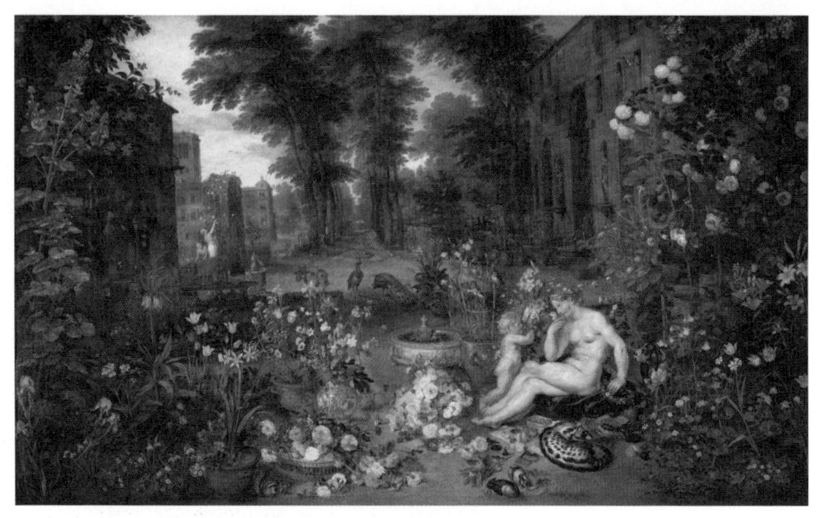

2 후각의 알레고리 | 루벤스 | 1617~1618년

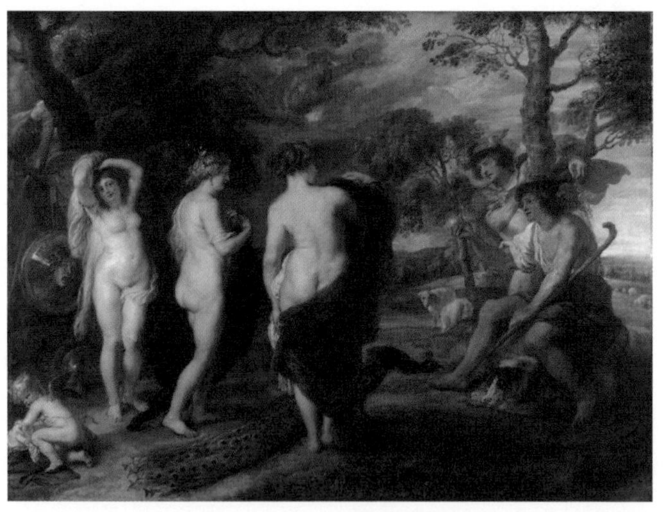

3 파리스의 심판 | 루벤스 | 1632~1635년

「후각의 알레고리」[2]도 얀 브뤼헬과의 공동 작업으로 호평을 받았던 작품입니다. 이렇듯 루벤스는 사업적인 면에서 꽤 앞선 생각을 가졌고, 고객들이 무엇을 원하는지 알고 있었던 것 같습니다.

기업가형 예술가 페테르 루벤스

보통 예술가라고 하면 세상과 타협하지 않고 배고픈 삶을 살다간 경우가 많다. 그런데 루벤스는 여러 가지 다른 일을 동시다발적으로 하면서도 모두 잘해내는 멀티태스커에 쇼맨십과 사업 수완도 남다른 비즈니스맨이었다. 그의 뛰어난 예술 실력에 물밀듯이 밀려오는 그림 주문을 다른 화가 및 조수들과의 협업으로 제작하며 기업가형 예술가의 정수를 보여주었다.

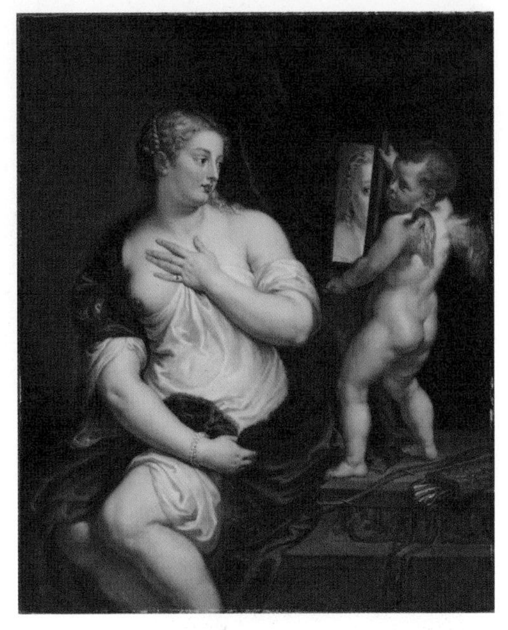

4 화장하는 비너스 | 루벤스 | 1606~1611년

그런데 다음 그림인 「파리스의 심판」[3]을 보면 궁금증이 약간 생깁니다. 벌거벗은 세 명의 여인은 왼편부터 아테나, 아프로디테, 헤라입니다. 모두 신화 속 최고의 미모를 자랑하는 여인들이죠. 그런데 몸매가 요즘 선호하는 여인과는 아주 다릅니다. 늘씬한 것과 거리가 멀어 보입니다. 루벤스는 왜 이렇게 그렸을까요?

그가 그린 다른 누드화인 「화장하는 비너스」[4]도 다르지 않습니다. 비너스의 팔을 보면 매우 과장되게 굵어 보입니다. 그리고 큐피드도 귀여운 아기 천사답지 않게 온몸이 매우 근육질입니다.

루벤스의 「삼미신」[5]은 좀 더합니다. 몸집이 거대할 뿐만이 아니라 살이 여기저기 접히기까지 합니다. 일반적으로 생각하는 아름다운 여신의 몸매가 아닙

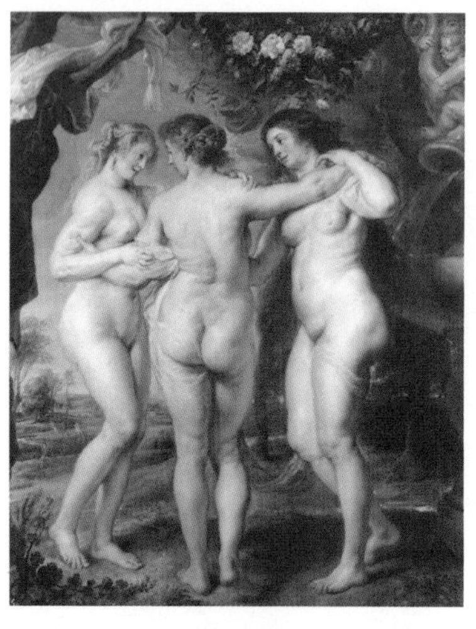

5 삼미신 | 루벤스 | 1630~1635년

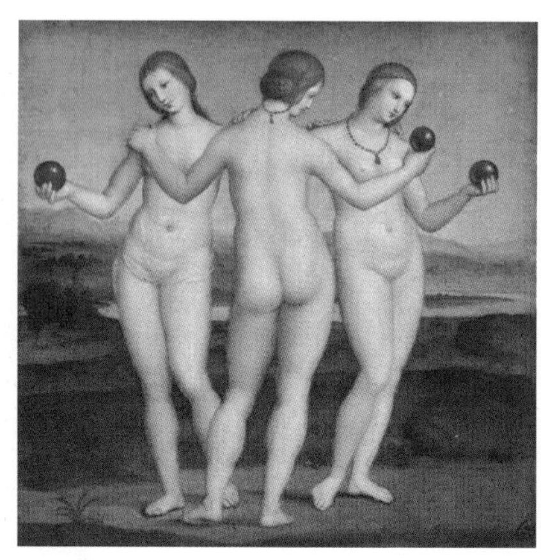

6 삼미신 | 라파엘로 | 1504~1505년

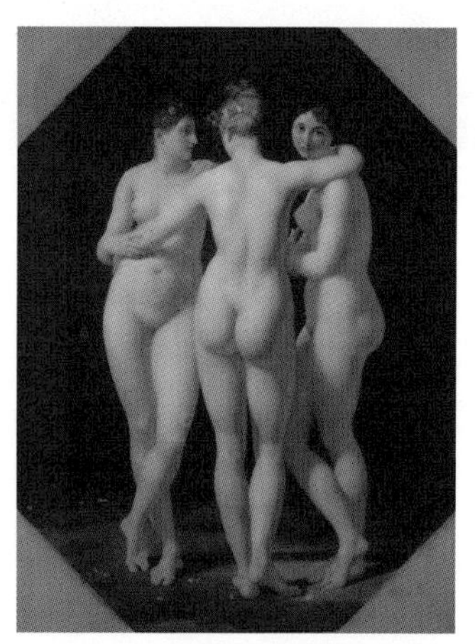

7 삼미신 | 레뇨 | 1793~1794년

니다. 그렇다면 그는 여인들을 왜 이렇게 풍만하게 표현하였을까요? 그 이유 중 하나는 루벤스가 그림에서 중요하게 생각했던 점은 생동감, 즉 에너지나 활력이었기 때문입니다. 그래서 그는 에너지 넘치는 그림을 그리기 위해 비율까지도 무시하였습니다. 라파엘로의 「삼미신」[6], 장 밥티스트 레뇨의 「삼미신」[7]과 비교해 보면 차이를 금방 알 수 있습니다. 루벤스의 그림에서만 보이는 힘이 느껴지십니까?

이렇게 강한 힘이 느껴지는 루벤스의 또 다른 작품을 우리가 어렸을 때 이미 만나본 적이 있습니다. 혹시 『플랜더스의 개』를 아십니까? 만화로도 유명한 『플랜더스의 개』는 할아버지와 우유 배달을 하며 어려운 상황에서도 착하게 살아가는 소년 네로와 반려견 파트라슈가

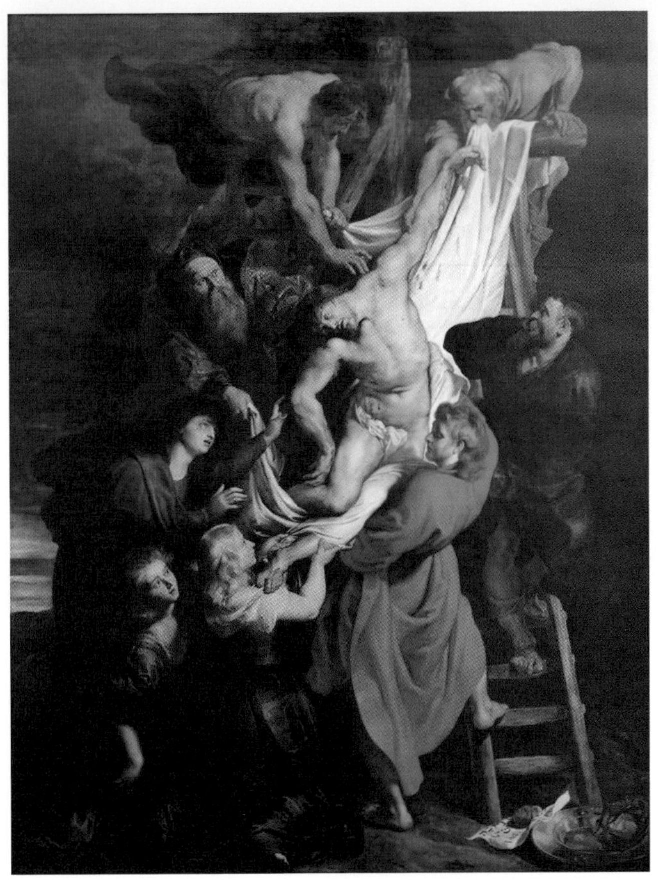

8 십자가에서 내려지는 예수 | 루벤스 | 1612~1614년

주인공인 동화입니다. 이 이야기의 마지막은 슬프게 끝납니다. 할아버지가 돌아가신 후 누명을 쓰고 동네에서 쫓겨난 네로와 파트라슈는 그렇게 보고 싶어 했던 성당의 한 그림 앞에서 추위와 배고픔에 죽어갑니다. 이 죽음 앞에서 네로가 마지막으로 보면서 행복해했던 그림이 바로 루벤스의 「십자가에서 내려지는 예수」[8]입니다. 어떤가요? 네로에게 그랬던 것처럼 루벤스의 살아 있는 듯한 그림이 여러분에게도 위로가 되나요?

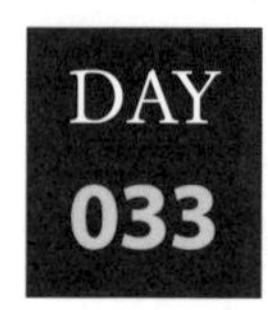

Diego Velazquez (1599~1660)

디에고 벨라스케스

마음이 보이는 초상화를 그리다

여러분은 오늘 기분이 어떤가요? 기쁜가요? 아니면 남모를 고민에 빠져 있나요? 하지만 주변 사람들은 나의 마음을 몰라줄 수도 있습니다. 마음은 눈으로 보이지 않으니까요. 그런데 그런 마음을 역사상 가장 잘 표현했다는 평을 듣는 화가가 있습니다. 그 화가의 섬세한 표현력은 사람의 외모뿐만이 아니라 그 속마음까지 고스란히 그림에 담아놓았습니다. 1620년, 당시 유럽 최강국이었던 스페인의 왕 펠리페 4세 역시 이 화가의 그림에 푹 빠졌습니다. 그래서 말했죠.

"당신만이 스페인에서 유일하게 나의 얼굴을 그릴 수 있는 화가요."

그는 불과 24살에 모든 스페인 화가들의 꿈인 궁정화가가 되었던 것입니다. 첫 번째로 소개할 작품은 그가 그린 고대 그리스의 철학자 「데모크리토스」[1]입니다. 보통 화가들은 데모크리토스를 그릴 때 상징적으로 표현하지만, 이 화가는 데모크리토스를 흔히 궁정에서 볼 수

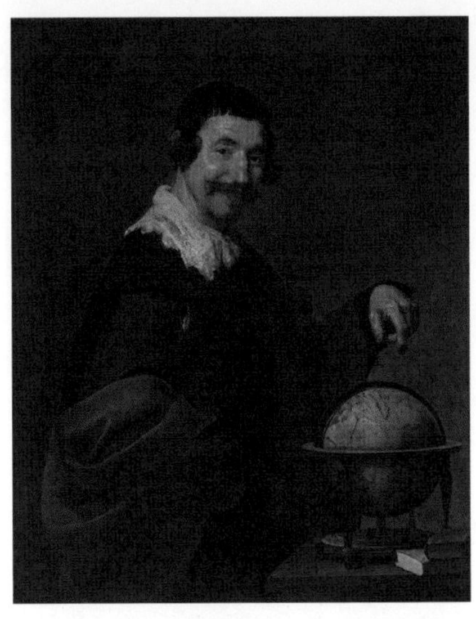

1 데모크리토스 | 벨라스케스 | 1630년경

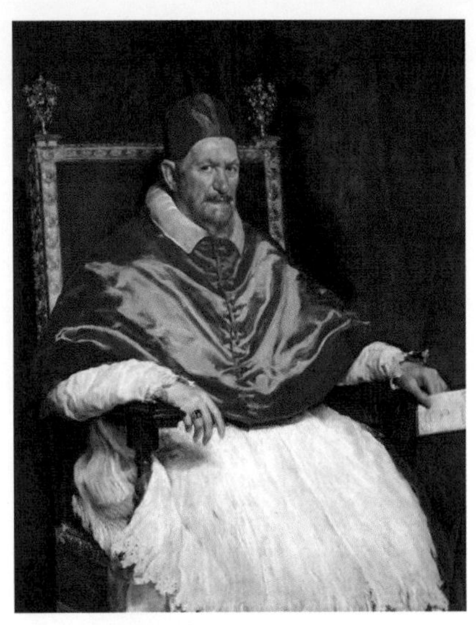

2 교황 인노첸시오 10세 | 벨라스케스 | 1650년경

있는 평범한 사람으로 그려놓았습니다. 그리고는 재미있는 미소로 작품을 마무리하였죠. 그의 그림에는 어떠한 과장도 없습니다. 복잡한 알레고리도 없습니다. 그래서 다른 그림보다 더 진실하게 다가옵니다.

다음 작품은 「교황 인노첸시오 10세」[2]입니다. 화가의 그림을 통해 교황의 성격을 쉽게 유추할 수 있나요? 뾰로통하고 굳은 인상이 명확히 드러나 있습니다. 인노켄티우스 10세는 매우 까다롭고 꼼꼼하고 냉정한 성격을 가졌던 교황으로 알려져 있습니다. 후에 교황은 자신의 그림을 보고는 '지나치게 사실적이다'라며 탐탁지 않아 했다는군요. 그렇지만 이 초상화는 역사상 가장 유명한 초상화 중 하나가 되었습니다.

바로크를 대표하는 '초상화의 대가' 벨라스케스

스페인 세비야의 귀족 집안에서 태어난 벨라스케스는 어려서부터 그림에 남다른 재능을 보여 10살 때부터 본격적인 미술교육을 받았다. 사실적인 묘사와 웅장한 표현을 쓰는 화가로도 유명한 그는 활동 초기에는 종교적인 주제의 그림을 많이 그렸지만, 24살에 궁정화가가 되면서 대부분의 생애 동안 왕과 왕족, 귀족들의 초상화를 그렸다. 예리한 관찰력과 사실적인 묘사를 바탕으로 초상화를 주로 그렸는데, 그의 그림을 너무나도 좋아했던 국왕 펠리페 4세는 그가 죽는 날까지 뒤에서 왕성한 작품 활동을 할 수 있도록 도와주었다. 17세기 스페인 회화의 최대 거장으로 불리는 벨라스케스는 완벽한 구도와 색채로 바로크 시대의 우아함을 대표하는 화가가 되었다.

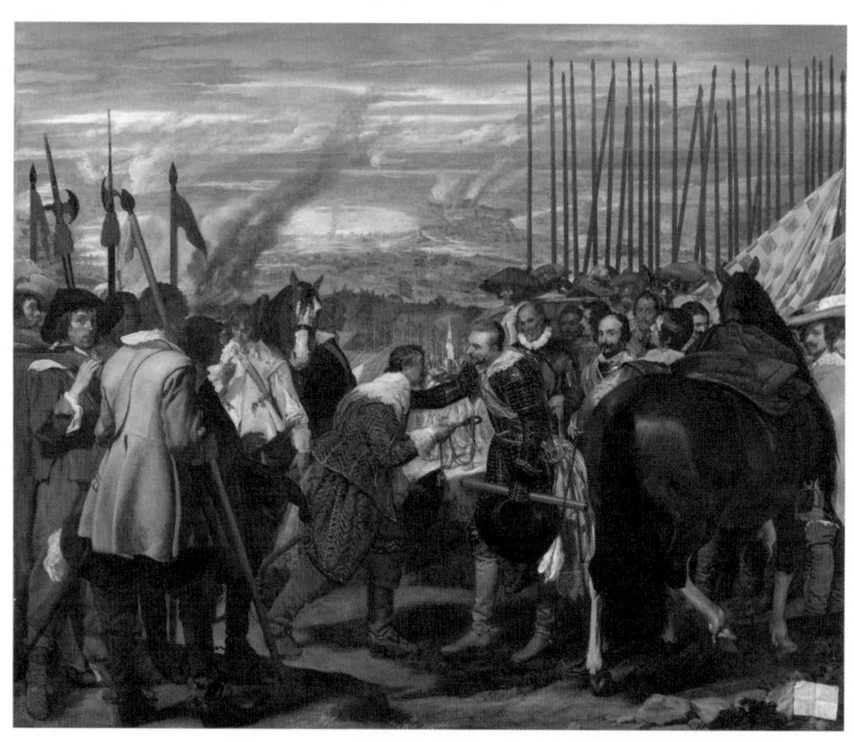

3 브레다의 항복 | 벨라스케스 | 1635년경

이번 작품은 「브레다의 항복」[3]입니다. 이 그림은 스페인의 영광스러운 승리를 그린 전쟁화로서, 내용은 1625년에 9개월간의 싸움 끝에 스페인이 이긴 브레다 성 전투의 한 장면입니다. 한번 자세히 들여다볼까요? 전쟁에서 패한 네덜란드 장군이 어둡고 지친 표정으로 브레다 성의 열쇠를 넘기며 무릎을 꿇으려 하고 있습니다. 하지만 스페인 장군은 오히려 허리를 굽히며 측은한 마음으로 적장을 위로하고 있습니다. 전쟁에서 이긴 오른편의 스페인 군사들도 패한 네덜란드 군사들도 좋아하거나 슬퍼하지 않습니다. 그저 모두 전쟁에 지친 모습들뿐입니다. 그러니까 이 화가는 전쟁조차 과장되게 그리지 않았습니다. 그저 한 사람 한 사람의 표정을 있는 대로 그려감으로써 하나의 그림이 자연스럽게 완성되도록 했던 것입니다. 프랑스의 인상주의 화가인 마네는 이렇게 말했습니다.

“그는 화가 중의 화가였다. 나는 그의 그림 안에서 회화적 이상을 발견하였다.”

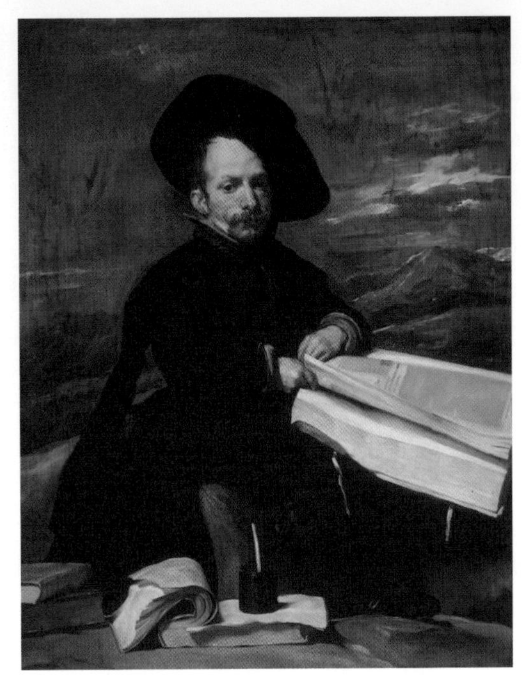

4 광대 엘 프리모 | 벨라스케스 | 1640년경

이 화가의 이름은 바로 디에고 벨라스케스입니다. 사실 당시 화가라는 지위는 높지 않았습니다. 궁정화가라고 해도 월급이 왕의 이발사가 받는 정도였다고 하니까요. 하지만 벨라스케스에 대한 왕의 신임은 특별했습니다. 24살에 궁정화가가 된 그는 28살에는 궁정 안내 관직으로 임명되었고, 37살에는 왕의 최측근인 의상 담당이 되며, 44살에는 시종으로, 결국 53살에는 궁중 서열 3위인 왕실 관리장에까지 올라갑니다. 이것은 전례가 없는 일이었습니다.

그렇다면 도대체 어떤 이유로 벨라스케스는 국왕 펠리페 4세에게 그토록 두터운 신임을 받을 수 있었던 것일까요? 그 이유는 아마도 그의 정직하고 진실한 마음이 주는 신뢰감 때문이 아니었나 하는 생각이 듭니다. 그는 누구나 평등한 시선으로 바라보았습니다. 왕의 지루함을 달래주었던 광대들이나 난쟁이들에 대한 시선에조차 그는 차별을 두지 않았습니다. 다음 그림을 한번 보시죠.

그가 그린 궁중의 「광대 엘 프리모」[4]입니다. 엘 프리모는 매우 머리가 좋았다고 하며 임무는 왕실의 인장을 관리하는 것이었다고 합니다. 그림을 보면 매우 신중한 표정의 엘 프리모가 보입니다. 그리고 그를 앉아 있는 모습으로 그린 이유는 엘 프리모의 짧은 다리를 감춰주려 했던 벨라스케스의 배려로 해석됩니다.

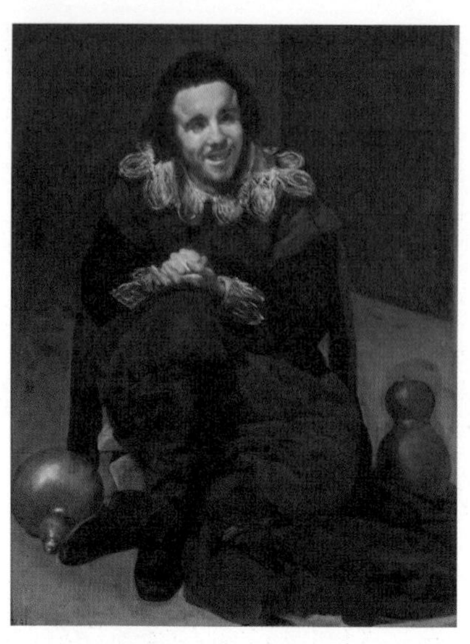
5 **광대 칼라바사스** | 벨라스케스 | 1635~1639년

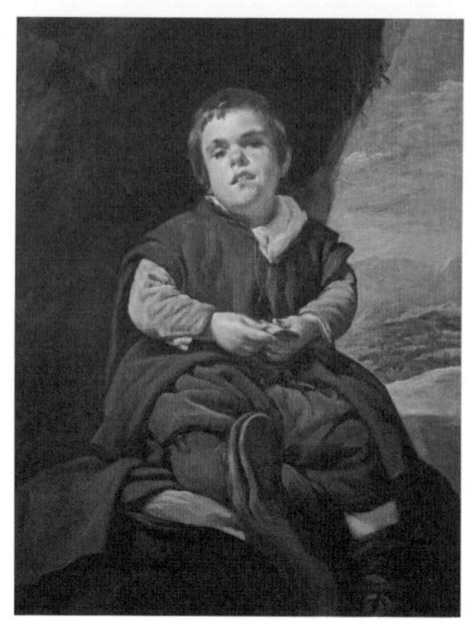
6 **소년 레스카노** | 벨라스케스 | 1635~1645년

바로 다음 작품에서 술을 좋아 했던 「광대 칼라바사스」[5]를 보시면 살짝 취한 듯한 표정이 보입니다. 그 옆의 작품 「소년 레스카노」[6]를 보시면 약간 정신장애가 있었던 것으로 보이는 소년이 그려져 있는데요, 표정에는 경계심 없는 순수함이 묻어 있습니다.

마지막으로 벨라스케스의 최고의 대표작인 「시녀들」[7]입니다. 펠리페 4세의 가족과 궁중 사람들 그리고 그림을 그리고 있는 벨라스케스 자신이 등장하는 이 작품에 관한 칭찬은 끝이 없습니다. 이 작품은 1985년에 예술가와 비평가들이 뽑은 최고의 작품으로 선정되기도 했으며, 피카소는 무려 44번이나 이 작품을 따라 그렸고, 프란시스코 고야는 "우리는 이 작품 앞에서 모두 무지하다."라고 말하기도 하였습니다. 그렇다면 이렇듯 벨라스케스가 최고의 초상화가가 될 수 있었던 이유는 뭘까요? 그것은 아마도 다른 사람들에 관한 진정 어린 관심과 배려 때문은 아닐까요?

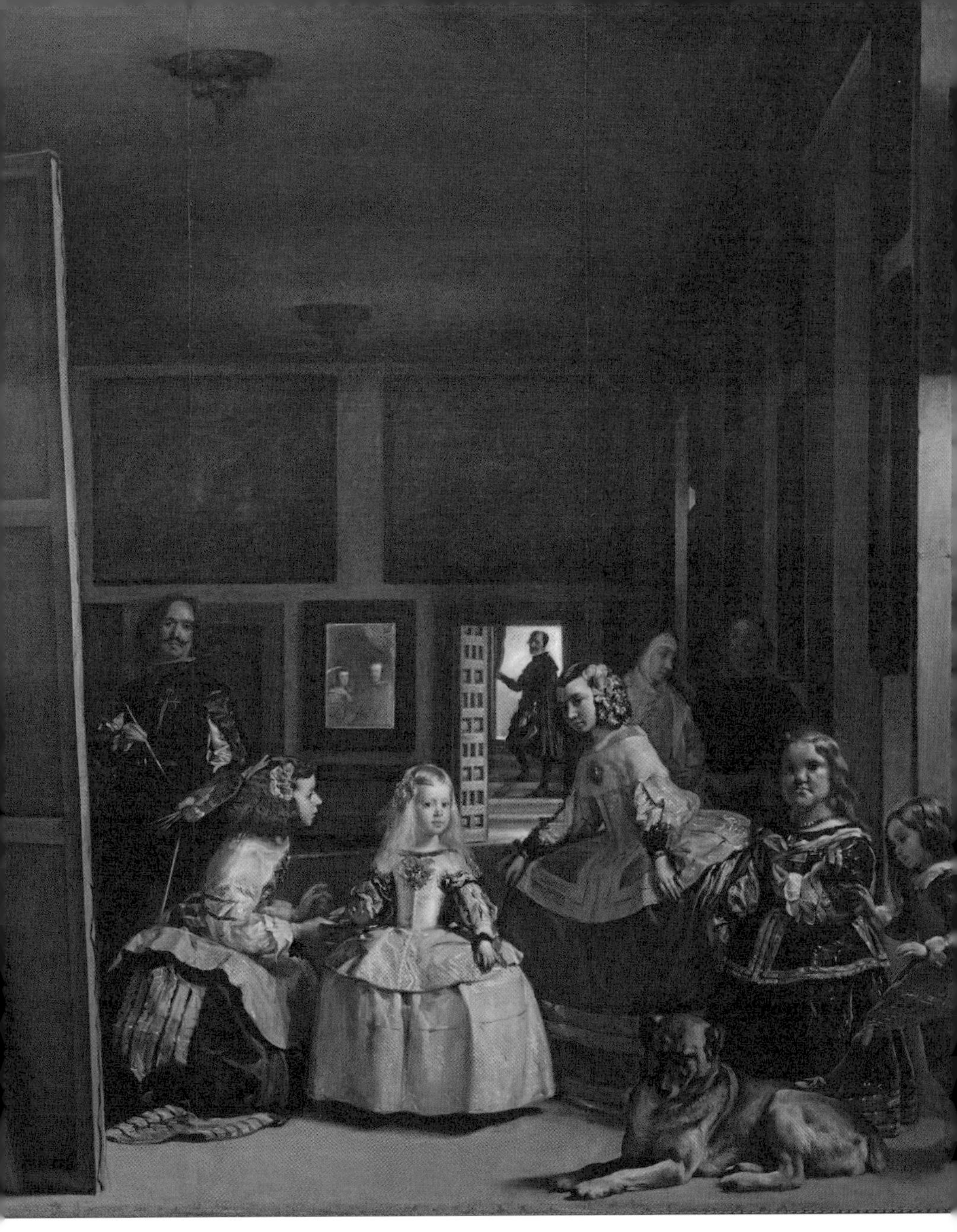

7 시녀들 | 벨라스케스 | 1656년

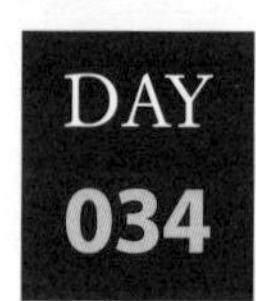

Rembrandt Harmenszoon van Rijn (1606~1669)

렘브란트 하르먼손 반 라인

황소고집인 빛의 화가

따로 배우지 않아도 인물사진을 찍다 보면 터득하는 것이 있습니다. 먼저 조명이 중요하다는 사실입니다. 같은 대상이라도 비치는 빛에 따라 느낌이 달라진다는 것을 알게 됩니다. 두 번째로 중요한 점은 아마 모두 알고 계실 텐데요, 바로 얼굴의 표정과 각도입니다. 그래서 사진을 찍을 때면 최적의 각도와 최고의 표정을 찾게 됩니다. 세 번째는 역시 배경과 소품입니다. 설명이 필요 없습니다.

그림이라고 다를까요? 17세기 바로크 시대에도 이 세 가지를 연구하던 화가가 있었습니다. 남들은 선배 화가들의 그림을 따라 할 때 이 화가는 원리를 연구 분석하고 있었습니다. 그럴 만한 가치도 충분히 있던 시대였습니다. 그전에는 그림의 대부분이 종교화였기 때문에 주문을 늘리려면 사제들 맘에 드는 그림을 그려야 했습니다. 하지만 세상이 바뀌었고, 당시 이 화가가 살던 네덜란드에서는 종교화가 금지되었습니다. 그래서 주요 주문자는 교회에서 대중으로 바뀌었습니다. 그

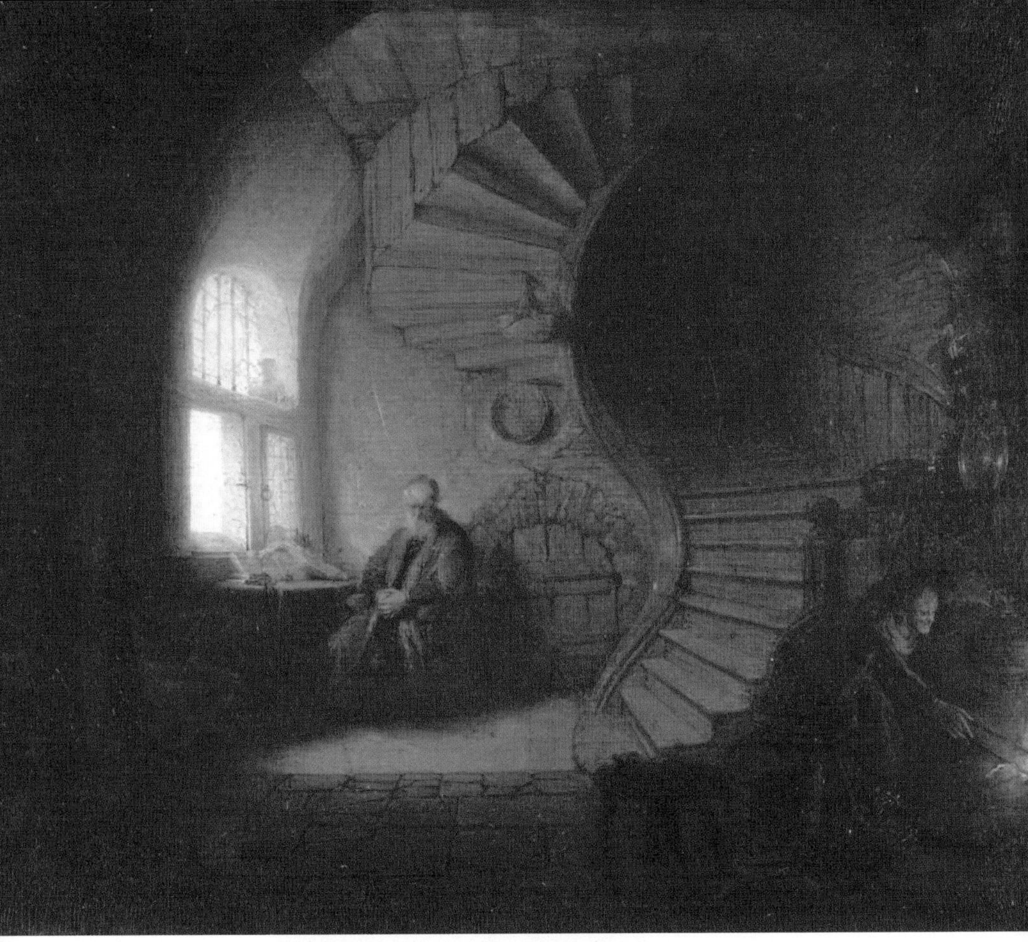

1 명상 중인 철학자 | 렘브란트 | 1632년

들은 그림 시장에서 마음에 드는 작품을 골라 집에 걸어둡니다. 또 잘 그리는 작가를 골라 단체 초상화를 주문해 회관이나 조합의 입구를 장식합니다. 그러니 대중이 좋아하는 그림이 무엇인지에 관한 연구가 성공만 한다면 부자가 될 수도 있었습니다. 이 화가는 결국 성공했고 부자가 되었습니다. 그는 바로 그 유명한 빛의 화가, 렘브란트입니다. 사람들은 그가 연구했던 조명 기법을 지금도 쓰며 '렘브란트 라이트'라는 이름을 붙였습니다.

렘브란트의 화법에서 중요한 연구 중 첫 번째는 빛 연구입니다. 그의 작품 「명상 중인 철학자」[1]를 보시면 인물 두 명이 보입니다. 방의 중앙에는 명상하는 철학자가, 오른편 아래에는 불을 지피는 노파가 보조 출연으로 나타납니다. 사실 이 작품의 실제 주인공은 넓은 공간과 비치는 빛입니다. 화면 전체는 안개가 낀 듯 아스라합니다. 실제로 실내가 이럴 수는 없습니다. 의도한 것입니다.

화면 가운데는 원형으로 돌며 두 개의 층을 연결하는 계단이 보이는데요, 이것은 빛의 효과를 극대화하기 위해 선택한 것입니다. 주가 되는 조명은 왼편 창문에서 쏟아지는 빛입니다. 이 빛이 방 전체를 휘감고 있습니다. 그리고 그것이 닿지 않는 공간은 암흑입니다. 화면 왼편의 1/4 정도가 암흑이고 계단의 중심부가 암흑입니다. 렘브란트는 이렇게 밝음과 어두움의 대비를 통해 입체감을 주고 마치 빛이 휘어 돌아가는 듯한 효과를 주어 분위기 있는 실내를 완성했습니다. 특히 오른편 아래 벽난로는 보조적 빛을 만들기 위한 것입니다. 그 부분을 가리고 보면 공간감이 확 떨어집니다. 렘브란트는 「명상 중인 철학자」를 그렸지만, 사실은 빛 연구와 배경 연구를 했던 것입니다. 이와 비슷한 작품이 여러 점 있습니다.

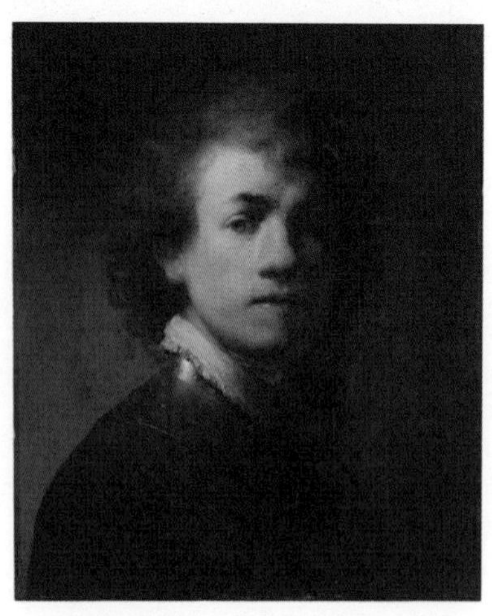

2 갑옷의 목가리개를 한 자화상 | 렘브란트 | 1629년경

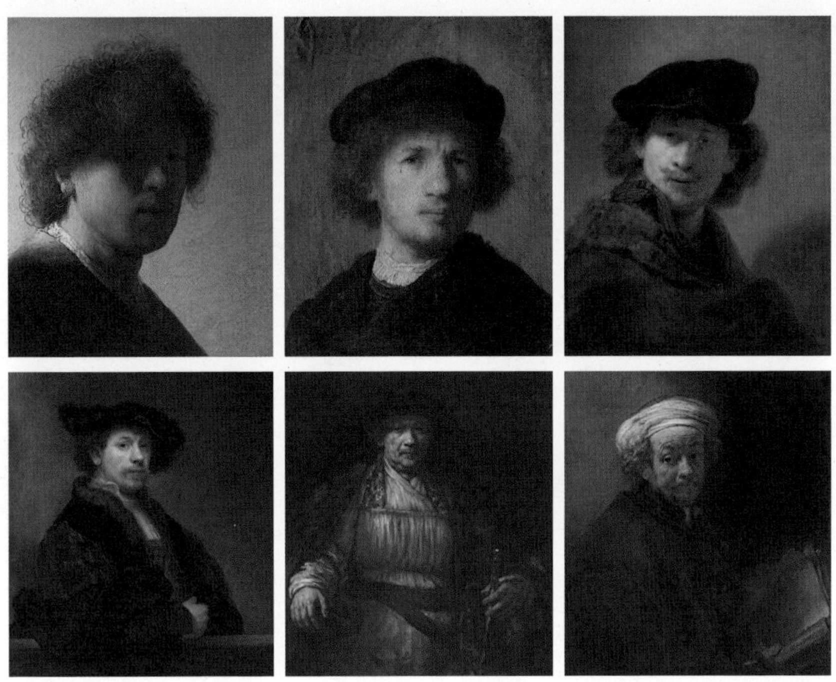

3 자화상 시리즈 | 렘브란트 | 1628~1661년

두 번째로 표정 연구가 중요했습니다. 물론 여기에 얼굴 각도와 빛의 연구까지 덧붙여집니다. 그것은 그의 여러 자화상[2~3]을 보면 확인할 수 있습니다. 그는 거울을 보며 이 표정 저 표정을 즉석에서 지어보기도 하고 오랫동안 바라보며 거울과 대화하는 자신의 깊은 표정까지 끄집어냅니다. 그리고 마음에 들면 캔버스에 옮깁니다. 조명도 연구합니다. 렘브란트의 자화상마다 비치는 빛이 차이가 큽니다. 심지어 눈이 암흑에 가려져 거의 보이지 않는 것도 있습니다. 그는 스스로 거울을 보며 마음에 드는 표정과 최적의 조명을 수많은 연습을 통해 찾았던 것입니다. 그래서인지 렘브란트의 자화상이 상당히 많이 남아 있습니다.

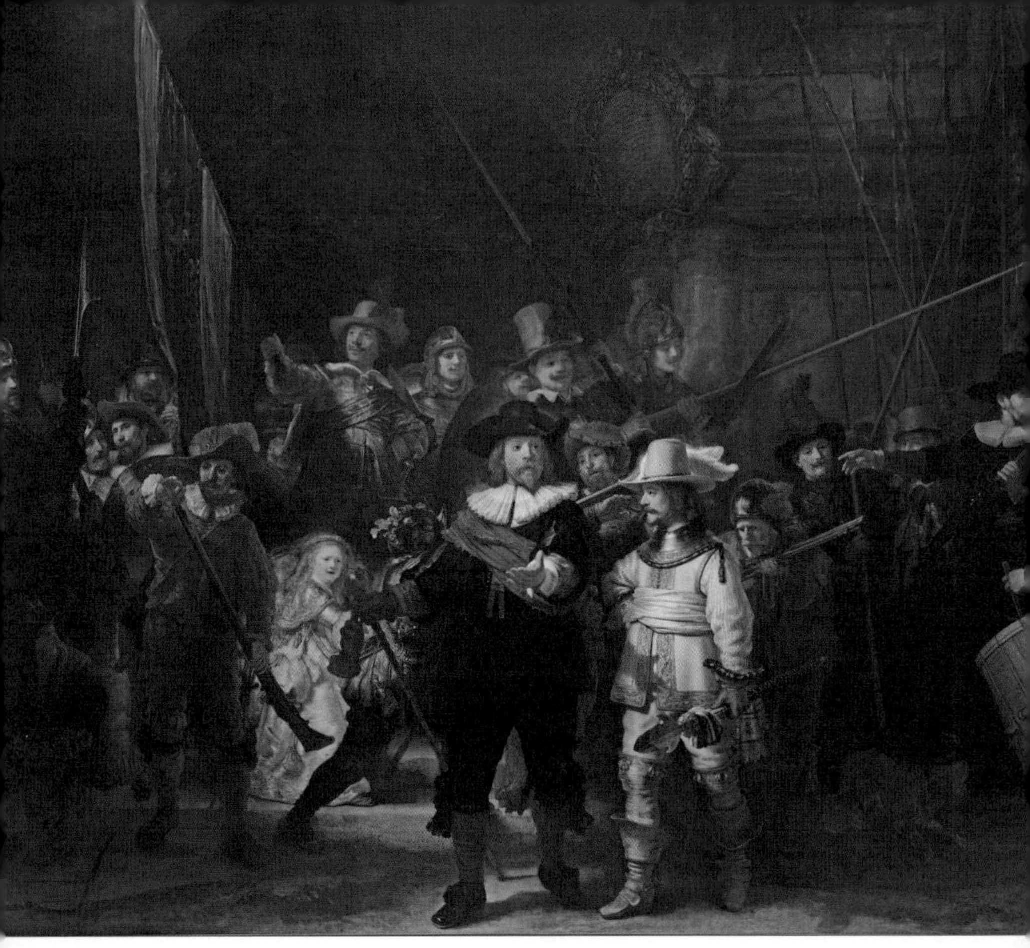

4 프란스 바닝 코크 대장의 민병대 | 렘브란트 | 1642년

마지막 작품은 빛과 표정과 각도 그리고 배경과 소품까지 종합적인 연구의 결과인 「프란스 바닝 코크 대장의 민병대」[4]입니다. 흔히 「야경」으로 널리 알려진 이 그림은 렘브란트 최고의 작품이자 세상에서 가장 유명한 작품 중 하나입니다. 이 작품이 높이 평가받는 이유 중 하나는 이야기와 구성입니다. 주문자가 원한 것은 사실 단체 기념 초상화였습니다. 그러니 한 사람 한 사람의 얼굴을 각자 마음에 들게 그려주기만 하면 됩니다. 그런데 렘브란트는 민병대가 실제

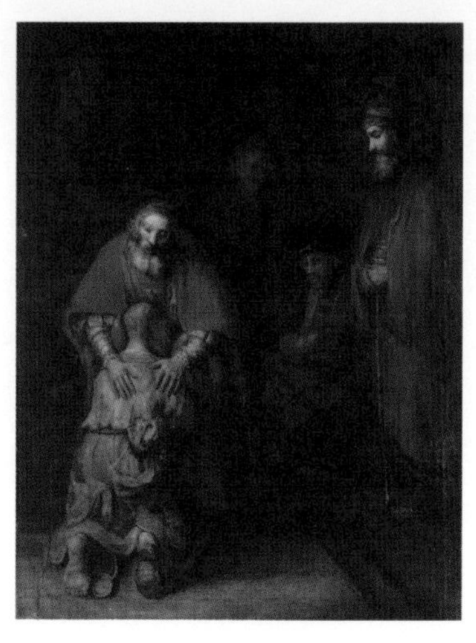

5 돌아온 탕자 | 렘브란트 | 1668년경

전투를 앞두고 각자 준비하는 상황에 더해 각 개인의 이야기까지 넣어 그렸습니다. 대장은 손을 앞으로 내밀며 지시를 하고, 부관은 대장을 바라봅니다. 뒤에는 깃발을 준비하거나 총을 점검하거나 북 치는 연습을 하는 대원들이 보입니다.

두 번째는 역시 빛을 잘 이용했다는 것입니다. 사람에 따라 밝음과 어두움을 대비시켜 극적인 효과를 주었다거나 그림자를 이용해 관객의 시선을 유도합니다. 특히 가운데 흰 드레스를 입은 소녀는 눈에 띌 수밖에 없습니다.

세 번째는 표정 표현입니다. 그래서 등장인물을 한 명씩 보는 것도 재미있습니다. 이외에도 배경과 소품 선정, 의미 있는 상징까지 이 작품에는 포함되지 않은 것이 없습니다. 렘브란트는 빛의 마술사가 아니라 회화의 마술사였는지도 모릅니다.

하지만 당시 이 그림을 함께 주문했던 사람들은 누구는 그림에서 잘 표현되고 누구는 잘 보이지 않는 모습을 보고 비난과 혹평을 했습니다. 하필 그해에 아내의 죽음도 겪게 됩니다. 그렇게 렘브란트는 아내도 잃고, 명예도 잃고, 그림 주문도 거의 끊기는 상황을 맞이했습니다. 더욱 안타깝게도 이후 파산 신청까지 하며 빈곤 속에서 말년을 보내게 되었고 자신의 처지를 투영하여 그렸다고 여기는 「돌아온 탕자」[5]를 끝으로 생을 마감하였습니다.

렘브란트는 고집쟁이?!

초상화의 대가였던 렘브란트는 인기가 많았지만, 그만의 스타일에 대한 고집이 있었다. 그래서 고객의 초상화를 고객이 원하는 대로 그리지 않고 있는 그대로 자연스럽게 그리려 했다. 또한 당시 인물 단체화의 경우, 모든 인물이 일렬로 다 잘 나오게 그리는 시대 관행과 다르게 자연스러운 구도 속에 누군가는 잘 보이게 그리고 누군가는 잘 안 보이게 그리는 방식으로 묘사했다. 그래서인지 고객의 주문이 줄어들기도 했다고 한다.

Special

DAY 035

뿔뿔이 흩어진 그림「산 로마노 전투」

연작을 한 곳에서 감상하고 싶은 기대

오늘은 연작으로 그려졌으나, 세 개로 쪼개져 흩어져버린 운명의 그림을 소개할까 합니다. 제목은「산 로마노 전투」입니다.

제1편은「피렌체군을 이끄는 니콜로 다 톨렌티노」[1]로 현재 런던 국립미술관에 있습니다. 제2편은「베르나르디노 델라 카르다에 대한 승리」[2]인데 피렌체 우피치 미술관에 있습니다. 마지막으로 제3편인「미켈레토 다 코티뇰라의 반격」[3]은 파리 루브르 박물관에 있습니다.

그런데 초기 르네상스 피렌체에서 그려진 이 걸작이 왜 뿔뿔이 흩어져버린 것일까요? 그림의 사연을 들어보시죠. 먼저 내용입니다.

시대는 1400년경 이탈리아의 격동기. 각자의 세력을 불리기 위해 전쟁이 그칠 날이 없었습니다. 그러던 1432년 6월, 아르노강 변의 산 로마노에서 전투가 벌어지고, 피렌체군 4,000명과 시에나군 8,000명이 격돌하게 됩니다. 참고로 그때의 군인들은 지금과는 달랐습니다. 국방의 의무를 지는 것이 아닌 돈을 위해 싸웠던 프로 군인들이었죠.

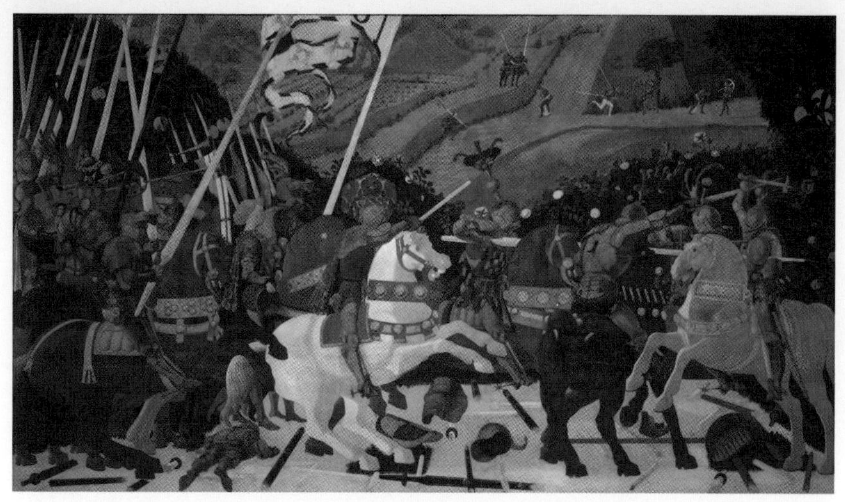

1 산 로마노 전투: 피렌체군을 이끄는 니콜로 다 톨렌티노 | 우첼로 | 1438~1440년

피렌체는 무모하기로 소문이 났던 니콜로 다 톨렌티노를 대장으로 고용하였습니다. 시에나군의 용병대장은 베르나르디노 델라 카르다입니다. 얼마 전까지만 해도 피렌체에 고용되었던 용병대장입니다. 이런 군인들을 콘도티에리condottieri라고 불렀고, 그 어원은 '계약'에서 유래되었습니다.

먼저 제1편을 보시면 나팔수들의 팡파르와 깃발을 뒤로하며 피렌체군 용병대장 톨렌티노가 백마를 타고 선두에서 진격합니다. 거칠다는 명성에 맞게 투구도 쓰지 않고 있군요. 프로 군인들이었던 만큼 치장도 화려합니다. 바닥에는 죽은 병사도 보이고, 부러진 창과 갑옷 조각들이 널려 있습니다. 그림으로 보아서는 피렌체군의 우세가 점쳐집니다.

다음 제2편에서 전투는 점점 치열해지고 바닥에는 죽은 말들이 뒹굽니다. 그리고 피렌체군에게 잡혀 죽음을 앞에 둔 시에나 군인도 보이고, 패배를 눈치채고 도망가는 시에나군의 말의 엉덩이가 보입니다. 그림 가운데 창에 맞아 말에서 떨어지기 직전인 군인이 보이십니까? 시에나군의 용병대장 카르다입니다. 승패가 거의 정해진 것 같습니다. 그런데 멀리 뒤를 보시죠. 전투가 한창인데 병사들이 토끼 사냥을 하고 있네요. 당시 전쟁은 돈을 받고 싸우는 용병들의 몫

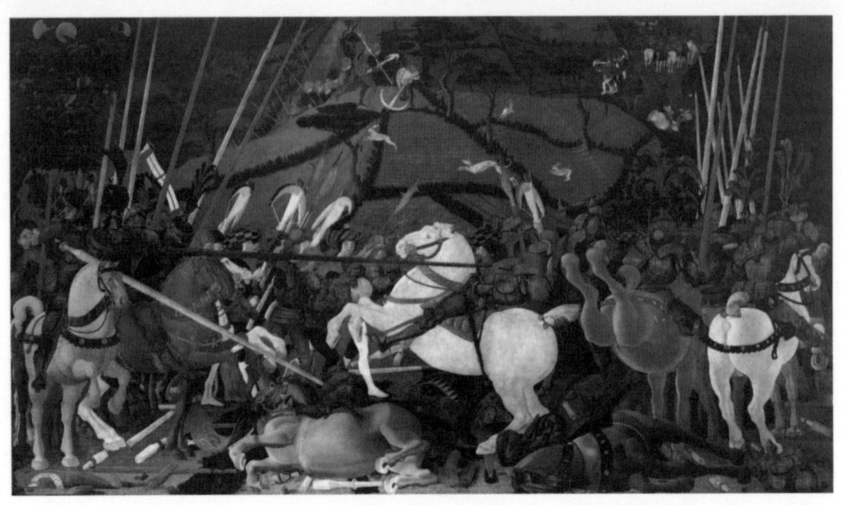

2 산 로마노 전투: 베르나르디노 델라 카르다에 대한 승리 | 우첼로 | 1440년경

이었죠. 그래서 때로는 시늉만 하기도 했고 몸을 사리는 전투가 많았습니다.

이제 마지막 편을 보시면 전쟁이 대충 끝나가는 저녁, 피렌체군을 돕기 위해 지원군이 도착했습니다. 용병대장은 미켈레토이고 그는 적을 포위한 후 역습을 명령하고 있습니다. 검은 말의 표정을 보시죠. 기세가 대단합니다. 결국, 600명의 사망자가 나온 이 전쟁에서 피렌체군은 대승합니다. 당연히 축제 분위기였고 승리를 기념으로 남기고 싶었겠죠. 그래서 전쟁 자금을 댔던 피렌체의 부호 바르톨리니는 이 기념비적인 작품을 화가 파올로 우첼로에게 맡깁니다.

우첼로는 1438년경 높이 3m, 너비 약 3m, 두께 2.5cm의 포플러 나무 위에 이 세 점의 전쟁화를 그리기 시작합니다. 이것은 누구도 시도해보지 않았던 초대형 프로젝트였죠. 우첼로는 당시 최고 예술가였고 처음 발견된 원근법에 심취해 있던 화가였습니다. 그가 원근법을 적용하지 않고 그린 그림과 적용해 그린 것과의 차이는 컸습니다. 그는 자신이 터득한 원근법을 적용해 훨씬 사실적인 전쟁화를 남길 수 있었고, 그렇게 초기 르네상스의 대작은 탄생했습니다.

그 후 이 그림은 주문자였던 바르톨리니의 침실을 장식하다가 그가 죽자 아들 다미아노와 안드레아에게 물려집니다. 그런데 그때 이 그림을 탐냈던 사람이 있었습니다. 당시 피렌체 최고의 권력자였던 메디치 가문의 로렌조였습니다. 그는 이 그림을 자신에게 넘길 것을 요구했죠. 하지만 다미아노와 안드레아는 거절했습니다. 결국 거절을 인정할 수 없었던 권력자는 그 그림을 훔치게 되고, 자신의 방 크기에 맞게 잘라낸 후 침실 장식품으로 걸어 놓았습니다.

그 후 소송이 진행되었고 다미아노와 안드레아는 승소했지만, 메디치 가문은 그림을 내놓지 않았습니다. 그래서 얼마 전까지도 이 그림의 주문자가 메디치 가문인 것으로 잘못 알려져 있었습니다. 하지만 권력도 영원할 수는 없었고, 1784년에 메디치 가문이 몰락하면서 이 그림은 피렌체시에 귀속됩니다. 그리고 수백 년 동안 화상들의 손을 거쳐 현재의 위치로 가게 된 것입니다.

20세기에 들어와 「산 로마노 전투」의 가치는 재조명되었고, 많은 작가가 이 그림에서 영감을 받아 전쟁화들을 그리기 시작합니다. 그림은 더욱더 유명해졌죠. 이제 많은 사람은 이 연작 그림을 한 곳에서 감상할 수 있기를 바랍니다, 그런데 런던 국립미술관, 우피치 미술관, 루브르 박물관이 한마음이 될 수 있을까요?

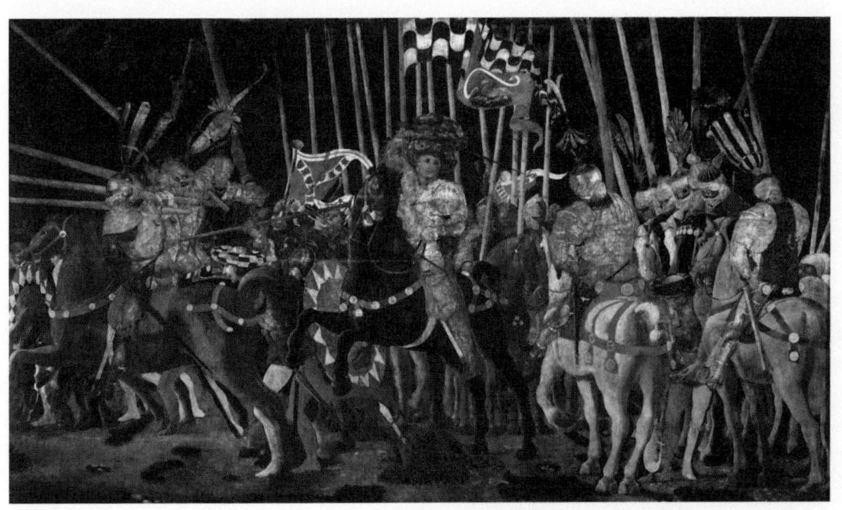

3 산 로마노 전투: 미켈레토 다 코티뇰라의 반격 | 우첼로 | 1440년경

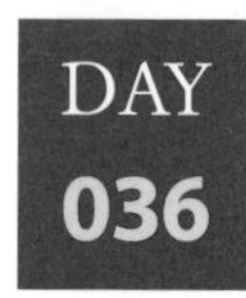

DAY
036

Johannes Vermeer(1632-1675)

요하네스 베르메르

200년 만에 다가온 빛의 화가

「우유 따르는 여인」[1]은 네덜란드 어느 시골 농가의 소박한 부엌 풍경을 그린 작품입니다. 우유를 따르며 아침을 준비하는 하녀의 얼굴에서는 일상의 평화로움이 느껴집니다. 노란 옷에 빨간 치마 그리고 파란 앞치마, 녹색 테이블과 하얀 우유. 이 모든 색의 조화로움이 어우러진 소박한 정경은 너무도 고급스럽고 아름다운 모습입니다. 조용한 부엌의 창으로 스며드는 따사롭고, 화사한 아침 햇살은 이 모든 풍경 전체를 다시 한 번 부드럽게 감싸주고 있습니다.

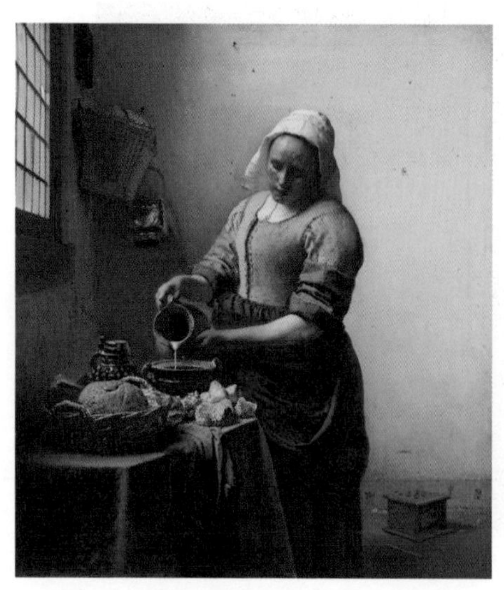

1 우유 따르는 여인 | 베르메르 | 1658~1660년

일상 속에서의 고요한 아름다움을 잔잔하게 전달해 주었던, 이 따뜻한 빛의

화가는 바로 요하네스 베르메르(또는 얀 페르메이르)입니다. 베르메르는 현재 렘브란트와 함께 네덜란드를 대표하는 화가입니다. 하지만 그가 이러한 명성을 얻은 지는 얼마 되지 않았습니다. 그는 19세기 사실주의와 인상주의 화가들에 의해 재조명될 때까지 200년이나 잊혔던 화가였습니다. 네덜란드의 델프트라는 곳에서 태어나 평생을 그곳에서 살았던 베르메르는 43살에 죽었고 40점이 채 안 되는 작품만을 남겼기 때문에 널리 알려지지 못했습니다. 하지만 그의 작품에는 자신만의 잔잔한 아름다움이 녹아 있습니다.

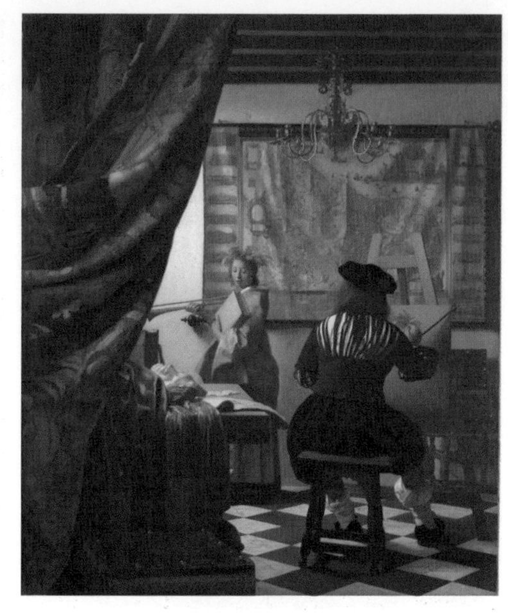

2 화가의 아틀리에 | 베르메르 | 1666~1668년

「우유 따르는 여인」을 자세히 보면 부엌에 있는 빵의 질감, 바구니의 질감 그리고 벽에 난 못 자국과 작은 구멍까지 섬세하게 묘사되어 있습니다. 심지어 깨져 있는 창문의 모습까지 그렸다는 점에서 우리는 그가 얼마나 세밀하고 정확하게 그림을 그렸는지 알 수 있습니다. 그러다 보니 전문가들은 그가 카메라 옵스큐라를 이용해 사물의 모습을 영상으로 투사하여 그렸을 것으로 추측합니다.

다른 작품인 「화가의 아틀리에」[2]를 보면 바닥의 무늬와 지도의 주름 등 그의 사실적 묘사가 정말로 뛰어남을 확인할 수 있습니다. 그리고 왼쪽 창문을 통해 들어오는 햇살은 이 공간을 더욱 입체적으로 보여주는 역할을 하고 있습니다. 베르메르는 이렇게 왼쪽 창문에서 들어오는 빛의 효과를 다른 작품에서도 많이 사용하였습니다.

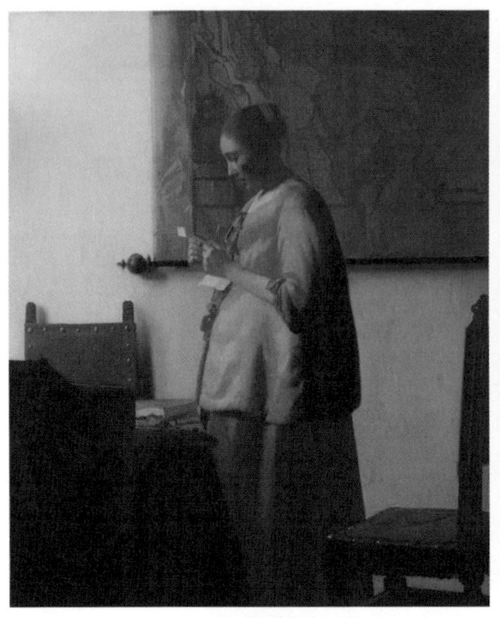

3 편지를 읽는 여인 | 베르메르 | 1663년경

4 하녀와 함께 편지를 쓰는 여인 | 베르메르 | 1670년경

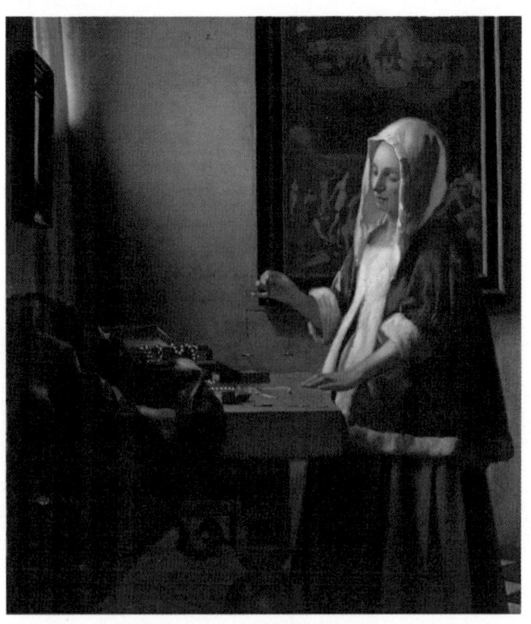

5 저울을 든 여인 | 베르메르 | 1664년경

「편지를 읽는 여인」[3], 「하녀와 함께 편지를 쓰는 여인」[4], 「저울을 든 여인」[5] 역시 왼편 창문에서 부드럽게 흘러 들어오는 빛을 이용해 그려졌습니다. 이렇듯 빛이 있는 공간의 색과 그림자의 변화를 잘 관찰하여, 사실적으로 그려낸 베르메르는 당연히 인상주의 화가들에게도 큰 영향을 미쳤습니다.

이번에는 앞서 나온 「우유 따르는 여인」의 주인공이 입고 있는 옷에 주목해 보고자 합니다. 노란 상의와 파란색 앞치마를 입었습니다. 어떻습니까? 아름답게 조화를 이루지 않습니까? 베르메르는 노란색과 파란색을 잘 쓰는 화가로도 유명합니다.

「진주 목걸이를 한 여인」[6], 「연애편지」[7], 「물 주전자를 든 여인」[8]에서도 주인공들은 노란색과 파란색 옷을 입고 있습니다. 또 한 가지, 베르메르는 「지리학자」[11], 「천문학자」[12], 「세 사람의 연주회」[13] 등 몇몇의 작품을 제외하고는 여인을 주제로 한 일상의 모습을 그려내었습니다. 특히 영화의 제목이기도 했던 베르메르의 대표작 「진주 귀고리를 한 소녀」[9]를 보면 베르메르는 귀고리를 한 소녀의 눈빛을 너무나도 순수하고 매혹적으로 그려냈습니다. 앞에서도 언급했듯이 베르메르의 작품들은 그 수도 많지 않았을 뿐더러 후원자에 의해서 대부분 구매되었기에 더더욱 오랜 시간 동안 일반인들에게 알려지지 못했습니다. 그리고 그가 남긴 그림 중 자신을 그린 것은 「뚜쟁이」[10]에서 잔을 들고 웃고 있는 남자가 베르메르라는 주장을 제외하면, 「화가의 아틀리에」 하나뿐이라고 추정이 되는데, 그마저도 자신을 뒷모습으로 그려놓았습니다. 정적인 아름다움을 그려내었던 그의 그림처럼 베르메르는 내성적이었고, 자신을 잘 내세우지 않았던 조용한 성격이 아니었을까 하는 생각이 듭니다.

오늘은 일상 속의 잔잔한 아름다움을 선사하는 베르메르의 작품들을 천천히 감상해 보세요.

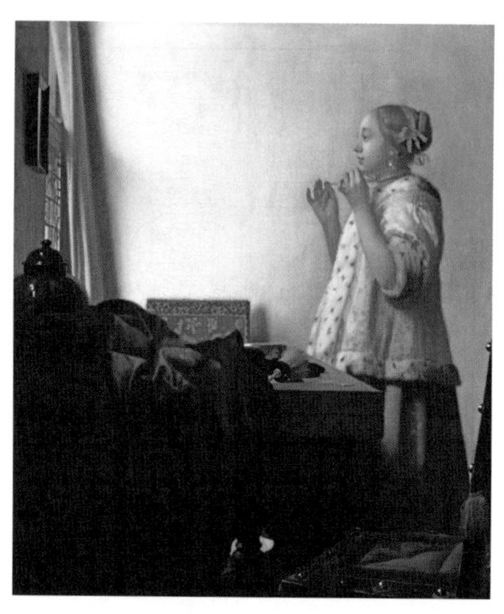

6 진주 목걸이를 한 여인 | 베르메르 | 1663~1665년경

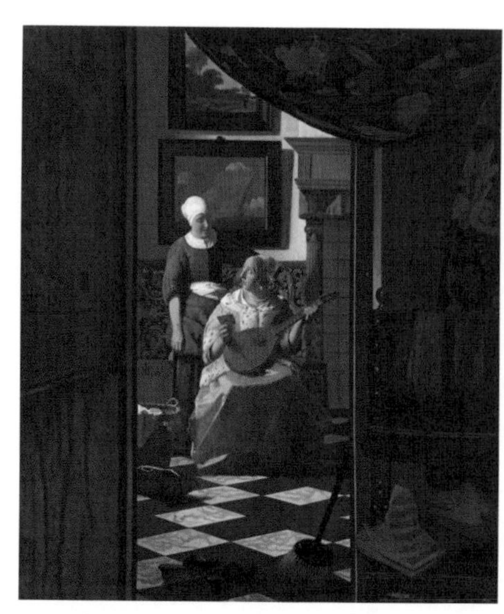

7 연애편지 | 베르메르 | 1669~1670년경

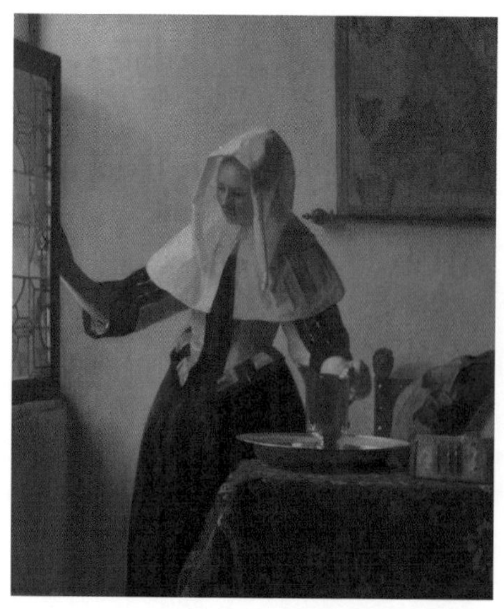

8 물 주전자를 든 여인 | 베르메르 | 1662년경

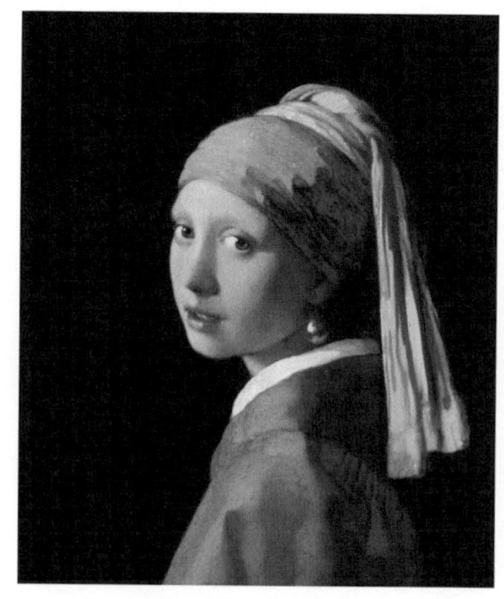

9 진주 귀고리를 한 소녀 | 베르메르 | 1665년경

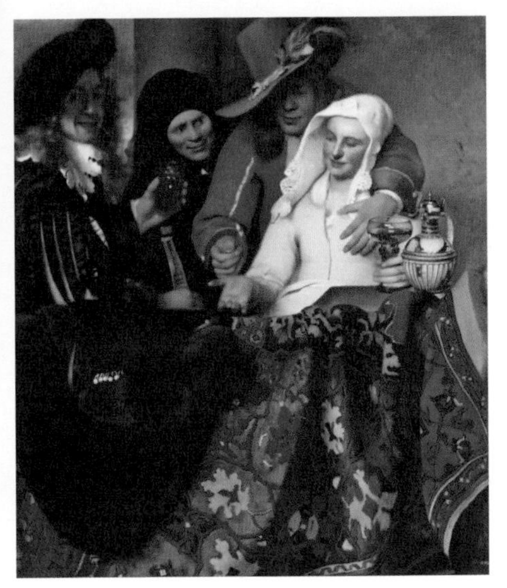

10 **뚜쟁이** | 베르메르 | 1656년

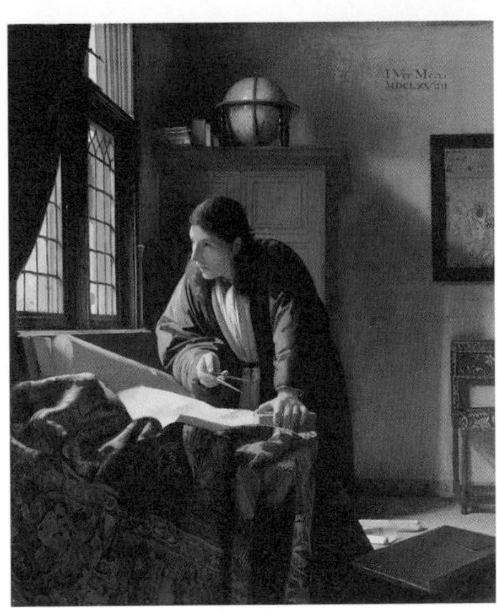

11 **지리학자** | 베르메르 | 1669년경

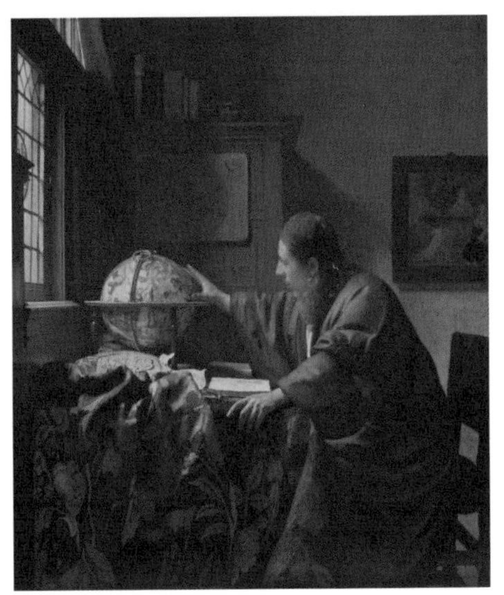

12 **천문학자** | 베르메르 | 1668년경

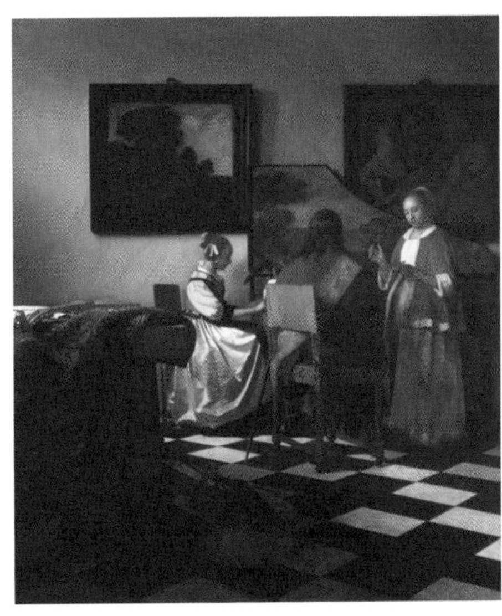

13 **세 사람의 연주회** | 베르메르 | 1664년경

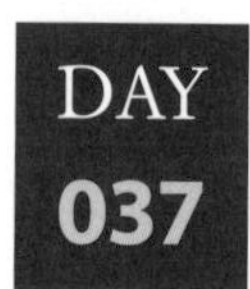

Rococo art(1700~1780)

로코코 미술

우아한 여성의 시대

프랑스의 루이 14세[1]는 태양왕이라고 불리며 강력한 왕권을 누렸던 왕입니다. 그는 세상에서 가장 화려하다는 베르사유 궁전을 짓고는 그곳에서 권력과 사치의 극치를 보여주었습니다. 루이 14세 하루의 일과는 모든 대신이 참여해야 하는 국가 행사 수준이었습니다. 당연히 주변 사람들은 지쳤을 것입니다. 그러던 1715년 9월 1일, "짐은 이제 죽는다. 그러나 국가는 영원하리."라는 말을 남기고 루이 14세는 세상을 떠납니다.

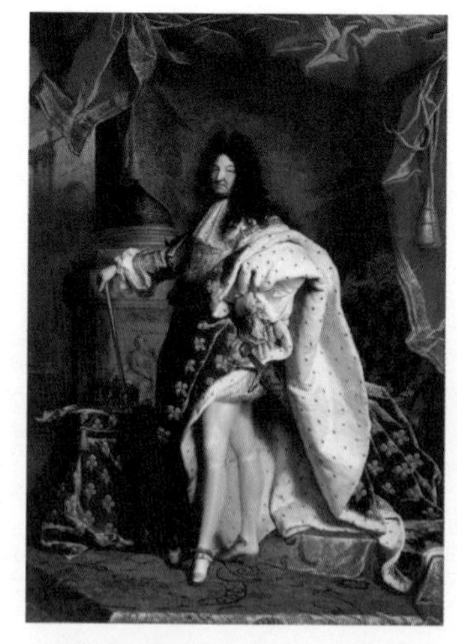

1 왕실복을 입고 있는 프랑스의 왕, 루이 14세
| 리고 | 1701년

그의 곁에서 숨죽이며 살 수밖에 없었던 귀족들에게는 이제 자유의 시간이 찾아온 것입니다. 신이 난 귀족들은 하

나둘 베르사유를 떠나게 되었고, 못다 한 자신만의 시간을 누릴 수 있는 멋진 저택과 그 집을 꾸밀 장식품들이 필요하게 되었습니다. 이렇게 시작된 미술이 있는데 그것이 바로 '로코코'입니다. 유행했던 시간은 길지 않습니다. 루이 14세가 죽고 시작되어 루이 15세[2] 시대에 끝납니다.

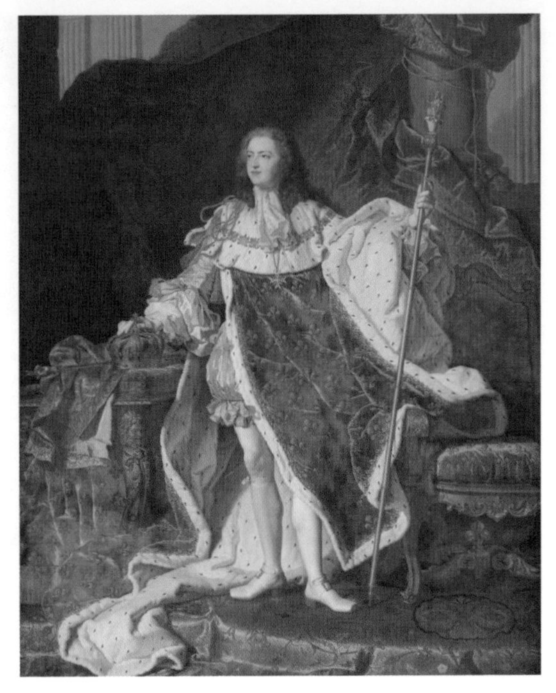

2 루이 15세, 프랑스 왕 | 리고 | 1730년

그 시대의 모습을 잘 드러내는 것이 장 앙투안 와토의 1720년 작품인 「제르생의 간판」[3]입니다. 와토는 로코코를 대표하는 화가이고, 제르생은 갤러리를 운영하던 와토의 친구로 알려져 있습니다. 귀족들이 자신의 집을 장식할 작품을 고르고 있는 풍경입니다. 왼편에는 배송할 작품을 포장하고 있는 점원들이 보이고, 한 귀족 부부는 궁금했던지 그 장면을 지켜보고 있습니다. 오른편에는 무릎까지 꿇고 꼼꼼하게 그림을 살펴보는 부부가 보이고 테이블에서는 또 다른 손님에게 그림을 설명하는 주인이 보입니다. 상점 뒤로는 수많은 그림이 벽을 메우고 있습니다.

일반적으로 로코코는 이렇게 설명됩니다. '1700년대 초부터 1780년대에 걸쳐 프랑스를 중심으로 독일, 오스트리아 등으로 퍼져나가 유행한, 장식성이 강한 미술이다. 느낌은 밝고, 섬세하고, 경쾌하고, 부드럽고, 가볍고, 즐겁고, 화려하고, 달콤하고, 아름답고, 감미롭고, 우아하다.' 이렇게 설명조차 꾸밈말이 많은 것이 특징입니다.

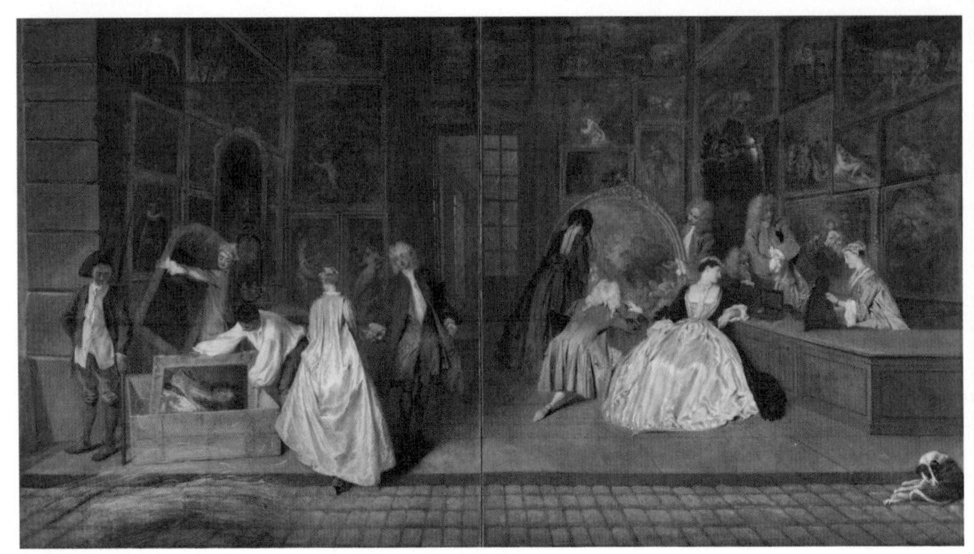

3 제르생의 간판 | 와토 | 1720년

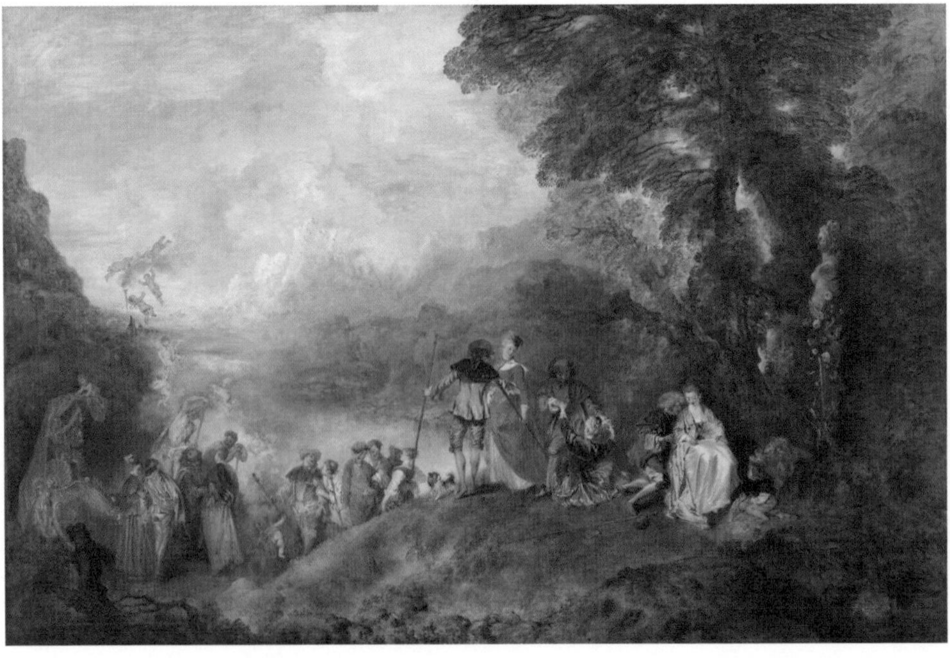

4 키테라섬의 순례 | 와토 | 1717년

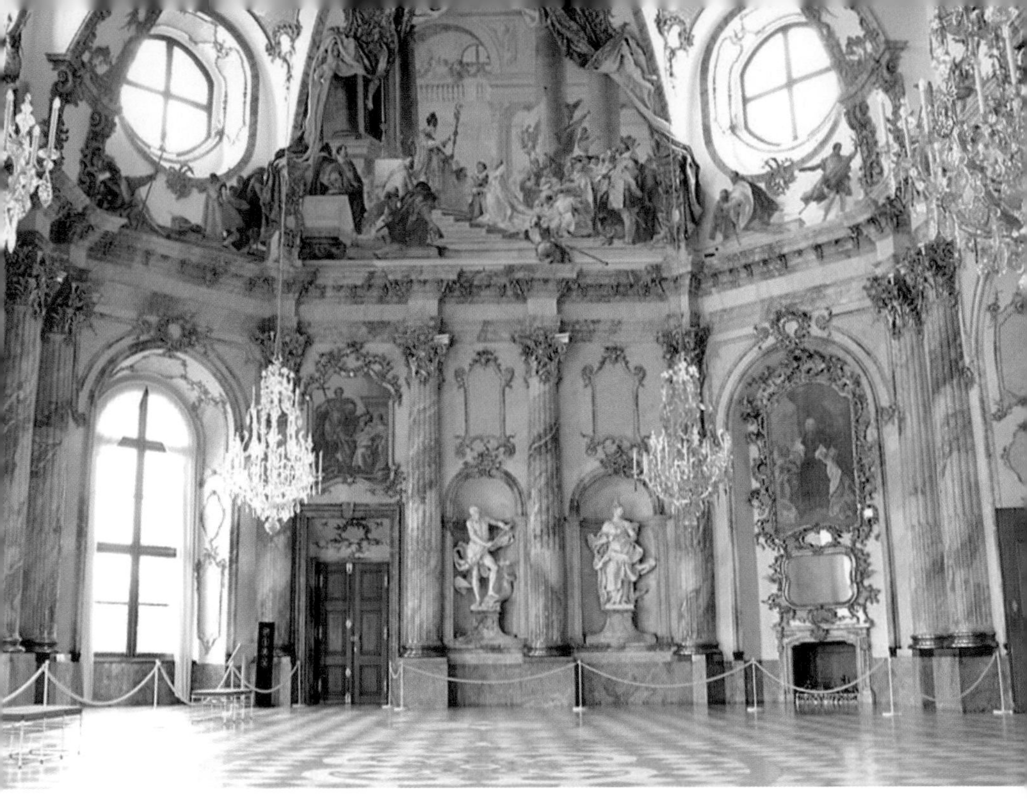

5 독일 뷔르츠부르크 공관의 임페리얼홀 | 1749~1951년

다음은 로코코의 대표작으로 종종 설명되는 와토의 「키테라섬의 순례」[4]입니다. 이 꿈결 같은 그림의 장소는 키테라섬입니다. 키테라섬은 사랑의 여신 아프로디테와 에로스가 사는 곳입니다. 말이 필요 없는 사랑의 성지입니다. 이곳에 오면 이상형을 만날 수 있고 완벽한 사랑을 이룰 수 있다고 합니다. 그래서 사랑을 찾는 남녀들이 베를 타고 와서 순례하는 중입니다. 화면 오른편에는 아프로디테상이 보이고, 왼편 배 위에는 에로스가 날아다닙니다. 열심히 사랑의 화살을 쏘는 중입니다. 화면에는 많은 연인이 보이는데 한창 구애를 하는 커플도 있고, 사랑을 이루고 떠나는 커플도 보입니다. 꿈결 같고, 달콤하고, 감미로운 분위기가 잘 느껴지십니까?

'로코코'가 만들어낸 또 다른 것이 있습니다. 바로 '살롱 문화'입니다. 귀족 부인들은 자신이 꾸민 멋진 저택을 자랑하고 싶어졌습니다. 그래서 사람들을 집으로 초대해 즐기는 모임을 만들게 됩니다. 일종의 고급 사교 모임이죠. 많은 귀족은 그 모임에 초대받고 싶어했고, 그들은 모여서 문학, 예술, 과학, 정치를 주제로 세련된 대화를 즐겼습니다.

처음으로 살롱을 연 사람은 랑부예 후작부인 카트린 드 비본으로 알려져 있고, 퐁파두르 후작부인[7]이 특히 유명합니다. 그래서 사람들은 로코코를 '우아한 여성의 시대'라 말하기도 합니다.

이제 '로코코적이다, 로코코풍이다'라는 말이 와 닿습니까? 사람들은 로코코의 장식성을 재해석해 지금도 여러 분야에서 응용합니다. 로코코가 유행한 기간은 길지 않았지만, 그 스타일만큼은 영원히 이어질 겁니다.

로코코의 탄생

루이 15세 시대에 프랑스에서 귀족 계급의 사치스러운 취향으로 유행하기 시작한 로코코는 조약돌을 의미하는 로카이유(rocaille)와 조개껍데기를 의미하는 코키유(coquille) 두 단어의 조합으로 탄생했다. 조약돌과 조개껍데기 모양 장식은 귀족들의 저택 정원에 만든 인조 동굴(grotto)에 많이 사용했다고 한다. 로코코 양식은 격식과 형식이 강한 바로크 양식보다 여성적이며 곡선과 비대칭적인 장식, 이국적인 분위기, 중국 풍취도 두드러진다. 그림 외에도 로코코 양식의 대표 건축물로는 독일의 상수시 궁전[6]이 있고 뷔르츠부르크 공관의 내부[5]에서도 그 화려함을 감상할 수 있다.

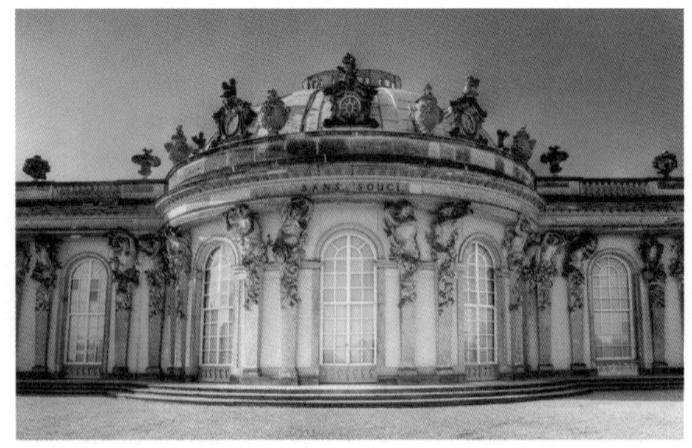

6 상수시 궁전 | 1748년

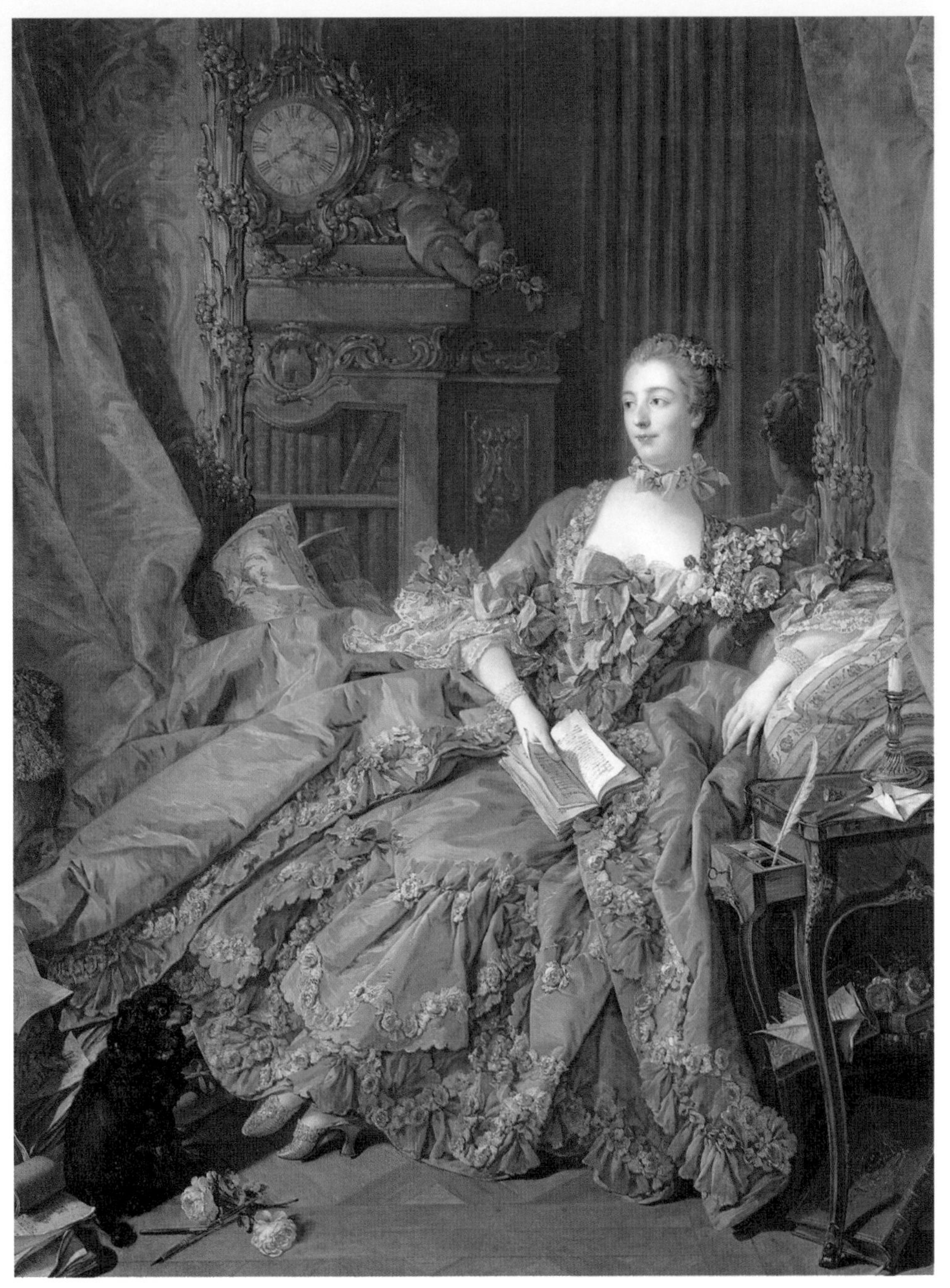

7 퐁파두르 부인의 초상 | 부셰 | 1756년

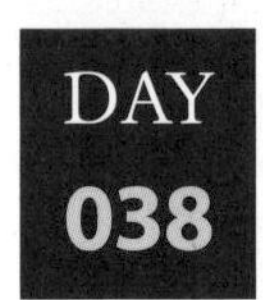

Jean-Honoré Fragonard(1732-1806)

장 오노레 프라고나르

달콤한 사랑을 그리다

장 오노레 프라고나르는 18세기 프랑스 로코코를 대표하는 화가입니다. 앞선 내용에서 로코코는 장식적이고 사치스럽고 유희적인 분위기를 보여주는 양식이라는 것을 배웠고, 루이 15세 시절 유행하여 왕족들의 예술로 불릴 만큼 상류사회에서 큰 인기가 있었음을 알 수 있었습니다. 그리고 프라고나르는 이 양식의 정점에 있었던 화가였습니다. 그는 궁정화가로서 왕족과 귀족들의 주문을 받아 그림을 그렸습니다. 그의 그림에는 천진난만함과 달콤한 사랑이 있고 활기찬 유쾌함이 있습니다. 사랑의 향기가 풍기는 그의 작품을 보면 가슴이 설렙니다. 오늘 소개할 첫 작품은 프라고나르의 가장 유명한 그림 「그네」[1]입니다.

분홍색의 화려한 드레스를 입은 여인이 그네를 타고 있고 그녀의 남편은 아내를 힘차게 밀어주고 있습니다. 그런데 여인의 치마 속을 훔쳐보며 여인과 눈빛을 주고받는 젊은 남자가 보입니다. 그리고 그네를 타는 여인의 신발은 벗겨져 하늘로 솟구칩니다. '쉿~' 하는 모습을 하

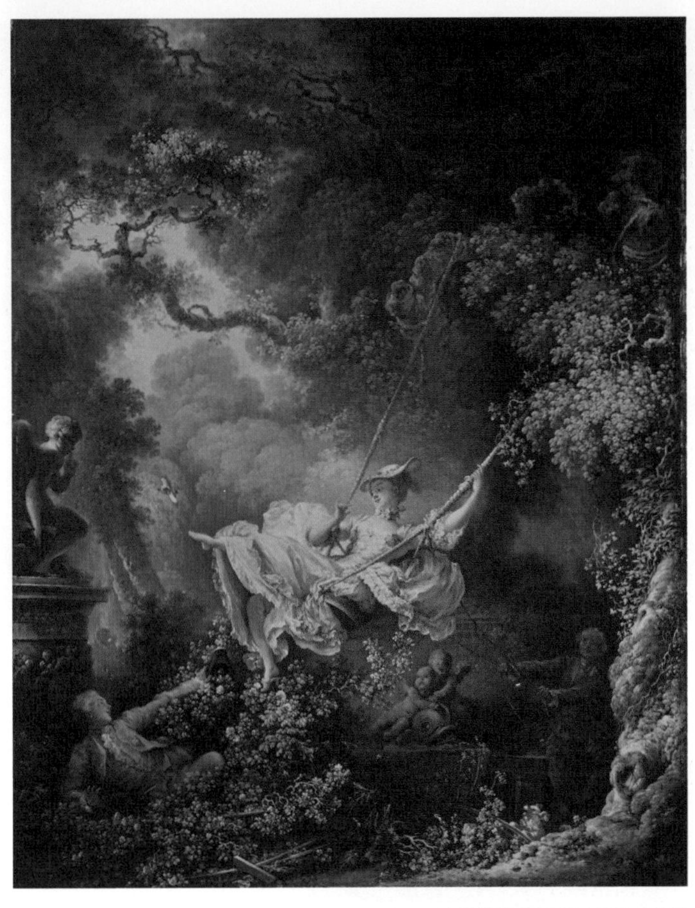

1 그네 | 프라고나르 | 1767~1768년

는 천사 조각상은 어떤 비밀을 알고 있는 것 같습니다. 울창한 정원에서의 삼각 관계를 그린 이 작품은 연인들의 비밀스러운 사랑을 이야기하고 있습니다. 이 그림은 당시 큰 인기를 얻게 되고, 프라고나르에게 비슷한 그림을 요청하는 주문이 밀려 들어왔습니다. 관능적이고 쾌락적인 모습을 선호하던 그 당시의 취향이 짐작되지 않습니까? 당시는 여성이 왕실을 주도하고 있었고 그림을 사는 사람들도 상류층의 여성들이었습니다. 그래서인지 그의 그림들은 여성의 감성을 자극하는 것이 많습니다.

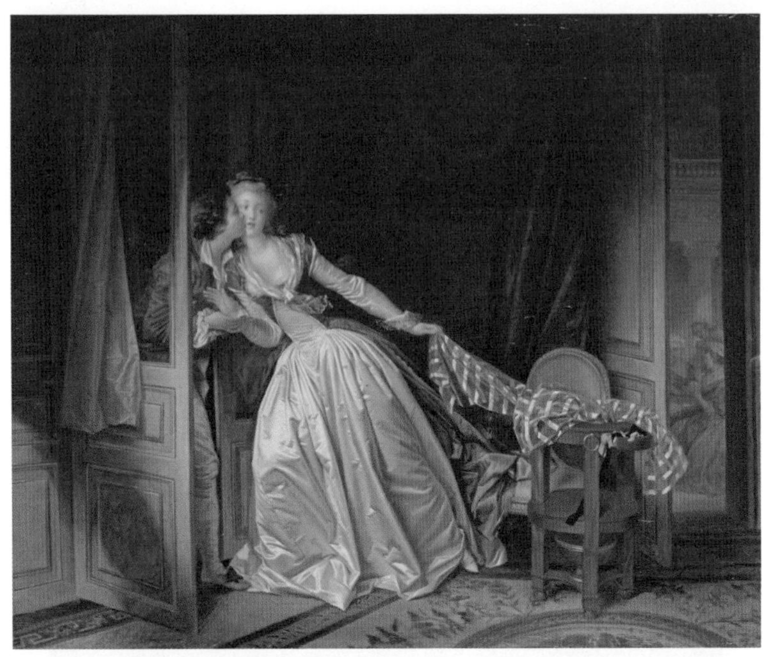

2 도둑맞은 키스 | 프라고나르 | 1787년

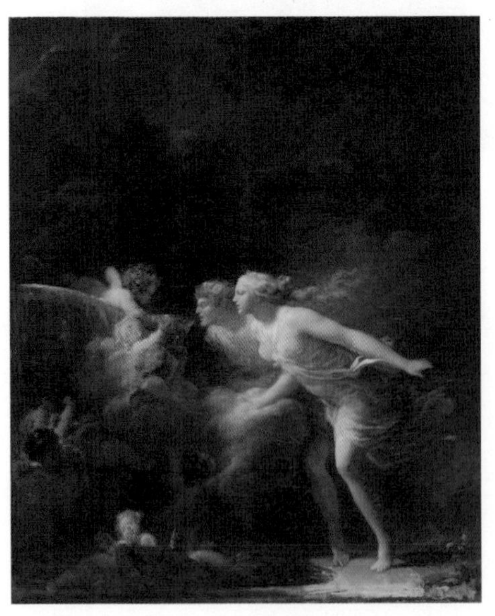

3 사랑의 샘 | 프라고나르 | 1785년

잠시 유행했던 로코코 미술의 대가, 프라고나르

화려하고 관능적인 사랑 이야기를 동화 같은 분위기로 화폭에 담아냈던 프라고나르. 그는 로코코 시대에 가장 인기 있는 화가로 귀족들의 그림 주문을 많이 받았다. 그러나 프랑스 혁명으로 인해 왕족 및 귀족들이 사형당하고 그의 후원자들이 사라지며 로코코 시대도 끝나게 되었고, 그의 유명한 로코코 화가로서의 인생도 막을 내리게 되었다.

「도둑맞은 키스」[2]도 사랑하는 사람들의 비밀스러운 현장을 순간적으로 포착한 장면입니다. 여성들의 모임에 슬며시 들어온 남자가 몰래 키스하는 장면의 이 그림은 여인들의 마음을 설레게 하고 있습니다.

「사랑의 샘」[3]은 어떤가요? 두 연인이 숲속에 있는 사랑의 샘으로 함께 달려가는 모습을 황홀한 풍경으로 그려내고 있습니다. 그리고 아기 천사들이 잔에 사랑의 샘물을 받아서 그들에게 마시도록 건네줍니다.

다음은 「사랑의 진행」이라는 주제로 그린 연작, 네 작품도 연인의 감정을 표현하고 있습니다. 이 작품들은 루이 15세의 애첩이었던 뒤바리 백작부인이 자신의 방 네 벽면을 장식할 목적으로 주문한 그림이었습니다. 이 작품에서는 연인의 사랑이 만들어지는 과정이 프라고나르 특유의 동화 같은 배경과 조각상 등으로 매우 사랑스럽게 표현되었습니다.

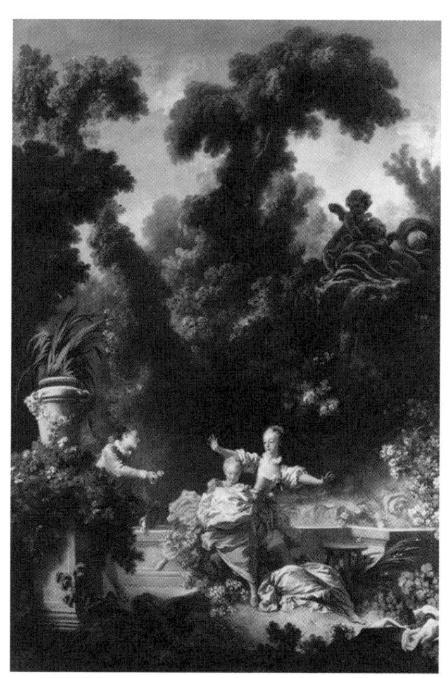

4 사랑의 진행: 구애 | 프라고나르 | 1771~1772년

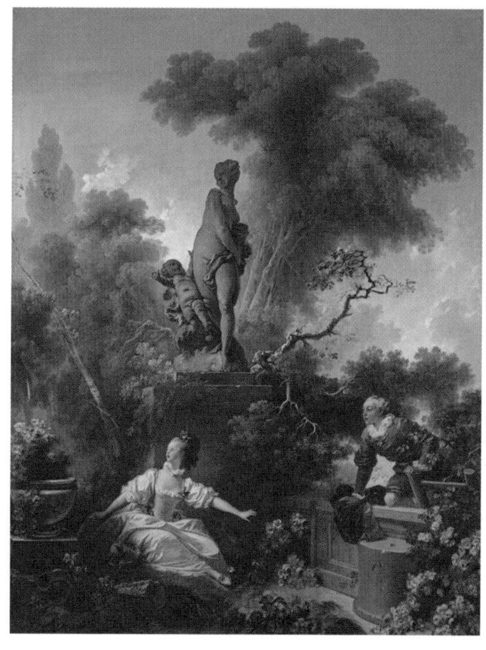

5 사랑의 진행: 밀회 | 프라고나르 | 1771~1772년

「사랑의 진행: 구애」[4]는 소녀 세 명이 꽃이 만발한 정원에서 놀고 있는 장면입니다. 그런데 소년이 불쑥 나타났습니다. 그리고 한 소녀에게 사랑을 고백합니다. 그녀를 계속 따라다닌 것입니다. 나머지 소녀들은 놀라고 있고 고백받은 소녀는 손사래를 칩니다.

「사랑의 진행: 밀회」[5]는 조각상이 있는 부잣집 정원이 배경입니다. 한 여자가 앉아 있는데 빨간 옷을 입은 청년이 사다리를 놓고 담장까지 넘어왔습니다. 떳떳하다면 정문으로 들어왔겠죠. 여자는 들킬세라 조심스레 주변을 살펴봅니다.

「사랑의 진행: 사랑의 편지」[6]는 아프로디테와 에로스 조각상이 있는 정원에 앉아 남녀가 편지를 읽는 장면입니다. 사랑은 이미 이루어졌고, 처음 주고받은 연애편지를 되새겨보는 중입니다.

「사랑의 진행: 왕관을 쓴 연인」[7]은 사랑하는 연인에게 꽃으로 장식한 왕관을

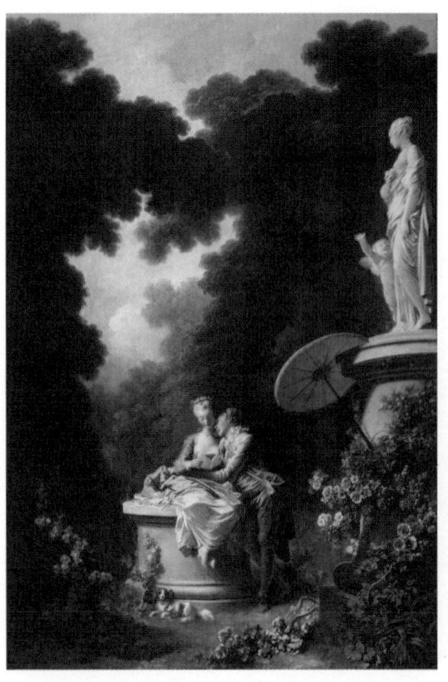

6 사랑의 진행: 사랑의 편지 | 프라고나르 | 1771~1772년

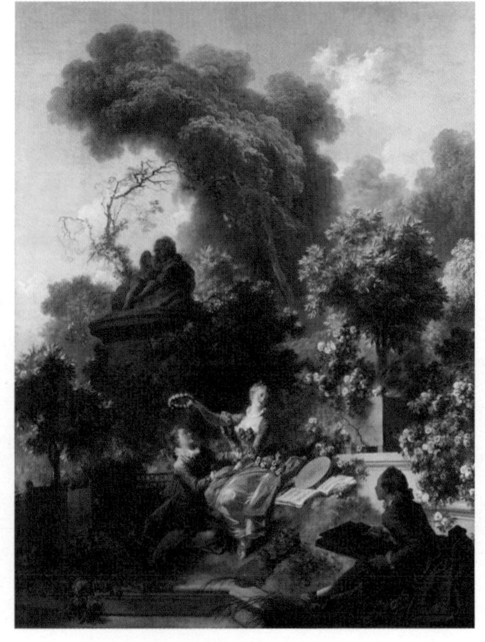

7 사랑의 진행: 왕관을 쓴 연인 | 프라고나르 | 1771~1772년

씌워주는 장면입니다. 사랑한다면 자신의 연인이 왕보다 더 소중하겠죠. 상황을 취향대로 상상해보는 것도 즐거운 감상이 될 것 같습니다.

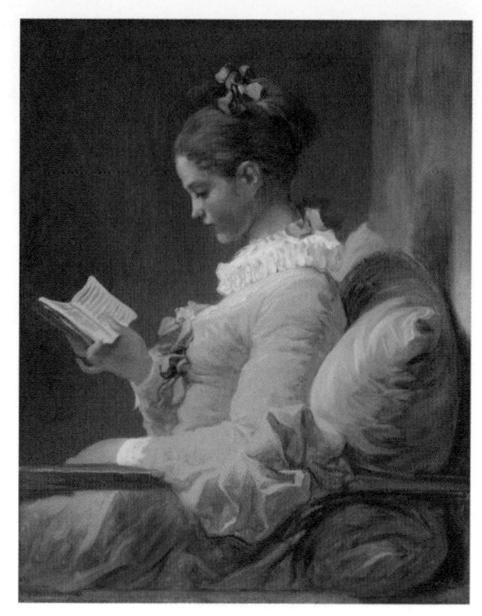

8 책 읽는 소녀 | 프라고나르 | 1769년

다음 그림은 프라고나르의 또 다른 분위기 「책 읽는 소녀」[8]입니다. 푹신한 등베개가 있는 의자에 앉아 아름다운 소녀가 책을 읽고 있는 모습을 그린 이 그림은 프라고나르의 또 다른 감성을 보여줍니다. 책을 읽고 있는 아름다운 소녀의 모습이 고요함에 빠져들게 합니다.

프라고나르는 당시에 가장 유명하고 인기 있는 화가였습니다. 일찍이 뛰어난 재능을 보이며 사람들에게 명성을 얻고 있던 그는 좀 더 대중적이고 에로틱한 당시의 분위기를 빠르게 받아들였고, 미술의 주제를 변화시키며 18세기 로코코 미술을 이끌었습니다. 그러나 프랑스 혁명(1789~1799년)이 일어난 후 사회적 분위기는 바뀌었습니다. 화려하고 관능적인 그림에서 혁명을 도울 역사적 그림이 필요하게 된 것이죠. 이른바 신고전주의가 유행하게 됩니다. 결국 프라고나르 그림의 인기는 점차 하락했고 대중들의 관심은 그에게서 멀어져 갔습니다.

그 후 프라고나르는 세상에서 잊힌 채 여생 동안 그림을 거의 그리지 않았다고 합니다. 그러나 지금, 그는 18세기의 단조로운 프랑스 미술계에 등장한 시인 같은 화가로 평가되며, 놀랄 만큼 열정이 가득했던 화가로, 누구보다도 화려하고 아름다운 그림을 남긴 화가로 기억됩니다. 그가 남긴 550점이 넘는 회화와 수천 점의 소묘를 통해 그 사실을 직접 확인해 보는 것은 어떨까요?

Francisco José de Goya y Luciente (1764~1828)

프란시스코 고야

이것은 고약하다! 고야의 외침

'펜은 칼보다 강하다'라는 말이 있습니다. 그런데 펜보다 더욱 강렬했던 그림들이 있습니다. 1808년에 나폴레옹의 군대가 스페인을 점령하였습니다. 그리고 나폴레옹은 자신의 형 조제프를 스페인의 새로운 왕으로 임명하였죠. 당연히 스페인 시민들은 분노하였고 1808년 5월 2일, 거대 봉기를 일으켜 프랑스군에 대항하였습니다.

하지만 스페인 시민들은 단 하루 만에 진압당했고 프랑스 군대는 스페인 시민들을 무자비하게 처형하였습니다. 무려 5천 명의 스페인 시민이 학살되었던 이 사건은 한 장의 그림으로 기록되었습니다. 바로 「1808년 5월 3일」[1]입니다.

얼굴도 보이지 않는 무자비한 프랑스군 앞에서 양팔을 들고 무기력하게 항의하는 희생자의 모습이 그려져 있습니다. 어두운 밤, 오로지 힘없이 저항하고 있는 이에게 비치는 가냘픈 한 줄기 빛. 두려움에 떨며 기도하는 사람, 차마 눈을 뜨고 보지 못하는 사람…. 죽음을 기다리

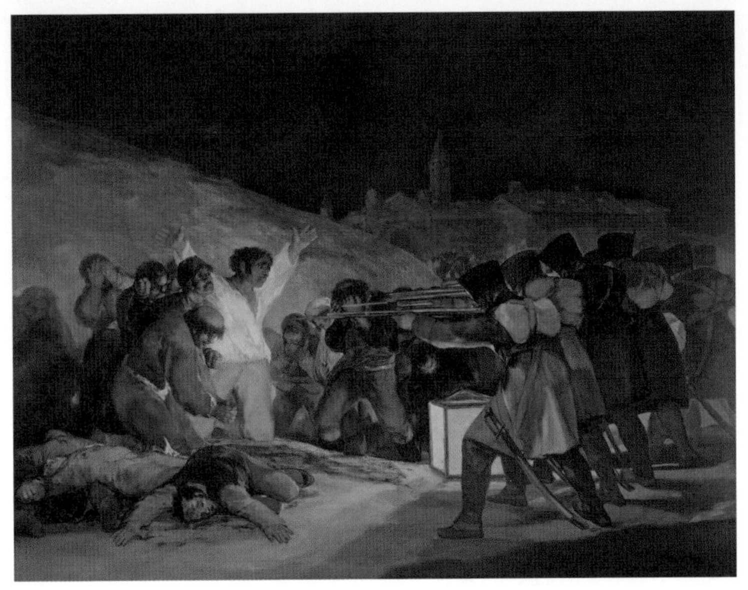

1 1808년 5월 3일 | 고야 | 1814년

고 있는 시민들 뒤로 멀리 보이는 불 꺼진 희미한 예배당은 희망이 없음을 암시하는 듯합니다. 안타깝게도 이 그림에 등장했던 시민들은 모두 처형당했습니다. 전쟁의 공포와 야만성에 대한 분노를 토로한 이 그림을 그린 사람은 바로 스페인의 화가 프란시스코 고야입니다. 고야는 이 그림으로 자신의 마음을 표현하였고 이 그림은 후대 미술가들에게 큰 영향을 미쳤습니다.

마네의 「막시밀리안 황제의 처형」[2]에서도, 더 훗날 피카소의 「한국에서의 학살」에서도 그들은 고야와 같은 구도로 그들이 보았던 폭력을 고발합니다. 고야는 그림을 통해 사회에 대한 폭로와 저항, 그리고 풍자를 했던 화가였습니다.

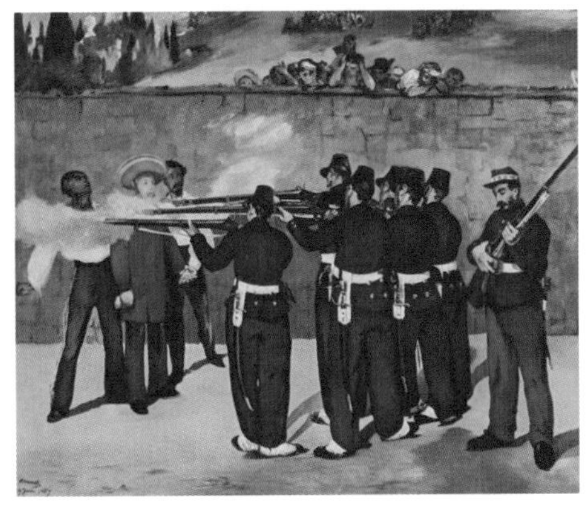

2 막시밀리언 황제의 처형 | 마네 | 1868년

고야는 그림을 짜 넣은 직물 형태의 장식물인 태피스트리 디자이너로 밑그림을 그리는 일을 하며 궁정화가 일을 시작하였습니다. 그 후 실력을 인정받아 카를로스 4세의 전속 궁정화가가 되었고 많은 인물화를 남겼습니다. 고야의 태피스트리 그림과 궁정화가로 있던 때의 그림에서는 로코코풍의 밝은 느낌들을 볼 수 있습니다. 「파라솔」[3]이 대표적입니다. 한눈에도 밝고 경쾌합니다. 색채가 그렇고 주인공의 모습이 그렇습니다. 하지만 말년에 귀머거리가 된 이후 고야의 그림에는 어두움과 공포가 가득합니다.

궁정화가로 있을 때부터 왕실의 부패와 타락을 보아왔던 고야는 그 후 전쟁을 통해 인간의 잔혹함을 목격하면서 더욱 고통 받았던 것 같습니다. 그가 그린 판화 연작인 「전쟁의 참화」[4]입니다. 고야는 프랑스군이 스페인을 침략했을 때 자행된 무참한 행위와 공포를 폭로하면서 그 잔학성을 표현하였습니다. 그리고 그림에 단 설명에서 "도저히 바라볼 수 없다", "이것은 고약하다", "이것은 더 고약하다", "야만인들"과 같은 말로 자신의 목소리를 내고 있습니다.

보통 전쟁 그림은 흔히 영웅들의 모습이 그려지며 역사화로서 승자의 위엄

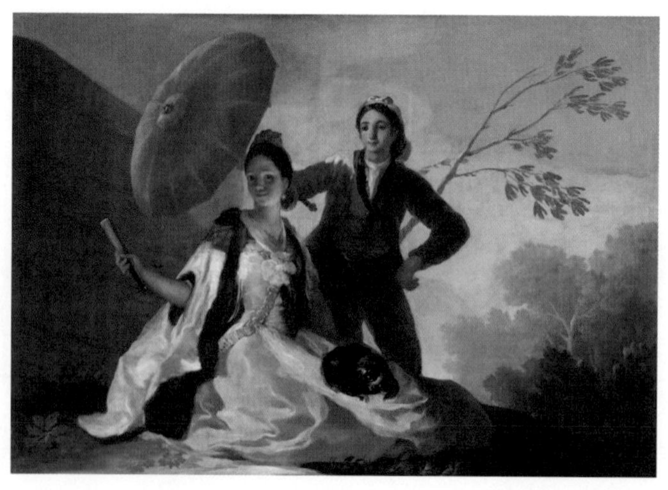

3 파라솔 | 고야 | 1777년

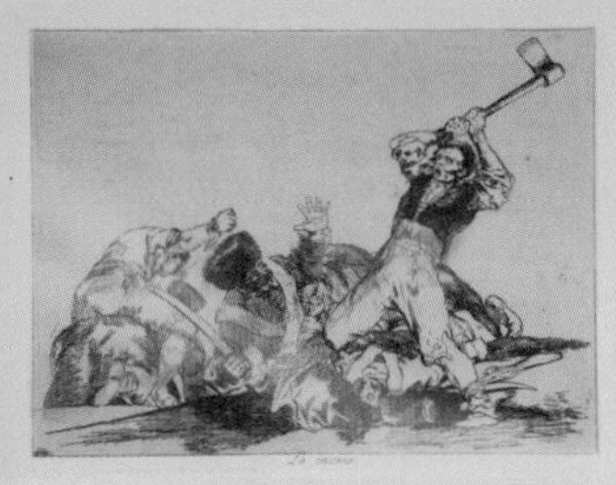
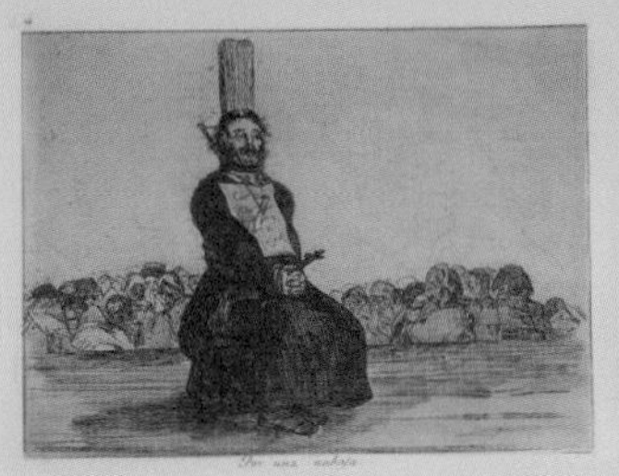
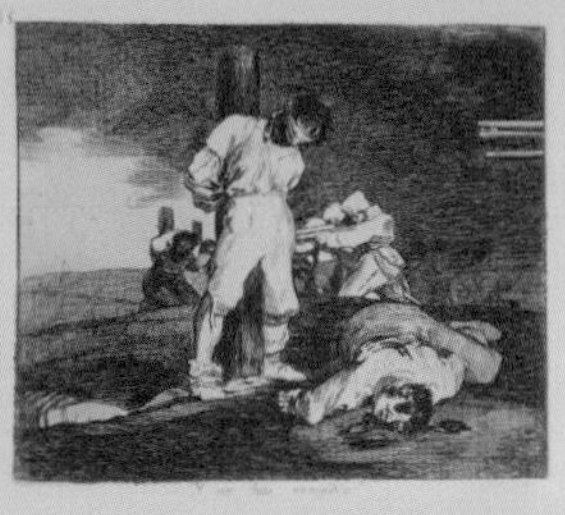

4 전쟁의 참화 연작 | 고야 | 1810~1820년

을 나타내는 것이 대부분인데 고야는 현실을 차가운 눈으로 바라보며 그 참상들을 강렬한 그림으로 표현하였습니다. 그의 사회에 대한 환멸은 말년으로 갈수록 더욱 깊어지며 그의 그림들은 어두운 공포로 변해갑니다.

고야의 작품 중 '검은 그림'으로 불리는 것들이 있습니다. 그때의 가장 유명한 작품이 「자식을 잡아먹는 사투르누스」[5]입니다. 너무 잔인하지 않나요? 악마적인 상상력과 인간의 타락성을 내포하고 있는 이 그림은 정면으로 바라보기 힘들 정도의 공포를 담아내고 있습니다.

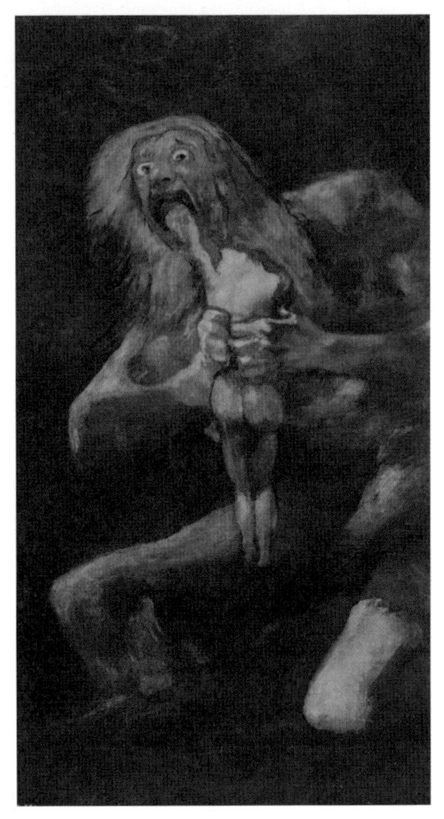

5 자식을 잡아먹는 사투르누스 | 고야 | 1820~1823년

뿐만이 아닙니다. 「거인」[6], 「곤봉 결투」[7], 「두 노인」[8] 등에서도 하나같이 고야의 어둡고 우울한 마음들을 볼 수 있습니다. 그의 말년 그림이 이러했던 것은 당시 고야가 보았던 인간과 사회에 대한 인식이 내포되어 있기 때문일 것입니다. 또한, 콜레라에 걸려 고열로 청력을 잃었던 그의 상실감과 고립감도 크게 반영이 되었다고 볼 수 있습니다.

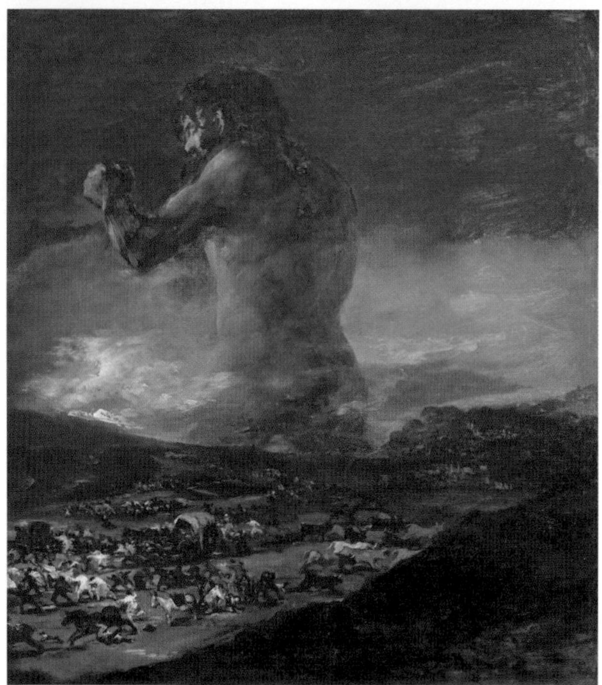

6 거인 | 고야 | 1818~1825년

진위 논란에 휘말린 그림 「거인」

고야의 그림 중 「거인」은 고야의 사후, 진위 논란이 있었는데, 그림 한 귀퉁이에서 'AJ'라는 이니셜이 보여 고야가 아닌 제자 아센시오 훌리아(Asensio Julia)의 작품이라는 주장이 있었다. 그래서 스페인 프라도 미술관이 X레이 검사와 화법 연구 끝에 고야의 작품이 아니라고 밝혔다. 그러나 영국의 미술사학자 나이젤 글렌디닝 등 많은 전문가가 이 그림에 쓰인 기법이나 구성으로 보아 고야의 그림이 맞다고 평했다. 또한 'AJ'는 작가 이니셜이 아닌 재고 기호 중의 하나라고 주장하였다.

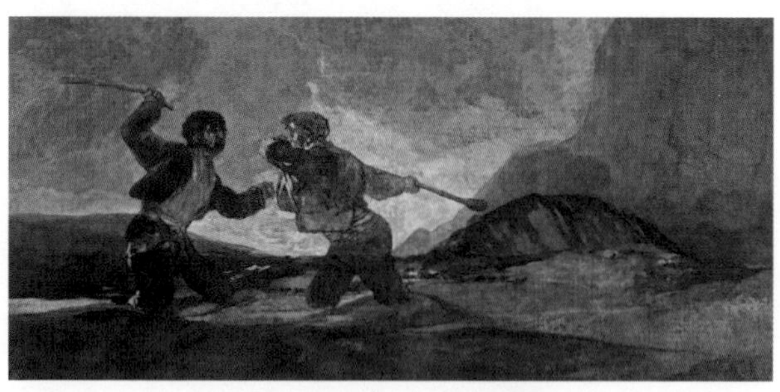

7 곤봉 결투 | 고야 | 1820~1823년

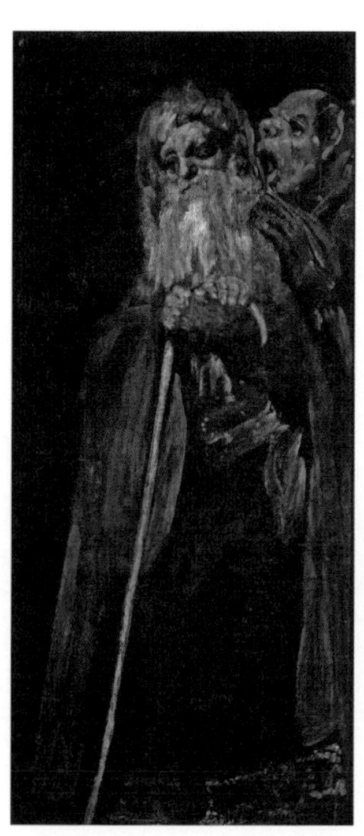

8 두 노인 | 고야 | 1820~1823년

처음에 이야기했듯 고야의 초기 작품들은 밝았습니다. 자신을 돌봐준 이에 대한 감사의 마음을 담은 초상화, 아이들을 사랑스럽게 그린 초상화, 자신을 그린 자화상, 서민들의 모습을 그린 풍속화 등 따스한 그의 마음을 담고 있는 그림들도 많았습니다.

아마 고야는 자신이 처했었던, 그리고 보아왔던 현실을 자신의 마음의 눈을 통해 그때그때 그림으로 표현했었던 것 같습니다. 사람들의 아름다운 마음을, 권력의 부패를, 전쟁의 잔혹함을, 도덕성의 상실을, 그리고 인간의 야만성을. 고야는 세상을 세심하게 바라보는 특별한 눈을 가졌고, 항상 그것들을 가감 없는 솔직함으로 표현하였던 섬세한 마음을 가진 용기 있는 화가였던 것 같습니다.

옷 벗은 마하 vs. 옷 입은 마하

고야가 그린 유명한 그림 중 두 작품은 「옷 벗은 마하」[9]와 「옷 입은 마하」[10]라고 알려진 의문의 한 여인을 그린 그림이 있다. 이 그림은 여인이 옷을 벗은 버전과 옷을 입은 버전이 있는데, 스페인 재상의 애첩을 그린 것이라는 설이 유력하며 그 재상이 두 개의 그림을 겹쳐두고 도르래를 달아서 그림을 번갈아 봤다고 한다. 한편, 고야는 알바 공작부인과 스캔들이 있었다. 그녀의 전신 초상화인 「알바 공작부인」[11]을 보면 그녀가 손가락으로 '오직 고야(Solo Goya)'라는 땅바닥에 쓰인 글씨를 가리키고 있다.

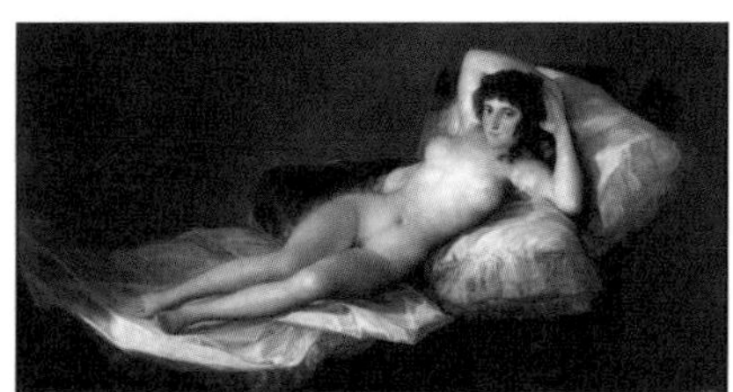

9 옷 벗은 마하 | 고야 | 1795~1800년

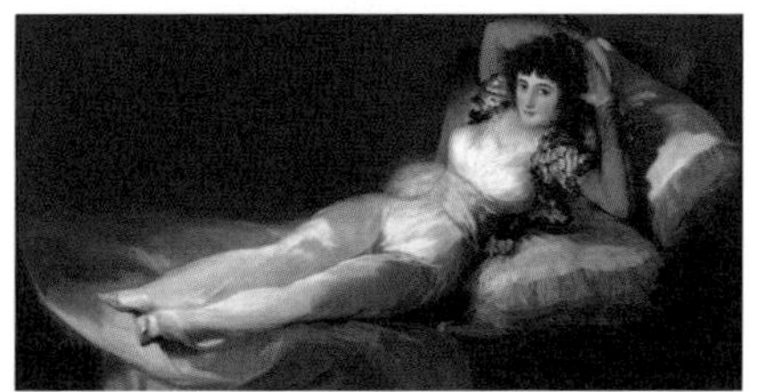

10 옷 입은 마하 | 고야 | 1800~1807년

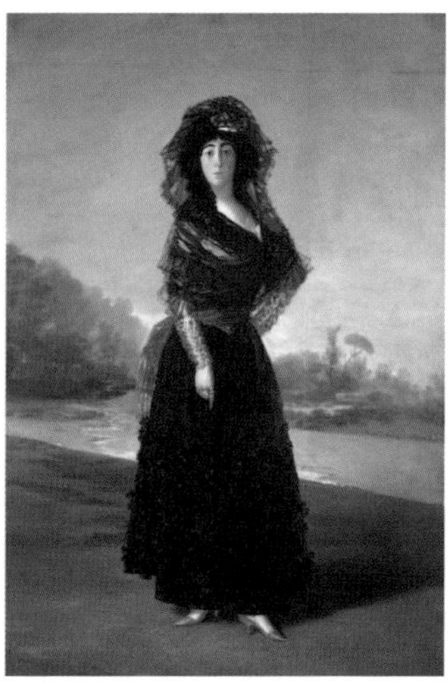

11 알바 공작부인 | 고야 | 1797년

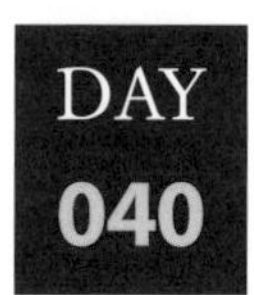

Neoclassicism(1760~1830)

신고전주의

18세기의 유행 신고전주의

세상에는 유행이 있습니다. 유행어가 있고, 유행하는 헤어스타일, 패션도 있습니다. 사실 유행이라는 것이 별것 아닌 것으로 보이지만 정작 유행에 앞서가는 사람들을 보면 좋아 보이고 멋있어 보이고, 그러다 보니 자신도 모르게 슬그머니 따라가게 됩니다. 게다가 몇몇 사람들은 시대의 유행을 미리 읽어 큰 성공을 거두기도 합니다.

오늘은 18세기 말 유럽에서 유행했던 미술에 관해 알아볼까요? 18세기 초 프랑스에는 로코코 문화가 크게 유행하고 있었죠. 루이 14세가 죽자 절대왕권에서 기를 못 피던 귀족들이 해방된 마음으로 가볍고 즐겁고 감미롭고 우아한 취향을 즐겼던 것이 로코코였고, 프라고나르, 와토, 그리고 프랑수아 부셰[1]와 같은 화가들이 인기를 누렸습니다.

하지만 시간이 지나자 그것도 시들해졌습니다. 서서히 사람들 눈에 비친 로코코는 아무런 가치도 없는 무의미한 향락적 문화 정도였습니다. 그러면서 다음 유행으로 생겨났던 것이 신고전주의입니다.

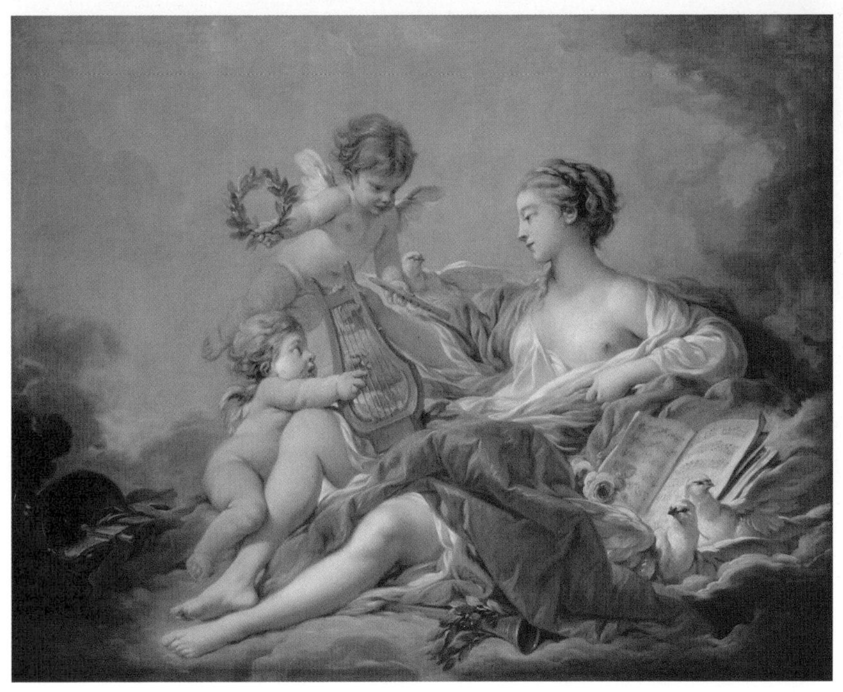

1 음악의 우화 | 부셰 | 1764년

신고전주의란 용어 그대로 고전을 따라가자는 주의입니다. 여기서 고전이란 고대 그리스와 로마 문화를 말하는 것이고 고전주의 앞에 신(新)이 붙은 것은 르네상스의 고전주의와 구별하기 위해서입니다. 그리스 미술을 한마디로 말하자면 인간의 이상을 추구한 미술이라고 할 수 있습니다. 로코코의 향락적 문화로 인해 허무해진 사람들에 눈에 비친 고전의 이상적 아름다움. 그것은 무척이나 신선하게 다가왔습니다. 사람들은 서서히 그리스와 로마 문화에 심취해 갔습니다. 때맞추어 베수비오 화산 폭발로 한순간 땅속에 묻혔던 고대도시 폼페이의 유적이 발굴되며 2000년 가까이 감춰졌던 그리스와 로마의 유물들이 생생하게 눈앞에 나타나기 시작했습니다. 사람들은 더욱더 그리스 · 로마 문화에

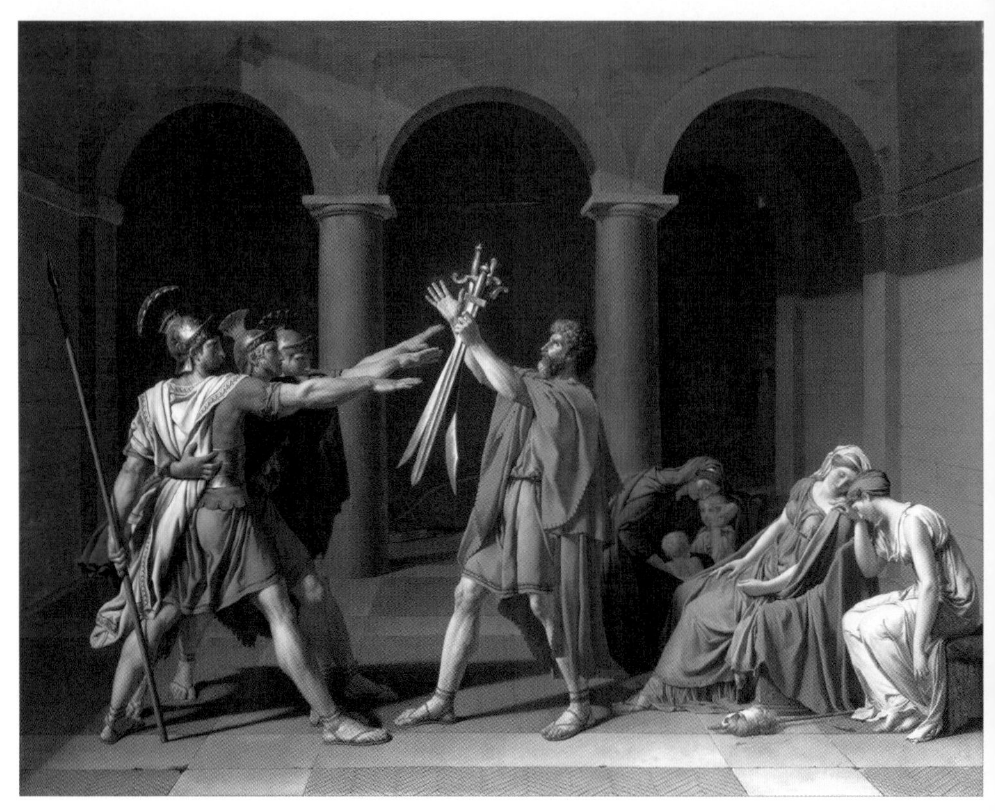

2 **호라티우스 형제의 맹세** | 다비드 | 1784~1785년

빠져들었습니다. 그래서 먼저 역사화들이 등장합니다.

신고전주의 화가로 불리는 자크 다비드의 「호라티우스 형제의 맹세」[1]가 대표작입니다. 소재는 당연히 로마 건국사에 나오는 이야기입니다. 작품에 등장하는 사람은 한 가족입니다. 왼편 세 젊은이는 아들이고, 가운데 중년 남자는 아버지이며, 오른편 세 여인은 왼편부터 어머니, 딸, 며느리입니다. 어머니가 안고 있는 아이는 손자이고요. 이들은 지금 의식을 치르는 중입니다. 세 아들은 로마를 대표해 전쟁에 나가기로 했고 아버지는 아들들에게 검을 주며 승리를 기원합니다. 여인들이 저리도 슬퍼하는 이유는 특별한 곳에 있습니다. 로마는 알바 왕국과 계속 싸우고 있었는데 지루하게 전쟁이 길어지자 합의를 합니다. 양측의 피해가 점점 커지니 오히려 대표 군인을 뽑아 최후에 한 사람이 남을 때까지 전투를 벌이자고, 그리고 결과에 승복하자고요. 결과적으로 보통 전투가 아닙니다. 지면 무조건 죽습니다. 게다가 한 가지가 더 있습니다. 싸움의 상대는 이 집안의 사돈이었습니다. 그러니 부모의 입장에서는 아들이 죽든 사돈 청년이 죽든 죽습니다. 딸 입장에서는 오빠가 죽든 약혼자가 죽든 죽습니다. 며느리로서는 남편이 죽든 오빠가 죽든 죽습니다. 안타까운 경우입니다. 그런데 그림의 네 남자에게는 주저함이 없습니다. 어떤 감정도 없습니다. 애국심이 무엇보다도 우선이고, 그 앞에서 흔들린다는 것은 있을 수 없다는 이야기입니다. 이것이 신고전주의 스타일입니다. 이상을 추구하고, 교훈적이고, 사사로운 감정은 배제합니다. 그리고 정돈되어야 합니다.

「소크라테스의 죽음」[3]은 그리스 철학자 소크라테스가 독배를 마시는 장면입

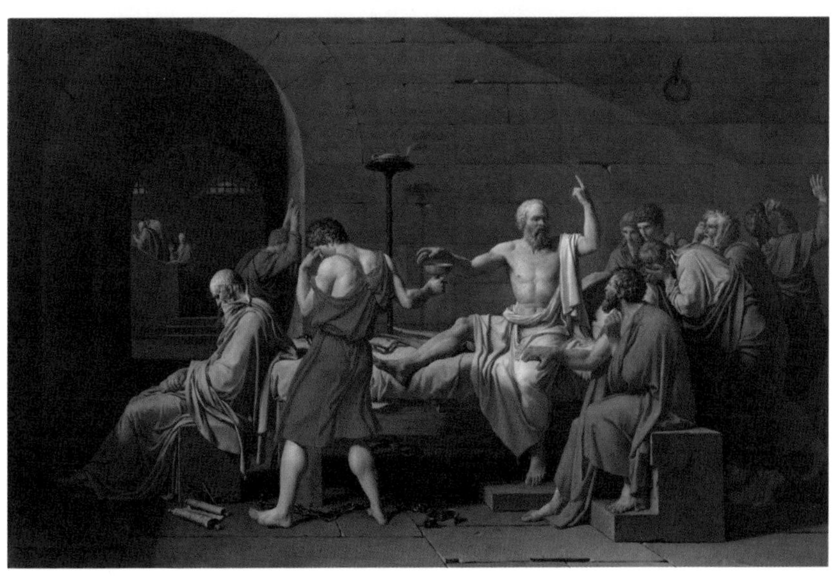

3 소크라테스의 죽음 | 다비드 | 1787년

니다. 그는 아테네 정부로부터 고소를 당했습니다. 젊은이들에게 나쁜 사상을 가르쳤다는 이유입니다. 하지만 잘못을 인정하고 반성하면 살려준다고 합니다. 하지만 그는 독배를 마시기로 합니다. 옳은 일을 했으니까요. 그리고 마지막 순간까지 제자들을 가르칩니다. 이런 회화가 신고전주의 시대에 대중을 감동하게 했습니다.

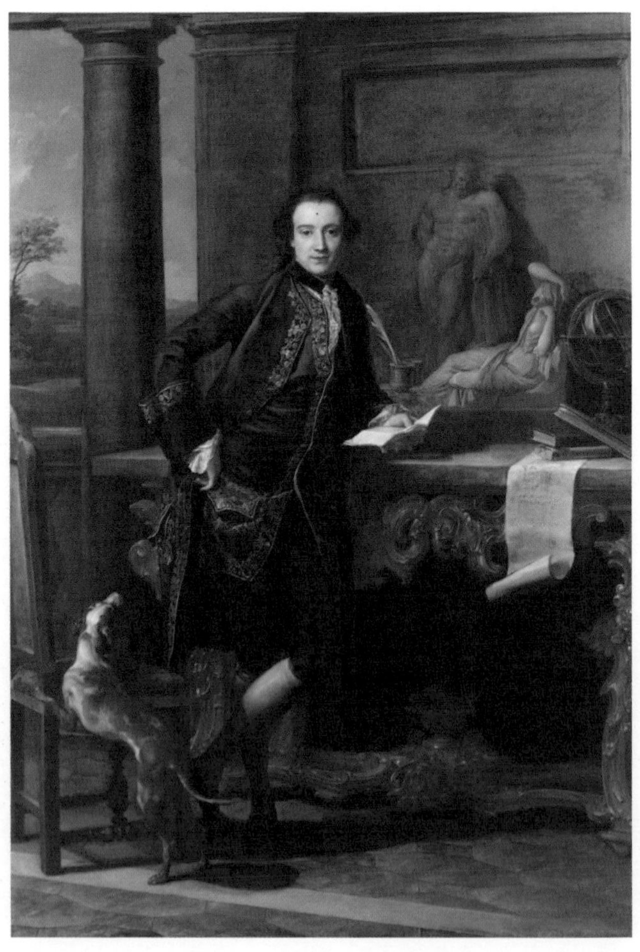

4 찰스 존 크라울의 초상 | 바토니 | 1761~1762년

영국에서는 '그랜드 투어'라는 것이 그 당시에 유행합니다. 그랜드 투어란 상류사회 자제들의 고급 필수 교육 마무리 단계로서 하인과 가정교사를 대동해 유럽의 도시를 여행하는 것입니다. 여행 기간은 몇 달에서 몇 년까지 걸렸습니다. 특히 그들은 여행 중 이탈리아에 들러 고대의 문화를 견학하고, 고대 기념품을 구매하며, 상류사회의 필수 고급 문화인 신고전주의를 익혀야 했습니다. 또 특별한 그림들이 유행하였습니다. 귀족들이 고대 그리스와 로마 분위기가 물씬 풍기는 배경 앞에 서서 우아한 포즈를 취하고 그리는 초상화입니다. 이런 그림 하나쯤 가지고 있어야 상류층으로서 구색이 맞았습니다.

화가 폼페오 바토니의 작품 「찰스 존 크라울의 초상」[4]을 보면 주인공은 로마 귀족처럼 우아한 포즈를 잡고 있는데 표정 또한 온화합니다. 배경의 건축물은 로마풍이고, 그리스풍 조각상들이 탁자 위에 보입니다. 바토니는 그때 고대 기념 초상화 전문 화가로서 꽤 명성을 얻고 있었습니다. 그리고 귀족들과 부유층들은 고대 그리스 · 로마 시대의 미술품들이나, 기념품들, 그리고 그 시대를 배경으로 그려진 미술품들을 사 모으는 것도 잊지 않았습니다. 신고전주의 열풍이 불었던 것이죠.

사람들에게는 모방 심리가 있습니다. 그래서 새로운 어떤 것이 좋아 보이면 따라 하게 되고 그래서 유행이 시작됩니다. 미술에도 그런 경향이 전혀 없지는 않습니다. 하지만 좋은 예술가라면 결코 모방만 하고 있지는 않습니다. 다행히 새로운 것을 꾸준하게 추구했던 훌륭한 예술가들이 시대마다 등장했죠. 그런 그 덕분에 오늘날 우리는 작품을 감상하는 데 지루할 틈이 없는 것이겠죠?

신고전주의의 탄생

신고전주의는 18세기 초 화려하고 향락적이며 귀족 취향인 로코코 양식에 대한 반발로, 당시 혁명 분위기와 '고전주의로 돌아가자. 고대 로마적 덕성을 다시 세우자'는 욕구로 인해 시작되었다. 하지만 이후 신고전주의 또한 낭만주의가 나타나며 뒤로 물러나게 된다.

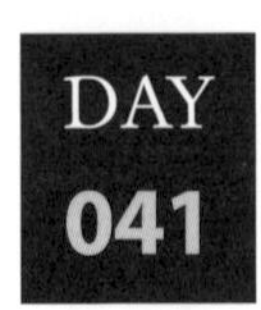

Jacques-Louis David(1748~1825)

자크 루이 다비드

그림으로 보는 권력과 정치의 세계

모차르트의 오페라 중 최고의 걸작으로 꼽히는『피가로의 결혼』이 초연되었을 때 프랑스의 왕 루이 16세는 절대 안 된다며 노발대발하였답니다. 이런 내용이 나오기 때문입니다.

"백작! 귀족의 신분으로 부와 권력, 그런 것들을 다 가졌다고 우쭐대지 마. 그처럼 많은 특권을 얻기 위해 당신이 한 일이 뭐가 있지?"

당시 18세기 후기의 프랑스는 귀족과 시민 계층 사이에 갈등이 많던 때였습니다. 베르사유의 왕족과 세금을 내지 않는 귀족은 사치를 누리고 있었고, 정작 세금을 내는 시민들은 끼니를 이어가기조차 힘들었습니다. 우여곡절 끝에『피가로의 결혼』은 상연되었고, 프랑스 혁명의 시간은 점차 다가왔습니다. 이때 프랑스의 새로운 시대가 오기만을 열망하던 화가가 있었습니다. 보통 예술가들은 정치보다는 자신만의 예술세계에 몰입하는 경우가 대부분인데 이 화가는 현실 정치에 관심이 많았습니다. 그리고 그는 그림을 통해 자신을 부각하고 대중에게 교훈을 주고 싶어 했습니다. 그리고 그의 그림은 그런 역할을 잘 수행했습니다. 과묵했으며 항상 숭고한 이상에 집착했던 그 화가는 자크 루이 다비드입니다.

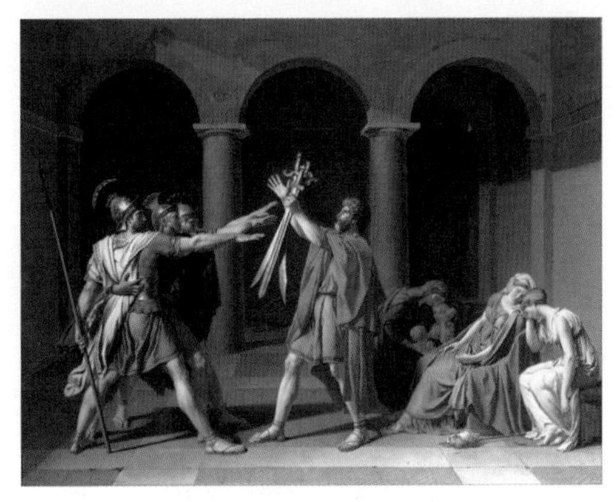

1 호라티우스 형제의 맹세 | 다비드 | 1784~1785년

루이 16세 시절, 그는 국가가 좋아할 만한 그림을 그립니다. 그가 그린 「호라티우스 형제의 맹세」[1]를 예를 들어 보면, 어떠한 경우라도 국가를 위해서라면 인내하고 희생해야 한다는 교훈을 주려고 합니다. 그의 그림은 진지합니다. 그리고 화풍이 사실적입니다. 그래서 사람들은 작품이 아니라 진실처럼 받아들입니다. 실제 이 그림이 루브르 박물관에서 전시되었을 때 시민들은 앞다투어 보려 했고, 그 앞에서 감동하였습니다. 물론 루이 16세도 그의 작품을 좋아했습니다. 하지만 점점 세상의 분위기가 바뀌자 다비드는 입장을 바꿉니다. 혁명정부의 편을 들어 프랑스를 왕과 귀족들 손에서 해방시키고 싶었던 것입니다.

그의 「테니스코트의 서약」[2]은 특이한 작품입니다. 이 서약은 프랑스 혁명의 계기 중 하나인 사건으로 자유주의 귀족과 평민의원들이 만든 국민의회가 왕권에 반대하는 의사를 표명했던 서약인데 이런 것이 과거에 작품 소재가 되었던가요? 하지만 이 민감한 사건을 다비드는 그립니다. 혁명파 입장에서는 반가운 일입니다. 유명 화가가 작품으로 남긴다면 대중에게 깊은 인상을 줄 수 있기 때문이죠. 이런 역할 덕분에 다비드는 혁명정부에서 높은 지위까지 올라가고, 심지어 자신을 도왔던 루이 16세의 처형에 찬성표를 던집니다. 보다 못한 다비

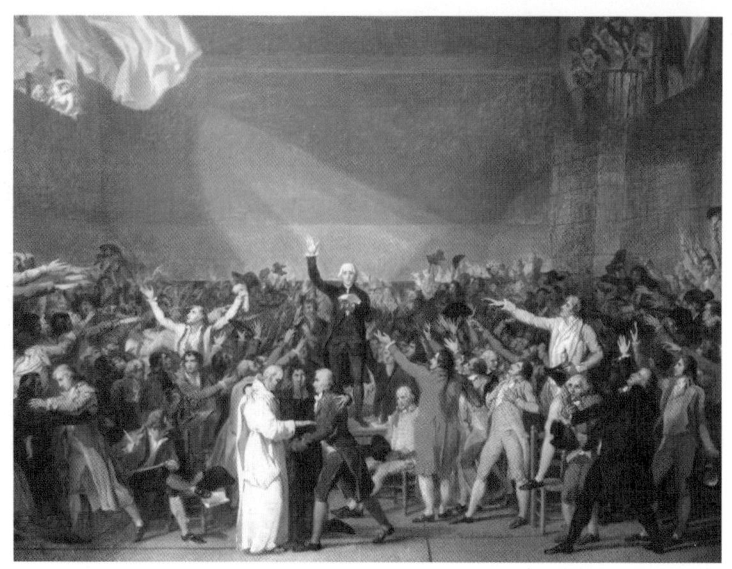

2 테니스코트의 서약 | 다비드 | 1791년

드의 아내는 그에게 이혼을 요구할 정도로 그는 정치에 깊게 관여했습니다.

「마라의 죽음」[3]도 정치색이 다분합니다. 이 작품은 혁명정부의 지도자였던 장 폴 마라가 목욕 도중 암살당한 사건을 그린 것입니다. 그런데 혁명파였던 다비드는 장 폴 마라를 마치 순교자처럼 숭고하게 그려 놓았습니다. 역시 사실적인 화풍으로 그려 마치 진실 같지만, 사실과 다른 점이 많습니다. 그러나 역사는 흐르고 권력을 잡았던 자코뱅파가 무너지자, 혁명정부에서 처형 임무까지 담당했던 다비드는 체포됩니다. 하지만 자

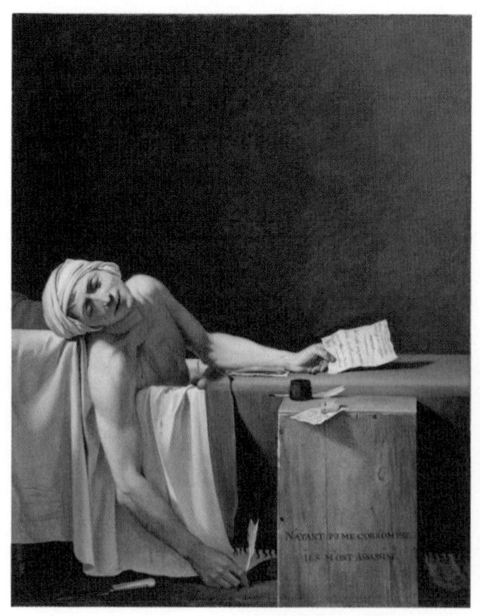

3 마라의 죽음 | 다비드 | 1793년

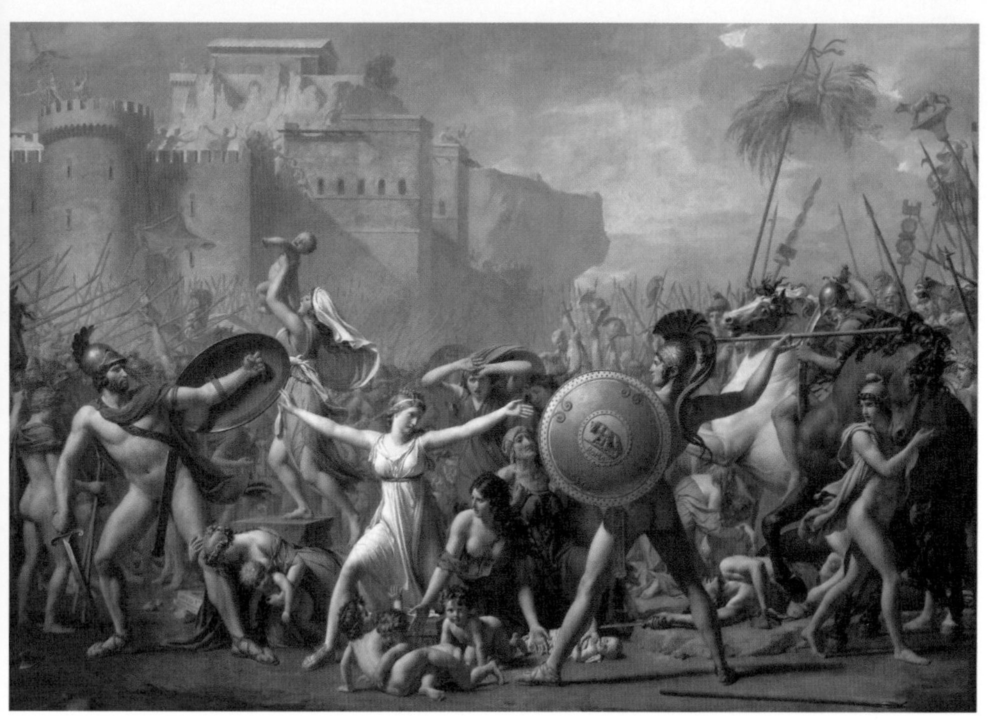

4 사비니 여인들의 중재 | 다비드 | 1799년

신은 단지 화가였을 뿐이라고 변호하며 죽음은 면합니다. 그리고 「사비니 여인들의 중재」[4]를 그립니다. 역시 로마 건국 신화에 나오는 이야기입니다. 내용은 여성 인구가 남성보다 부족해 결혼을 못 하는 문제가 생기자 로마의 왕 로물루스는 아이디어를 냅니다. 옆 나라를 쳐들어가 여자들을 납치해오는 것입니다. 그래서 불시에 사비니를 공격해 여자들을 납치하고 아내로 삼았습니다. 분통이 터진 사비니의 남자들은 철저히 준비해 몇 년 후 로마로 쳐들어가는데 황당한 일을 겪게 됩니다. 기뻐할 줄 알았던 딸들이 막아 나선 것입니다. 그녀들은 이렇게 호소했습니다. "아버지들이 구할 딸들이 로마에는 더 없습니다. 그만 하세요. 이 전쟁을 계속한다면 그것은 남편에게서 아내를, 아이에게서 어미를 갈라놓는 일일 뿐입니다." 아버지들은 할 말을 잃었습니다. 결국 로마와 사비니는

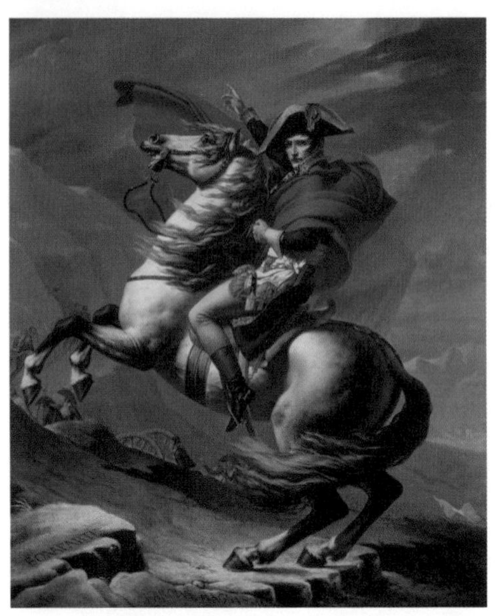

5 알프스를 넘는 나폴레옹(벨데베레 버전) | 다비드 | 1801년

전쟁을 중단했고 한 나라가 됩니다.

다비드가 하고 싶은 말은 이것이었습니다.

"이제 과거는 다 잊고 용서할 때입니다."

이 그림은 특이하게도 프랑스 역사상 최초로 입장료를 받으며 전시한 작품인데 대성공을 거두었습니다. 그는 용서와 화합이라는 교훈도 주고 입장 수입도 챙길 수 있었던 것이죠.

다시 시간이 흘러 나폴레옹이 정권을 잡자 이제 다비드는 나폴레옹이 좋아할 만한 그림을 그리기 시작합니다. 그 중 「알프스를 넘는 나폴레옹」[5]은 유명합니다. 그러나 이 그림도 다비드의 의도대로 과장되게 그려진 것입니다. 그날 날씨는 실제로는 맑았다고 하며, 사실은 말을 탄 것이 아니라 노새를 탔었다고 합니다.

루브르 박물관에서 가장 중요한 작품으로 여겨지는 것 중 하나인 「나폴레옹 1세의 대관식」[6]도 그가 그렸습니다. 이 높이 6m, 너비 9m가 넘는 대작은 나폴레옹에게 직접 주문받은 것인데, 나폴레옹이 얼마나 마음에 들었던지 침이 마르도록 그를 칭찬하며 훈장도 주었습니다. 스타일은 전과 같습니다. 사실적으로 그려져 진실처럼 보이지만 내용은 계산된 작품입니다. 참석했던 안 했던 필요한 인물들은 그려 넣었으며, 인물들의 포즈는 대관식 날의 것이 아니라 다비드가 하나하나 추가로 주문한 것입니다. 따라서 그들은 그의 스튜디오에 들러 요구되는 포즈를 잡아야 했습니다. 나폴레옹이 시킨 것이니 거절할 수는 없었

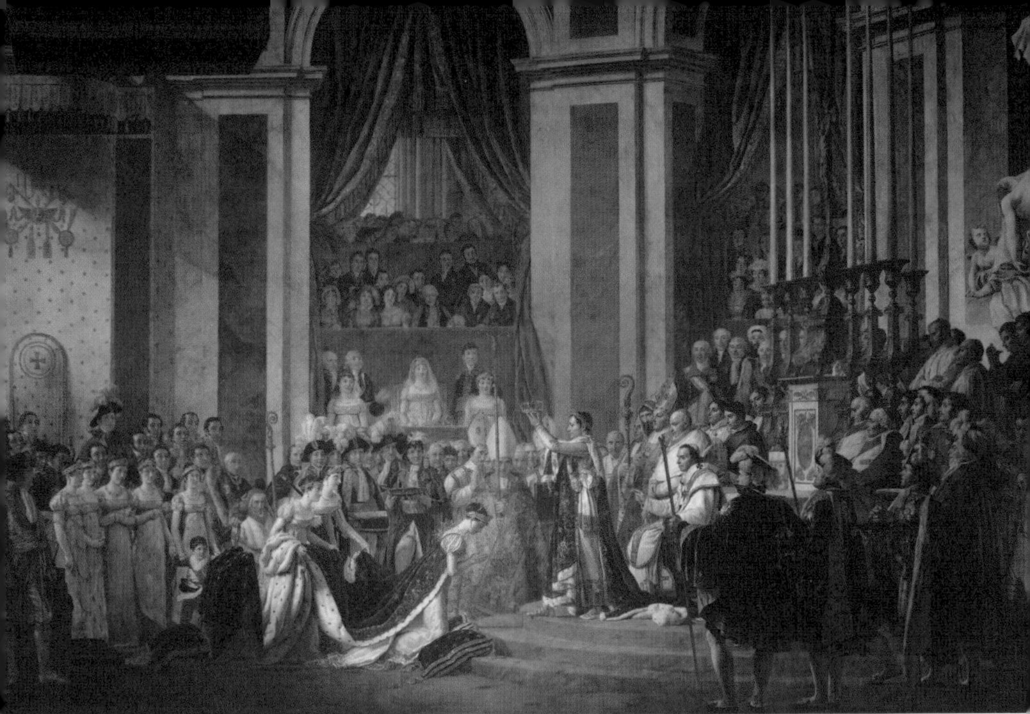

6 나폴레옹 1세의 대관식 | 다비드 | 1806~1807년

을 겁니다.

하지만 나폴레옹이 물러나자 다비드의 입장은 또 난처해집니다. 그는 프랑스에 더 머물 수 없었습니다. 벨기에로 쫓겨나게 되고 그곳에서 여생을 마쳤습니다.

하지만 실력으로 보면 다비드는 살아서도 죽어서도 명성이 높은 화가였죠. 그는 앵그르 같은 훌륭한 제자도 길러냈고, 신고전주의도 완성했습니다. 그리고 우린 그의 행보를 통해 그림이 정치적으로 쓰일 수 있음도 확인할 수 있었습니다.

프랑스 화단의 '나폴레옹', 자크 루이 다비드

다비드는 왕정 시대 화가로 루이 16세의 사랑을 받으며 성공했지만 이후 급진 정치세력 자코뱅당의 일원이 되어 프랑스 혁명의 선전 화가로 사람들의 사랑을 받았다. 또한 루이 16세와 마리 앙투아네트 왕비 처형에 찬성하기도 했다. 그러나 이후 반혁명 세력에 의해 투옥된 후 왕정복고 시대를 거치면서 나폴레옹 황제의 궁정화가가 되어 막강한 권력을 행사했다. 그는 나폴레옹의 폐위 후에 벨기에로 망명을 갔는데, 상황에 따라 시민의 편에 붙었다 군주의 편에 붙었다 하면서 정치적 성향에 따라 변절하는 예술을 보여주었다는 비판도 받았다.

Special

DAY
042

똑같은 이야기, 다른 그림

그림 속에는 이야기가 담겨 있는 경우가 많습니다. 그 이야기를 알고 보면 훨씬 큰 재미를 느낄 수 있죠. 더불어 여러 화가가 하나의 이야기를 다르게 표현한 작품도 있습니다. 유디트 이야기가 그렇습니다.

포악하기로 악명 높았던 아시리아의 장수 홀로페르네스가 군대를 이끌고 평화롭던 이스라엘을 공격했습니다. 나라가 위험에 처하자 부유하고 아름다웠던 과부 유디트는 이스라엘을 위해 큰 결심을 하게 됩니다. 그녀는 거짓 투항을 합니다. 유디트의 아름다운 모습을 본 적장 홀로페르네스는 그녀에게 반해서 술에 잔뜩 취해 잠에 빠집니다. 그리고 유디트는 기도합니다. "이스라엘의 하느님, 오늘 저에게 힘을 주세요."

그리곤 잠자는 틈을 타 온 힘을 다해 적장 홀로페르네스의 목을 벱니다. 그리고 그 목을 베툴리아의 성벽에 매달아 놓습니다. 다음 날 그 모습을 본 아시리아의 군대는 전의를 완전히 상실하여 서둘러 퇴각하게 되었고, 유디트는 이스라엘을 구한 영웅이 됩니다.

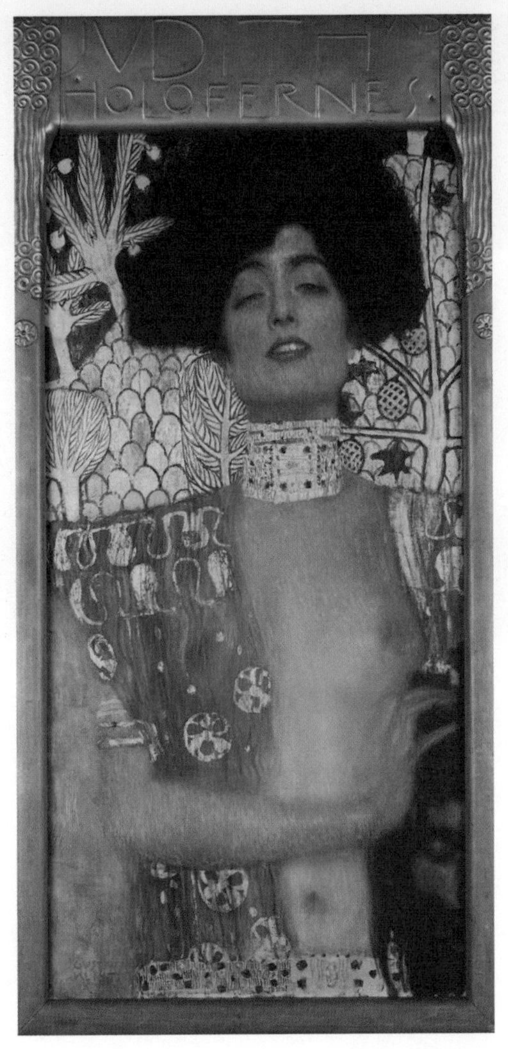

1 유디트 | 클림트 | 1901년

이 이야기를 담은 작품 중 하나가 구스타프 클림트의 「유디트」[1]입니다. 사랑, 성 그리고 죽음과 같은 인간의 원초적 모습을 화려한 장식과 다양한 기법으로 강조한 화가 클림트. 「유디트」의 가장 큰 특징은 기묘한 표정과 화려한 장식입니다. 전체는 황금빛 색조가 지배합니다. 그림 속 유디트는 이야기 속을 빠져나

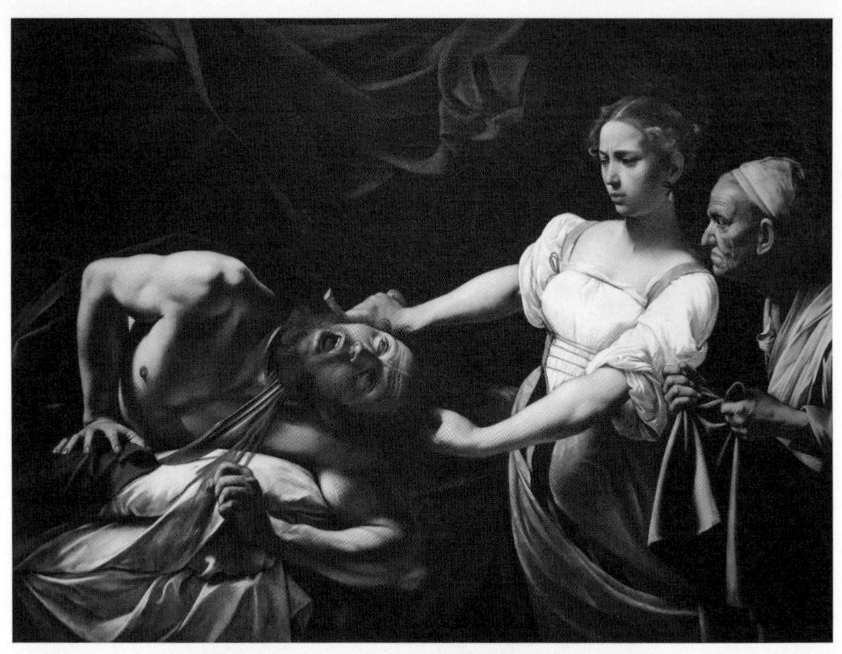

2 홀로페르네스의 목을 치는 유디트 | 카라바조 | 1598~1599년

와 현재 우리 눈을 마주합니다. 왼손으로 목을 들고 오른손으로 벤 머리카락을 움켜쥔 그녀는 무슨 말을 하는 것일까요? 각진 얼굴에 붉은 입술, 음란한 시선, 무심한 표정 그리고 왼손에 들려 있는 잘린 목이 주는 섬뜩함이 어우러진 그녀를 보며 우리는 어떤 감정을 가져야 하는지 혼란스럽습니다.

다음은 카라바조의 「홀로페르네스의 목을 치는 유디트」[2]입니다. 매우 독창적인 사고와 표현으로 순탄치 않은 길을 걸었던 우울한 천재 화가 카라바조의 그림은 사실적입니다. 그는 강렬한 빛을 이용해 우리를 유디트의 얼굴에 집중시킵니다. 유디트는 가녀린 소녀의 모습인데 몸서리치듯 찡그린 얼굴이 안쓰럽기까지 합니다. 하녀는 노파로 묘사되었는데 표정과 어두운 얼굴 톤이 강하게 시선을 끕니다. 목이 잘리는 적장을 바라보는 미움의 눈길과 양손을 꽉 움켜쥔 그녀의 간절함이 유디트를 응원합니다.

마지막으로 아르테미시아 젠틸레스키의 「홀로페르네스의 목을 베는 유디

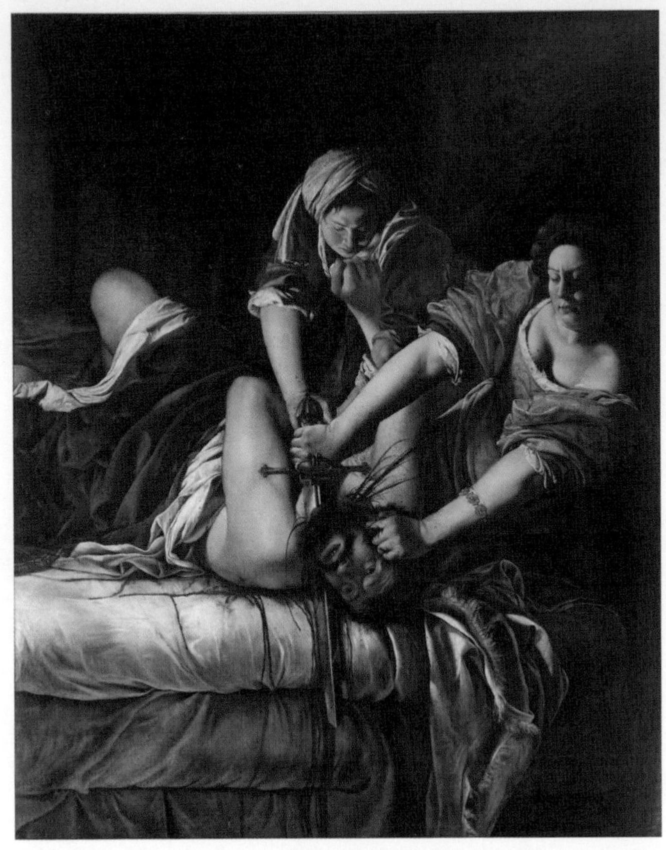

3 홀로페르네스의 목을 베는 유디트 | 젠틸레스키 | 1620년

트」[3]입니다. 서양 최초의 여성화가 젠틸레스키에게는 아픈 기억이 있습니다. 동료에게 강간을 당하고 그것을 밝히는 과정에서 너무 큰 고통을 받은 것입니다. 그 사무침이 그림으로 표현된 것 같습니다. 유디트는 목을 베는 적극적인 자세를 보이고, 하녀도 주저함이 없습니다. 유디트와 하녀는 차분하고 단호한 표정으로 일을 치릅니다. 사실감이 두려울 정도입니다.

오래된 그림이건 현대적인 그림이건, 실제 이야기가 담겼든 마음속 이야기가 담겼든, 그림은 우리에게 말을 합니다. 작품을 보며 그림이 하는 말에 귀 기울인다면 또 다른 감상의 기쁨을 경험할 수 있을 것입니다.

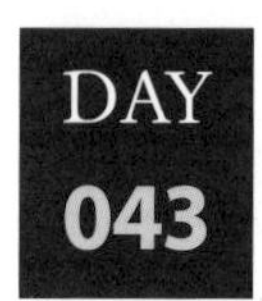

Jean Auguste Dominique Ingres(1780~1867)

장 오귀스트 도미니크 앵그르

만지고 싶은 욕구를 일으키는 여성들

매끈하고 잡티 없이 맑은 피부는 모든 여성의 소원일 것입니다. 그래서 화장에서는 도자기 메이크업이 등장했고, 사진 촬영에서는 디지털 보정을 통해 피부를 깨끗하게 변화시키는 경우가 많습니다. 그런데 그림 속 여인의 피부를 마치 도자기처럼 매끈하고 부드럽게 표현한 화가가 있습니다. 19세기 신고전주의를 이끈 장 오귀스트 도미니크 앵그르입니다. 신고전주의는 로코코의 퇴폐적이며 타락한 문화에 대한 반발로 등장하였습니다. 경박한 사회를 바로잡기 위해 애국적이고 도덕적인 주제를 다루고자 했던 것입니다.

그리고 이러한 신고전주의를 대표하는 화가 중 한 사람이 앵그르입니다. 당시 프랑스 미술계는 신고전주의 앵그르와 낭만주의 외젠 들라크루아의 대립 구도로 이루어져 있었습니다. 들라크루아는 사물에 자신이 느낀 대로의 감정을 담아 강렬한 명도와 색채로 표현하였고, 앵그르는 아카데미적 전통을 이으며, 선을 통해 사물을 묘사하였습니다.

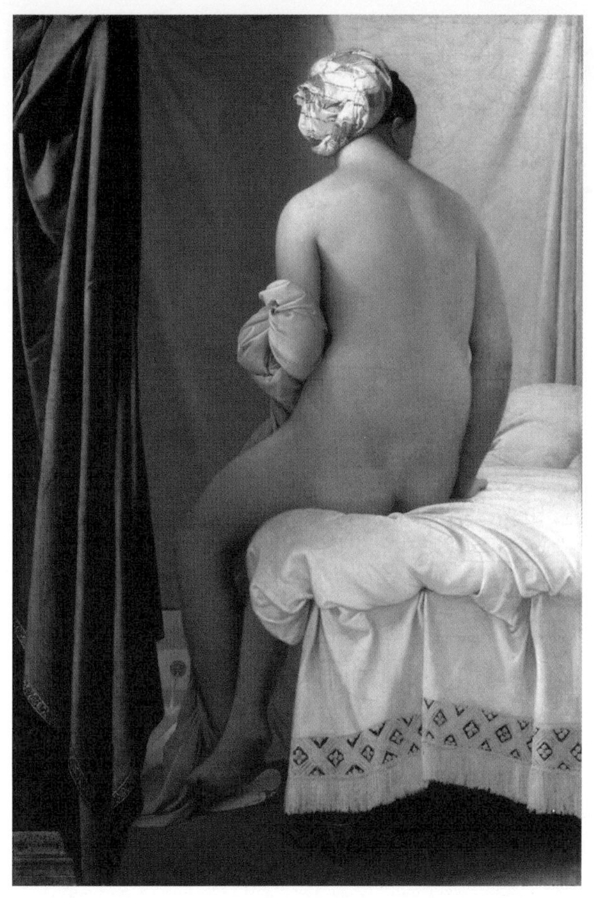

1 발팽송의 목욕하는 여인 | 앵그르 | 1808년

앵그르는 들라크루아의 소란하고 폭풍적인 그림들을 경멸했습니다. 그는 균형 잡힌 구도와 완벽한 형태, 이상적인 아름다움을 추구했고 이는 자신의 그림에서 잘 드러납니다.

앵그르는 여성 누드에 관심이 많았습니다. 그가 남긴 누드화를 보면 빛나는 피부와 부드러운 인체 곡선, 뚜렷한 윤곽선에서 나오는 관능적 아름다움을 느낄 수 있습니다. 「발팽송의 목욕하는 여인」[1]은 그의 유명한 누드화입니다. 프랑스 아카데미 장학생 시절 과제물 중 하나였던 이 그림은 그가 그리고자 한 여성

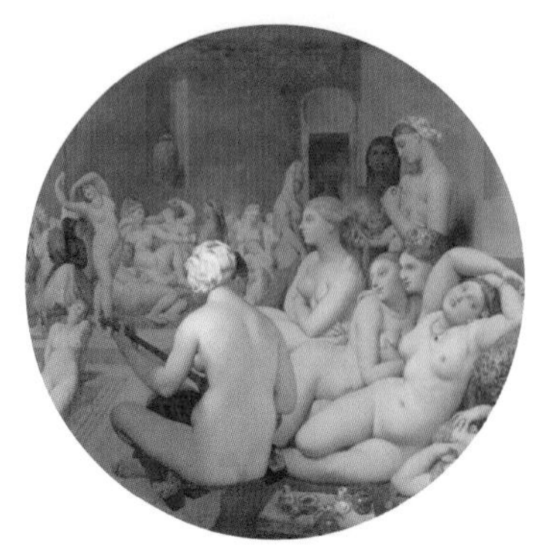

2 **터키탕** | 앵그르 | 1852~1862년

의 아름다운 몸, 순결함, 관능미 등의 연구 결과라고 할 수 있습니다. 하얀 침대 위에 앉은 여인의 뒷모습과 벗어놓은 빨간 샌들이 고요한 상상을 하게 합니다.

이 여인은 그의 또 다른 대표작 「터키탕」[2]에서도 한 번 더 등장합니다. 그의 여성 누드화는 에로틱하고 이국적인 모습으로도 나타납니다. 「노예가 있는 오달리스크」[3]와 「그랑 오달리스크」[4]를 보아도 그가 동양 문화에 관심을 가졌다는 것을 알 수 있습니다. 여기서 또 하나 주목할 만한 점은 그렇게 비례를 중시했던 앵그르가 그린 그림 중 몇몇은 인체가 과장되게 늘어났거나 얼굴이 지나치게 작게 그려져 있다는 것입니다. 특히 「그랑 오달리스크」가 그렇습니다. 하지만 이것은 여성의 관능미와 신비감을 증가시키는 결과를 낳았습니다. 앵그르의 의도가 깔려 있었던 것이죠.

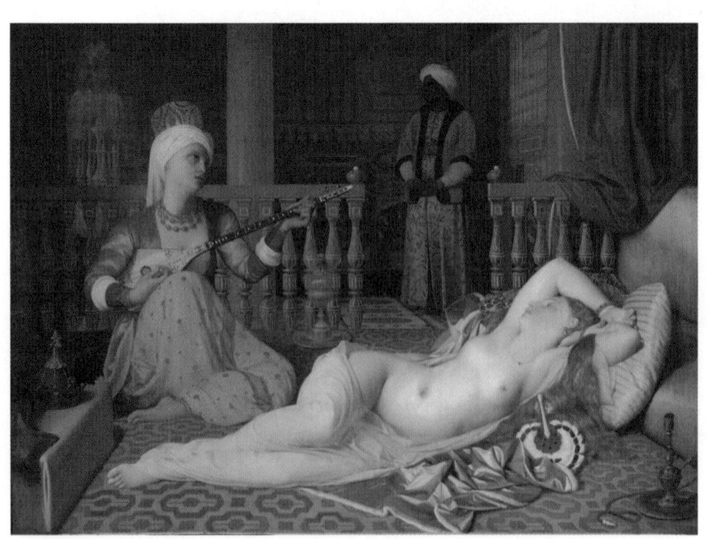

3 **노예가 있는 오달리스크** | 앵그르 | 1839년

오달리스크는 누구일까?

오달리스크(odalisque)는 대개 귀족들이 터키 황제에게 보내는 쾌락적인 용도의 시녀를 의미하는데, 이들이 미모가 특히 뛰어날 경우 후궁으로 간택되어 권력을 행사할 수 있었다. 이들은 오리엔탈리즘 회화의 소재로 자주 이용되었다.

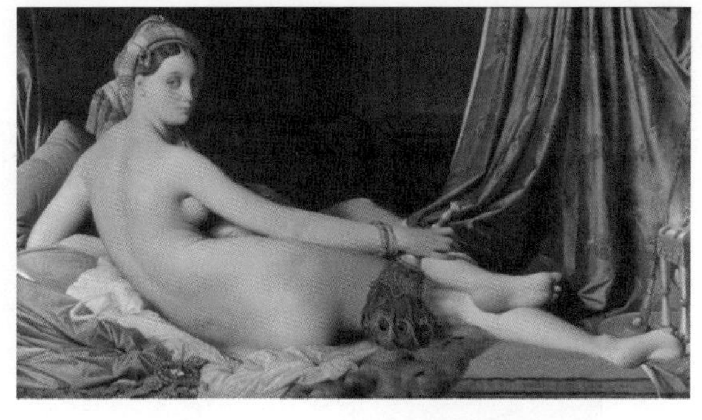

4 그랑 오달리스크 | 앵그르 | 1814년

앵그르가 30년에 걸쳐 그린 「샘」[5]을 보면 S자 형태의 곡선을 통해 여성의 우아함을 배가시키려고 하였고, 그리스 물병 암포라에서 흘러나오는 맑은 물과 거품, 그리고 배경 등을 통해 고전의 이상을 표현하려 했던 것을 알 수 있습니다. 앵그르는 특유의 사진 같은 묘사력 덕분에 당시 최상급 화가로 인정받았습니다. 당연히 왕족과 귀족들의 초상화 주문이 많았습니다. 그는 초상화에서도 섬세한 피부, 고운 머릿결, 화려한 드레스 등을 이상적으로 표현해내고 있습니다.

그의 대표작 「브롤리 공주」[6]를 보면 당시 26살이던 아름다운 여성의 모습이 살아 있는 듯 표현되어 있습니다. 목걸이며 반지, 팔찌 등과 비단의 푸른 드레스가 절로 시선을 사로잡습니다. 황금색의 의자 표현까지 섬세하고 완벽했던 앵그르의 그

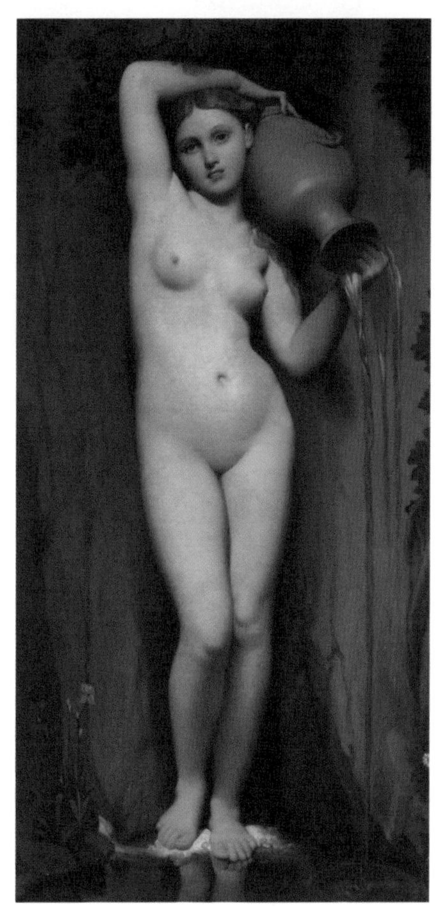

5 샘 | 앵그르 | 1820~1856년

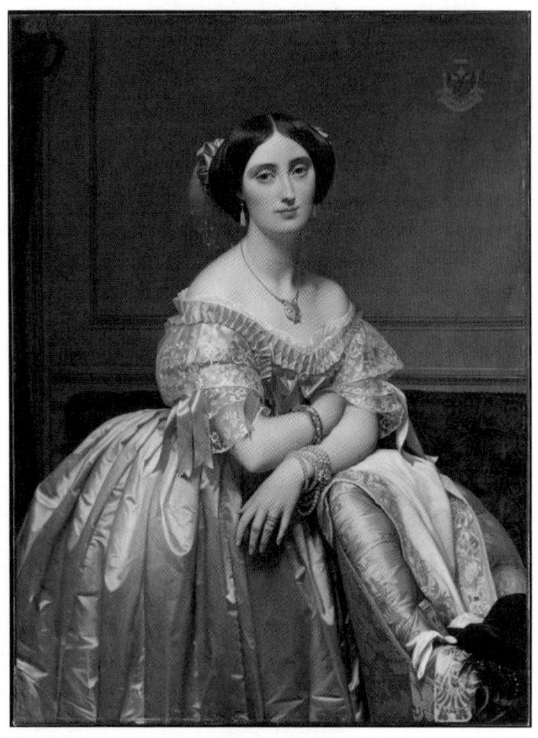

6 브롤리 공주 | 앵그르 | 1851~1853년

림에 감탄하게 됩니다.

그 밖의 초상화에서도 앵그르의 실력이 잘 드러납니다. 「뒤보세 부인의 초상」[7], 「무아테시에 부인」[8], 「오송빌 백작부인」[9]을 보면 정확한 형태감과 깔끔함 그리고 아름다움이 돋보입니다. 당연히 주문자는 마음에 쏙 들어 했고 신고전주의의 위대한 유산으로 남을 수 있었습니다. 앵그르는 과거를 중시하고 예술의 정통성을 잇고 보존하려는 신고전주의 화가로서 미술사에 기록되어 있습니다.

그는 선을 통한 소묘가 미술에서 가장 중요하다고 생각하였습니다. 그 과정에서 앵그르는 여성 누드화와 초상화에서 붓질하나 보이지 않는 빛나는 도자기 살결을 만들어내었던 것입니다. 있는 그대로를 보여주는 것에 더해 아름다움의 이상까지 더하려 했던 앵그르는 완벽한 신고전주의 양식을 보여 주었으며, 지금껏 우리의 감탄을 자아내는 수많은 작품을 남겨 놓았습니다.

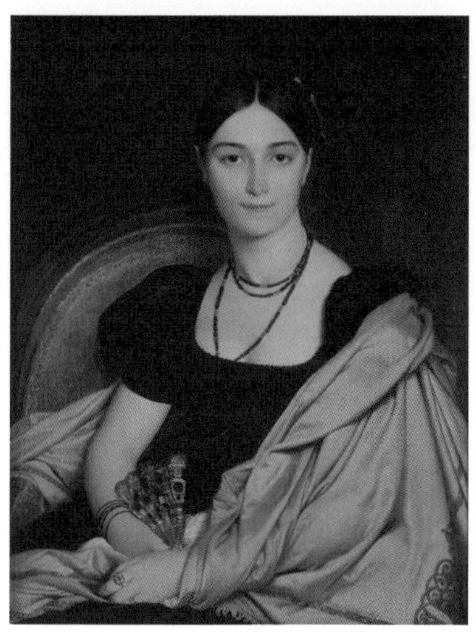

7 **뒤보세 부인의 초상** | 앵그르 | 1807년

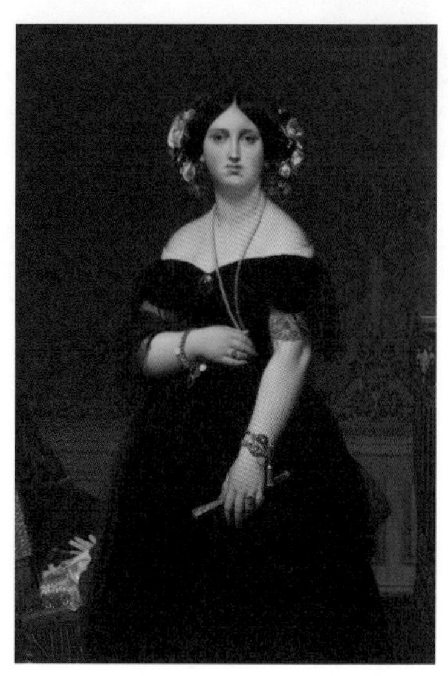

8 **무아테시에 부인** | 앵그르 | 1851년

앵그르는 왜 인체를 왜곡해서 그렸을까?

앵그르는 기본적인 해부학적 구조를 무시하고 일부러 왜곡된 누드화를 그렸는데, 그 이유는 바로 본인이 추구하는 이상적이고 관능적인 여성상이 있었기 때문이다. 그는 왜곡을 통해 원하는 기묘하고 관능적인 여성 인체의 곡선을 만들어 자신만의 독특한 스타일의 누드화를 만들었다. 그래서인지 그가 나폴레옹의 초상화 등 여러 초상화를 남겼지만, 지금까지도 그의 누드화들이 가장 잘 알려져 있다.

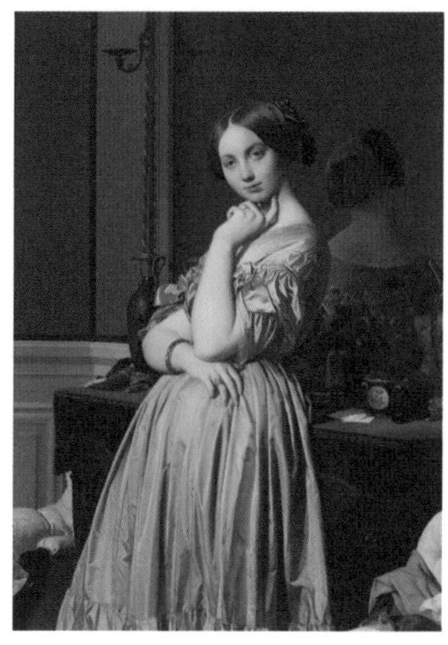

9 **오송빌 백작부인** | 앵그르 | 1845년

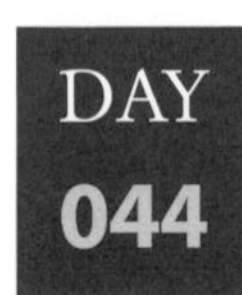

William-Adolphe Bouguereau(1825~1905)

윌리암 아돌프 부그로

잊혀버린 천상의 아름다움

세상에서 가장 아름다운 여인과 천사들이 어두운 지하실, 어느 집의 벽장, 창고 그리고 먼지 가득한 수장고에 갇혀 있습니다. 그들을 창조한 화가는 죽었고, 그 순간부터 그 화가는 곧바로 잊히고 말았습니다. 살아생전 많은 인기와 명성, 존경과 사랑을 누렸던 사람이라고는 믿기지 않게, 그가 그린 수많은 그림은 오랜 시간 지하로 내몰렸습니다. 그 화가의 이름은 윌

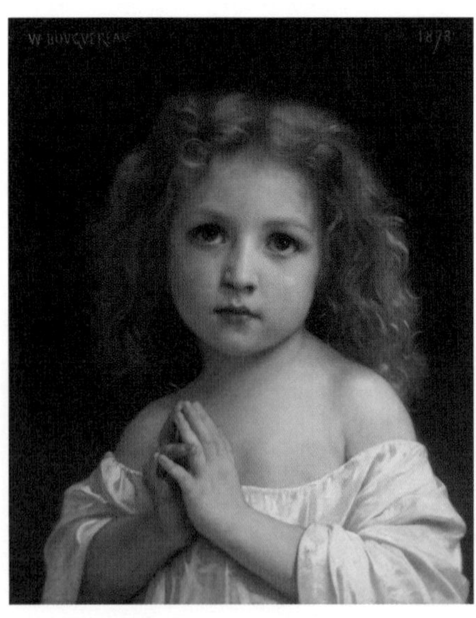

1 작은 소녀 | 부그로 | 1878년

리암 아돌프 부그로입니다.

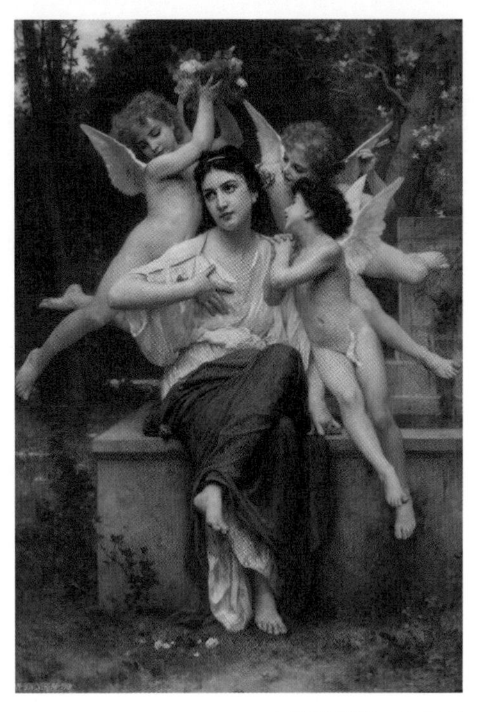
2 봄의 꿈 | 부그로 | 1901년

그는 매우 아름답고 순수한 그림을 그렸습니다. 「작은 소녀」[1]와 「봄의 꿈」[2]처럼 그의 그림에는 아름다운 여인과 소녀, 귀여운 큐피드와 날개 달린 아기들인 푸티putti의 모습이 자주 등장합니다. 이 그림들이 익숙하지 않습니까? 그 이유는 부그로의 작품은 한번 눈에 들어오면 쉽게 잊히지 않는 매력을 가지고 있기 때문일 것입니다. 기존의 그 어떤 화가보다도 아름다운 누드를 그린 천재적인 화가. 그런데 도대체 그는 왜 잊혔던 걸까요?

프랑스의 부그로는 아카데미즘을 수호했던 마지막 화가였습니다. 안정된 구도, 원근법과 해부학에 충실한 묘사, 신화와 역사를 담은 주제, 전통적인 가치관을 중시하는 그림을 그렸습니다. 하지만 때는 19세기 후반으로 사회는 격변하고 있었습니다. 회화의 발전으로 인해 형태를 완벽히 재현하는 것이 가능하게 되었고 현실을 사진처럼 묘사할 수 있었습니다. 그러니 화가들은 한 걸음 더 나아갈 새로운 방식을 찾을 수밖에 없었겠죠. 때맞추어 인상주의가 태동했고, 그들은 기존의 아카데미즘에서 벗어나 보이는 색채와 빛을 그 순간의 감각으로 표현하기 시작했습니다. 말 그대로 현대 미술의 태동이 시작되던 때였습니다.

그런데 부그로는 어땠을까요? 그는 이 큰 변화를 강하게 부정했습니다. 그리고 인상파 화가들의 작품들은 밑그림에 불과하다며 폄하하고 비판하였습니다. 그러나 새로운 시대는 이미 시작되었고 부그로 같은 아카데미즘 화가들은 새로운 미술가들과 언론의 공격에 의해 점차 물러날 수밖에 없었습니다. 그리고 그가 사망한 후, 그의 그림 역시 딱딱하고 틀에 박힌 것이라고 비판받게 되었습니다. 그리고는 미술사에서 잊히고 말았습니다. 하지만 이야기는 여기서 끝나지 않습니다.

20세기 후반, 그의 그림은 다시금 평가됩니다. 탄탄한 구성력과 탁월한 인물 묘사 그리고 표정에 담겨 있는 신비로운 영혼은 결코 잊힐 수 없었습니다. 그의 그림은 시대를 초월해 사람들의 마음을 빼앗는 매력을 갖고 있었던 것이죠. 1984년 회고전 이후 잊혔던 천재의 그림이 다시 주목받기 시작했습니다. 그의 그림은 해를 거듭할수록 가격이 뛰어올랐고 부그로는 현재 명화 포스터 시장에서 가장 인기 있는 작가 중 한 사람입니다.

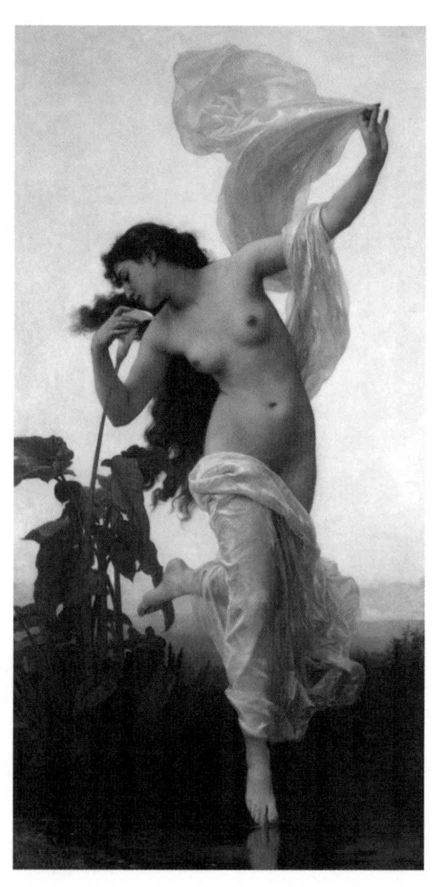
3 여명 | 부그로 | 1881년

그의 1881년 작 「여명」[3]입니다. 그리스 신화에 나오는 새벽의 여신 에오스(로마 신화의 오로라)가 밤의 장막을 걷으며 아침을 여는 과정에서 길가에 피어 있는 꽃의 향기를 맡는 순간을 그

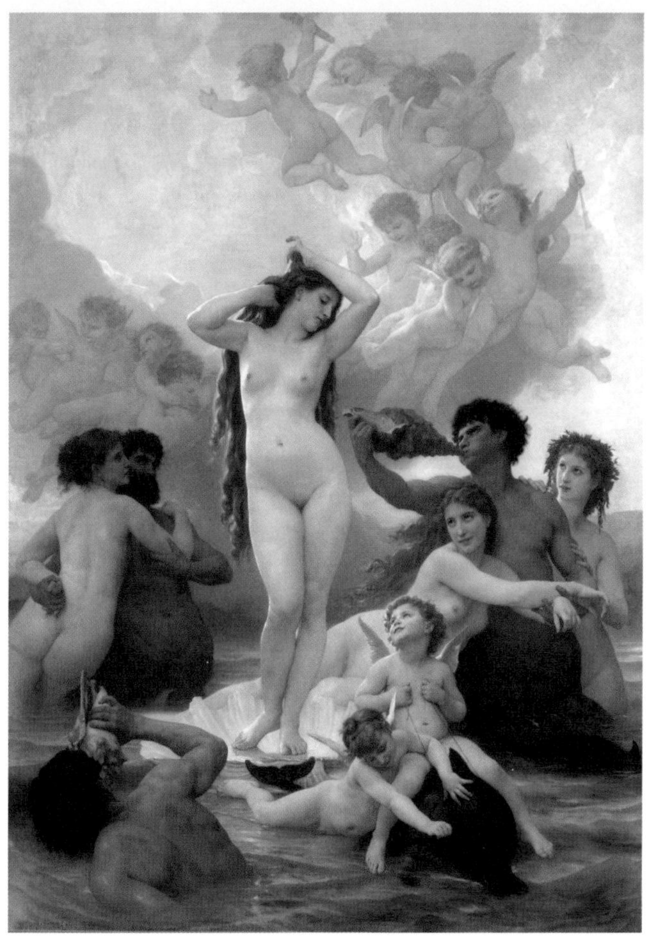

4 비너스의 탄생 | 부그로 | 1879년

렸습니다. 순수하면서도 고결한 아름다움에 절로 감탄사가 나옵니다. 그가 그린 그림 속 여인들의 누드는 현실에 존재하지 않을 것 같은 숨 막히는 아름다움을 내뿜고 있습니다.

「비너스의 탄생」[4]은 어떤가요? 보티첼리의 「비너스의 탄생」과는 또 다른 매력이 느껴집니다. 자신의 아름다움을 뽐내듯 자신감 넘치는 포즈의 비너스가 우리의 눈을 사로잡습니다.

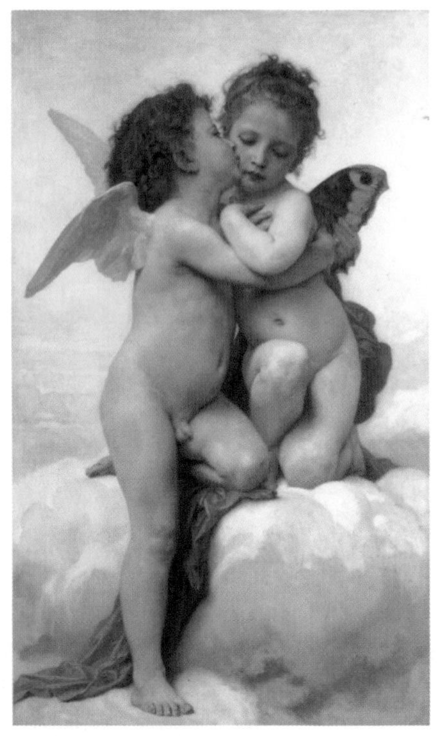

5 첫 키스 | 부그로 | 1890년

위의 「첫 키스」[5]는 사랑의 신 큐피드와 그의 연인 프시케의 어릴 적 모습을 상상하고 그린 작품입니다. 사랑스러운 아기들의 모습에 절로 미소가 지어집니다.

마지막으로 「브르타뉴 남매」[6]과 「소녀 목동」[7]입니다. 말년으로 가면서 부그로는 누드화보다는 소녀의 모습을 소박하게 그려내었습니다. 따스함과 편안함, 안정감이 느껴지는 그림들입니다. 한때는 당대 최고의 화가로 군림하던 부그로는 격변하는 시대의 소용돌이 속에서, 그리고 새롭게 등장한 인상파 화가들에 의해서 아카데미즘과 함께 서서히 밀려났습니다.

하지만 부그로의 정교하고 흠잡을 곳 없는 사실적 표현과 아름다운 감성이 담긴 그림은 영원히 잊힐 수는 없었습니다. 그의 그림을 한참 보고 있으면 꼭 그림 속으로 들어갈 수 있을 것 같은 착각에 빠지기도 합니다.

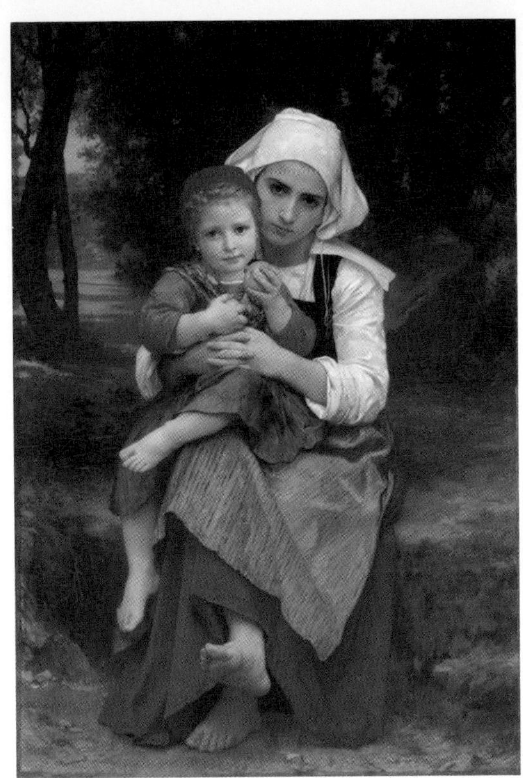

6 브르타뉴 남매 | 부그로 | 1871년

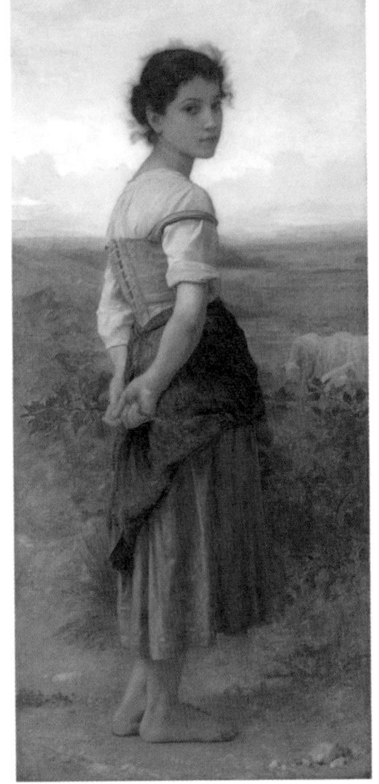

7 소녀 목동 | 부그로 | 1885년

부그로의 그림에 대한 상반된 평가

부그로의 그림은 안정된 구도와 원근법과 해부학을 적용한 충실한 묘사로 이상적이고 완벽한 아름다움을 표현했다고 평을 받기도 했다. 하지만 현대 미술 비평가들은 그의 작품을 독창성과 대담성이 결여된 틀에 박힌 그림으로 평가하기도 한다.

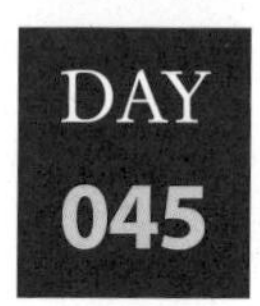

Romanticism(1790~1850)

낭만주의

이성이 아닌 감성으로 표현하다

세상을 살아가다 보면, 끊임없는 선택의 순간을 맞게 됩니다. 그리고 그때마다 고민에 빠집니다. 마음 한편으로는 왠지 이렇게 하고 싶기도 한데, 곰곰이 생각해보면 그래서는 안 될 것 같기도 하고…. 고민은 깊어만 갑니다. 사람의 마음속에는 늘 두 가지가 함께 존재합니다. 이성과 감성입니다. 대부분 이성은 무엇을 절제하게 만들거나 따져보게 만들지만, 감성은 가슴에서 자연스럽게 우러나오며 때로는 이유 없는 열정에 빠지게도 합니다. 그 열정의 순간에 알 수 없는 희열을 느끼기도 하고요. 하지만 늘 감성적으로 행동할 수는 없습니다. 순간을 후회할 때도 있기 때문입니다. 그래서 우리는 또 고민할 수밖에 없습니다.

하지만 미술사에는 그중 딱 부러지게 하나만 선택한 사람들이 나옵니다. 그들은 차가운 머리보다는 따뜻한 가슴으로, 신중한 사고보다는 가슴에서 우러나오는 대로 표현하였습니다. 후에 그들은 낭만주의 미술가라고 불렸습니다. 미술에만 있는 것은 아닙니다. 음악에도 있었습니다. 그 대표적인 예가 바로 프레데리크 쇼팽입니다. 그는 39살이라는 짧은 생을 살았지만, 언제나 멋을 즐겼고 자유로운 영혼처럼 가슴을 울리는 피아노곡을 작곡했습니다. 그래서 낭만주의 음악가로 불리기도 하고 피아노의 시인이라고도 불립니다. 이름조차 낭만적이지 않나요?

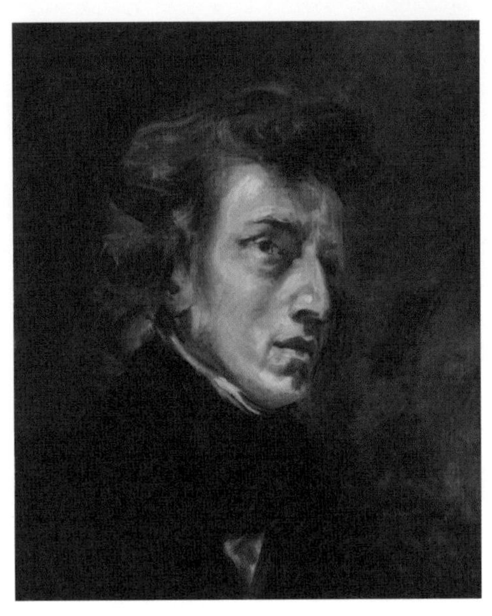

1 프레데리크 쇼팽의 초상 | 들라크루아 | 1838년

그런 낭만주의 음악가 쇼팽[1]을 낭만주의 대표 화가 외젠 들라크루아가 낭만적으로 그렸습니다. 그래서 그가 그린 초상을 볼 때는 평조차 낭만적으로 해야 합니다. 드로잉이 어떠니 색감이 어떠니 그런 것은 어울리지 않습니다. 들라크루아는 쇼팽을 느끼면서 몸에서 뿜어져 나오는 에너지를 그렸을 겁니다. 우리는 그 에너지를 감상해야 합니다. 쇼팽과 들라크루아는 서로 잘 어울렸고 잘 통했습니다. 그들은 착실한 삶보다는 강렬한 삶을 원했습니다. 독일의 작가 괴테의 말처럼 "느낌은 모든 것이다"라고 생각했는지도 모르겠습니다.

미술사에서 낭만주의자들과 항상 비교되는 대상은 신고전주의자들입니다. 그들은 낭만주의자들을 무척 싫어했습니다. 당연합니다. 그들은 신중하게 정해진 규칙을 좋아했고, 넘치지 않는 절제를 실천했으며, 꼼꼼히 계획한 후에만 그림을 그렸습니다. 그래서 빈틈이 없습니다. 붓 자국조차 허용하지 않던 그들입니다. 그러니 낭만주의자들이 얼마나 무책임한 철부지처럼 보였을까요?

그런 신고전주의 화가 앵그르가 그린 바이올리니스트 「니콜로 파가니니」[2]와 낭만주의자 들라크루아가 그린 「파가니니」[3]를 보면 재미있게 비교됩니다. 앵그르의 파가니니는 비록 밑 그림이지만 파가니니의 모습이 정확히 보입니다. 반면 들라크루아의 파가니니는 색칠까지 다 되어 있지만 흐름만 보입니다. 이처럼 신고전주의자들은 정확한 소묘를 중시했으며 색상도 절제해 사용한 반면, 낭만주의자들은 자신이 감정을 거침없이 표현하였습니다. 당연히 경쟁 관계는 때론 과열되기도 했었습니다. 들라크루아는 앵그르의 그림을 빛바랜 소묘화라고 평가했고, 심지어 앵그르는 들라크루아를 "인간의 탈을 쓴 악마"라고 인신공격까지 했습니다.

앵그르가 그린 「무아테시에 부인」[4]과 들라크루아의 「사르다나팔루스의 죽음」[5]을 보면 차이를 비교해보기 쉽습니다.

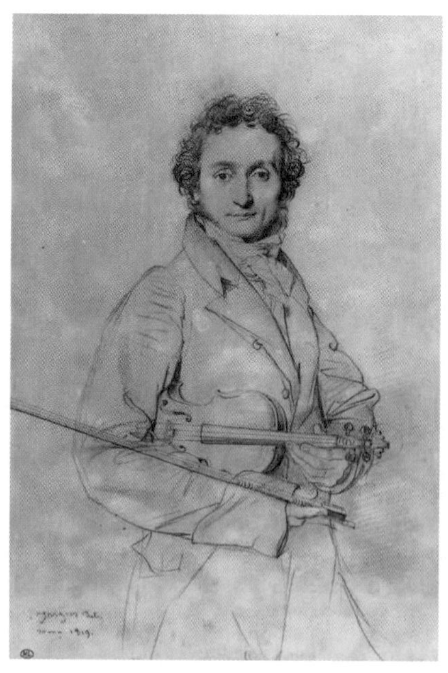

2 니콜로 파가니니 | 앵그르 | 1819년

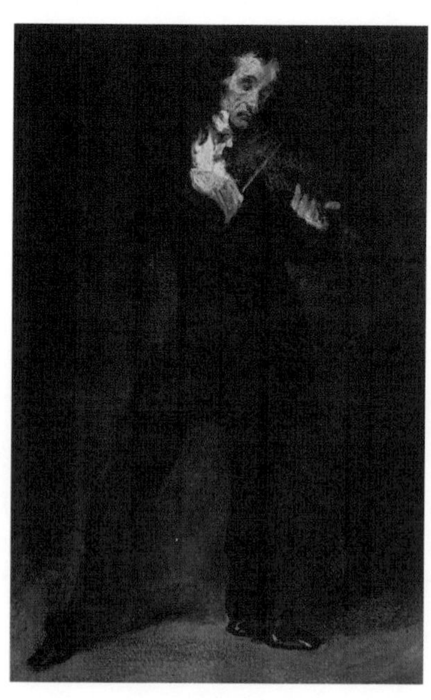

3 파가니니 | 들라크루아 | 1831년

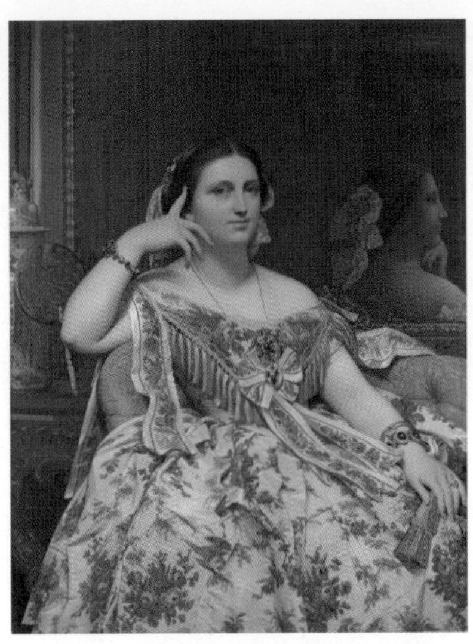

4 무아테시에 부인 | 앵그르 | 1856년

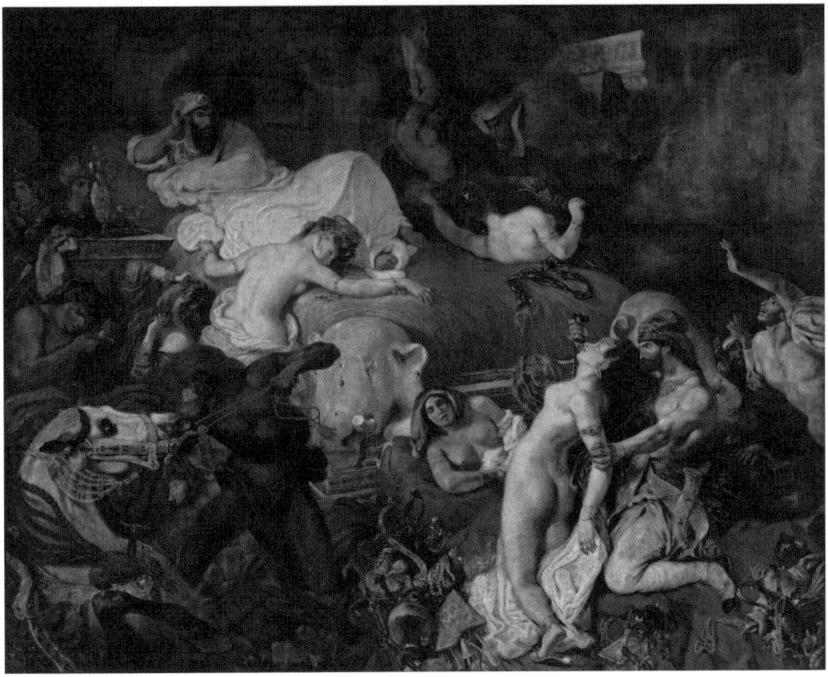

5 사르다나팔루스의 죽음(루브르 버전) | 들라크루아 | 1827년

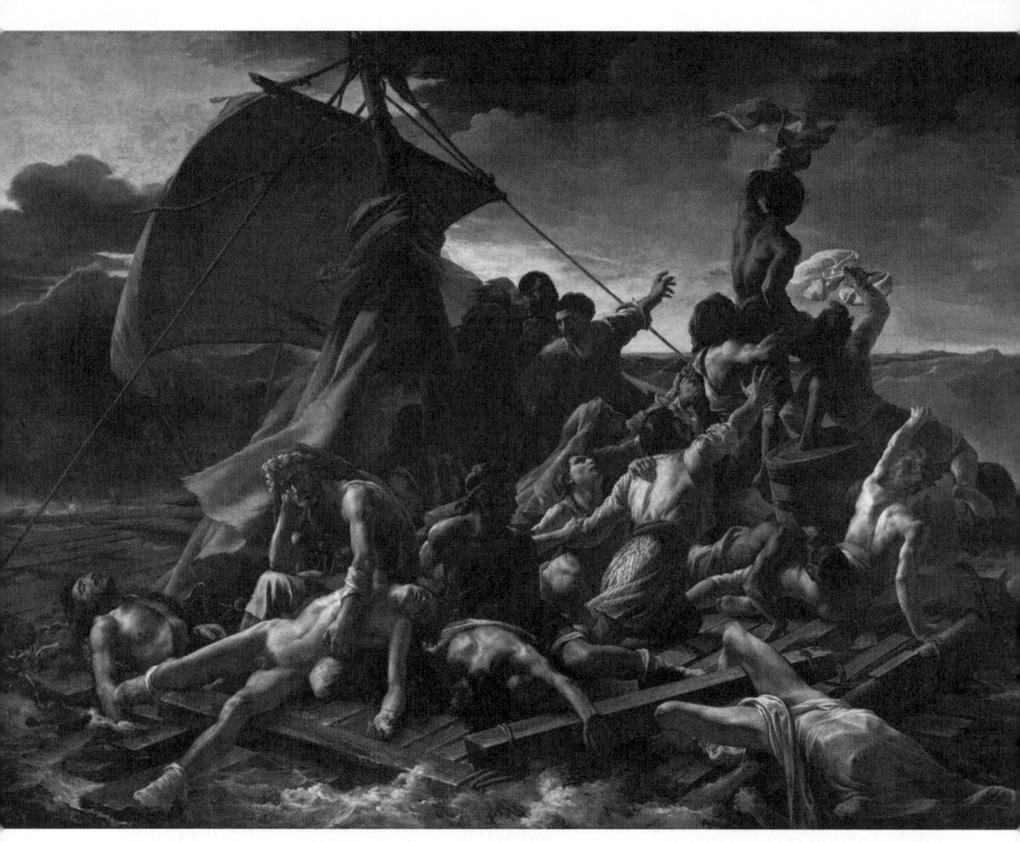

6 메두사호의 뗏목 | 제리코 | 1819년

그렇다면 낭만주의 미술의 시작은 언제였을까요? 그것이 시작된 작품으로 알려진 것이 「메두사호의 뗏목」[6]입니다.

내용은 이렇습니다. 1816년 7월 2일, 군인과 승객을 태우고 세네갈로 향하던 군함 메두사호가 서아프리카 바다에서 난파됩니다. 어쩔 수 없이 선장을 비롯한 군인과 승객은 6개의 구명보트로 옮겨 타게 되었고, 149명의 선원과 승객은 임시로 뗏목을 만들어 탈 수밖에 없었습니다. 하지만 선장은 뗏목을 묶어두기로 한 약속을 어기고 먼저 달아납니다. 덕분에 메두사호의 뗏목은 13일간

정처 없이 표류하게 되었고, 뗏목이 발견되었을 때는 149명 중 15명 정도만이 살아 있었다고 합니다.

프랑스 화가 테오도르 제리코는 이 사건을 그리기로 합니다. 그 표류 기간 동안 뗏목에는 얼마나 다양한 감정들이 혼재되어 있었을까요? 그는 그것을 그려 보고 싶었던 것입니다. 그래서 제리코는 당시 생존자를 일일이 만나 증언을 들었으며, 처형된 죄수들의 시체를 보면서 죽은 사람을 그렸고, 뗏목에서 미친 사람들을 그리기 위해 정신병 환자를 찾아다녔습니다. 낭만주의 화가답게 열정도 대단했던 것 같습니다.

그림은 완성되어 1819년 살롱에 전시되게 되었고, 높이 5m, 너비 7m의 이 그림은 사람들에게 충격을 주기에 충분했습니다. 그 큰 화폭에 온갖 격정들이 뒤섞여 있었으니까요. 바로 화제가 된 이 그림은 비난과 찬사를 한꺼번에 받으며 유명해지게 되었고, 지금은 낭만주의를 상징하는 대표 그림으로 자리 잡았습니다.

감성 경영, 감성 디자인과 같은 말이 요즘 자주 쓰이는 것을 보면 이성만 가지고 해결되지 않는 것도 세상에는 많은 것 같습니다. 여러분은 어느 편을 더 좋아하시나요?

낭만주의의 시작

18세기 말부터 유럽에서 시작된 낭만주의는 문학과 예술, 음악 등 많은 분야에 영향을 끼쳤다. 이전에는 인간의 이성과 형식을 지나치게 강조했다면, 낭만주의는 그와 달리 감정과 직관, 주관적인 느낌의 자유로운 표현을 중시한 점이 특징이다. 그래서 강렬한 색채와 명암으로 역동성과 감정을 표현해냈다. 낭만주의 미술에서는 「메두사호의 뗏목」을 그린 테오도르 제리코를 그 시작점으로 보고 있다.

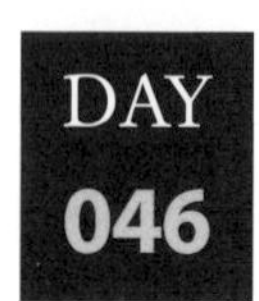

Caspar David Friedrich(1774~1840)

카스파르 다비드 프리드리히

마음의 눈으로 그린 그림

"마음의 눈으로 보다"라는 말이 있습니다. 여기서 마음의 눈이란 간혹 화려한 외형에 사로잡혀 진실을 보지 못하는 육체의 눈과는 구별되는, 마음으로 통찰하고 인식하는 눈일 것입니다. 간단히 말하자면, 좀 더 지혜로운 눈이겠죠. 그런데 항상 그 마음의 눈으로 그림을 그린 화가가 있습니다. 그는 이런 말을 했습니다.

> "마음의 눈과 육체의 눈은 구별되어야 한다. 그리고 자신의 마음의 눈으로 내면세계를 찾을 수 없는 화가는 그림을 그리지 말아야 한다."

화가이지만 철학자 같기도 하고 진실을 찾기 위한 구도자 같기도 했던 이 신비스러운 화가는 독일 낭만주의의 대가 카스파르 프리드리히입니다. 먼저 그의 아틀리에를 구경해 볼까요?

첫 번째 그림은 그의 친구였던 게오르그 케르스팅이 그려준 「자신의 아틀리에에 있는 카스파르 다비드 프리드리히」[1]입니다. 첫눈에 들어오는 느낌은 매우 간소하다는 것입니다. 아무것도 깔려 있지 않은 마룻바닥 위에 그림을 그릴 수 있는 도구 외에는 아무것도 없습니다. 벽에는 팔레트가 걸려 있을 뿐이고, 두 개의 창문 중 하나는 완전히 막혀 있습니다. 그리고 이젤 앞에 서 있는 화가는 깊은 생각에 빠져 있습니다. 이 화가는 주로 풍경을 그렸는데 어떻게 이런 막힌 공간에서 풍경화를 그릴 수 있었던 것일까요? 하지만 그의 말을 들어보면 우리는 이유를 이해할 수 있습니다.

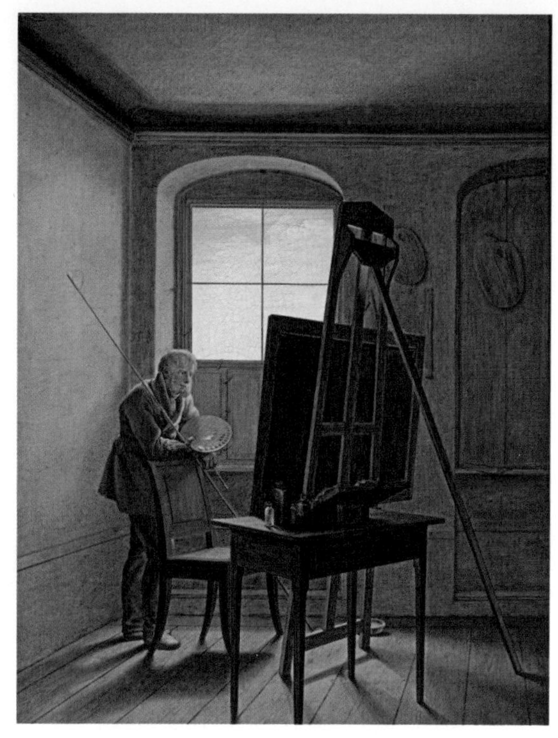
1 자신의 아틀리에에 있는 카스파르 다비드 프리드리히 | 케르스팅 | 1812년

"나는 자연을 재현할 생각은 없다. 나는 형태 그 이상의 것에 관심이 있다. 자연과의 교감은 고독에서 이루어진다. 그리고 빈 캔버스 안에서의 상상력은 무한하다."

이해되십니까? 그는 자신의 정신세계에 몰입하기 위하여 외부의 어떤 자극도 없는 절제된 환경이 필요했던 것이고, 자신 속에 빠진 상태에서 마음의 눈으로 그림을 그렸던 것입니다. 프리드리히의 그림은 이렇듯 태생이 다르다 보니 여느 풍경화와는 차별된 묘한 느낌을 줍니다.

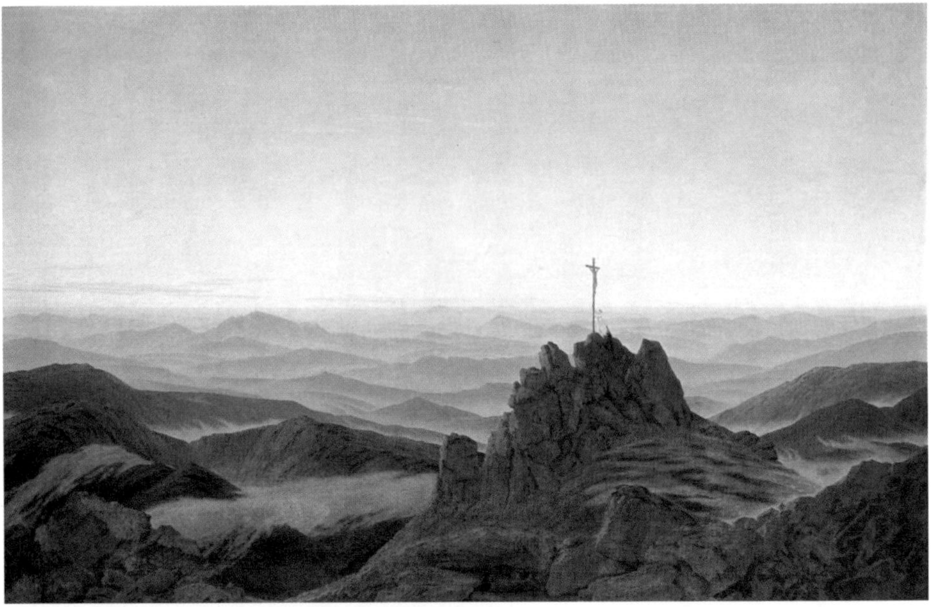

2 리젠산맥의 아침 | 프리드리히 | 1810~1811년

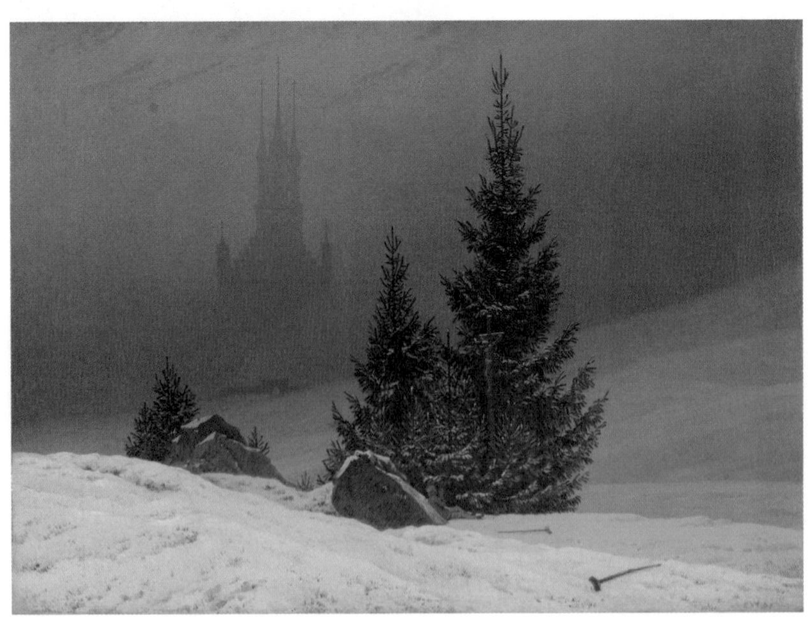

3 겨울 풍경 | 프리드리히 | 1811년

「리젠산맥의 아침」[2]은 프리드리히가 1810년에 리젠산맥을 도보 여행하면서 구상했던 그림으로 보이는데, 보다시피 산의 형태나 산 정상 십자가의 모습을 보면 그가 사실의 형태에 전혀 구애받지 않는다는 것을 알 수 있습니다. 그래서 사람들은 그의 그림을 보면 비평보다는 먼저 프리드리히가 표현하고자 했던 세계가 무엇인지에 관해 다양한 해석을 내놓습니다. 그것은 종교에 관한 것이기도 하고 애국심에 관한 것이기도 하죠. 이 작품은 후에 프로이센의 왕이 구매하였다고 합니다. 사람들은 그의 자연 풍경화를 보고 논할 때 '숭고함'이라는 표현을 많이 쓰고, 또 그런 느낌을 많이 받게 됩니다. 그렇다면 프리드리히에게 있어서 자연은 무엇이었으며, 왜 그는 자연을 그렇듯 신비스럽고 장엄하게 표현하였을까요? 그는 엄격한 루터교의 가정에서 태어났습니다. 신앙심이 어려서부터 깊을 수밖에 없었겠죠. 게다가 그가 7살 때 어머니가 사망했고, 일 년 뒤에 누이 엘리자베트가 천연두로 사망하며, 13살에는 물에 빠진 그를 구하려다 동생 크리스토퍼가 익사합니다. 그리고 17살에는 누이 마리아가 발진티푸스로 또 죽게 되죠. 그래서 그는 더욱더 종교적인 정신세계로 들어갈 수밖에 없었습니다. 그리고 무한한 자연이란 당시 종교적으로 매우 성스러운 것이었습니다. 그래서 그는 자연을 통해 종교적 사상을 표현하기 시작했던 것입니다.

「산중의 십자가」[4]는 교회의 제단화입니다. 보통 제단화라 하면 성경 속의 이야기를 그리는 경우가 많은데, 프리드리히는 자연을 소재로 한 제단화를 그렸던 것입니다. 그만큼 자연은 그에게

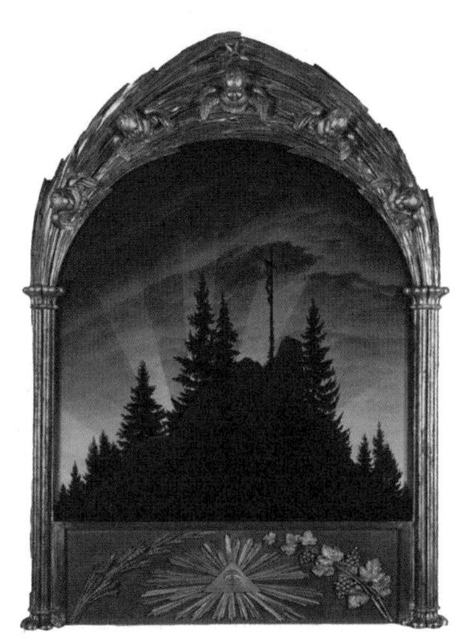

4 산중의 십자가 | 프리드리히 | 1807~1808년

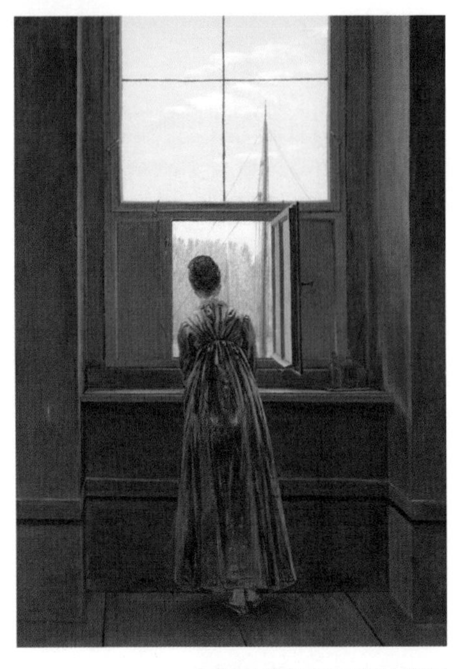

5 창가의 여인 | 프리드리히 | 1822년

신성한 것이었습니다.

그의 풍경화에도 사람이 등장합니다. 그런데 대부분 뒷모습입니다. 그의 대표작 「창가의 여인」[6]을 보면 여인의 뒷모습이 나옵니다. 창밖을 바라보는 여인은 프리드리히의 부인으로 알려져 있습니다. 그러나 그는 그녀의 얼굴을 그리지 않았습니다. 그만큼 그림의 중심은 자연이었다는 것을 알 수 있습니다. 그래서 사람들은 이 그림을 보면서도 인물이 아닌 기독교, 십자가, 죽음, 내세 등을 표현한 것

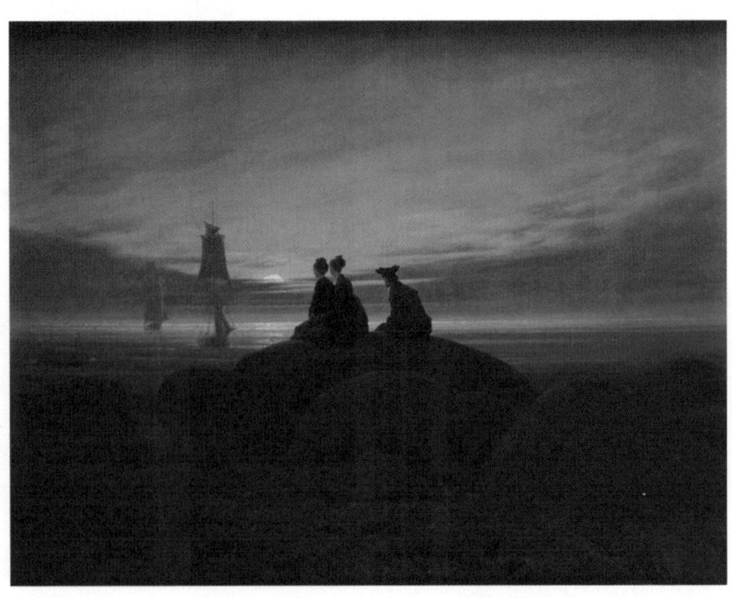

6 바다 위의 월출 | 프리드리히 | 1822년

독일 낭만주의 회화를 대표하는 프리드리히

프리드리히는 주로 신비롭고 경이로운 분위기의 계절 속 풍경화를 그렸다. 고요하고 이색적인 풍경 속에서는 십자가 또는 아주 작게 그려진 기도하는 사람의 모습도 종종 보인다. 한편으로는 그는 당시 사람들이 잘 그리지 않던 뒷모습도 자주 그렸는데, 그중 가장 유명한 뒷모습을 그린 작품은 「안개 바다 위의 방랑자」이다.

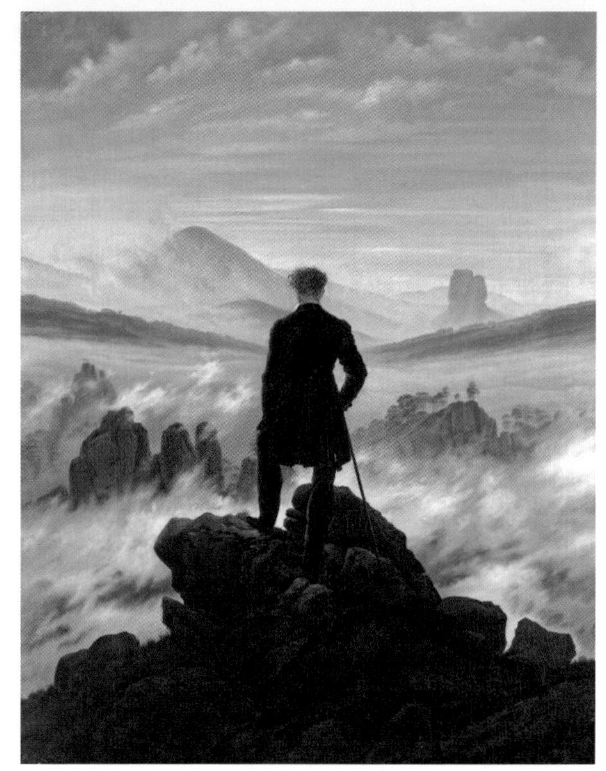

7 안개 바다 위의 방랑자 | 프리드리히 | 1817년경

이라며 다양한 해석을 내놓습니다.

그의 다른 풍경화의 그림 속 사람들은 매우 작게 그려져 있습니다. 그리고 그 사람들은 한결같이 자연을 바라보는 뒷모습입니다. 프리드리히는 무한한 자연의 신성함을 언제나 마음의 눈으로 보았고, 거기서 느낀 감동과 감정을 다른 사람들과 같이 공감하고 싶었던 것은 아닐까 하는 생각이 듭니다.

그가 그린 가장 유명한 작품 중 하나인 「안개 바다 위의 방랑자」[8]를 보면 가슴이 시원해지는 느낌을 받게 됩니다. 그리고 궁금해집니다. 프리드리히가 이 그림을 그리면서 마음의 눈으로 보았던 풍경은 어떤 모습이었을까요?

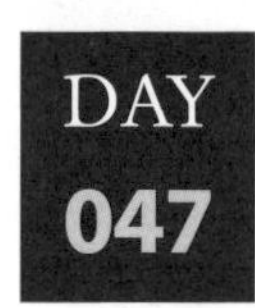

Ferdinand Victor Eugène Delacroix(1798~1863)

외젠 들라크루아

낭만주의의 불꽃을 내뿜다

단정한 정장을 차려입은 열 명의 신사들이 모여 있습니다. 표정은 엄숙합니다. 그런데 눈에 띄는 것은 가운데 있는 커다란 초상화입니다. 이 초상화는 누구이며, 신사들은 왜 모인 걸까요? 그 답은 제목에 있습니다. 작품은「들라크루아에게 보내는 경의」[1]입니다. 그러니까 열 명의 신사들은 낭만주의 시대를 열었던 화가 외젠 들라크루아를 존경하는 뜻에서 모였던 것이고, 그 기념으로 1864년에 이 그림을 남겼던 것입니다.

먼저 모인 인물들을 살펴보면 이 그림을 그린 앙리 팡탱라투르를 비롯하여 지질학자 루이 코디, 조각가 겸 동판화가 알퐁스 르그로, 문학 운동가 루이 뒤랑티, 소설가 쥘 샹플뢰리, 시인 샤를 보들레르 그리고 '인상주의의 아버지'라 불리는 화가 에두아르 마네 등이 있습니다. 이 다양한 직업을 가진 신사들은 모두 유명인입니다. 그렇다면 들라크루아는 도대체 어떤 그림을 그렸길래 화가들뿐만이 아니라 다양한 지식인들에게까지 존경을 받을 수 있었던 것일까요?

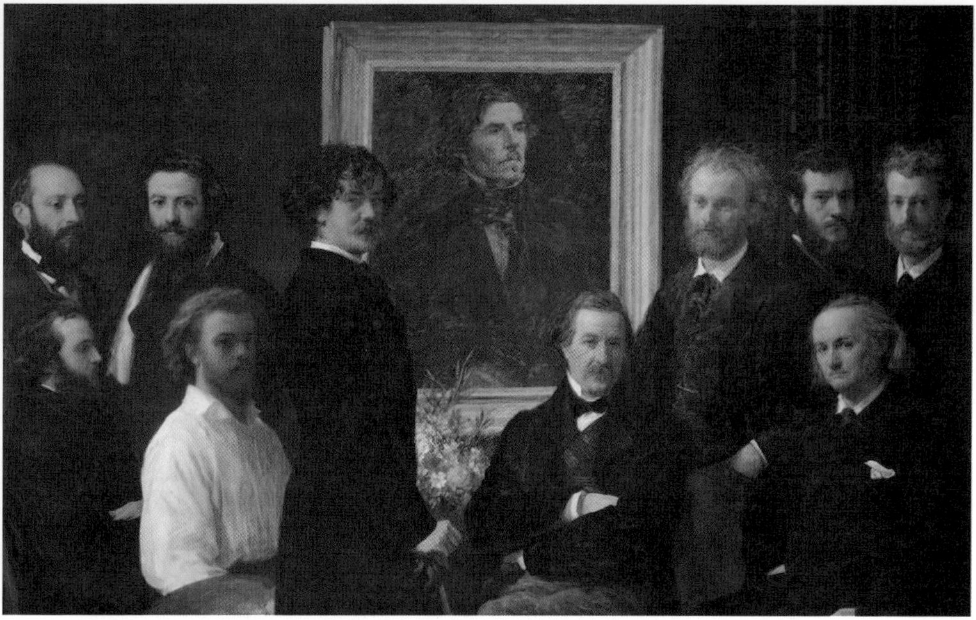

1 들라크루아에게 보내는 경의 | 팡탱라투르 | 1864년

화가 폴 세잔 역시 「들라크루아 예찬」[2]을 남기며 그를 칭송했고, 반 고흐는 이런 말까지 했습니다.

"세상에서 예수의 얼굴을 그릴 수 있는 사람은 오직 렘브란트와 들라크루아뿐이다."

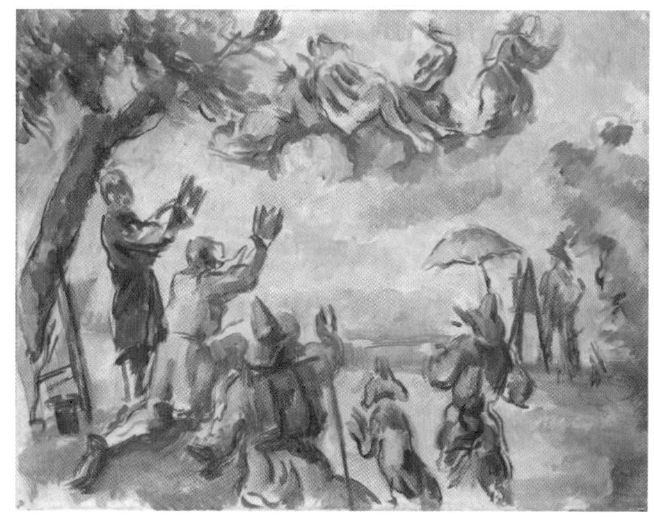

2 들라크루아 예찬 | 세잔 | 1890~1894년

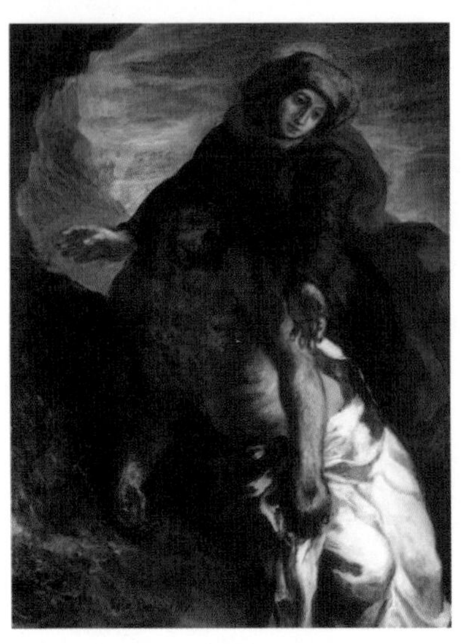

3 피에타 | 들라크루아 | 1850년경

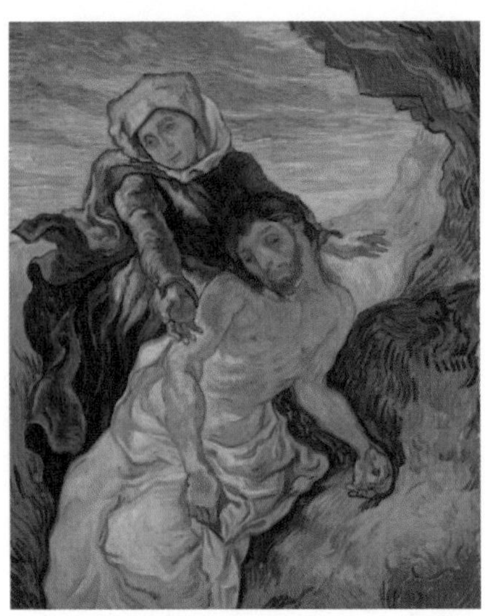

4 피에타 | 반 고흐 | 1889년

「화가의 초상」[5]은 들라크루아의 자화상입니다. 표정에서부터 섬세하고 예민한 성격이 느껴지는 것 같지 않습니까? 지인이었던 시인 고티에는 말했습니다.

> "들라크루아는 한번 보면 잊기 힘든 사람이었다. 그의 외모는 야성적이고, 기이하고, 이국적이고, 불안스럽기까지 했으며, 그의 눈은 재치와 천재의 정열로 끊임없이 번뜩이고 있었다."

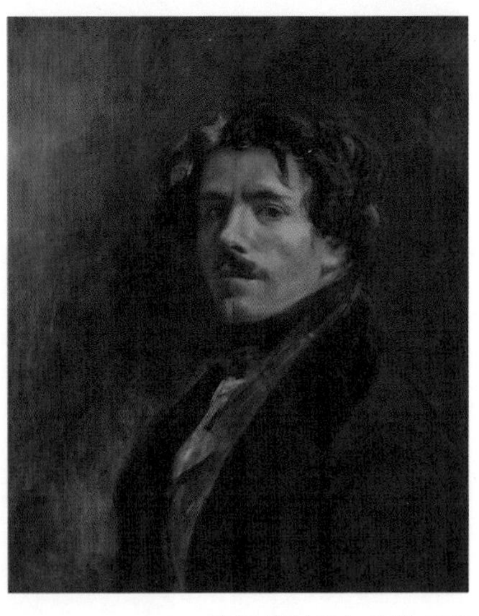

5 화가의 초상 | 들라크루아 | 1837년

들라크루아의 「단테의 배」[6]는 24살에 그린 것으로 그를 세상에 각인시킨 첫 번째 대작입니다. 붉은 두건을 한 사람은 중세 최고의 서사시 『신곡』의 저자 단

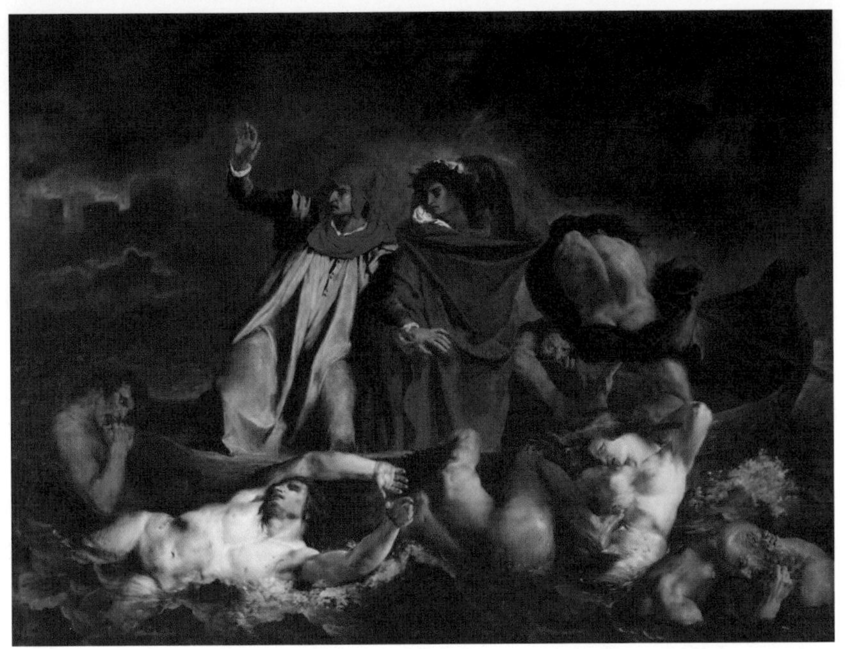

6 단테의 배 | 들라크루아 | 1822년

테입니다. 그리고 옆에서 침착하게 단테의 손을 잡아주는 사람은 고대 로마시인 베르길리우스, 그리고 등이 보이는 사공은 플레기아스입니다. 그들은 작은 배를 타고 지옥을 건너는 중입니다. 고통 받는 사람들은 배에 오르려 하고, 단테는 당황스러워합니다. 이 작품이 높은 평가를 받는 이유는 들라크루아의 표현력입니다. 그림에는 배를 타고 있는 불안한 세 명과 살기 위해 필사적으로 배에 오르려는 다섯 명, 그리고 오를 엄두조차 못 내고 고통에 비틀리는 두 명이 나오는데, 지옥이 확실합니다. 현실에서는 저렇게 자신의 모든 감정을 몸으로 격하게 표출하지는 않습니다. 보통은 격정이 있어도 어느 정도는 걸러서 표현합니다. 이성이 통제하기 때문입니다. 하지만 들라크루아는 그림 속 열 명의 심리 상태를 온전히 몸 밖으로 표출시켰습니다. 저들은 이성이 없습니다. 감정을 있는 대로 분출합니다. 몸의 느낌이 우선인 것입니다.

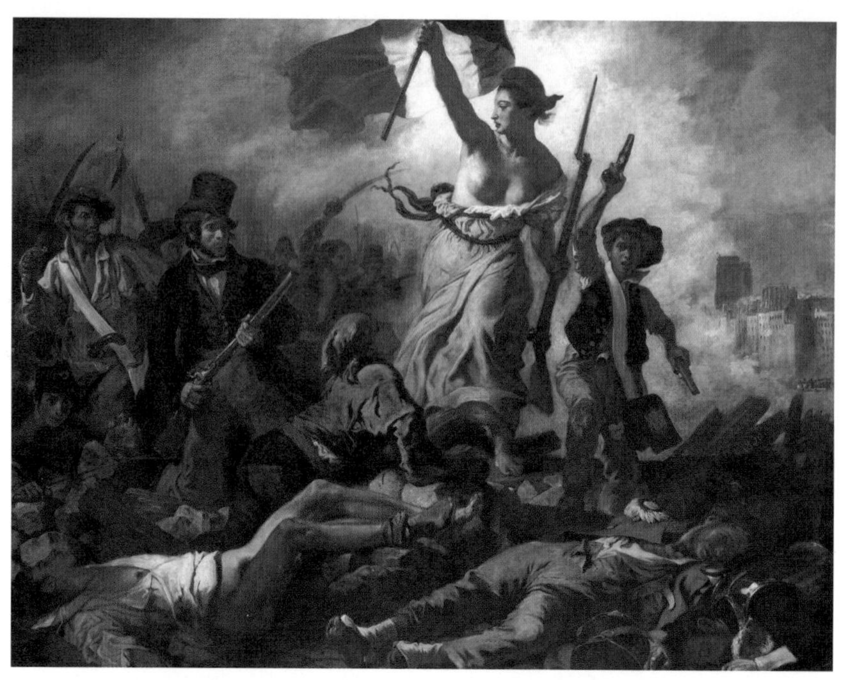

7 민중을 이끄는 자유의 여신 | 들라크루아 | 1830년

그림은 직접 말을 하지 않습니다. 그래서 즉각적인 감정 교감이 쉽지 않습니다. 하지만 들라크루아의 작품은 다릅니다. 말은 없지만, 표정과 몸짓으로 대화하는 팬터마임 연극을 본 것처럼, 감상자는 그림의 소리를 듣지는 못하지만, 감정을 전달받습니다. 그리고 그림 속의 인물과 점점 심장 박동이 맞춰집니다. 그래서 들라크루아의 작품은 '감상자의 열정을 밖으로 끌어낸다. 우리의 가슴을 뜨겁게 만든다.'는 평을 듣습니다.

그의 작품 「민중을 이끄는 자유의 여신」[7]에서도 확인할 수 있습니다. 그림 가운데는 자유의 여신이 자유, 평등, 박애를 상징하는 삼색 깃발을 흔들며, 시민들을 이끌고 있습니다. 멀리 도시에는 포연이 가득하고, 수많은 사람은 죽어 쓰러져 있지만, 그들의 용기 어린 눈빛에는 흔들림이 없습니다. 하지만 세심히 보면 현실적이지 않다는 것을 알 수 있습니다. 총탄과 포탄이 날아다니는 전장의

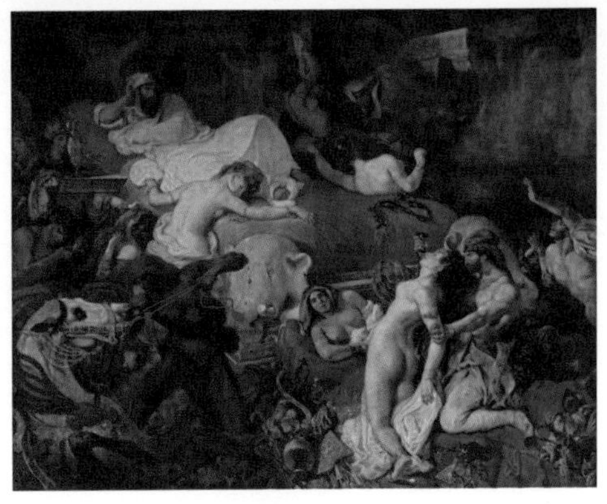

8 사르다나팔루스의 죽음 | 들라크루아 | 1827년

실제 모습이 저럴까요? 꼿꼿하게 몸을 세우고 달려갈 수 있으며 저런 표정들일까요? 낭만주의 회화이기 때문에 가능한 것입니다. 다시 말해 등장인물은 현실 속의 우리가 아닙니다. 감정만 쏙 담아 그려 놓은 것입니다. 들라크루아는 이 그림을 그릴 때 이렇게 말했습니다.

"나는 조국의 승리를 위해 직접 싸우지는 못했지만 적어도 조국을 위해 이 그림을 그리고자 합니다."

「사르다나팔루스의 죽음」에 관한 진실은?

들라크루아는 시인 바이런의 시극 '사르다나팔루스'에 영감을 받아 이 그림을 제작했다고 한다. 그런데 실제 시의 내용과 그림의 내용이 다르다고 전해진다. 바이런의 시에서는 아시리아의 마지막 왕 사르다나팔루스가 반란군으로부터 백성을 지키기 위해 불길로 들어가 자신을 희생한 왕으로 나오지만, 들라크루아의 그림에서는 반란군에게 항복하는 대신 자신의 애첩들과 말들을 모두 죽이라고 명한 잔인하고 폭력적이며, 광기 어린 왕으로 묘사되어 있다.

이렇듯 들라크루아의 작품은 그의 열정에서부터 시작됩니다. 그래서 보고 있으면 가슴이 두근두근해지는 것입니다. 「사르다나팔루스의 죽음」[7]을 보면 바로 열기가 느껴집니다. 내용에 대해 알지 못하더라도 뜨거운 기운이 와 닿고, 땀 냄새와 묘하게 뒤섞인 향들이 코를 찌르는 듯합니다. 시인 보들레르는 들라크루아를 이렇게 표현하였습니다.

"그는 열정적으로 정열을 사랑한 화가였다."

어쩌면 많은 사람들이 들라크루아에게 존경심을 표현했던 이유는 그의 그림을 보면서 오히려 자신 속의 열정을 재발견하는 경험을 했던 것은 아닐까요? 지금 여러분은 충분한 열정을 가지고 계십니까? 아니라면 들라크루아의 작품을 더 보며 불꽃을 일으켜 보는 것은 어떨까요?

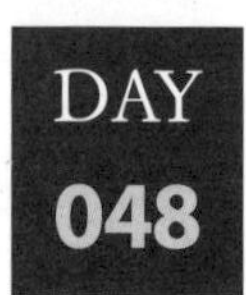

John Constable(1776~1837)

존 컨스터블

진실한 풍경을 그리다

우리나라의 풍경을 담은 산수화들은 겸재 정선 이전까지만 해도 일정 형식에 맞춘 양식대로 그려지곤 했습니다. 그러나 정선은 실제로 전국을 돌아다니며 보고, 느끼며, 있는 그대로를 화폭에 담았습니다. 그래서 우리 산수의 실제 모습을 그린 진경산수화를 탄생시켰던 것이죠. 그의 그림 속에는 진짜 조선의 모습이 담겼습니다. 「인왕제색도」[1]와 「금강전도」[2] 모두 우리나라의 산수 그 자체였습니다. 있는 그대로를 그

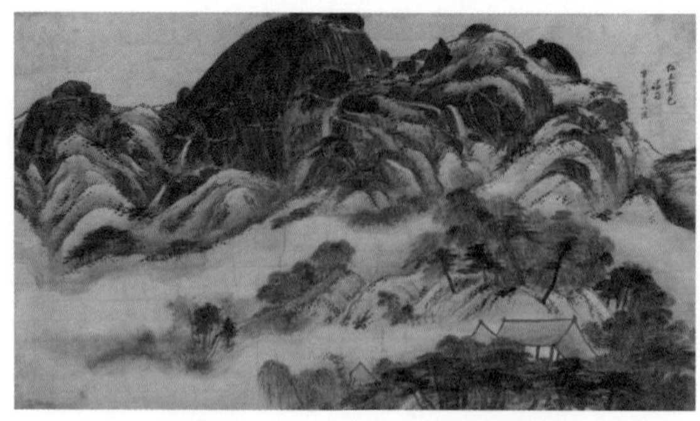

1 인왕제색도 | 정선 | 1751년

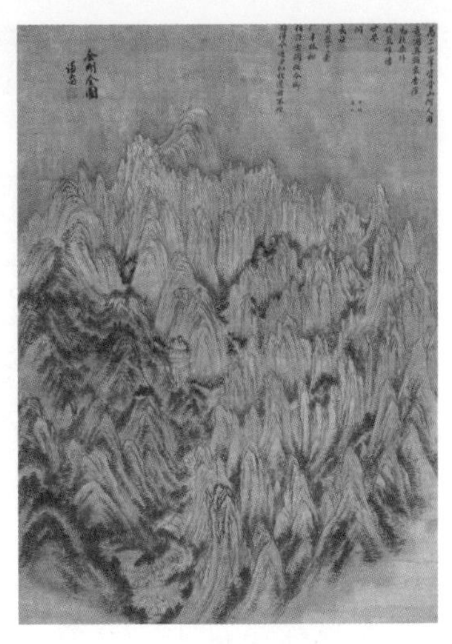

2 **금강전도** | 정선 | 1734년

리고 싶었던 정선. 그런데 바다 건너 영국에도 그런 화가가 있었습니다.

존 컨스터블. 그는 자신의 고향, 영국 동부의 서퍽Suffolk 지방을 무척이나 사랑했고 그곳의 아름다운 풍경을 그려내고 싶었습니다. 그리고 결국 그는 서퍽의 아름다운 진짜 풍경을 그림에 담아내었습니다. 영국에서는 미술의 장르에 있어서 역사화를 가장 우선시했고 인물화, 정물화 그리고 마지막으로 풍경화라고 생각하였습니다. 그런데 18세기 낭만주의가 흐르면서 이는 조금씩 바뀌기 시작했고 그 기점에 서 있던 화가가 바로 컨스터블입니다.

그는 자연을 주제로 하여 영국의 시골 풍경을 너무도 사실적이고 아름답게 그려내었습니다. 그는 이전의 관습적으로 그려지는 풍경화를 경멸했습니다. "상상 속의 풍경은 결코 실제의 풍경에 근거한 작품을 따라갈 수 없다"고 주장하며 그가 살던 고향을 애정 어린 시선으로 기록해 내었습니다. 실제로 그의 작품을 보면 환상적인 미화도 없고 자극적인 소재도 존재하지 않습니다. 다만 진정 어린 눈으로 바라본 자연만이 담겨 있습니다. 아름다운 18세기 말 영국의 시골 풍경들을 담백하게 그린 것이죠.

컨스터블은 살아생전에는 영국에서 제대로 평가받지 못했습니다. 당시 관습적으로 그려지던 풍경화와 달랐던 그의 그림을 사람들은 외면했고, 그는 39살이 될 때까지 단 한 점의 그림도 팔 수가 없었습니다.

그가 1821년에 아카데미 전람회에 출품한 「건초 마차」[3]도 역시나 큰 시선을 끌지 못하였습니다. 하지만 프랑스 화단이 그를 인정하게 됩니다. 「건초 마차」를 샀던 프랑스인이 1824년 파리 살롱에 이 그림을 출품하였고 이 그림은 금

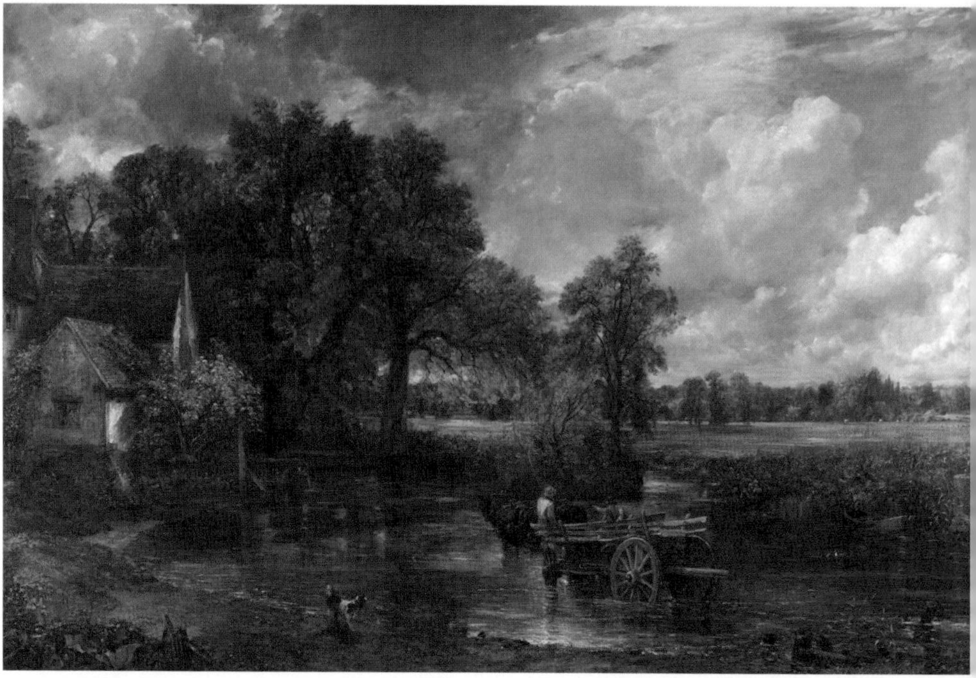

3 **건초 마차** | 컨스터블 | 1821년

상을 받게 된 것입니다. 그는 바로 유명해지게 됩니다.

그 당시 이 전시장을 찾았던 들라크루아가 「건초 마차」의 하늘색에 감명 받아 자신의 그림 「키오스섬의 학살」[4]의 색을 수정했다는 일화까지 생기면서 프랑스 화단에서의 그의 작품은 큰 관심의 대상이 되었습니다.

컨스터블의 그림에서 한 가지 주목할 점은 그가 야외 스케치를 했다는 것입니다. 지금 생각하면 그것이 대단한 일인가 싶지만, 당시 화가들은 재료의 한계로 인해 밖에서

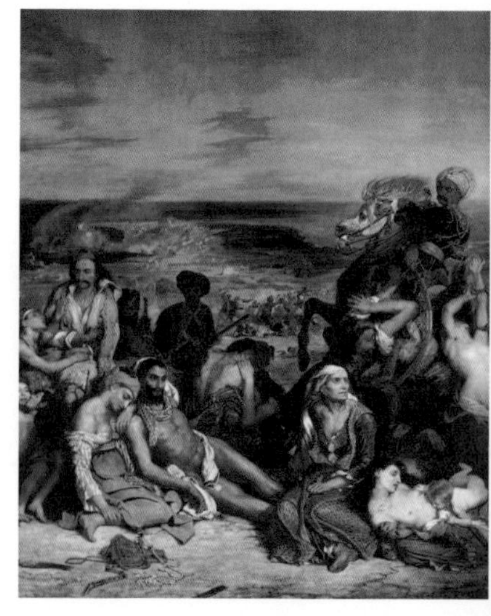

4 **키오스섬의 학살** | 들라크루아 | 1824년

그린다는 생각은 하지 못했습니다.

하지만 컨스터블은 자연을 그대로 묘사하기 위해서 하늘을 직접 봐야 했고, 구름과 바람과 태양을 느껴야 했기 때문에 스케치와 습작들은 야외에서 직접 그렸습니다. 그는 튜브 물감이 발명된 후 인상주의 화가들이 야외 사생을 하기 전에 최초로 야외 스케치를 한 화가로도 기록되어 있습니다.

컨스터블은 이러한 야외 사생 덕분에 자연의 변화, 구름의 이동, 태양과 날씨에 따른 풍경의 변화 등을 정확히 포착하여 생생하게 그려낼 수 있었습니다. 그리고 그는 아주 커다란 그림들을 그렸습니다.

그는 「데덤의 수문과 물방앗간」[5]과 「에섹스의 비벤호 파크」[6]등에 영국의 아름다운 시골 풍경을 고스란히 담아 놓았습니다.

그의 다른 작품인 「폭풍우가 다가오고 있는 웨이머스만」[7]과 「폭풍의 바다, 브라이튼」[8]에서 영국의 대자연이 느껴집니까? 실제 이곳의 자연을 이토록 섬

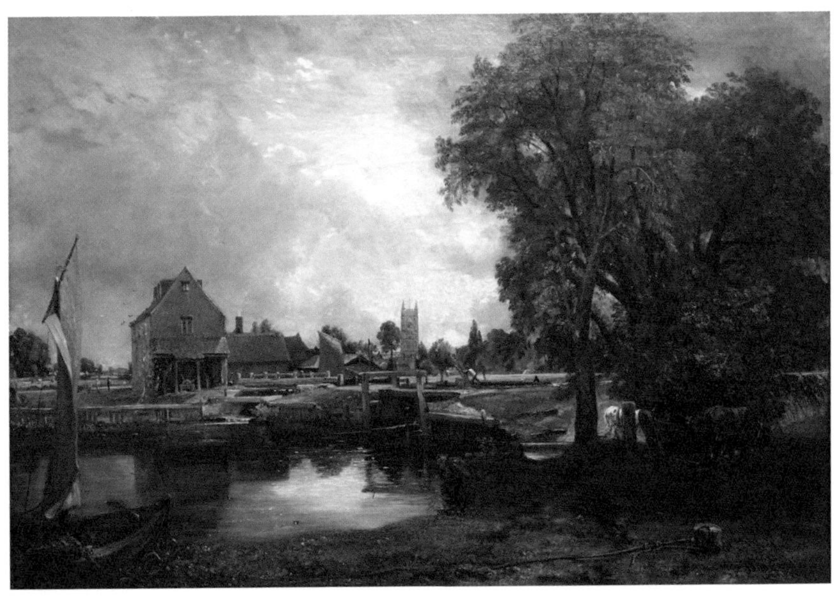

5 데덤의 수문과 물방앗간 | 컨스터블 | 1820년

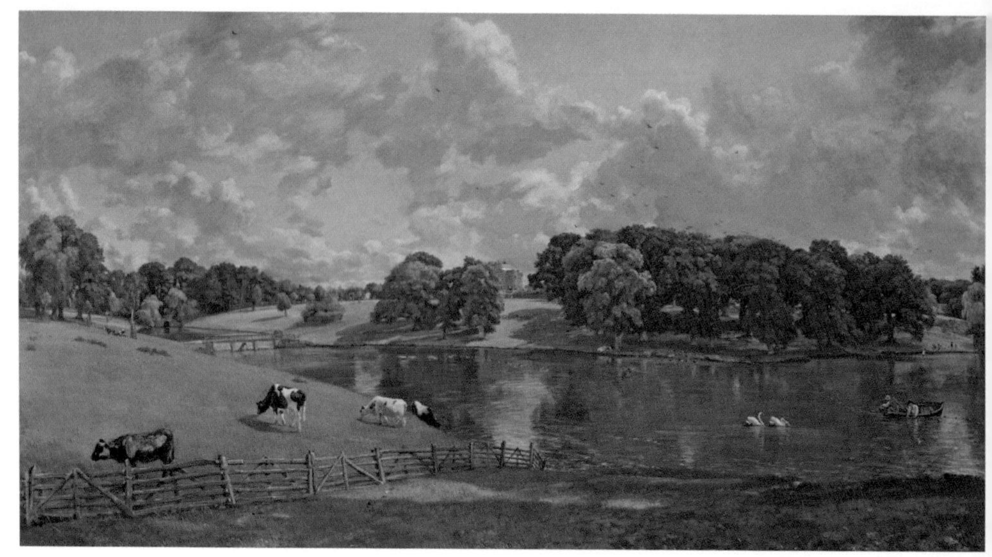

6 에섹스의 비벤호 파크 | 컨스터블 | 1816년

세하고 강력하게 그릴 수 있는 화가가 또 있을까요?

컨스터블은 비록 영국에서 인정받지는 못했지만, 평생 영국을 사랑했고 그 사랑을 담아 아름다운 풍경화를 남겨 놓았습니다. 컨스터블의 작품들은 풍경화의 위상을 높이는 데에도 큰 역할을 했습니다. 또한 그의 그림은 들라크루아뿐만 아니라 그 이후의 인상주의 화가들과 프랑스의 바르비종파 화가들에게도 많은 영향을 미치게 됩니다. 하지만 그 모든 것을 떠나 그의 그림에서 기억되는 것은 나뭇잎 사이로 반짝반짝 빛나는 햇살, 초원의 푸르름, 오래된 집과 물레방아, 폭풍우 치는 검은 하늘의 생동감입니다. 컨스터블이 영국의 아름다운 풍광을 그토록 잘 그릴 수 있었던 것은 그가 영국을 사랑했던 마음이 진실했기 때문이 아니었을까요?

바르비종파란?

프랑스의 파리 근교에 있는 작은 도시인 바르비종(Barbizon)을 중심으로 활동했던 19세기 초중반의 풍경주의나 사실주의 화가들을 일컫는 말이며, 테오도르 루소와 장 프랑수아 밀레 등이 주축을 이루었다.

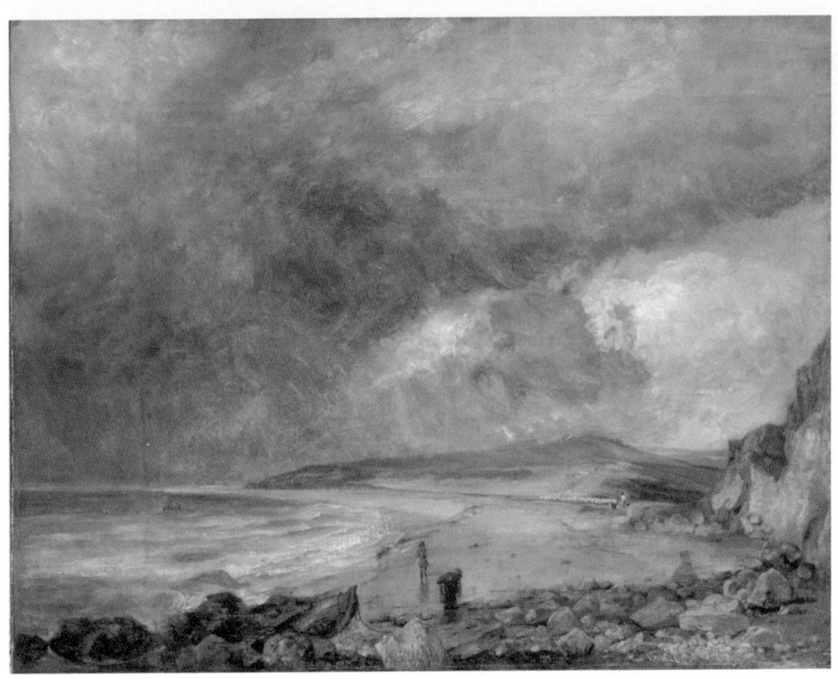

7 폭풍우가 다가오고 있는 웨이머스만 | 컨스터블 | 1818년

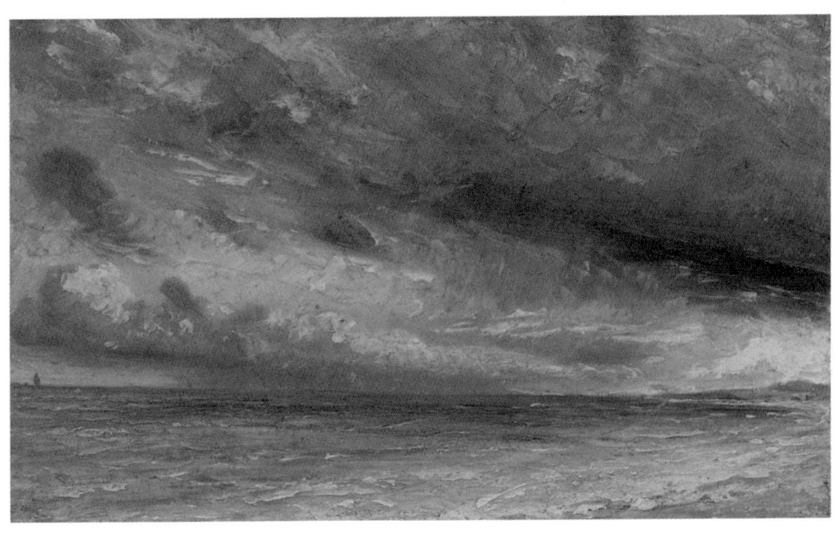

8 폭풍의 바다, 브라이튼 | 컨스터블 | 1828년경

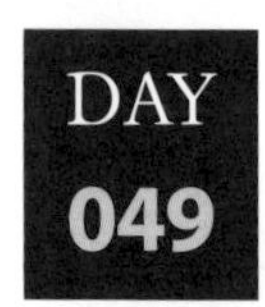

Joseph Mallord William Turner(1775~1851)

조지프 말로드 윌리엄 터너

보는 것이 아닌 체험하는 그림

"나는 바다의 진짜 폭풍 장면을 보여주고 싶었다. 그래서 선원들에게 나를 돛대에 몸을 묶게 한 다음 폭풍을 관찰하기 시작했다. 나는 네 시간 동안이나 돛대에 묶여 꼼짝할 수 없었다. 하지만 그러지 않았다면 폭풍우를 그릴 수 없었을 것이다."

「눈보라」[1]는 영국의 화가 조지프 말로드 윌리엄 터너가 1842년, 그의 나이 67살에 그린 작품입니다. 적지 않은 나이에 그는 폭풍 속으로 자신을 내몰았습니다. 바다의 살아 있는 모습을 감상자에게 보여주고 싶었던 겁니다. 하지만 그림을 보면 뭐가 뭔지 뚜렷하게 보이지 않습니다. 터너는 눈에 보이는 풍경을 그리지 않았기 때문입니다. 그는 자신이 체험한 자연을 그렸습니다. 그래서 형태는 희미하지만 볼수록 살아나며 감상자를 어떤 감정 속으로 몰아넣습니다.

이와 비교되는 그림이 있습니다. 같은 시기에 활동하던 영국의 풍경

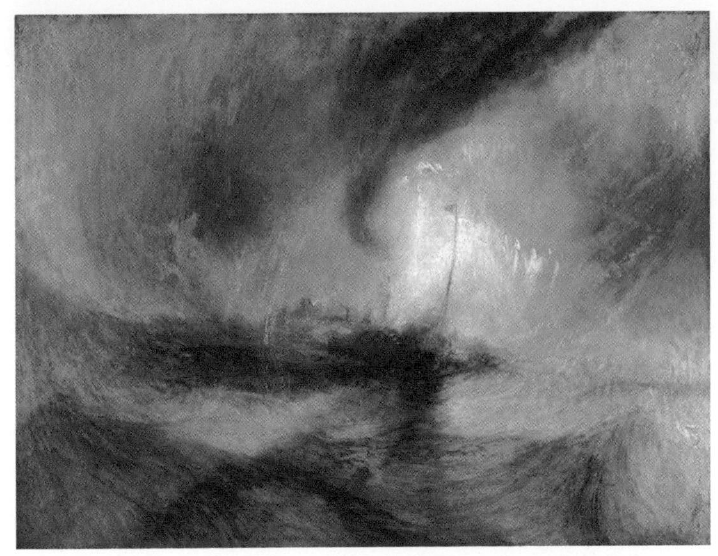

1 눈보라: 항구 어귀에서 멀어진 증기선 | 터너 | 1842년

화가 컨스터블의 「햄스테드의 브랜치힐 연못」[2]입니다. 차이점이 보이시나요? 앞서 보셨듯이 컨스터블의 그림에는 감정이 억제되어 있습니다. 그는 실제 자연을 최대한 보이는 대로 담아 놓았습니다.

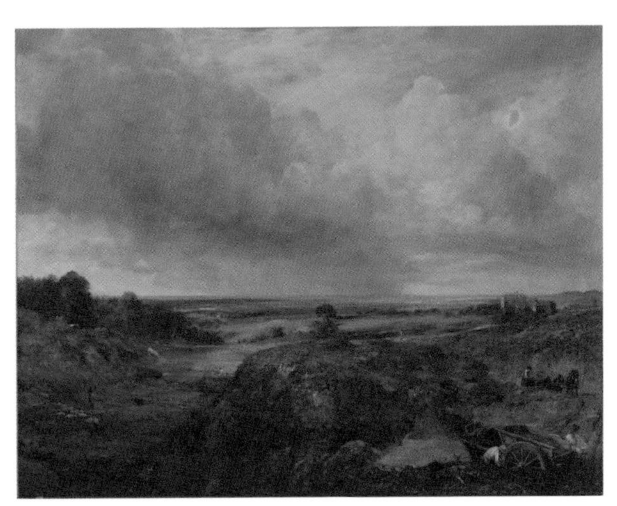

2 햄스테드의 브랜치힐 연못 | 컨스터블 | 1824~1825년

어떤 그림이 진실일까요? 눈에 보이는 있는 그대로를 그린 사실적인 그림? 아니면 몸으로 직접 체험하는 듯한, 상황이 느껴지는 그림? 컨스터블과 터너는 여러모로 비교되며 영국 근대회화 사상 최고의 화가들로 손꼽힙니다.

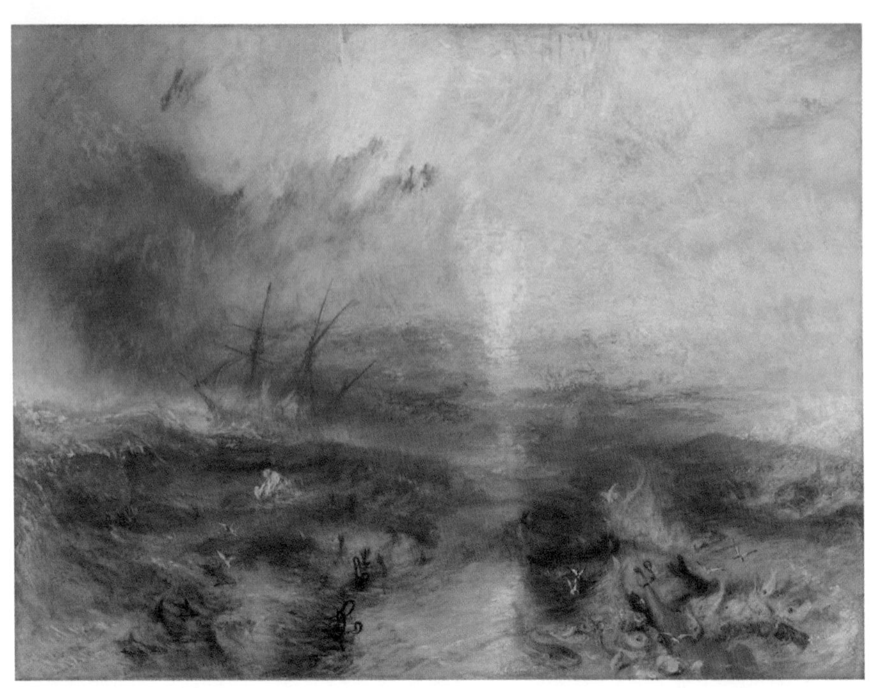

3 노예선 | 터너 | 1840년

다음 작품은 터너가 1840년에 그린 「노예선」[3]으로서, 원래 제목은 「폭풍우가 밀려오자 죽거나 죽어가는 이들을 바다로 던지는 노예 상인들」입니다. 사건의 전말은 이렇습니다. 노예제도가 합법적이던 1781년, 영국의 노예 상인들은 아프리카에서 무자비하게 잡은 원주민들을 배에 태우고 자메이카로 출발합니다. 그런데 항해 중 폭풍이 오고, 혹독함에 견디다 못한 노예들이 하나둘씩 쓰러지게 됩니다. 그러자 선장 콜링우드는 잔인한 결정을 내립니다. 아예 노예들을 바다에 던져 버리기로 한 것입니다. 왜냐하면, 배가 가입한 보험에 의하면 자연사한 노예들은 보상금을 받을 수 없었지만 실종된 노예들은 보상을 받을 수 있었기 때문입니다. 결국 선장과 상인들은 죽지도 않은 노예들을 포함해 여자, 어린아이 할 것 없이 132명의 원주민을 자메이카의 차가운 바다에 던져 버립니다. 두 사람씩 쇠사슬에 묶인 노예들은 끔찍하게 죽어 갔습니다.

터너는 이 사건을 재현하였습니다. 화면은 온통 다양한 색들의 범벅입니다. 진홍색, 노란색, 검은색이 격렬하게 뒤섞이고 있습니다. 사나운 폭풍이 그런 것입니다. 세심히 바라보면 범선이 보입니다. 죽어가는 노예들이 바다에 던져집니다. 그림 아래는 던져진 노예들의 비명이 그려졌습니다. 팔이 보이고 다리가 보이고 물어뜯는 물고기가 보입니다. 얼굴은 잘 보이지 않습니다. 쇠사슬에 뒤엉킨 채 가라앉는 중입니다.

이렇듯 터너는 겉으로 드러나는 풍경보다는 그 뒤에 숨어 있는 무엇을 그리려고 하였습니다. 그래서 터너의 그림은 보는 그림이 아니라 체험하는 그림이라는 평을 듣습니다. 낭만주의 비평가 존 러스킨은 이런 말을 했죠.

"터너의 작품은 세상을 보는 새로운 방식을 알려준다."

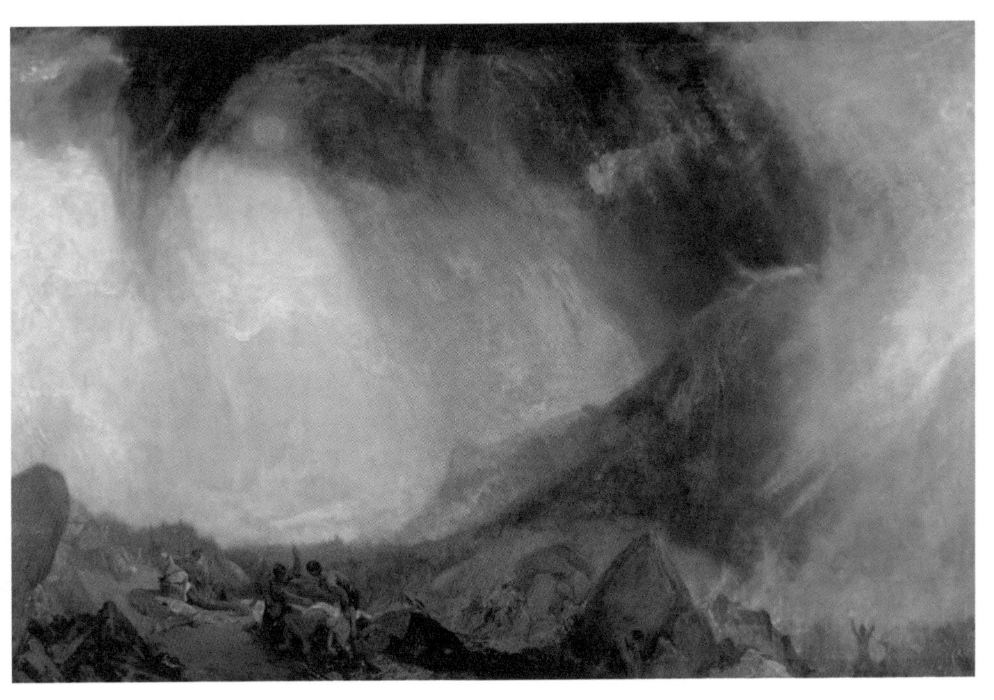

4 눈 폭풍: 알프스를 넘는 한니발과 그의 군대 | 터너 | 1812년

그런데 이토록 대중의 관심을 불러일으켰고 지금은 터너의 최대 걸작이 된 작품 「노예선」을 놓고 당시 평론가들은 최악의 작품이라는 악평을 쏟아 놓으며 비난을 아끼지 않았습니다. 이런 스타일을 처음 접했으니 낯설기도 했겠죠. 이 작품 이후로 터너는 자신을 드러내지 않은 채 혼자만의 말년을 보냅니다.

터너는 어떤 삶을 살았을까요? 터너는 이발사의 아들로 태어났습니다. 그리고 어려서부터 그림을 워낙 잘 그렸습니다. 터너의 아버지는 그런 아들이 무척이나 자랑스러웠습니다. 그래서 12살 난 아들이 그린 그림을 이발소에 걸어 놓고는 팔기도 하였습니다. 터너는 그 후 왕립 아카데미 전시회에 꾸준히 그림을 출품하며 자신의 실력을 인정받았고 24살에는 왕립 아카데미의 준회원, 27살에는 정회원이 됩니다. 연이어 왕립 아카데미 위원으로 선출되었고, 그 예술적 업적을 인정받아 아카데미의 원근법 교수로 부임합니다. 화가로서 성공 대로를 걸은 셈이죠. 이런 빠른 성공은 터너 이전에는 없었다고 합니다.

그런데 그는 안정된 생활에 머물지 않았습니다. 계속된 그림 연구는 수많은 여행으로 이어졌고, 실제 여행을 통한 체험은 작품의 깊이로 더해졌습니다. 말년까지 고독하게 그림을 탐구하던 터너는 1851년에 익명으로 투숙한 허름한 여인숙에서 사망하였다고 합니다. 그는 유언장에 자신이 남긴 1만 9천여 점의 데생과 수채화, 유채 스케치를 영국 정부에 기증하라는 말을 남겼습니다.

현재 런던에 있는 미술관인 테이트 브리튼은 독립된 전시실에서 터너의 작품을 전시하고 있으며, 그의 앞선 뜻을 기리기 위해 매년 젊은 작가를 선정해 영국 최고 권위의 터너상을 수여하고 있습니다. 이렇게 영국이 자랑스러워하는 터너의 작품을 더 체험해 보시겠습니까?

체험하는 그림, 윌리엄 터너

터너의 그림은 표현 기법이 강렬해서 「눈보라」를 보고 있으면 마치 살아 있는 바다 폭풍 속으로 빨려 들어가는 것 같은 기분이 들게 된다. 폭풍우가 몰아치는 순간 시야가 흐려져 소멸하는 눈앞의 형태를 보는 듯한 이런 그림은 당시 60대의 터너가 직접 돛대에 묶여 폭풍을 관찰했기에 가능한 표현이었다. 폭풍의 생생한 장면을 보여주고자 목숨을 건 그의 열정이 고스란히 그림에 담겨 있다.

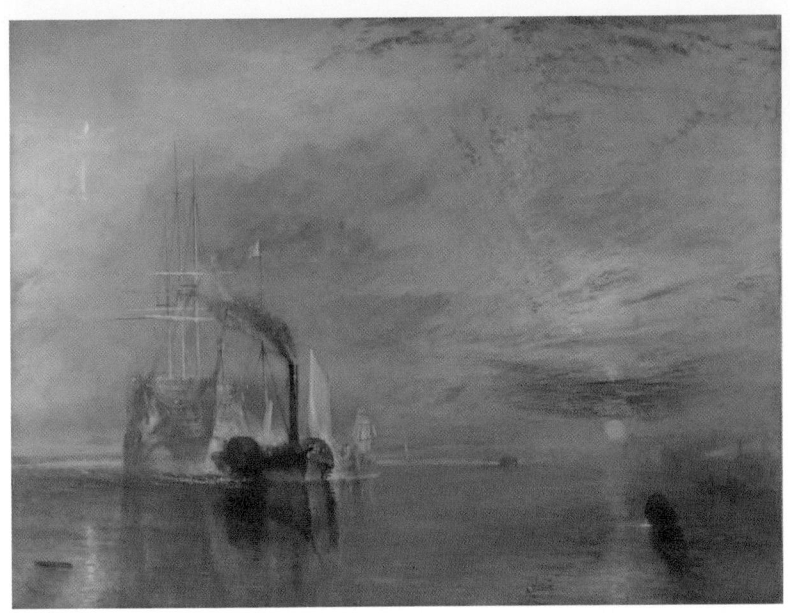

5 전함 테메레르 | 터너 | 1839년

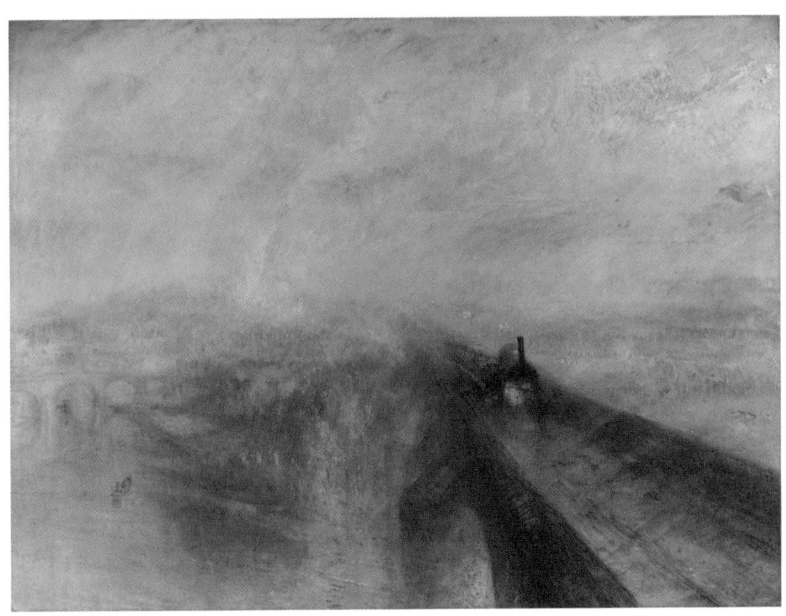

6 비, 증기 그리고 속도 – 대서부철도 | 터너 | 1844년

Special

DAY 050

파랑, 그 특별함

가슴으로 느끼는 오묘한 색의 세계

파랑을 좋아하시나요? '파랑' 하면 떠오르는 느낌은 무엇입니까? 너무도 파래서 시리고 차갑기도 하고, 성스러워 경건하고, 아름다워 우러러보게 되고, 정열적이어서 눈길을 뗄 수 없는 파랑. 각자 파랑에 대한 생각은 다르겠지만 오늘 함께 가슴으로 파랑을 느껴보는 것은 어떨까요?

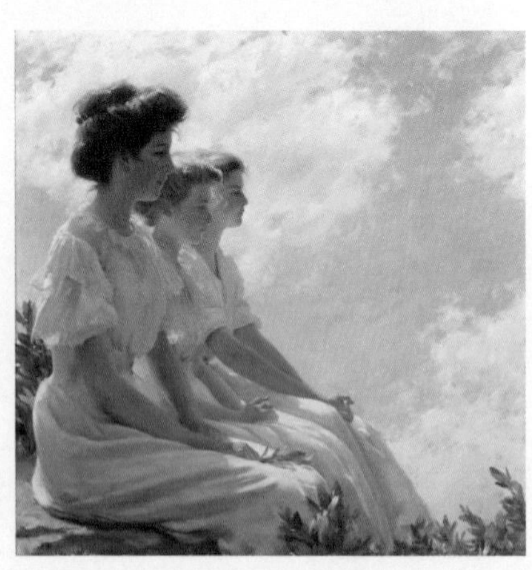

1 언덕 위에서 | 커란 | 1909년

하늘이 너무 예뻐 무심코 올려 본 적이 있습니까? 그 파랑을 만나는 순간 어떤 서두름도 내려놓게 되는 여유를 경험한 적이 있습니까? 너무도 예쁜 파랑에 예로부터 많은 화가는 하늘을

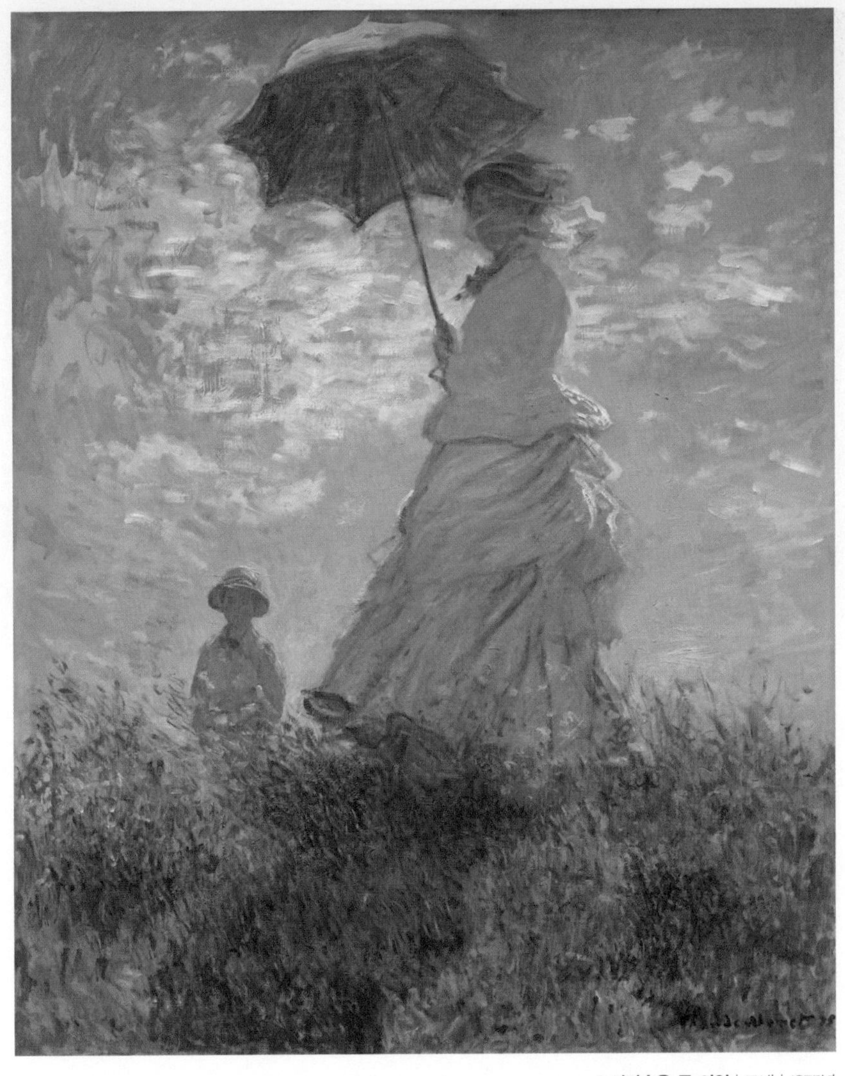

2 파라솔을 든 여인 | 모네 | 1875년

자신의 화폭에 담았습니다. 서양 회화의 풍경화가 주는 하늘을 잠시 감상해 볼까요? 잠시라도 마음을 놓아보세요. 편안한 빛의 밝은 파랑에 마음을 놓으셨다면 하늘을 보고 경외하는 우리를 생각해 보세요.

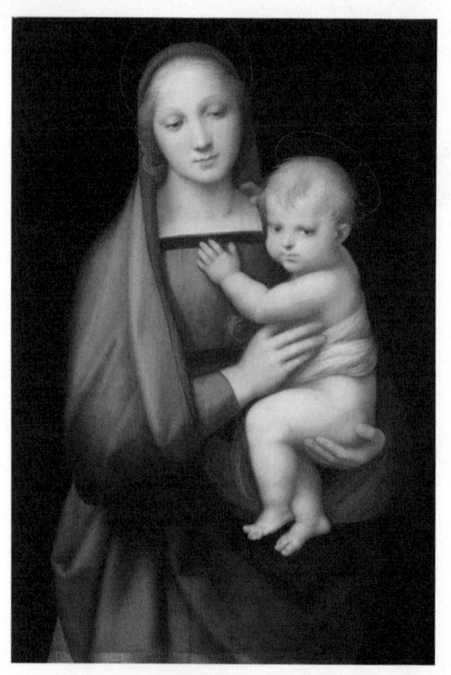

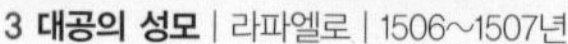

3 대공의 성모 | 라파엘로 | 1506~1507년

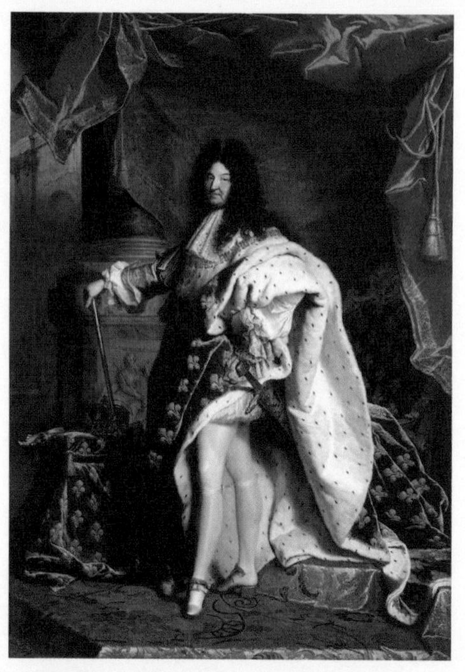

4 왕실 복을 입고 있는 프랑스의 왕, 루이 14세 | 리고 | 1701년

파랑은 성스러움을 나타내기도 합니다. 중세시대 그림에서 파란색 의상을 입고 있는 여인은 「대공의 성모」[3]처럼 대부분 성모 마리아를 그린 것입니다. 원래 파란색은 하늘과 바다 등 배경의 색이라는 인식 때문에 큰 상징성이 없었으나 12세기 중세부터 기독교에서 성모 마리아의 의상을 파란색으로 칠하면서 성스러운 이미지를 갖게 되었습니다. 그 이후로 교회의 제단이며 그림 등에 파란색을 많이 사용하게 되었습니다.

또한 프랑스 왕가는 성모에 대한 경배로 문장을 푸른색 바탕에 황금 백합 문양을 새겨 사용하였습니다. 이아생트 리고가 그린 「왕실 복을 입고 있는 왕, 루이 14세」[4]에서 루이 14세는 직접 디자인한 파란색 의상을 입고 있습니다. 작품에는 그 고급스러움이 부족함 없이 표현되어 있습니다. 그 의미는 둘째치더라도 푸른색의 로브가 멋지지 않습니까? 이런 파란색을 표현하기 위한 물감은 어떠했을까요? 고급스러운 이미지 표현에 맞게 파란색을 내는 물감 중 하나인 울트라마린은 굉장히 비싼 물감이었습니다.

다음은 랭부르 형제의 「베리공의 매우 호화로운 기도서」[5~6]입니다. 파란 하늘이 청명한 파랑으로 가득 칠해져 있습니다. 이 기도서는 궁정화가였던 랭부르 형제가 귀족을 위한 사치품으로 성경의 내용을 그린 책으로서 '베리공 기도서'라고도 합니다. 그 비싼 울트라마린을 이 기도서에 잔뜩 사용한 것을 보니 확실히 귀족들의 품위에 맞는 파란색이었나 봅니다. 실제 울트라마린의 원료인 라피스 라줄리라는 준보석은 금보다도 비싼 가격으로 거래되는 비싼 원료였습니다. 이제 파랑이 전과는 다르게 보이지 않습니까?

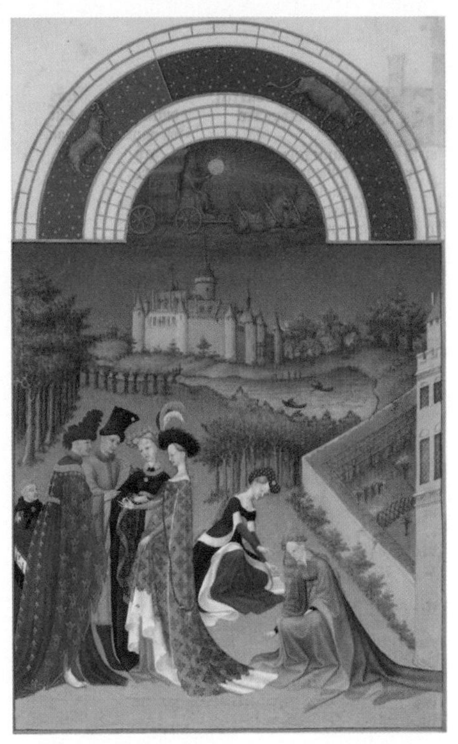

5 베리공 기도서 중 4월 달력 | 랭부르 형제 | 1412~1416년

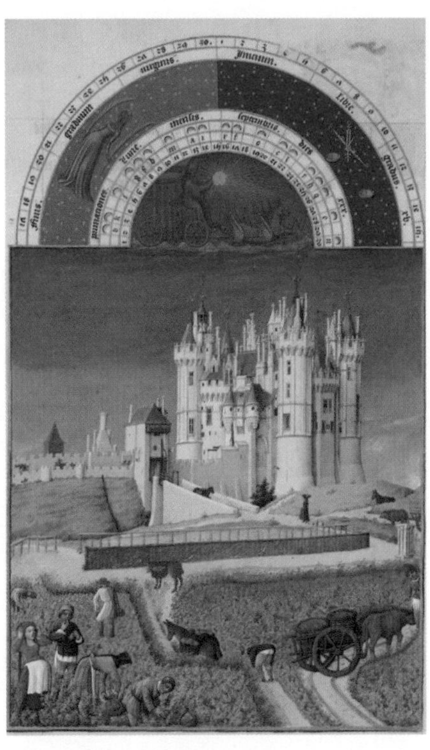

6 베리공 기도서 중 9월 달력 | 랭부르 형제 | 1412~1416년

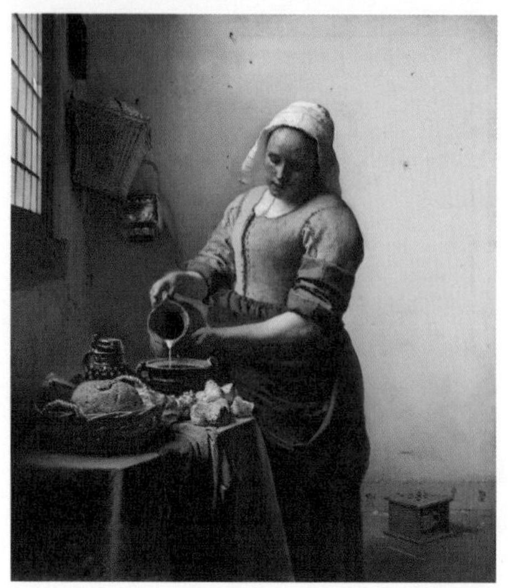

7 우유 따르는 여인 | 베르메르 | 1658~1660년

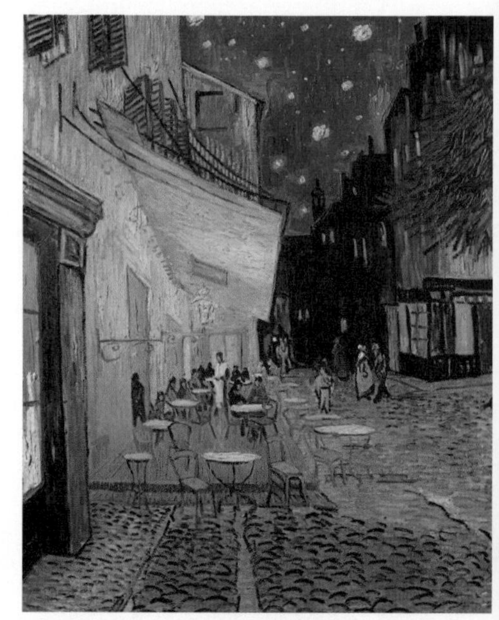

8 밤의 카페 테라스 | 반 고흐 | 1888년

다음은 베르메르의 「우유 따르는 여인」[7]입니다. 이곳에서 푸른색은 여인의 앞치마에 색으로 사용되었습니다. 베르메르도 이 군청색을 위해 울트라마린을 사용하였습니다. 노란색과 파란색의 조화를 좋아한 베르메르답게 너무도 아름답습니다. 따스한 햇볕을 받으며 소박하게 주방에서 우유를 따르는 여인에게서 정적이면서도 잔잔한 일상의 아름다움이 느껴지십니까?

혹시 울트라마린만이 푸른색을 낸다고 생각하시는 것은 아니겠죠? 다른 예로 코발트블루가 있는데, 이것은 우리가 흔히 아는 반 고흐의 「밤의 카페 테라스」[8]에서 밤하늘에 사용된 파랑이죠. 그림은 어둡고 컴컴한 밤이 아닌, 별과 노란색의 가스등과 맞물려 화려하면서도 낮의 태양에서 나오는 열기 못지않은

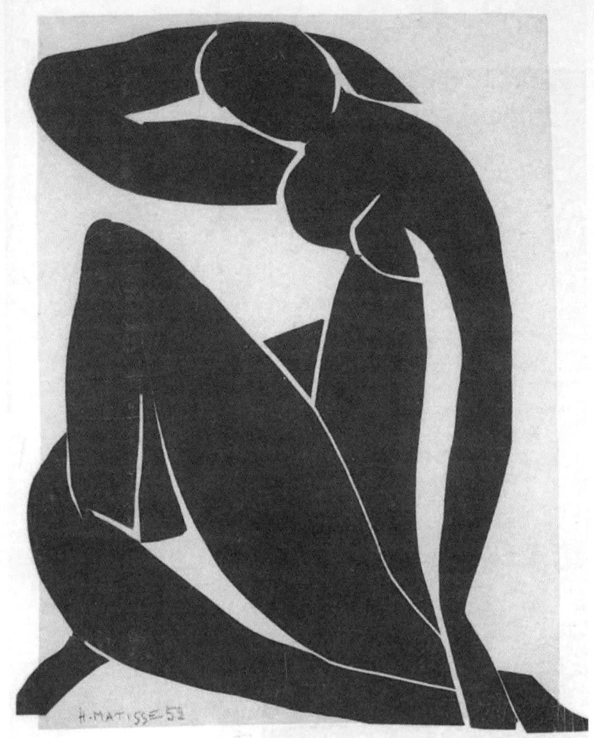

9 푸른 누드 II | 마티스 | 1952년

분위기를 내뿜습니다. 밤하늘을 한번 보세요. 어떤 푸른색이 느껴지나요? 고흐가 주는 파랑은 아름답지만, 알 수 없는 고독함을 느끼게도 해줍니다.

그것과는 다른 열정적인 파랑을 느껴볼까요? 프랑스의 야수파 화가 앙리 마티스의 「푸른 누드 II」[9]입니다. 사람의 피부가 파란색일 리는 없고, 그가 만들어 낸 파란 누드에서는 어떤 느낌이 듭니까? 차가워 보입니까? 사실 이 그림은 과학의 발전으로 빛의 파장에 따른 온도 변화가 밝혀진 시기에 그려졌습니다. 파란빛이 빨간빛 파장보다 짧아 더욱 뜨거운 온도를 가지고 있다는 사실이 밝혀진 때이죠. 혹시 마티스는 더욱 뜨겁고 정열적인 누드를 그리고자 파란색을 썼던 것은 아니었을까요?

도판 목록

DAY **002**

4 작가 미상, 「후네페르의 파피루스, 사자(死者)의 서(부분)(Book of the Dead of Hunefer)」, 1275 BCE, 파피루스에 채색, 40×88cm, 대영 박물관

DAY **003**

5 작가 미상, 「아메넴헤트 왕과 왕비의 무덤 벽화(Stela of Amenemhat and Hemet)」, 1956~1877 BCE, 석회암에 채색, 31×42cm, 시카고 미술관

DAY **005**

5 작가 미상, 「즐리텐 모자이크(Zliten mosaic)」, 100, 모자이크화, 573×397cm, 트리폴리 국립박물관

DAY **006**

6 작가 미상, 「이피게네이아의 희생(Sacrificio di Ifigenia)」, 45~79, 프레스코화, 140×138cm, 나폴리 국립고고학박물관

7 작가 미상, 「신비한 저택의 벽화(Gli affreschi della Villa dei Misteri)」, 60 BCE, 프레스코화, 188cm(높이), 폼페이 신비의 저택

8 작가 미상, 「파니우스 시니스터 별장의 벽화(Parete della Villa di Publio Fannio Sinistore)」, 50~40BCE, 프레스코화, 265×334cm, 메트로폴리탄 미술관

9 작가 미상, 「신성한 나무가 있는 풍경의 벽화(Parete con paesaggio idillico-sacrale)」, 20, 프레스코화, 130×100cm, 나폴리 국립고고학박물관

10 작가 미상, 「여성 화가(La Pittrice)」, 50~79, 프레스코화, 45×45cm, 나폴리 국립고고학박물관

DAY **007**

1 루벤스, 「파리스의 심판(Het oordeel van Parijs)」, 1632~1635, 목판에 유화, 145×194cm, 런던 국립미술관

2 브론치노, 「아프로디테와 에로스의 알레고리(L'Allegoria del trionfo di Venere)」, 1545, 목판에 유화, 146X116cm, 런던 국립미술관

3 보티첼리, 「비너스의 탄생(Nascita di Venere)」, 1485, 캔버스에 템페라, 173×249cm, 우피치 미술관

4 카바넬, 「비너스의 탄생(La Naissance de Vénus)」, 1863, 캔버스에 유화, 130X225cm, 오르세 미술관

5 벨라스케스, 「비너스의 단장(La Venus del espejo)」, 1647~1651, 캔버스에 유화, 123×177cm, 런던 국립미술관

6 부그로, 「비너스의 탄생(Naissance de Vénus)」, 1879, 캔버스에 유화, 300×215cm, 오르세 미술관

DAY **008**

1 작가 미상, 「유스티니아누스, 성모 마리아, 콘스탄티누스가 있는 현관 모자이크(Çıkıs mozaisi. Justinianus, Meryem ve Büyük Konstantin)」, 1000, 모자이크화, 301×488cm, 하기아 소피아 박물관

DAY **009**

2~3 작가 미상, 「산타폴리나레 누오보 성당의 모자이크(Mosaici della Basilica di Sant'Apollinare Nuovo)」, 1000, 모자이크화, 산타폴리나레 누오보 성당

4~6 작가 미상, 「산비탈레 성당의 모자이크(Mosaici della Basilica di San Vitale)」, 546~548, 모자이크화, 산타폴리나레 누오보 성당

DAY 010

2 베를린기에로, 「성모자(Madonna col Bambino)」, 1230, 목판에 템페라, 76×50cm, 메트로폴리탄 미술관

3 라파엘로, 「대공의 성모(La Madonna del Granduca)」, 1506~1507, 목판에 유화, 84×56cm, 보스턴 미술관

4 작가 미상, 「원형 왕좌 위의 성모자(Madonna e Bambino su un trono curvo)」, 1260~1280, 목판에 유화, 82×50cm, 워싱턴 국립미술관

DAY 013

3 오노레 보네, 「전쟁의 나무(L'Arbre des Batailles)」, 1467, 양피지에 채색, 42×30cm, 벨기에 왕립도서관

DAY 014

1 부셰, 「주피터와 칼리스토(Jupiter et Callisto)」, 1744, 캔버스에 유화, 98×72cm, 푸슈킨 미술관

2 프라고나르, 「주피터와 칼리스토(Jupiter et Callisto)」, 1755, 캔버스에 유화, 78×178cm, 앙제 미술관

3 루벤스, 「주피터와 칼리스토(Callisto door Jupiter, vermond als Diana, bemind)」, 1613, 목판에 유화, 127×187cm, 카셀 시립미술관

4 루벤스, 「디아나와 칼리스토(Diana en Callisto)」, 1635, 캔버스에 유화, 203×326cm, 프라도 미술관

5 티치아노, 「디아나와 칼리스토(Diana e Callisto)」, 1556~1559, 캔버스에 유화, 187×205cm, 스코틀랜드 국립미술관

DAY 016

1 다 빈치, 「모나리자(Monna Lisa)」, 1503~1519, 목판에 유화, 77×53cm, 루브르 박물관

2 라파엘로, 「시스티나의 성모(Madonna Sistina)」, 1512~1513, 캔버스에 유화, 270×201cm, 드레스덴 고전거장회화관

3 미켈란젤로, 「아담의 창조(La creazione di Adamo)」, 1511, 프레스코화, 230×480cm, 바티칸 미술관

4 두초, 「루첼라이의 성모(Madonna Rucellai)」, 1285, 목판에 템페라, 450×290cm, 우피치 미술관

5 마사초, 「성 삼위일체(Santa Trinità)」, 1426~1428, 프레스코화, 667×317cm, 산타 마리아 노벨라 성당

6 치마부에, 「십자가상(Crocifisso)」, 1268~1271, 목판에 템페라, 45×28cm, 산 도메니코 성당

7 얀 반 에이크, 「붉은 터번을 두른 남자(Man met de rode tulband)」, 1433, 목판에 유화, 26×19cm, 런던 국립미술관

8 다 빈치, 「말의 습작(Studio dei cavalli)」, 1490, 종이에 실버포인트, 25×19cm, 윈저성

DAY 017

1 미켈란젤로, 「시스티나 성당의 천장화(Soffitto della Cappella Sistina)」, 1508~1512, 프레스코화, 412×132cm, 바티칸 미술관

2 폰토르모, 「코시모 데 메디치의 초상화(Ritratto di Cosimo il Vecchio)」, 1518~1520, 목판에 유화, 86×65cm, 우피치 미술관

4 고촐리, 「동방박사의 행렬(La processione dei Magi)」, 1459~1461, 프레스코화, 405×516 cm, 메디치 리카르디 궁전

DAY 018

1 보티첼리, 「봄(Primavera)」, 1480, 목판에 템페라, 203×319cm, 우피치 미술관

2 보티첼리, 「비너스의 탄생(Nascita di Venere)」, 1485, 캔버스에 템페라, 173×249cm, 우피치 미술관

3 보티첼리, 「성모와 노래하는 여덟 천사(Madonna col bambino e cantando angeli)」, 1477, 목판에 유화, 137cm(지름), 베를린 국립미술관

4 보티첼리, 「비너스와 마르스(Venere e Marte)」, 1483, 목판에 템페라, 69×174cm, 런던 국립미술관

5 보티첼리, 「젊은 여인의 초상(Ritratto di giovane donna)」, 1480, 목판에 템페라, 82×54cm, 슈타델 미술관

DAY 019

1 베로키오, 「그리스도의 세례(Battesimo di Cristo)」, 1470~1480, 목판에 유화와 템페라, 180×152cm, 우피치 미술관

2 다 빈치, 「비트루비우스적 인간(L'uomo vitruviano)」, 1492, 종이에 펜과 잉크, 35×25cm, 아카데미아 미술관

3 다 빈치, 「자궁 안의 태아 습작(Studi di feto nell'utero)」, 1511, 종이에 펜과 잉크, 30×22cm, 윈저성

4 다 빈치, 「모나리자(Monna Lisa)」, 1503~1519, 목판에 유화, 77×53cm, 루브르 박물관

5 다 빈치, 「최후의 만찬(Ultima Cena)」, 1495~1498, 회벽에 유화와 템페라, 460×880cm, 산타마리아 델라 그라치에 성당

DAY 020

1 미켈란젤로, 「최후의 심판(il giudizio universale)」, 1536~1541, 프레스코화, 1,370×1,220cm, 바티칸 미술관

2 안젤리코, 「최후의 심판(il giudizio universale)」, 1435~1450, 목판에 템페라, 103×121cm, 베를린 국립미술관

3 바이덴, 「최후의 심판(Het laatste oordeel veelluik)」, 1446~1452, 목판에 유화, 215×560cm, 오스피스 드 본

DAY 021

1 다 빈치, 「모나리자(Monna Lisa)」, 1503~1519, 목판에 유화, 77×53cm, 루브르 박물관

2 뭉크, 「절규(Skrik)」, 1910, 목판에 템페라, 83×66cm, 뭉크 미술관

3 뭉크, 「마돈나(Madonna)」, 1894, 캔버스에 유화, 90×68cm, 뭉크 미술관

4 베르메르, 「연애편지(De liefdesbrief)」, 1669~1670, 캔버스에 유화, 44×39cm, 암스테르담 국립미술관

5 베르메르, 「기타를 치는 여인(De gitaarspeelster)」, 1672, 캔버스에 유화, 53×46cm, 켄우드 하우스

6 베르메르, 「세 사람의 연주회(Het concert)」, 1664, 캔버스에 유화, 73×65cm, 이사벨라 스튜어트 가드너 미술관에서 도난

7 렘브란트, 「갈릴리 바다의 폭풍(Christus in de storm op het meer van Galilea)」, 1633, 캔버스에 유화, 160×128cm, 이사벨라 스튜어트 가드너 미술관에서 도난

8 렘브란트, 「자화상(Zelfportret)」, 1633, 종이에 에칭, 5×5cm, 이사벨라 스튜어트 가드너 미술관에서 도난

9 마네, 「카페 토르토니에서(Chez Tortoni)」, 1875, 캔버스에 유화, 26×34cm, 이사벨라 스튜어트 가드너 미술관에서 도난

DAY 022

1~2 라파엘로, 「시스티나의 성모(Madonna Sistina)」, 1512~1513, 캔버스에 유화, 270×201cm, 드레스덴 고전거장회화관

3 라파엘로, 「아테네 학당(Scuola di Atene)」, 1509~1511, 프레스코화, 500×770cm, 바티칸 미술관

4 라파엘로, 「성체에 대한 논쟁(La disputa del sacramento)」, 1509~1510, 프레스코화, 500×770cm, 바티칸 미술관

5 라파엘로, 「파르나소스(Il Parnaso)」, 1509~1510, 프레스코화, 500×670cm, 바티칸 미술관

6 라파엘로, 「삼덕상(Virtù e la Legge)」, 1508~1511, 프레스코화, 500×660cm, 바티칸 미술관

DAY 023

1 티치아노, 「파도바의 성 안토니우스의 기적: 질투하는 남편의 기적(Miracoli di sant'Antonio da Padova: Il miracolo del marito geloso)」, 1511, 프레스코화, 340×207cm, 파도바 스쿠올라 델 산토

2 티치아노, 「파도바의 성 안토니우스의 기적: 아기의 기적(Miracoli di sant'Antonio da Padova: Il miracolo del neonato)」, 1511, 프레스코화, 340×355cm, 파도바 스쿠올라 델 산토

3 티치아노, 「파도바의 성 안토니우스의 기적: 치유된 발의 기적(Miracoli di sant'Antonio da Padova: Il miracolo del piede risanato)」, 1511, 프레스코화, 340×207cm, 파도바 스쿠올라 델 산토

4 티치아노, 「성모 승천(Assunta)」, 1516~1518, 목판에 유화, 690×360cm, 산타 마리아 글로리오사 데이 프라리 성당

5 티치아노, 「교황 바오르 3세의 초상(Ritratto di papa Paolo III)」, 1545~1546, 캔버스에 유화, 98×79cm, 에르미타슈 박물관

6 티치아노, 「황제 카를 5세의 기마상(Ritratto di Carlo V a cavallo)」, 1548, 캔버스에 유화, 335×283cm, 프라도 미술관

7 마네, 「올랭피아(Olympia)」, 1863, 캔버스에 유화, 131×191cm, 오르세 미술관

8 티치아노, 「우르비노의 비너스(Venere di Urbino)」, 1534, 캔버스에 유화, 119×165cm, 우피치 미술관

DAY **024**

1~2 소 브뤼헐, 「베들레헴의 영아 학살(De Moord op de Onnozele Kinderen)」, 1565~1567, 목판에 유화, 116×160cm, 빈 미술사 박물관

3 브뤼헐, 「베들레헴의 영아 학살(De Moord op de Onnozele Kinderen)」, 1565~1567, 목판에 유화, 109×158cm, 윈저성

4 브뤼헐, 「아이들의 놀이(Kinderspelen)」, 1560, 목판에 유화, 116×160cm, 빈 미술사 박물관

5 브뤼헐, 「네덜란드 속담(Nederlandse Spreekwoorden)」, 1559, 목판에 유화, 117×164cm, 베를린 국립미술관

6 브뤼헐, 「이카로스의 추락이 있는 풍경(Landschap met de val van Icarus)」, 1560, 목판에 유화, 74×112cm, 벨기에 왕립미술관

DAY **025**

1 티치아노, 「개와 함께 있는 카를 5세의 초상(Il Ritratto di Carlo V con il cane)」, 1533, 캔버스에 유화, 194×113cm, 프라도 미술관

2 티치아노, 「펠리페 2세의 초상(Il Ritratto di Filippo II in armatura)」, 1551, 캔버스에 유화, 193×111cm, 프라도 미술관

3~4 보스, 「일곱 가지 대죄와 네 가지 종말(De Zeven Hoofdzonden)」, 1505~1510, 목판에 유화, 120×140cm, 프라도 미술관

5~7 보스, 「세속적인 쾌락의 동산(De Tuin der lusten)」, 1490~1500, 목판에 유화, 206×385cm, 프라도 미술관

DAY **026**

2 뒤러, 「자화상(Selbstbildnis im Pelzrock)」, 1500, 목판에 유화, 67×49cm, 알테 피나코테크

3 뒤러, 「기사, 죽음, 악마(Ritter, Tod und Teufel)」, 1513, 인그레이빙, 24×19cm, 메트로폴리탄 미술관

4 뒤러, 「멜랑콜리아 I(Melencolia I)」, 1514, 인그레이빙, 24×19cm, 메트로폴리탄 미술관

5 뒤러, 「아담과 이브(Adam und Eva)」, 1504, 인그레이빙, 25×19cm, 온타리오 미술관

6 뒤러, 「기도하는 손(Betende Hände)」, 1508, 종이에 브러시와 잉크, 29×18cm, 알베르티나 미술관

7 뒤러, 「야생 토끼(Feldhase)」, 1502, 종이에 수채와 과슈, 25×23cm, 알베르티나 미술관

8 뒤러, 「커다란 잔디(Das große Rasenstück)」, 1503, 종이에 수채와 과슈, 41×32cm, 알베르티나 미술관

9 뒤러, 「4인의 사도(Die vier Apostel)」, 1526, 목판에 유화, 템페라, 204×148m, 알테 피나코테크

DAY **027**

1 이암, 「모견도」, 16세기, 종이에 채색, 163×56cm, 국립중앙박물관

2 이암, 「화조구자도」, 16세기, 종이에 채색, 86×45cm, 삼성미술관 리움

3 양팽손, 「산수도」, 16세기, 종이에 채색, 88×47cm, 국립중앙박물관

4 고운, 「호도」, 16세기, 종이에 채색, 139×101cm, 개인 소장

5 홀바인, 「상인 게오르크 기체의 초상(Der Kaufmann Georg Gisze)」, 1533, 목판에 유화, 96×86cm, 베를린 국립미술관

6~7 홀바인, 「대사들(Die Gesandten)」, 1533, 목판에 유화, 207×210cm, 런던 국립미술관

8 홀바인, 「화가의 가족(Die Familie des Künstlers)」, 1528~1529, 종이에 유화, 79×65cm, 바젤 미술관

9 홀바인, 「헨리 8세의 초상화(Das Porträt Heinrichs VIII)」, 1540, 목판에 유화, 89×75cm, 바르베르니 국립고전회화관

DAY **028**

1 카라바조, 「나르키소스(Narciso)」, 1597~1599, 캔버스에 유화, 113×94cm, 바르베르니 국립고전회화관

2 워터하우스, 「에코와 나르키소스(Echo and Narcissus)」, 1903, 캔버스에 유화, 109×189cm, 워커 미술관

3 볼트라피오의 추종자, 「나르키소스(Narciso)」, 1500, 목판에 유화, 23×27cm, 런던 국립미술관

4 벨라스케스, 「비너스의 단장(La Venus del espejo)」, 1647~1651, 캔버스에 유화, 123×177cm, 런던 국립미술관

5~6 벨라스케스, 「시녀들(Las meninas)」, 1656, 캔버스에 유화, 321×282cm, 프라도 미술관

7~8 얀 반 에이크, 「아르놀피니 부부의 초상(Portret van Giovanni Arnolfini en zijn vrouw)」, 1434, 목판에 유화, 82×60cm, 런던 국립미술관

DAY **029**

1 엘 그레코, 「십자가를 진 예수(Cristo abrazado a la cruz)」, 1577~1587, 캔버스에 유화, 105×79cm, 메트로폴리탄 미술관

2 엘 그레코, 「수태고지(La Anunciación)」, 1576, 캔버스에 유화, 117×98cm, 티센 보르네미사 미술관

3 엘 그레코, 「수태고지(La Anunciación)」, 1597~1600, 캔버스에 유화, 315×174cm, 프라도 미술관

4 엘 그레코, 「그리스도의 수난(La Crucifixión)」, 1597~1600, 캔버스에 유화, 312×169cm, 프라도 미술관

5 엘 그레코, 「성령 강림(Pentecostés)」, 1600, 캔버스에 유화, 275×127cm, 프라도 미술관

DAY **030**

1 카라바조, 「그리스도의 매장(La Deposizione di Cristo)」, 1600~1604, 캔버스에 유화, 300×203cm, 바티칸 미술관

2 카라바조, 「의심하는 도마(Incredulità di san Tommaso)」, 1601~1602, 캔버스에 유화, 107×146cm, 상수시 궁전

3 렘브란트, 「니콜라스 둘프 박사의 해부학 강의(De anatomische les van Dr. Nicolaes Tulp)」, 1632, 캔버스에 유화, 170×217cm, 마우리츠하위스 미술관

4 렘브란트, 「포목상 조합의 이사들(De waardijns van het Amsterdamse lakenbereidersgilde)」, 1662, 캔버스에 유화, 192×279cm, 암스테르담 국립미술관

5 베르메르, 「진주 귀고리를 한 소녀(Meisje met de parel)」, 1665, 캔버스에 유화, 45×39cm, 마우리츠하위스 미술관

6 베르메르, 「우유 따르는 여인(Het melkmeisje)」, 1658~1660, 캔버스에 유화, 46×41cm, 암스테르담 국립미술관

7 라 투르, 「작은 등불 앞의 막달라 마리아(La Madeleine à la veilleuse)」, 1640~1645, 캔버스에 유화, 128×94cm, 루브르 박물관

8 라 투르, 「목수 성 요셉(Saint Joseph charpentier)」, 1642, 캔버스에 유화, 137×102cm, 루브르 박물관

9 벨라스케스, 「십자가에 못 박힌 그리스도(Cristo crucificado)」, 1632, 캔버스에 유화, 284×169cm, 프라도 미술관

10 벨라스케스, 「마르다와 마리아의 집에 있는 그리스도(Cristo en casa de Marta y María)」, 1618, 캔버스에 유화, 60×104cm, 런던 국립미술관

DAY 031

1 카라바조, 「이집트로 피신하는 길의 휴식(Riposo durante la Fuga in Egitto)」, 1597, 캔버스에 유화, 136×167cm, 도리아 팜필리 미술관

2 카라바조, 「성 마태오의 영감 I(San Matteo e l'angelo)」, 1602, 캔버스에 유화, 232×183cm, 1945년 소실

3 카라바조, 「성 마태오의 영감 II(San Matteo e l'angelo)」, 1602, 캔버스에 유화, 292×186cm, 산 루이지 데이 프란체시 성당

4 카라바조, 「과일 바구니(Canestra di frutta)」, 1597~1600, 캔버스에 유화, 55×68cm, 암브로시아나 도서관

5 카라바조, 「병든 바쿠스(Bacchino malato)」, 1593~1594, 캔버스에 유화, 67×53cm, 보르게세 미술관

DAY 032

1 루벤스, 「꽃다발과 아기 천사들에 둘러싸인 마리아와 아기 예수(Madonna op Bloemen Krans)」, 1621, 목판에 유화, 185×210cm, 알테 피나코테크

2 루벤스, 「후각의 알레고리(Allegorie van de geur)」, 1617~1618, 목판에 유화, 65×111cm, 프라도 미술관

3 루벤스, 「파리스의 심판(Het oordeel van Parijs)」, 1632~1635, 목판에 유화, 145×194cm, 런던 국립미술관

4 루벤스, 「화장하는 비너스(Venus voor de spiegel)」, 1606~1611, 캔버스에 유화, 137×111cm, 티센 보르네미사 미술관

5 루벤스, 「삼미신(De Drie Genaden)」, 1630~1635, 목판에 유화, 221×182cm, 프라도 미술관

6 라파엘로, 「삼미신(Tre Grazie)」, 1504~1505, 목판에 유화, 17×17cm, 콩데 미술관

7 레뇨, 「삼미신(Les Trois Grâces)」, 1793~1794, 캔버스에 유화, 204×153cm, 루브르 박물관

8 루벤스, 「십자가에서 내려지는 예수(Kruisafneming)」, 1612~1614, 목판에 유화, 421×320cm, 안트베르펜 성모 마리아 대성당

DAY 033

1 벨라스케스, 「데모크리토스(Demócrito)」, 1630, 캔버스에 유화, 101×81cm, 루앙 미술관

2 벨라스케스, 「교황 인노첸시오 10세(Inocencio ×)」, 1650, 캔버스에 유화, 141×119cm, 도리아 팜필리 미술관

3 벨라스케스, 「브레다의 항복(La rendición de Breda)」, 1635, 캔버스에 유화, 307×372cm, 프라도 미술관

4 벨라스케스, 「광대 엘프리모(Bufón con libros)」, 1640, 캔버스에 유화, 107×82cm, 프라도 미술관

5 벨라스케스, 「광대 칼라바사스(El bufón Calabacillas)」, 1635~1639, 캔버스에 유화, 106×83cm, 프라도 미술관

6 벨라스케스, 「소년 레스카노(Francisco Lezcano, el Niño de Vallecas)」, 1635~1645, 캔버스에 유화, 107×83cm, 프라도 미술관

7 벨라스케스, 「시녀들(Las meninas)」, 1656, 캔버스에 유화, 321×282cm, 프라도 미술관

DAY 034

1 렘브란트, 「명상 중인 철학자(Mediterende filosoof)」, 1632, 목판에 유화, 28×34cm, 루브르 박물관

2 렘브란트, 「갑옷의 목가리개를 한 자화상(Zelfportret met halsberg)」, 1629, 목판에 유화, 38×31cm, 게르마니아 국립박물관

3-1 렘브란트, 「헝클어진 머리의 자화상(Zelfportret op jeugdige leeftijd)」, 1628, 목판에 유화, 23×19cm, 암스테르담 국립미술관

3-2 렘브란트, 「자화상(Zelfportret)」, 1630, 동판에 유화, 16×12cm, 스웨덴 국립미술관

3-3 렘브란트, 「벨벳 베레모를 쓴 자화상(Zelfportret met fluwelen baret)」, 1634, 캔버스에 유화, 58×48cm, 베를린 국립미술관

3-4 렘브란트, 「34세의 자화상(Zelfportret op 34-jarige leeftijd)」, 1640, 캔버스에 유화, 102×80cm, 런던 국립미술관

3-5 렘브란트, 「자화상(Zelfportret)」, 1658, 캔버스에 유화, 134×104cm, 프릭 컬렉션

3-6 렘브란트, 「사도 바울의 모습을 한 자화상(Zelfportret als de apostel Paulus)」, 1661, 캔버스에 유화, 91×77cm, 암스테르담 국립미술관

4 렘브란트, 「프란스 바닝 코크 대장의 민병대(De Nachtwacht)」, 1642, 캔버스에 유화, 363×437cm, 암스테르담 국립미술관

5 렘브란트, 「돌아온 탕자(De terugkeer van de verloren zoon)」, 1668, 캔버스에 유화, 262×205cm, 에르미타슈 박물관

DAY **035**

1 우첼로, 「산 로마노 전투: 피렌체군을 이끄는 니콜로 다 톨렌티노(Battaglia di San Romano: Niccolò da Tolentino alla testa dei fiorentini)」, 1438~1440, 목판에 템페라, 182×320cm, 런던 국립미술관

2 우첼로, 「산 로마노 전투: 베르나르디노 델라 카르다에 대한 승리(Battaglia di San Romano: Disarcionamento di Bernardino della Carda)」, 1440, 목판에 템페라, 182×323cm, 우피치 미술관

3 우첼로, 「산 로마노 전투: 미켈레토 다 코티뇰라의 반격(Battaglia di San Romano: Intervento decisivo a fianco dei fiorentini di Micheletto da Cotignola)」, 1440, 목판에 템페라, 182×317cm, 루브르 박물관

DAY **036**

1 베르메르, 「우유 따르는 여인(Het melkmeisje)」, 1658~1660, 캔버스에 유화, 46×41cm, 암스테르담 국립미술관

2 베르메르, 「화가의 아틀리에(De schilderkunst)」, 1666~1668, 캔버스에 유화, 120×100cm, 빈 미술사 박물관

3 베르메르, 「편지를 읽는 여인(Brieflezende vrouw)」, 1663, 캔버스에 유화, 47×39cm, 암스테르담 국립미술관

4 베르메르, 「하녀와 함께 편지를 쓰는 여인(chrijvende vrouw met dienstbode)」, 1670, 캔버스에 유화, 71×61cm, 아일랜드 국립미술관

5 베르메르, 「저울을 든 여인(Vrouw met weegschaal)」, 1664, 캔버스에 유화, 40×36cm, 워싱턴 국립미술관

6 베르메르, 「진주 목걸이를 한 여인(Vrouw met parelsnoer)」, 1663~1665, 캔버스에 유화, 56×47cm, 베를린 국립미술관

7 베르메르, 「연애편지(De liefdesbrief)」, 1669~1670, 캔버스에 유화, 44×39cm, 암스테르담 국립미술관

8 베르메르, 「물 주전자를 든 여인(uw met waterkan)」, 1662, 캔버스에 유화, 46×41cm, 메트로폴리탄 미술관

9 베르메르, 「진주 귀고리를 한 소녀(Meisje met de parel)」, 1665, 캔버스에 유화, 45×39cm, 마우리츠하위스 미술관

10 베르메르, 「뚜쟁이(De koppelaarster)」, 1656, 캔버스에 유화, 143×130cm, 드레스덴 고전거장회화관

11 베르메르, 「지리학자(De geograaf)」, 1669, 캔버스에 유화, 52×45cm, 슈타델 미술관

12 베르메르, 「천문학자(De astronoom)」, 1668, 캔버스에 유화, 51×45cm, 루브르 박물관

13 베르메르, 「세 사람의 연주회(Het concert)」, 1664, 캔버스에 유화, 73×65cm, 이사벨라 스튜어트 가드너 미술관에서 도난

DAY **037**

1 리고, 「왕실복을 입고 있는 프랑스의 왕, 루이 14세(Louis XIV en costume de sacre)」, 1701, 캔버스에 유화, 277×194cm, 루브르 박물관

2 리고, 「루이 15세, 프랑스 왕(Louis XV, roi de France)」, 1730, 캔버스에 유화, 277×186cm, 베르사유 궁전

3 와토, 「제르생의 간판(L'Enseigne de Gersaint)」, 1720, 캔버스에 유화, 163×306cm, 샤를로텐부르크성

4 와토, 「키테라섬의 순례(Le Pèlerinage à l'île de Cythère)」, 1717, 캔버스에 유화, 129×194cm, 루브르 박물관

7 부셰, 「퐁파두르 부인의 초상(Madame de Pompadour)」, 1756, 캔버스에 유화, 201×157cm, 알테 피나코테크

DAY **038**

1 프라고나르, 「그네(Les Hasards heureux de l'escarpolette)」, 1767~1768, 캔버스에 유화, 81×64cm, 월레스 컬렉션

2 프라고나르, 「도둑맞은 키스(Le Baiser à la dérobée)」, 1787, 캔버스에 유화, 45×55cm, 에르미타슈 박물관

3 프라고나르, 「사랑의 샘(La Fontaine d'amour)」, 1785, 캔버스에 유화, 64×53cm, 케티 센터

4 프라고나르, 「사랑의 진행: 구애(La Poursuite, série Progrès de l'amour)」, 1771~1772, 캔버스에 유화, 312×216cm, 프릭 컬렉션

5 프라고나르, 「사랑의 진행: 밀회(La Surprise ou La Rencontre, série Progrès de l'amour)」, 1771~1772, 캔버스에 유화, 318×244cm, 프릭 컬렉션

6 프라고나르, 「사랑의 진행: 사랑의 편지(La Lettre d'amour ou La Déclaration, série Progrès de l'amour)」, 1771~1772, 캔버스에 유화, 318×217cm, 프릭 컬렉션

7 프라고나르, 「사랑의 진행: 왕관을 쓴 연인(L'Amour couronné, série Progrès de l'amour)」, 1771~1772, 캔버스에 유화, 318×243cm, 프릭 컬렉션

8 프라고나르, 「책 읽는 소녀(Jeune fille lisant)」, 1769, 캔버스에 유화, 81×65cm, 워싱턴 국립미술관

DAY **039**

1 고야, 「1808년 5월 3일(El 3 de mayo en Madrid)」, 1814, 캔버스에 유화, 268×347cm, 프라도 미술관

2 마네, 「막시밀리언 황제의 처형(L'Exécution de Maximilien)」, 1868, 캔버스에 유화, 252×305cm, 만하임 미술관

3 고야, 「파라솔(El quitasol)」, 1777, 캔버스에 유화, 104×152cm, 프라도 미술관

4-1 고야, 「전쟁의 참화 중 #03: 똑같이(Los Desastres de la Guerra #03: Lo mismo)」, 1810~1814, 에칭과 애쿼틴트, 16×22cm, 프라도 미술관

4-2 고야, 「전쟁의 참화 중 #34: 면도칼 때문에(Los Desastres de la Guerra #34: Por una nabaja)」, 1810~1814, 에칭과 애쿼틴트, 16×21cm, 프라도 미술관

4-3 고야, 「전쟁의 참화 중 #15: 어쩔 수 없다(Los Desastres de la Guerra #15: Y no hay remedio)」, 1810~1814, 에칭과 애쿼틴트, 14×17cm, 프라도 미술관

5 고야, 「자식을 잡아먹는 사투르누스(Saturno)」, 1820~1823, 캔버스에 유화, 144×81cm, 프라도 미술관

6 고야, 「거인(El coloso)」, 1818~1825, 캔버스에 유화, 116×105cm, 프라도 미술관

7 고야, 「곤봉 결투(Duelo a garrotazos)」, 1820~1823, 캔버스에 유화, 125×261cm, 프라도 미술관

8 고야, 「두 노인(Dos viejos)」, 1820~1823, 캔버스에 유화, 143×66cm, 프라도 미술관

9 고야, 「옷 벗은 마하(La Maja desnuda)」, 1795~1800, 캔버스에 유화, 97×191cm, 프라도 미술관

10 고야, 「옷 입은 마하(La Maja vestida)」, 1800~1807, 캔버스에 유화, 95×188cm, 프라도 미술관

11 고야, 「알바 공작부인(La duquesa de Alba)」, 1797, 캔버스에 유화, 210×149cm, 히스패닉 소사이어티 오브 아메리카

DAY **040**

1 부셰, 「음악의 우화(Allégorie de la musique)」, 1764, 캔버스에 유화, 104×130cm, 워싱턴 국립미술관

2 다비드, 「호라티우스 형제의 맹세(Le Serment des Horaces)」, 1784~1785, 캔버스에 유화, 330×425cm, 루브르 박물관

3 다비드, 「소크라테스의 죽음(La Mort de Socrate)」, 1787, 캔버스에 유화, 130×196cm, 메트로폴리탄 미술관

4 바토니, 「찰스 존 크라울의 초상(Ritratto di Charles Crowle)」, 1761~1762, 캔버스에 유화, 248×172cm, 루브르 박물관

DAY **041**

1 다비드, 「호라티우스 형제의 맹세(Le Serment des Horaces)」, 1784~1785, 캔버스에 유화, 330×425cm, 루브르 박물관

2 다비드, 「테니스코트의 서약(Le Serment du Jeu de paume)」, 1791, 캔버스에 유화, 65×89cm, 카르나발레 박물관

3 다비드, 「마라의 죽음(Marat assassiné)」, 1793, 캔버스에 유화, 165×128cm, 벨기에 왕립미술관

4 다비드, 「사비니 여인들의 중재(L'Intervention des Sabines)」, 1799, 캔버스에 유화, 385×522cm, 루브르 박물관

5 다비드, 「알프스를 넘는 나폴레옹(Bonaparte franchissant le Grand-Saint-Bernard)」, 1801, 캔버스에 유화, 275×232cm, 벨베데레 오스트리아 갤러리

6 다비드, 「나폴레옹 1세의 대관식(Le Sacre de Napoléon)」, 1806~1807, 캔버스에 유화, 621×979cm, 루브르 박물관

DAY **042**

1 클림트, 「유디트(Judith und Holofernes)」, 1901, 캔버스에 유화, 84×42cm, 벨베데레 오스트리아 갤러리

2 카라바조, 「홀로페르네스의 목을 치는 유디트(Giuditta e Oloferne)」, 1598~1599, 캔버스에 유화, 145×195cm, 바르베르니 국립고전회화관

3 젠틸레스키, 「홀로페르네스의 목을 베는 유디트(Giuditta che decapita Oloferne)」, 1620, 캔버스에 유화, 147×108cm, 우피치 미술관

DAY **043**

1 앵그르, 「발팽송의 목욕하는 여인(La Baigneuse Valpinçon」, 1808, 캔버스에 유화, 146×97cm, 루브르 박물관

2 앵그르, 「터키탕(Le Bain turc)」, 1852~1862, 캔버스에 유화, 108×110cm, 루브르 박물관

3 앵그르, 「노예가 있는 오달리스크(L'Odalisque à l'esclave)」, 1839, 캔버스에 유화, 72×100cm, 하버드 미술 박물관

4 앵그르, 「그랑 오달리스크(La Grande Odalisque)」, 1814, 캔버스에 유화, 91×162cm, 루브르 박물관

5 앵그르, 「샘(La Source)」, 1820~1856, 캔버스에 유화, 162×80cm, 오르세 미술관

6 앵그르, 「브롤리 공주(Princesse de Broglie)」, 1851~1853, 캔버스에 유화, 121×91cm, 메트로폴리탄 미술관

7 앵그르, 「뒤보세 부인의 초상(Le Portrait de Madame Duvaucey)」, 1807, 캔버스에 유화, 71×56cm, 콩데 미술관

8 앵그르, 「무아테시에 부인(Madame Moitessier)」, 1851, 캔버스에 유화, 147×100cm, 워싱턴 국립미술관

9 앵그르, 「오송빌 백작부인(La Vicomtesse d' Haussonville)」, 1845, 캔버스에 유화, 132×92cm, 프릭 컬렉션

DAY **044**

1 부그로, 「작은 소녀(Petite fille)」, 1878, 캔버스에 유화, 46×38cm, 도쿄 국립서양미술관

2 부그로, 「봄의 꿈(Rêve de printemps)」, 1901, 캔버스에 유화, 185×127cm, 인디애나폴리스 미술관

3 부그로, 「여명(L'Aurore)」, 1881, 캔버스에 유화, 215×107cm, 버밍햄 미술관

4 부그로, 「비너스의 탄생(Naissance de Vénus)」, 1879, 캔버스에 유화, 300×215cm, 오르세 미술관

5 부그로, 「첫 키스(L'Amour et Psyché, enfants)」, 1890, 캔버스에 유화, 60×71cm, 개인 소장

6 부그로, 「브르타뉴 남매(Frère et soeur bretons)」, 1871, 캔버스에 유화, 129×89cm, 메트로폴리탄 미술관

7 부그로, 「소녀 목동(La jeune bergère)」, 1885, 캔버스에 유화, 157×72cm, 샌디에이고 미술관

DAY 045

1 들라크루아, 「프레데리크 쇼팽의 초상(Portrait de Chopin)」, 1838, 캔버스에 유화, 46×38cm, 루브르 박물관

2 앵그르, 「니콜로 파가니니(Niccolò Paganini)」, 1819, 종이에 연필, 30×22cm, 루브르 박물관

3 들라크루아, 「파가니니(Paganini jouant du violon)」, 1831, 캔버스에 유화, 45×30cm, 필립스 컬렉션

4 앵그르, 「무아테시에 부인(Madame Moitessie)」, 1856, 캔버스에 유화, 120×92cm, 런던 국립미술관

5 들라크루아, 「사르다나팔루스의 죽음(La Mort de Sardanapale)」, 1827, 캔버스에 유화, 392×496cm, 루브르 박물관

6 제리코, 「메두사호의 뗏목(Le Radeau de la Méduse)」, 1819, 캔버스에 유화, 491×716cm, 루브르 박물관

DAY 046

1 게르스팅, 「자신의 아틀리에에 있는 카스파르 다비드 프리드리히(Caspar David Friedrich in seinem Atelier)」, 1812, 캔버스에 유화, 51×40cm, 베를린 국립미술관

2 프리드리히, 「리젠산맥의 아침(Morgen im Riesengebirge)」, 1810~1811, 캔버스에 유화, 108×170cm, 베를린 국립미술관

3 프리드리히, 「겨울 풍경(Winterlandschaft)」, 1811, 캔버스에 유화, 33×45cm, 런던 국립미술관

4 프리드리히, 「산중의 십자가(Kreuz im Gebirge)」, 1807~1808, 캔버스에 유화, 115×110cm, 알베르티눔 미술관

5 프리드리히, 「창가의 여인(Frau am Fenster)」, 1822, 캔버스에 유화, 44×37cm, 베를린 국립미술관

6 프리드리히, 「바다 위의 월출(Mondaufgang am Meer)」, 1822, 캔버스에 유화, 55×71cm, 베를린 국립미술관

7 프리드리히, 「안개 바다 위의 방랑자(Der Wanderer über dem Nebelmeer)」, 1817, 캔버스에 유화, 98×74cm, 함부르크 미술관

DAY 047

1 팡탱라투르, 「들라크루아에게 보내는 경의(Hommage à Delacroix)」, 1864, 캔버스에 유화, 160×250cm, 오르세 미술관

2 세잔, 「들라크루아 예찬(Apothéose de Delacroix)」, 1890~1894, 캔버스에 유화, 27×35cm, 오르세 미술관

3 들라크루아, 「피에타(Pietà)」, 1850, 캔버스에 유화, 36×27cm, 노르웨이 국립미술관

4 반 고흐, 「피에타(Pietà)」, 1889, 캔버스에 유화, 73×60cm, 반 고흐 미술관

5 들라크루아, 「화가의 초상(Portrait de l'artiste)」, 1837, 캔버스에 유화, 65×55cm, 루브르 박물관

6 들라크루아, 「단테의 배(La Barque de Dante)」, 1822, 캔버스에 유화, 189×241cm, 루브르 박물관

7 들라크루아, 「민중을 이끄는 자유의 여신(La Liberté guidant le peuple)」, 1830, 캔버스에 유화, 260×325cm, 루브르 박물관

8 들라크루아, 「사르다나팔루스의 죽음(La Mort de Sardanapale)」, 1827, 캔버스에 유화, 392×496cm, 루브르 박물관

DAY 048

1 정선, 「인왕제색도」, 1751, 종이에 수묵, 79×138cm, 삼성미술관 리움

2 정선, 「금강전도」, 1734, 종이에 수묵, 131×94cm, 삼성미술관 리움

3 컨스터블, 「건초 마차(The Hay Wain)」, 1821, 캔버스에 유화, 130×185cm, 런던 국립미술관

4 들라크루아, 「키오스섬의 학살(Scène des massacres de Scio)」, 1824, 캔버스에 유화, 419×354cm, 루브르 박물관

5 컨스터블, 「데뎀의 수문과 물방앗간(Dedham Lock and Mill)」, 1820, 캔버스에 유화, 54×76cm, 빅토리아 앨버트 박물관

6 컨스터블, 「에섹스의 비벤호 파크(Wivenhoe Park, Essex)」, 1816, 캔버스에 유화, 56×101cm, 워싱턴 국립미술관

7 컨스터블, 「폭풍우가 다가오고 있는 웨이머스만(Weymouth Bay with Approaching Storm)」, 1818, 캔버스에 유화, 88×112cm, 루브르 박물관

8 컨스터블, 「폭풍의 바다, 브라이튼(Stormy Sea, Brighton)」, 1828, 캔버스에 유화, 17×27cm, 예일 영국미술센터

DAY **049**

1 터너, 「눈보라: 항구 어귀에서 멀어진 증기선(Snow Storm: Steam-Boat off a Harbour's Mouth)」, 1842, 캔버스에 유화, 91×122cm, 테이트 브리튼

2 터너, 「햄스테드의 브랜치힐 연못(Branch Hill Pond, Hampstead Heath)」, 1824~1825, 캔버스에 유화, 62×78cm, 버지니아 미술관

3 터너, 「노예선(Slave Ship)」, 1840, 캔버스에 유화, 91×123cm, 보스턴 미술관

4 터너, 「눈 폭풍: 알프스를 넘는 한니발과 그의 군대(Snow Storm: Hannibal and his Army Crossing the Alps)」, 1812, 캔버스에 유화, 146×238cm, 테이트 브리튼

5 터너, 「전함 테메레르(The Fighting Temeraire)」, 1839, 캔버스에 유화, 91×122cm, 런던 국립미술관

6 터너, 「비, 증기 그리고 속도 - 대서부철도(Rain, Steam, and Speed - The Great Western Railway)」, 1844, 캔버스에 유화, 91×122cm, 런던 국립미술관

DAY **050**

1 커란, 「언덕 위에서(On the Heights)」, 1909, 캔버스에 유화, 76×76cm, 브루클린 박물관

2 모네, 「파라솔을 든 여인(La Femme à l'ombrelle)」, 1875, 캔버스에 유화, 100×81cm, 워싱턴 국립미술관

3 라파엘로, 「대공의 성모(La Madonna del Granduca)」, 1506~1507, 목판에 유화, 84×56cm, 보스턴 미술관

4 리고, 「왕실복을 입고 있는 프랑스의 왕, 루이 14세(Louis XIV en costume de sacre)」, 1701, 캔버스에 유화, 277×194cm, 루브르 박물관

5~6 랭부르 형제, 「베리공의 매우 호화로운 기도서(Les Très Riches Heures du duc de Berry)」, 1412~1416, 양피지에 채색, 30×22cm, 콩데 미술관

7 베르메르, 「우유 따르는 여인(Het melkmeisje)」, 1658~1660, 캔버스에 유화, 46×41cm, 암스테르담 국립미술관

8 반 고흐, 「밤의 카페 테라스(Caféterras bij nacht)」, 1888, 캔버스에 유화, 81×66cm, 크뢸러 뮐러 미술관

9 마티스, 「푸른 누드 II(Nu bleu II)」, 1952, 오려 붙인 종이에 과슈, 116×89cm, 파리 국립근대미술관

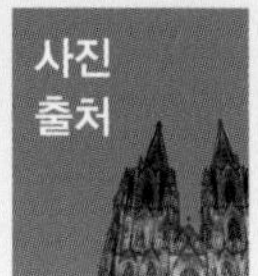

DAY **001**

1 알타미라 동굴 벽화 ⓒ Nachosan

2 빌렌도르프의 비너스 ⓒMatthiasKabel

3 스톤헨지 ⓒshutterstock

DAY **002**

1 쿠푸의 피라미드 ⓒ A. Parrot

2 멘카우레 조각상 ⓒ Dead.rabbit

DAY **003**

1 투탕카멘의 황금 마스크 ⓒ Firebrace

2 아부심벨 신전 ⓒ Pepaserbio

3 덴데라 신전 ⓒ shutterstock

4 덴데라 신전 천장의 저부조 ⓒ shutterstock

DAY **004**

1 서기의 좌상 ⓒ Rama

2 밀로의 비너스 ⓒ Livioandronico2013

4 사모트라케의 니케 ⓒ Lyokoï

8 파르테논 신전 ⓒ shutterstock

9 프랑스 국민의회 의사당 ⓒ Jacky Delville

DAY **005**

1 콜로세움 ⓒ shutterstock

2 콜로세움의 내부 ⓒ Nicolelouisee

3 베스파시아누스 ⓒ Sailko

4 티투스 ⓒJastrow

DAY **006**

1 베스파시아누스 ⓒ Sailko

DAY **007**

5 유리잔 ⓒ Palnatoke

DAY **009**

1 산타폴리나레 누오보 성당의 내부 ⓒRuge

2 산타폴리나레 누오보 성당의 왼쪽 벽면 모자이크 ⓒ Chetstone

3 산타폴리나레 누오보 성당의 오른쪽 벽면 모자이크 ⓒ Ruge

4 산비탈레 성당의 모자이크 ⓒ PetarM

5 산비탈레 성당의 모자이크 ⓒ Ercé

6 산비탈레 성당의 모자이크 ⓒ PetarM

DAY **010**

1 하기아 소피아 ⓒ shutterstock

DAY **011**

1 콜로세움 ⓒ shutterstock

2 콘스탄티누스 개선문 ⓒ shutterstock

3 가르교 ⓒ Benh

5 퐁트네의 시토회 수도원 ⓒMatthiasKabel

6 슈파이어 대성당 ⓒ LoKiLeCh

7 슈파이어 대성당의 내부 ⓒUlrich Klumpp

DAY **012**

2 생 피에르 수도원 ⓒ Sjwells53

3 생 피에르 수도원의 남쪽 정문 ⓒ Pline

4 생 피에르 수도원의 팀파눔 ⓒSjwells53

5 생 푸아 수도원 ⓒJean-Pol Grandmont

6 생 푸아 수도원의 팀파눔 ⓒ Titanet

DAY **013**

1 노트르담 대성당 ⓒ DXR

2 노트르담 대성당의 스테인드글라스 ⓒ Magoo1125

4 명동성당 ⓒ shutterstock

DAY **015**

1 쾰른 대성당의 정면 ⓒ shutterstock

2 쾰른 대성당 ⓒ shutterstock

3 쾰른 대성당의 내부 ⓒ Elya

5 생 샤펠 성당의 내부 ⓒ Oldmanisold

6 샤트르트 대성당 ⓒ Soerfm

DAY **017**

1 시스티나 성당의 천장화 ⓒ Jean-Christophe BENOIST

3 피렌체 대성당 ⓒ PetarM

DAY **020**

4 피에타 ⓒ shutterstock

5 다비드 ⓒ Jörg Bittner Unna

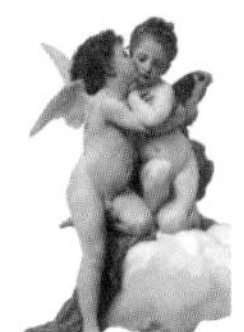

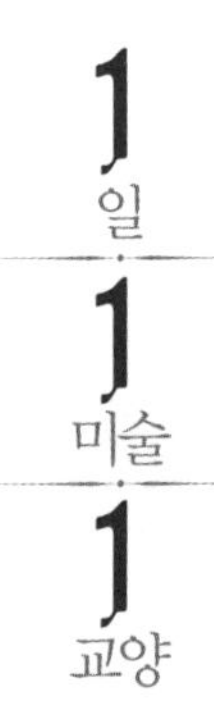
1
일
1
미술
1
교양

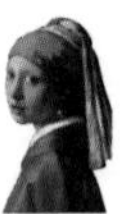